JN419213

조리 과학×영양소를 제대로 섭취하는 방법

그 조리법, 영양소의 90%를 버리고 있어요!

완전판

도쿄지케이카이의과대학 부속병원 영양부 지음 | 김경은 옮김

비타북스

이 책은 이렇게 활용하세요!

식재료

해당 식재료의 명칭

설명

최신 연구와 보고를 바탕으로 영양에 관련된 최신 조리 과학&손질법을 소개합니다.

영양소와 효능

식재료에 함유된 주요 영양소와 기대할 수 있는 효능을 소개합니다. 컨디션 등에 맞는 식재료를 골라보세요.

PART 1 채소 100% 활용법

양배추 Cabbage

겉잎이나 심을 함부로 버리지 마세요! 3장까지가 비타민 C 최대!

겉잎 3장까지 비타민 A가 80%, 비타민 C도 최대량!

양배추의 겉잎이나 심은 그냥 버리는 사람이 많은데, 사실 이 부위에 영양소가 아주 풍부합니다. 겉잎 3장까지에 비타민 C, 베타카로틴, 칼슘, 마그네슘이 함유되어 있고, 특히 비타민 A가 전체의 80%, 비타민 C도 가장 많은 양이 들어 있습니다. 한편 칼륨, 인 등은 심에 30~40%가 들어 있습니다. 겉잎이나 심을 버리면 영양소 대부분을 버리는 셈이 되겠죠? 또 부위에 따라 영양소도 식감도 완전히 달라지기 때문에 상황에 맞게 섭취하는 것이 좋습니다.

안쪽 잎(결구엽)

미네랄의 보고

안쪽 잎은 겉잎이나 심 정도는 아니지만 비타민·미네랄이 균형 있게 들어 있으며, 식이섬유도 풍부하고 칼로리도 낮습니다. 휘리릭 빠르게 볶으면 식감이 아삭하며, 푹 삶으면 단맛이 납니다.

Vegetable point

100g으로 하루에 필요한 미네랄의 70%를 섭취할 수 있어요!

양배추의 부위 도감

중심 잎

비타민 U 전체의 46%

중심 잎은 안쪽 심에 가까이 붙어 있는 것으로 아미노산이 풍부합니다. 특히 이 부위에 비타민 U가 가장 풍부하며 전체의 40%, 안쪽 잎의 4배에 해당하는 양입니다. 가장 달고 부드러운 부위이므로 샐러드나 아사즈케(일본식 채소 절임) 등 생식으로 활용하는 것이 좋습니다.

심

미네랄 2배, 식이섬유 9배의 보고

심에는 칼슘·칼륨·마그네슘·인 등 미네랄이 안쪽 잎의 약 2배 들어 있습니다. 비타민 C도 겉잎 다음으로 많고, 근육의 에너지원이 되는 알라닌은 잎의 3.4배, 감칠맛 성분은 겉잎의 8배 등 영양소가 가득합니다. 하지만 너무 오래 가열하면 영양소가 다 빠져나가니 조리 시 유의하세요.

겉잎의 흰 가루는 농약이 아니에요!

양배추 겉잎에 붙어 있는 흰 가루는 농약이 아니라 양배추가 자외선 등으로부터 자신을 지키기 위해 만들어내는 왁스 형태의 물질 '블룸'입니다. 양배추의 지방에서 만들어진 성분이 표면에 배어난 것으로, 먹어도 전혀 문제없고 오히려 양배추가 신선하다는 증거이기도 합니다.

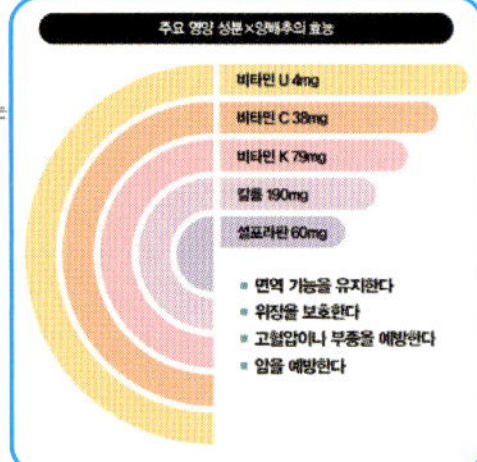

겉잎

겉잎 3장으로 하루에 필요한 비타민 C의 50%를 섭취

겉잎은 딱딱하다고 버리는 경우가 많은데, 1~3장까지의 겉잎에는 안쪽 잎의 1.5배나 되는 비타민 C가 들어 있어서 절대로 버리면 안 됩니다. 게다가 겉잎에는 전체의 80%나 되는 비타민 A가 있고 혈압 강하 작용이 있는 이르기닌도 안쪽 잎의 3배나 많이 함유되어 있습니다.

위를 보호하고 위궤양을 예방하는 비타민 U

양배추에 든 비타민 U(캐비진)는 비타민이라는 이름이지만 사실은 아미노산입니다. 위 점막을 튼튼하게 하고 위산 과다 분비를 억제하는 성분으로, 위궤양이나 십이지장궤양을 예방하는 기능이 있습니다. 물론 체내 소화 과정에서 암 예방, 항산화 효과도 있습니다.

엽맥

유일무이한 피부 미용 성분

엽맥은 다른 부위보다 당도가 높고, 식이섬유도 잎의 2배가 들어 있습니다. 또 엽맥에만 프롤린이라는 콜라겐 복원 기능 성분이 있기 때문에 피부 미용에 꼭 필요한 부위입니다.

양배추 심은 우선 제거하기!

양배추 심에는 생장점이 있어서 수확한 후에도 축적된 영양분을 잎으로 보내려고 합니다. 절반으로 자른 양배추가 시간이 지나면 심을 중심으로 부풀어 오르는 이유가 바로 이 때문입니다. 이때 심의 풍부한 영양소가 빠져나갈 뿐 아니라, 잎끝에서 영양소가 점점 소실되고 빨리 상하게 됩니다. 따라서 양배추를 손질할 때는 심을 먼저 도려내세요. 양배추의 비타민은 보관 중에 별로 감소하지 않으므로 5일 안에 다 먹는다면 영양소 손실도 거의 없습니다.

눈이 번쩍!

양배추 심은 보배!

심의 감칠맛은 잎의 8배

'영양가가 높다고 해도 심은 맛없다'라고 생각하지 않나요? 그런데 알고 보면 양배추 심은 감칠맛의 근원이며, 아미노산이 잎의 8배 이상이나 들어 있는 맛있는 부위랍니다. 갈변된 부분은 냄새가 날 수 있으니 도려내고, 그 이외에는 얇게 썰어 볶음 요리 또는 카레에 넣거나 그대로 쓰케모노(채소절임), 마리네이드(와인, 식초, 기름 등에 절인 것) 등으로 만들어보세요. 양배추 심이야말로 감칠맛의 보고입니다.

포인트

식재료에 관련된 영양 정보의 포인트가 되는 항목을 알려드립니다.

눈이 번쩍!

알아두면 도움이 되는 새로운 정보 등을 과학적 시점에서 소개합니다.

부위

각 식재료의 부위별로 함유된 영양 성분과 그 특징을 소개합니다. 중요한 영양소가 어디에 있는지 알 수 있습니다.

주목할 만한 정보

영양 정보 중에서도 더 깊이 파헤쳐 바로 사용할 수 있는 정보를 다루었습니다.

이 책을 보면 식재료의 '손질법', '보관법'부터 '조리법', '비법'까지 전부 알 수 있습니다!

영양소 흡수 요령

손질법이나 조리할 때 영양가를 높이는 요령에 대해 설명합니다.

조리법에 따른 영양소 변화

조리할 때 가열 방법에 따라 영양소가 어떻게 변하는지 한눈에 알 수 있습니다. 무엇이 손실되는지 알면 버리는 것도 없습니다.

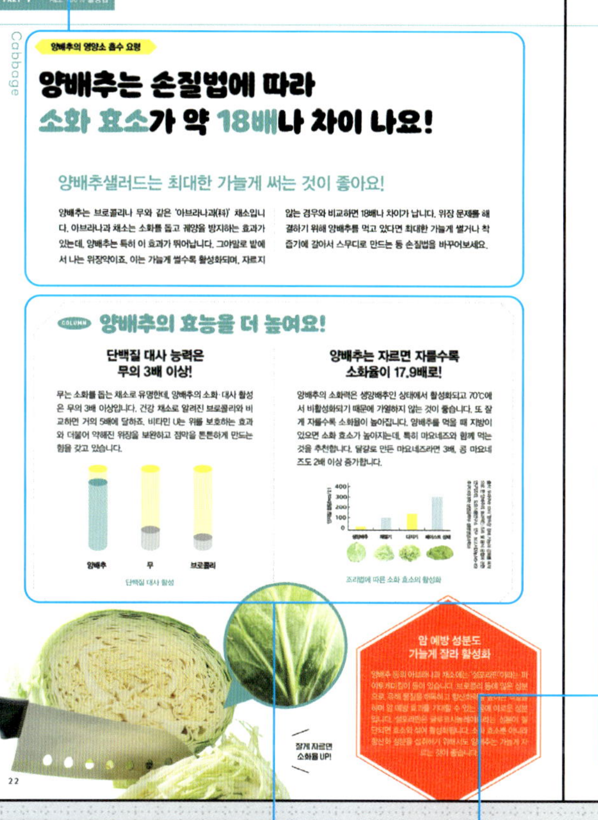

PART 1 채소 100% 활용법

Cabbage

양배추의 영양소 흡수 요령

양배추는 손질법에 따라 소화 효소가 약 18배나 차이 나요!

양배추샐러드는 최대한 가늘게 써는 것이 좋아요!

양배추는 브로콜리나 무와 같은 '아브라나과(科)' 채소입니다. 아브라나과 채소는 소화를 돕고 궤양을 방지하는 효과가 있는데, 양배추는 특히 이 효과가 뛰어납니다. 그야말로 밭에서 나는 위장약이죠. 이는 가늘게 썰수록 활성화되며, 자르지 않는 경우와 비교하면 18배나 차이가 납니다. 위장 문제를 해결하기 위해 양배추를 먹고 있다면 최대한 가늘게 썰거나 착즙기에 갈아서 스무디로 만드는 등 손질법을 바꾸어보세요.

COLUMN 양배추의 효능을 더 높여요!

단백질 대사 능력은 무의 3배 이상!

무는 소화를 돕는 채소로 유명한데, 양배추의 소화·대사 활성은 무의 3배 이상입니다. 건강 채소로 알려진 브로콜리와 비교하면 거의 5배에 달하죠. 비타민 U는 위를 보호하는 효과와 더불어 약해진 위장을 보완하고 점막을 튼튼하게 만드는 힘을 갖고 있습니다.

단백질 대사 활성

양배추는 자르면 자를수록 소화율이 17.9배로!

양배추의 소화력은 생양배추인 상태에서 활성화되고 70℃에서 비활성화되기 때문에 가열하지 않는 것이 좋습니다. 또 잘게 자를수록 소화율이 높아집니다. 양배추를 먹을 때 지방이 있으면 소화 효소가 높아지는데, 특히 마요네즈와 함께 먹는 것을 추천합니다. 달걀로 만든 마요네즈라면 3배, 콩 마요네즈도 2배 이상 증가합니다.

조리법에 따른 소화 효소의 활성화

22

조리법에 따른 영양소 변화

항산화 성능을 높이려면 기름에 볶는 것이 베스트!

비타민 C나 미네랄 등 수용성 영양소가 많은 양배추는 삶거나 전자레인지에서 가열하면 영양소가 대폭 줄어듭니다. 한편 폴리페놀 유래 항산화 기능은 볶으면 증가한다는 실험 결과가 다수 보고되었습니다.

찜 조리는 손실이 적어요
찜 조리 시 비타민 C의 손실률은 8.1%로, 영양소를 최대한 유지할 수 있습니다. 하지만 이것은 50℃에서 찐 경우입니다. 온도가 올라갈수록 손실률은 높아지며, 100℃에서 찌면 삶을 때처럼 비타민 C가 대폭 감소합니다.

비타민류는 절반 이하로
양배추의 수용성 비타민은 삶으면 40~60%가 빠져나갑니다. 양배추를 삶는다면 통째로 재빨리 가열하거나 국물째 먹는 것이 좋습니다. 또 소금을 2% 정도 넣으면 비타민 C를 약 10% 더 지킬 수 있습니다.

종합적으로 최고의 조리법
양배추를 볶으면 비타민 C는 감소하지만 폴리페놀은 약 40% 증가합니다. 또 베타카로틴도 기름으로 인해 흡수율이 60% 정도 증가하므로 가열 조리한다면 '기름에 볶기'가 가장 좋습니다.

전자레인지 조리도 손실이 많아요
전자레인지 조리는 영양소 손실이 적다고 하지만 실제로는 암 예방 성분이 많이 손실되고 비타민 C는 볶을 때의 절반이 됩니다. 또 수분이 많은 양배추는 전자레인지에서 수분 유출이 증가하면 삶을 때처럼 비타민 C가 감소합니다.

영양을 지키는 유용한 손질법

폭신한 식감은 가로로 채썰기, 아삭한 식감은 세로로 썰기

양배추는 자르는 방향에 따라 식감이 크게 달라집니다. 부드럽고 폭신한 식감을 원한다면 잎맥과 직각으로 잘라 섬유질을 끊습니다. 반대로 아삭한 식감을 원한다면 잎맥과 평행하게 잘라보세요.

Vegetable point 물에 담그기만 해도 비타민 C 유실

1 폭신한 식감을 원한다면 잎맥과 수직으로 잘라 섬유질을 끊어내듯이 채썰기를 합니다. 식감이 부드러워지며 단맛도 잘 느껴집니다.

2 아삭한 식감을 즐기려면 잎맥과 평행하게 자릅니다. 하지만 너무 두껍게 자르면 딱딱하니 가능한 한 가늘게 써는 것이 좋습니다.

23

칼럼

함께 먹으면 더 효과적인 음식 조합을 비롯하여 최신 조리 과학 정보들을 소개합니다.

영양을 지키는 유용한 손질법

영양을 제대로 섭취할 수 있는 손질법이나 꿀팁에 대해 이해하기 쉽게 소개합니다.

이 책에 실린 데이터에 대하여

*엄정한 조사에 기반한 데이터이지만 식재료의 수확 시기나 크기, 개인의 흡수 능력에 따라 오차가 발생할 수 있으므로 어디까지나 한 가지 기준으로 참고해 주십시오.

*영양가에 대해서는 '일본 식품 표준 성분표(8정) 증보 2023년'을 기본으로 합니다. 단, 조리 과정에서 발생하는 중량의 증감 등을 고려하여 실험 등에서 얻은 수치를 일부 채택했습니다.

*그래프, 표 등은 출전을 참고로 작성한 것입니다.

일러두기

*이 책에 등장하는 외래어 표기는 대부분 국립국어원의 '외래어표기법'을 따랐으나, 'yogurt(규범 표기: 요구르트)'의 경우 떠 먹는 형태일 때 관용적으로 '요거트'라고 하는 경향이 보이므로 '요거트'로 표기했습니다.

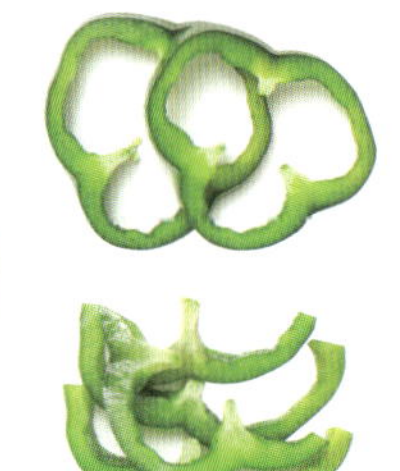

Contents

Introduction

Part 1 채소

garlic
spring onion
Pumpkin
asparagus

Part 2 고기·달걀·유제품

MILK

Part 3 어패류

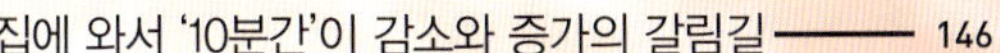

Part 4 과일

Part 5 곡류·대두·종자·음료

Rice

Part 6 조미료

INDEX

01

채소와 과일의 영양, 10년 전보다 부족하다?! 잘 먹고 있다고 생각했는데 제대로 섭취하지 않았다니…

미국 워싱턴 대학 등의 연구에 따르면 수십 년 전과 비교해서 채소와 과일의 영양가가 감소하고 있다고 합니다. 농작물의 품종이나 수확량의 증가로 인해 토양이 소모되어 흡수할 수 있는 영양분이 줄어들고 있기 때문입니다. 지구온난화 또한 그 원인 중 하나로 손꼽힙니다. 이런 상황에서 한국인에게 부족한 철분이나 칼슘 등의 영양소가 더 감소하고 있는 것은 심각한 문제입니다. 이는 식량 자급률이 50%를 밑도는 우리나라에서 결코 간과해서는 안 될 사안입니다. 전 세계적으로 영양가가 감소하고 있는 가운데, 매일 영양소를 제대로 섭취하지 못하면 영양 부족 현상은 더 심각해진다는 뜻입니다. 그래서 우리는 지금부터 식재료를 더 현명하게 손질하고 먹어야 합니다.

웃어넘길 수 없는 심각한 문제

영양소를 온전히 내 것으로

02

코로나 이후 여성의 신종 영양 문제가 심각해요!

여성의 철분 부족은 그동안 계속 심각한 영양 문제였습니다. 코로나19를 거친 지금은 어떨까요? 10대 여성은 90%가 철분 부족이고, 성인 여성도 약 80%가 만성 철분 부족입니다. 철분 부족으로 인한 철 결핍성 빈혈은 만성적인 컨디션 저하의 원인이 되는 것은 물론, 근력 저하, 산소 부족으로 인한 피부 트러블이나 기미·주름의 증가, 탈모 등 건강 및 미용에도 영향을 미칩니다.

철분 부족은 '숨겨진 건강 문제' 청년층은 90%가 철분 부족!

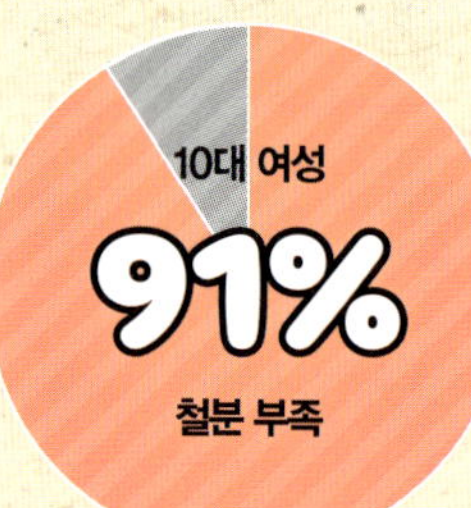

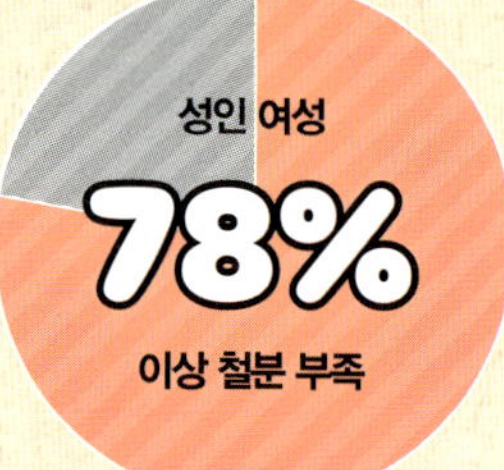

만약 철분이 없는 경우, 만들 수 있는 에너지는 **19배** 차이 발생

적혈구

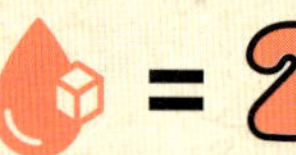

2개 의 에너지

철분

×

의 에너지

출처: '일본인의 식사 섭취 기준(2025년판)' 책정검토회 보고서(안)
일본인의 채소 섭취량의 현상과 과제

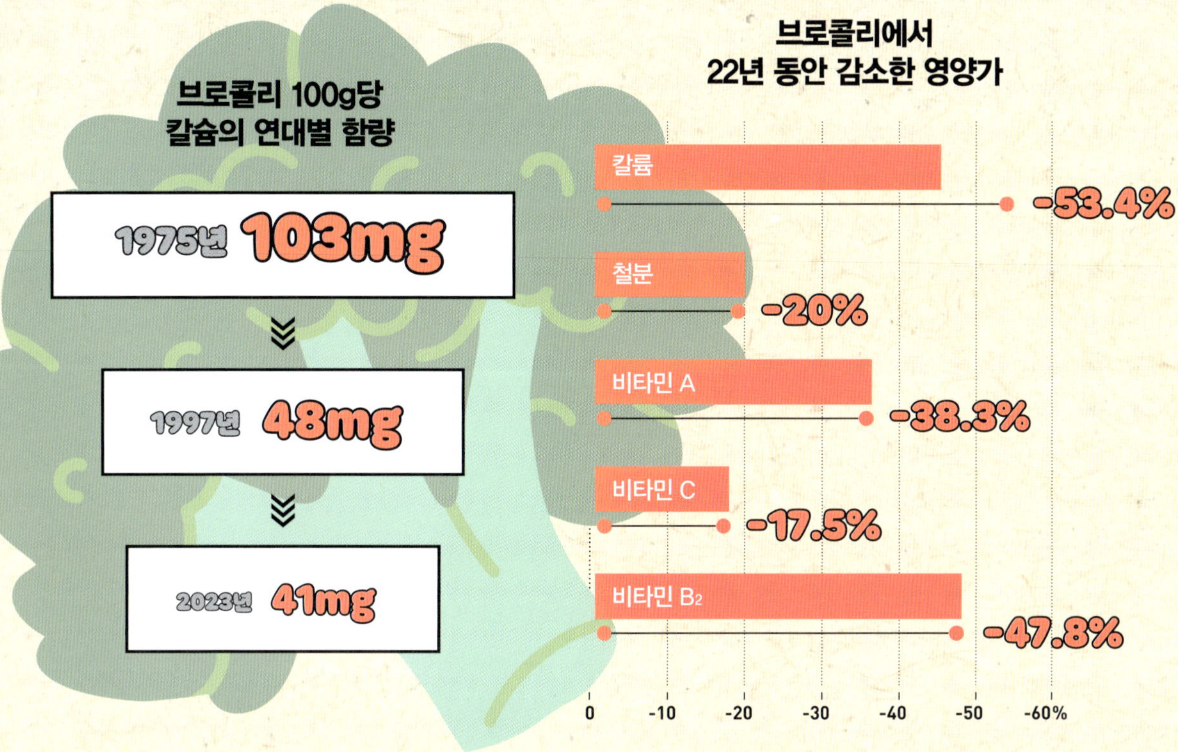

브로콜리 100g당
칼슘의 연대별 함량

1975년 103mg
1997년 48mg
2023년 41mg

브로콜리에서
22년 동안 감소한 영양가

칼륨 -53.4%
철분 -20%
비타민 A -38.3%
비타민 C -17.5%
비타민 B_2 -47.8%

0 -10 -20 -30 -40 -50 -60%

우리 몸에 영양소가 제대로 쌓이지 않아요
만드는 현명하고 유연한 섭취법

03 10대는 95%가 염분 과다! 세계 기준의 2배 이상

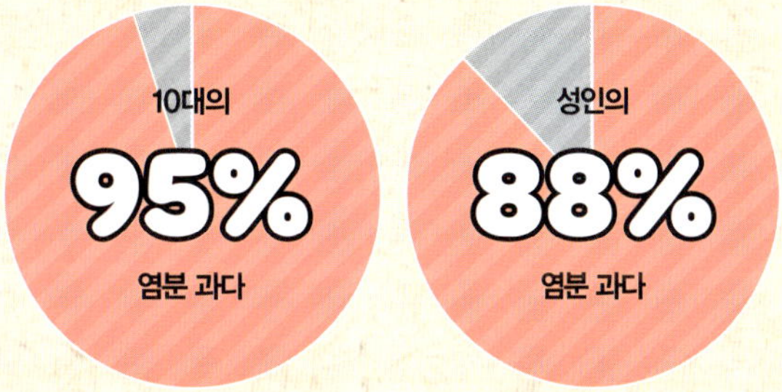

10대의
95%
염분 과다

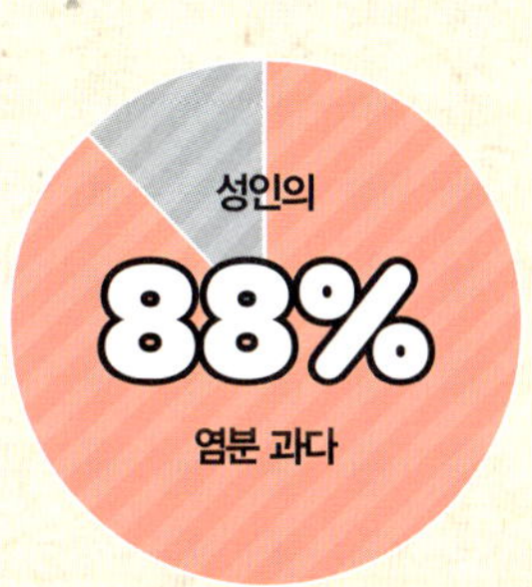

맛있게 요리하기 위해 소금은 꼭 필요하지만 사실 우리 대부분은 하루 권장 섭취량(남성 7.5g 미만, 여성 6.5g 미만)보다 소금을 많이 먹고 있습니다. 성인은 간장 등 조미료에서, 젊은 세대는 인스턴트식품 같은 가공식품에서 염분을 섭취하는데, 남성의 평균 염분 섭취량은 WHO가 권장하는 양의 2배 이상이나 됩니다. 또 그 염분을 배출하기 위한 식이섬유도 남녀 모두 부족한데, 특히 여성은 밥공기 9개 분량 이상이나 부족합니다.

2025년에 예상되는
식이섬유 섭취량

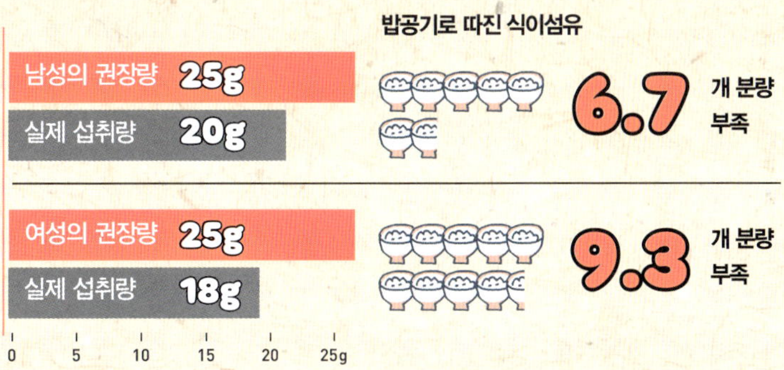

밥공기로 따진 식이섬유

남성의 권장량	25g	6.7 개 분량 부족
실제 섭취량	20g	
여성의 권장량	25g	9.3 개 분량 부족
실제 섭취량	18g	

0 5 10 15 20 25g

-23%

농작물의 비타민이나 미네랄이 줄어들고 있다는 연구 보고가 있는데,
실은 3대 영양소인 곡류의 단백질도 감소하는 경향을 보입니다.

결국 고기를 많이 먹는 사람들에게도 영향이!
79년 전보다 곡물의 단백질이 감소

2020년에 발표된 논문에 따르면 곡류의 중요한 영양 성분인 단백질은 1955~2016년 사이에 23% 감소했다고 합니다. 이는 지구온난화로 인한 이산화탄소 농도 증가가 단백질 함량에 영향을 미친 것입니다. 그리고 이러한 곡류의 단백질 감소는 곡류를 먹이로 하는 육류의 단백질에도 영향을 주었습니다. 단백질 섭취량의 감소가 문제시되고 있는데, 사실 식품 자체의 단백질 함량도 줄어들고 있는 셈입니다.

전 세계의 밀의 단백질 함량

일본산 밀의 단백질량
2023년
11.8%

단백질 함량 (%)
35
30
25
20
15
10
5
0

1850 1885 1900 1910 1920 1937 1945 1955 1985 2000 2015 2016

출처: Sinda Ben Mariem, Angie L. Gámez, Luis Larraya, et al. Assessing the evolution of wheat grain traits during the last 166 years using archived samples Scientific Reports volume 10, Article number: 21828(2020)

약 90%를 수입에 의존하는 일본의 밀.
국제 정세의 영향도 커요

일본의 밀 자급률은 약 13%로, 나머지 약 87%는 수입에 의존합니다. 그래서 밀은 해외 농작물의 영양 감소의 영향을 특히 많이 받는 식재료라고 할 수 있습니다. 밀의 단백질을 효율적으로 섭취하기 위해서는 고기나 생선, 달걀, 콩 등과 함께 먹어 흡수율과 섭취량을 높이는 것이 중요합니다. 한편, 우리나라의 경우 2022년 기준 밀 수입 의존도가 99%입니다.

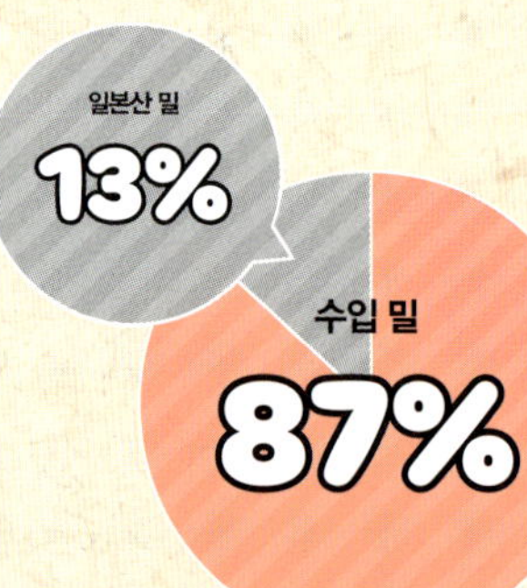

-50

양배추
-51.22%

버섯
-41.7%

래디시
-68.1%

셀러리
-34.4%

바나나
-26.8%

사과
-45.5%

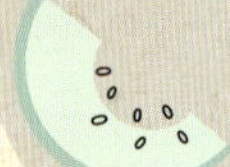
멜론
-62.0%

오렌지
-69.7%

출처: Washington State University, https://s3.wp.wsu.edu/uploads/sites/2069/2022/07/Nutrient-Decline-in-Vegetables-as-presented.pdf Nutriebt Decline in Vegetables, 27 April 2024

Anne-Marie Berenice Mayer, Liz Trenchard, Franc is Rayns, Historical changes in the mineral content of fruit and vegetables in the UK from 1940 to 2019: a concern for human nutrition and agriculture, 15 Oct 2021-International Journal of Food Sciences a...(Int J Food Sci Nutr)-pp1-13

Fruits and vegetables are less nutritious than they used to be https://www.nationalgeographic.com/magazine/article/fruits-and-vegetables-are-less-nutritious-than-they-used-to-be, 27 April 202

채소의 미네랄이 감소하는 가운데, 철분의 감소도 심각합니다. 여러 채소와 과일에서 철분이 감소하고 있는데, 감소율의 평균은 무려 50% 이상입니다.

2022년에 발표된 호주의 연구에 따르면 43개 작물의 1980년과 2010년의 영양소 함량을 비교해 보니 철분에 뚜렷한 감소 현상이 나타났습니다. 이는 우리와 무관한 일이 아닙니다. 일본에서도 1950년과 2020년의 식품 표준 성분표를 비교했는데, 철분을 비롯한 미네랄, 비타민류가 감소했습니다. 원래 식물에서 얻는 철분은 체내 흡수율이 2~5%로 낮기 때문에 양질의 철분을 충분히 섭취해야 합니다.

칼슘

-17.9%

철분과 같이 우리의 식생활에 부족한 미네랄인 칼슘도 농작물에 든 함량이 20% 정도 감소했다는 연구 보고가 있습니다.

먹는 양도 줄었지만 기능성 성분도 사라지고 있어요

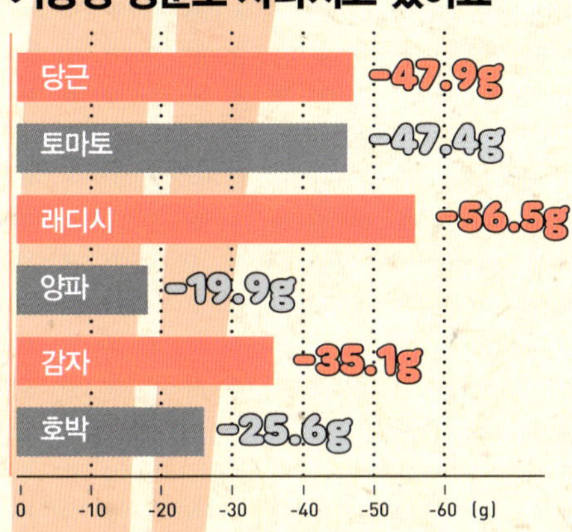

우리나라 토양은 칼슘 함량이 적기 때문에 식수나 채소, 과일에도 비교적 칼슘이 적습니다. 게다가 전통적인 식단에는 유제품도 적어서 칼슘이 부족할 수밖에 없습니다. 전 세계적으로도 식품의 칼슘 함량이 감소하고 있어 매일 의식적으로 섭취하지 않으면 눈 깜짝할 사이에 칼슘 부족이 될 수 있습니다.

많이 먹어도 칼슘은 30% 미만밖에 흡수되지 않아요

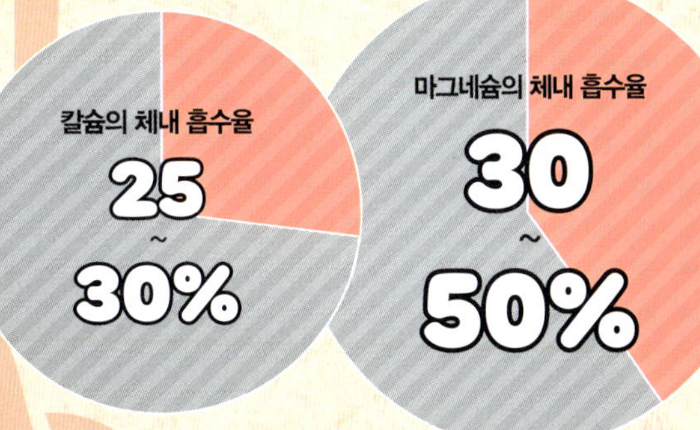

영양소를 섭취할 때 꼭 따져야 하는 것이 '흡수율'입니다. 미네랄 중에서도 칼슘은 특히 흡수율이 낮아 최대 30% 정도밖에 흡수되지 않는다고 합니다.

칼슘 등의 미네랄은 몸에 잘 흡수되지 않아요

원래도 부족한 칼슘인데 체내 흡수율까지 낮고, 그나마 비교적 흡수하기 쉽다는 유제품조차 흡수율은 약 30%가 한계입니다. 마그네슘도 마찬가지로 흡수력은 최대 50% 정도입니다. 그래서 체내 흡수를 높이는 비타민 D와 함께 먹거나 흡수율을 고려한 식사량이 중요합니다.

2025년부터 대두되는 새로운 영양 문제

최신 연구로 밝혀진 칼슘, 철분 부족이 몸에 미치는 심각한 영향!

철분을 섭취한 사람과 그렇지 않은 사람의 에너지 대사 격차

철분 부족은 빈혈뿐 아니라 다양한 면에서 우리 몸에 영향을 미칩니다. 철분은 에너지 대사에 관여하는데, 철분이 충분한 경우 하나의 포도당으로 생성되는 에너지는 철분이 부족한 경우의 19배나 됩니다.

만성적 철분 부족으로 인해 성인 여성의 최대 50%가 성기능 장애

여성 10명 중

철분 부족은 여성 호르몬 감소와 자율 신경 교란에도 영향을 미친다는 사실이 알려져 있습니다. 네덜란드의 학술지에 실린 연구에 따르면 성인 여성 10명 중 5명이 철분 결핍으로 인한 성기능 장애가 의심된다고 합니다.

30대 이후의 칼슘 체내 축적률 0%

체내 칼슘량은 10대가 가장 높고 그 이후부터는 감소합니다. 20대에 대폭 감소하고 30대 이후에는 0이 되어 칼슘은 음식으로 섭취할 수밖에 없습니다.

제대로 섭취해도 칼슘의 흡수율은 최대 30%

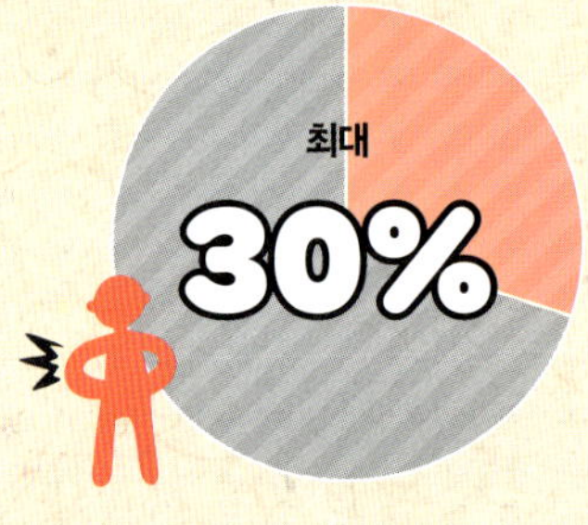

앞서 말했듯이 칼슘의 흡수율은 최대 30%에 그칩니다. 게다가 나이가 들면서 위액의 감소나 호르몬 분비의 저하로 인해 65세 이상의 칼슘 흡수율은 25% 정도입니다.

칼슘은 먹는 법에 따라 흡수율이 달라져요

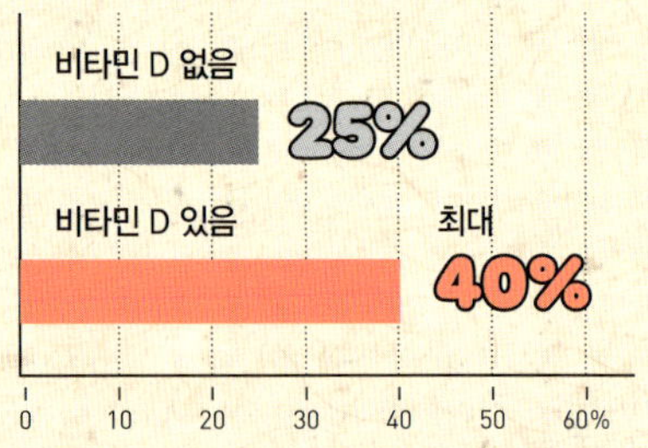

영양소마다 흡수력이 증가하는 조합이 있는데, 칼슘은 버섯류나 작은 생선 등의 어패류에 함유된 비타민 D가 찰떡궁합입니다. 칼슘의 흡수력이 최대 40%로 증가합니다.

출처: 후생노동성 '일본인의 식사 섭취 기준(2025년판)' 책정검토회 보고서, https://www.mhlw.go.jp/stf/shingi/other-kenkou_539644.html, 27 April 2024 Natasha Khazai, MD, Suzzane E.Judd, MPH, and Vin Tangpricha, MD, PhD, Calcium and Vitamin D:Skeletal and Extraskeletal Health, Curr Rheumatol Rep 10, 110-117(2008). https://doi.org/10.1007/s11926-008-0020-y

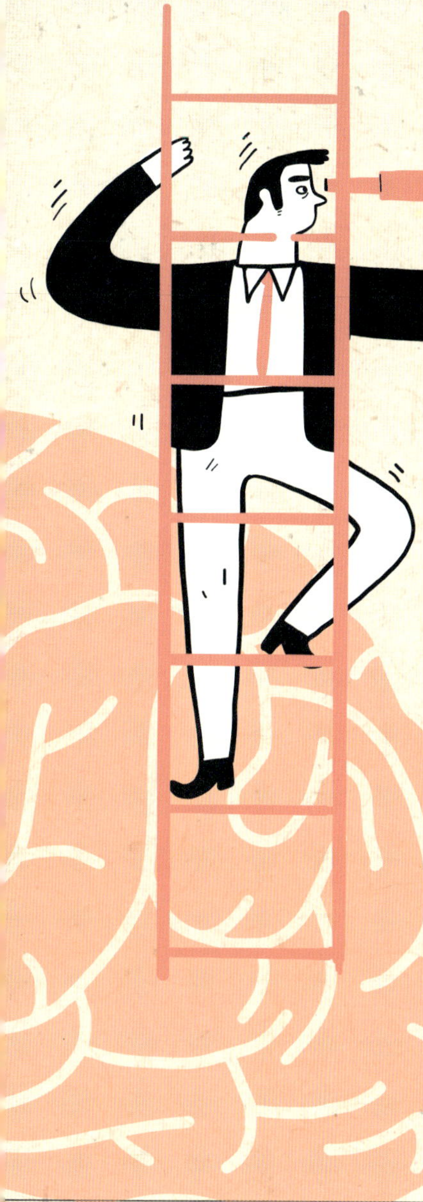

철분이 부족하면 뇌에 발생하는 차이

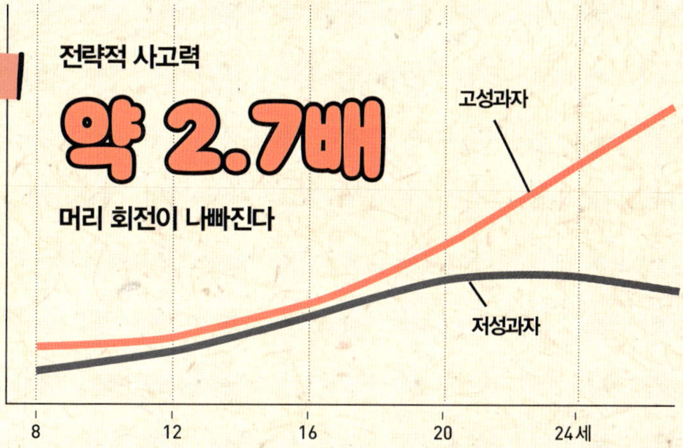

전략적 사고력

약 2.7배

머리 회전이 나빠진다

고성과자

저성과자

8 12 16 20 24세

철분 부족이 누적되면 16년 후, '전략적 사고력'이 약 2.7배 차이 나요!

'철분 부족'이라고 하면 보통 빈혈을 떠올리기 마련이지만 사실 철분은 뇌의 성장을 돕고 인지능력이나 기억력을 높이는 데에도 중요한 역할을 합니다. 뇌 속 철분 농도는 20대 중반까지 급속히 증가하는데, 그 시기에 철분이 부족하면 뇌의 정보 전달이 원활히 이루어지지 않습니다. 유아기부터 철분을 얼마나 섭취했느냐에 따라 성인이 되고 난 후의 실행력, 기억력, 인지 기능, 사고력에 큰 차이가 생깁니다.

유아기부터 철분이 부족하면 24세부터 엄청난 속도로 차이가 생겨요

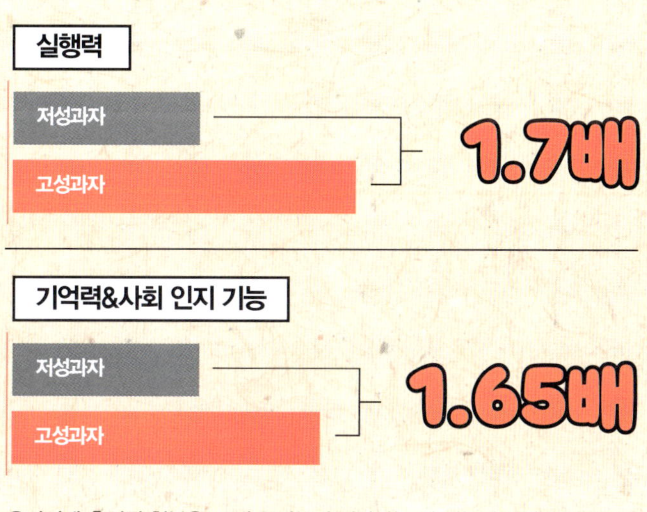

유아기에 축적된 철분은 20대 중반부터 나타나는 뇌 기능의 차이와 관련됩니다. 철분 부족은 평생 영향을 미치기 때문에 어릴 때부터 꾸준히 섭취해야 하는 영양소입니다.

4 아침보다 저녁에 먹어야 체내 흡수율이 증가

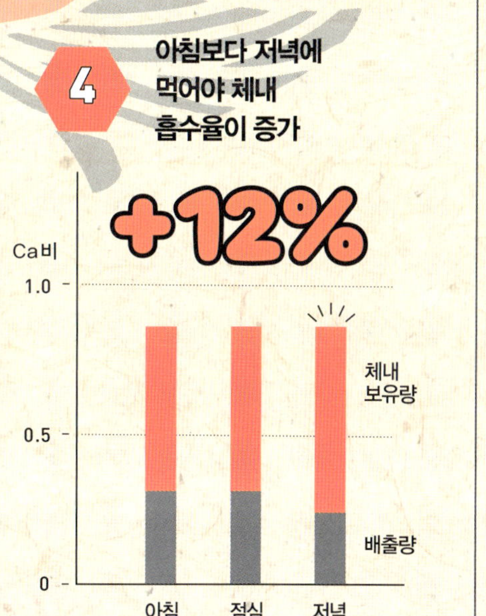

출처: Bart Larsen, Josiane Bourque, T. Moore, A. Adebimpe et al, Longitudinal Development of Brain Iron Is Linked to Cognition in Youth, Journal of Neuroscience 26 February 2020, 40(9) 1810–1818; 다하라 유우, http://www.taiyokagaku.com/lab/column/38_5/ 미네랄과 시간 영양 27 April 2024 Maurizio Serati, Prof, MD, Montserrat Espuna–Pons, PhD, et al, Iron de ficiency and sexual dysfunction in women, Sexual Medicine Reviews, Volume 11, Issue 4, October 2023, Pages 342–348.

바쁘고 비싸고 귀찮다-
그래서 현명하게
섭취해야 하는 영양소

조리 과학×비타민의 새로운 상식

알다가도 모를 비타민의 세계

20대의 채소 섭취량이 큰 문제! 2001년부터 더욱 부족

일본에서 2001년부터 실시한 전국 조사에 따르면 채소의 1일 권장 섭취량은 350g인데, 전 세대에서 이 수치가 부족하다고 합니다. 가장 낮은 연령대는 20대로, 2019년의 1일 섭취량은 222.6g이었습니다. 가장 많이 섭취한다고 하는 60대도 310.5g에 그쳤습니다. 사회적으로 채식에 대한 관심이 높아졌다고 하지만, 여전히 채소 섭취량은 턱없이 부족합니다. 채소의 특징인 비타민류, 특히 수용성 비타민은 체내에 머무르지 않으므로 체내 흡수율도 생각하며 매일 섭취해야 합니다.

출처: 후생노동성 '섭취 기준(2025년판)의 책정 논점에 대하여'

2025년부터 대두될 여성의 영양 문제

모든 사망 위험에 영향을 미치는 비타민 D의 무시무시한 힘

햇볕 쬐는 시간이 부족한 사람일수록 식사로 비타민 D 섭취하기!

버섯류, 생선을 먹거나 햇빛을 쬐면 체내에서 합성되는 비타민 D는 칼슘 흡수를 돕고 면역력 증진, 당뇨병 예방, 암 발생 억제 등에 도움이 되는 강력한 영양소입니다. 비타민 D가 부족하면 사망 위험이 12~13% 높아지는데, 현대인 대부분에게서 비타민 D 부족이 나타나며 특히 여성의 경우 이 문제가 심각합니다.

비타민 C

비타민

체내 저장 불가능

수용성 비타민

비타민 C, B_1, B_2, 니아신, B_6, B_{12}
엽산, 판토텐산, 비오틴

초록색 잎채소에 많은 비타민 C나 콩류에 많은 비타민 B군은 수용성이기 때문에 체내에 축적되지 않고 가열 조리 시에도 쉽게 손실되는 경향이 있습니다.

조리법에 따라 영양이 크게 손실

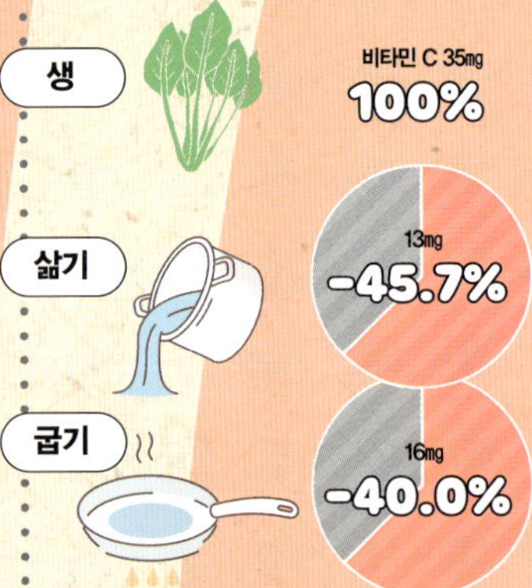

비타민 C는 생채소에서 100%라고 했을 때, 삶거나 구우면(볶으면) 40% 정도 감소합니다. 썰어서 씻기만 해도 영양소가 유출될 수 있습니다.

체내 저장 가능

지용성 비타민

비타민 A, D, E, K

녹황색 채소에 많은 비타민 A(베타카로틴)나 비타민 D, 비타민 K는 지용성으로 가열 조리에 강하고 기름에 조리하면 흡수력이 높아집니다.

가열에 문제 없음 기름 조리 시 흡수율 증가

베타카로틴(껍질 없음)
7600㎍
100%

8700㎍
+14.4%

12000㎍
+57.8%

지용성 비타민은 끓이거나 구워도 함량이 거의 변하지 않기 때문에 기름에 조리하면 성분량이나 흡수력을 높일 수 있습니다.

출처: 후생노동성 '일본인의 식사 섭취 기준(2025년판)' 책정검토회 보고서, https://www.mhlw.go.jp/stf/shingi/other-kenkou_539644.html, 27 April 2024 문부과학성, http://fooddb.mext.go.jp/index.pl, 식품 데이터베이스(8정) 22023 증보판, 27 April 2024, 도쿄지케이카이의과대학, http://www.jikei.ac.jp/news/pdf/press_release_20230605.pdf 보도발표자료, 27 April 2024

비타민 D

특히 젊은 여성의 자외선 차단 대책이 심각한 비타민 D 부족으로

비타민 D는 자외선을 쬐면 체내에서 합성되는 영양소입니다. 그런데 여성은 기미나 주름을 예방하려고 자외선을 피하는 경향이 있어서 비타민 D가 더 부족합니다.

여성: 27ng/㎖ 미만

남성: 29ng/㎖ 미만

성인을 대상으로 한 조사에 따르면 일본인의 체내 비타민 D 농도는 대부분이 기준 농도(30ng/㎖)에 미치지 못한다고 합니다.

지용성이며 기름에 잘 녹고 물에는 잘 녹지 않는다=열에 강하다! 조리 온도에 주의하기

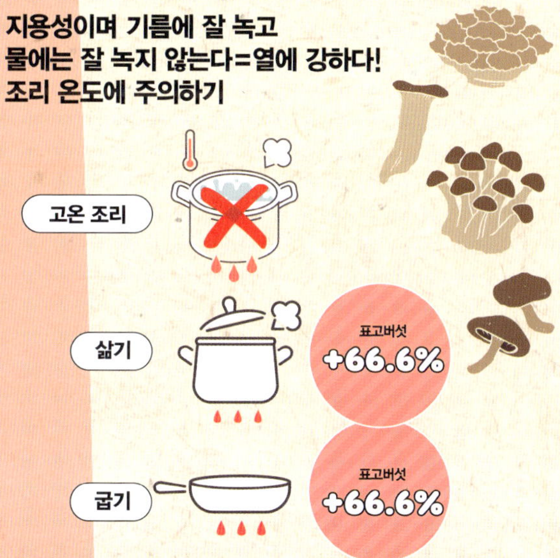

채소에는 비타민 D가 거의 없기 때문에 버섯은 비타민 D를 함유한 중요한 식재료입니다. 종류에 따라 함량이 다르니 잘 따져보세요.

비타민 B_{12}

주요 식재료의 체내 흡수율

비타민 B_{12}는 에너지 대사에 중요한 역할을 하지만 부족하기 쉽고 식재료마다 흡수율에 차이가 있습니다. 평균적으로 50%밖에 흡수하지 못합니다.

식재료	흡수율	함량
생선	42%	6㎍ 흰 연어: 굽기(10g)
김	50%	56.7㎍ 구운 김
닭고기	65%	0.5㎍ 닭다리살 구이
치즈	33%	3.2㎍ 자연 치즈
간	10%	0.4㎍ 닭고기
우유	최대 65%	0.3㎍

'단백질'은 비타민 B군이 없으면 힘을 발휘할 수 없어요

하루의 식사로 2㎍ 체내 흡수율 50%

근육의 재료가 되는 단백질은 비타민 B_6나 비타민 B_{12} 등 단백질 대사를 돕는 영양소가 없으면 효율적으로 흡수할 수 없습니다. 비타민 B군은 체내에 축적되지 않으므로 식사 때 평균 2㎍을 섭취하지 않으면 고기로 섭취하는 단백질의 흡수율도 절반으로 떨어집니다.

조리법에 따라 크게 달라지는 비타민 B_{12}의 흡수율

달걀 조리법에서 2배 차이

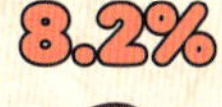

달걀의 비타민 B_{12}는 노른자에 들어 있으며, 스크램블드에그처럼 노른자와 흰자를 섞으면 흡수율이 떨어집니다.

전자레인지 6분으로

우유의 비타민 B_{12}는 비교적 열에 강하지만 전자레인지로 가열하면 양이 절반으로 줄어듭니다. 햇빛이나 형광등으로도 분해되기 때문에 빛이 닿는 장소에 두지 마세요.

출처: 문부과학성, http://fooddb.mext.go.jp/index.pl, 식품 데이터베이스(8정) 22023 증보판, 9 May 2024, 도쿄지케이카이의과대학, http://www.jikei.ac.jp/news/pdf/press_release_20230605.pdf 보도발표자료, 27 April 2024 Kanatani KT, Nakayama T, Adachi Y, Hamazaki K, Onishi K, Konishi Y, et al.(2019), High frequency of vitamin D deficiency in current pregnant Japanese women associated with UV avoidance and hypo-vitamin D diet, PLoS ONE 14(3): e0213264, http://doi.org/10.1371/journal.pone.0213264

PART

생장점

생장점은 STOP! 신선도는 ING!

채소는 수확 후에도 성장하기 위해 계속 영양소를 소비합니다. 따라서 보관할 때는 '생장점'을 먼저 먹거나 제거하는 것이 포인트입니다. 브로콜리는 꽃눈이 생장점에 해당하는데, 심이나 잎과 열매 사이에 생장점이 있는 채소도 있습니다.

채소 조리의 기본은 '전부', '짧게', '저온'

채소 100% 활용법

껍질을 벗기고 삶는 등 채소는 조리법에 따라 특히 영양 손실이 많은 식재료입니다. 최신 연구에서 우리가 무심코 버리는 부위에 귀중한 영양소가 들어 있다는 사실이 잇달아 밝혀지고 있습니다. 전부 통째로, 단시간에 짧게, 낮은 온도에서 조리하세요.

껍질

껍질이야말로 채소의 생명력이 있는 곳

채소 껍질은 자신을 지키기 위해 파이토케미컬 등의 방어 기능을 비축하고 있습니다. 녹황색 채소의 껍질은 자외선을 막고 광합성 작용도 활발하므로 비타민이 풍부합니다.

잎

잎의 비타민도 놓치지 않아요

무나 당근 등의 잎에는 베타카로틴 등의 비타민이 풍부합니다. 우리가 많이 먹는 부분 이상으로 영양가가 높은 경우도 있으니 잎도 하나의 채소라고 생각하고 제대로 활용합시다.

뿌리

토양의 미네랄을 흡수

뿌리는 토양에서 물과 양분을 흡수하는 중요한 기관입니다. 알고 보면 우리가 자주 먹는 부분보다 영양소가 풍부한 경우도 있습니다. 무 등의 뿌리채소에 붙어 있는 잔뿌리도 미네랄이 다량 함유되어 있습니다.

채소의 영양소는 어디에 좋을까?

비타민

채소에는 비타민 C 등 우리 몸에 꼭 필요한 주요 영양소가 풍부합니다. 비타민은 생명과 직결되며, 중요한 필수 기능을 수행하고 있습니다.

미네랄

채소에는 체내의 수분을 조절하는 칼륨, 뼈와 치아를 만드는 칼슘, 혈액을 생성하는 철분 등의 미네랄이 들어 있어 우리 몸의 정상적인 기능을 유지합니다.

파이토케미컬

폴리페놀이나 식물 색소 카로티노이드 등 새로운 성분이 계속해서 발견되고 있습니다. 몸의 세포나 신경 등 생명 유지에 중요한 역할을 합니다.

식이섬유

뿌리채소나 버섯류에 많이 함유된 식이섬유. 물에 녹지 않는 '불용성 식이섬유'가 대부분이며, 변의 부피를 늘리고 장내 환경을 개선합니다.

양배추 Cabbage

겉잎이나 심을 함부로 버리지 마세요! 3장까지가 비타민 C 최대!

겉잎 3장까지 비타민 A가 80%, 비타민 C도 최대량!

양배추의 겉잎이나 심은 그냥 버리는 사람이 많은데, 사실 이 부위에 영양소가 아주 풍부합니다. 겉잎 3장까지에 비타민 C, 베타카로틴, 칼슘, 마그네슘이 함유되어 있고, 특히 비타민 A가 전체의 80%, 비타민 C도 가장 많은 양이 들어 있습니다. 한편 칼륨, 인 등은 심에 30~40%가 들어 있습니다. 겉잎이나 심을 버리면 영양소 대부분을 버리는 셈이 되겠죠? 또 부위에 따라 영양소도 식감도 완전히 달라지기 때문에 상황에 맞게 섭취하는 것이 좋습니다.

Vegetable point

100g으로 하루에 필요한 미네랄의 70%를 섭취할 수 있어요!

양배추의 부위 도감

안쪽 잎(결구엽)

미네랄의 보고

안쪽 잎은 겉잎이나 심 정도는 아니지만 비타민·미네랄이 균형 있게 들어 있으며, 식이섬유도 풍부하고 칼로리도 낮습니다. 휘리릭 빠르게 볶으면 식감이 아삭하며, 푹 삶으면 단맛이 납니다.

중심 잎

비타민 U 전체의 46%

중심 잎은 안쪽 심에 가까이 붙어 있는 것으로, 아미노산이 풍부합니다. 특히 이 부위에 비타민 U가 가장 풍부하며 전체의 40%, 안쪽 잎의 4배에 해당하는 양입니다. 가장 달고 부드러운 부위이므로 샐러드나 아사즈케(일본식 채소 절임) 등 생식으로 활용하는 것이 좋습니다.

심

미네랄 2배, 식이섬유 9배의 보고

심에는 칼슘·칼륨·마그네슘·인 등 미네랄이 안쪽 잎의 약 2배 들어 있습니다. 비타민 C도 겉잎 다음으로 많고, 근육의 에너지원이 되는 알라닌은 잎의 3.4배, 감칠맛 성분은 겉잎의 8배 등 영양소가 가득합니다. 하지만 너무 오래 가열하면 영양소가 다 빠져나가니 조리 시 유의하세요.

겉잎의 흰 가루는 농약이 아니에요!

양배추 겉잎에 붙어 있는 흰 가루는 농약이 아니라 양배추가 자외선 등으로부터 자신을 지키기 위해 만들어내는 왁스 형태의 물질 '블룸'입니다. 양배추의 지방에서 만들어진 성분이 표면에 배어난 것으로, 먹어도 전혀 문제없고 오히려 양배추가 신선하다는 증거이기도 합니다.

주요 영양 성분×양배추의 효능

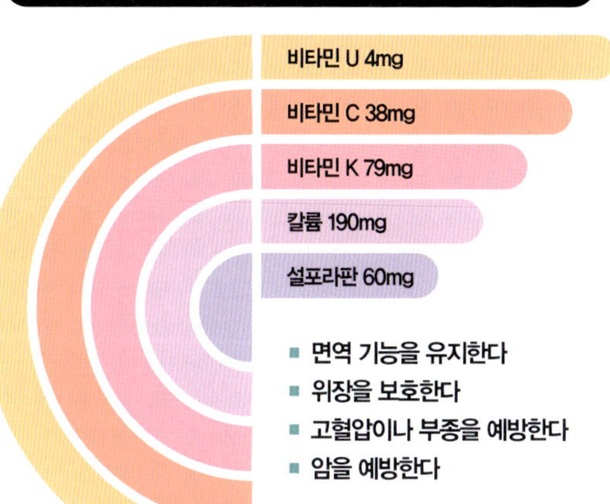

- 면역 기능을 유지한다
- 위장을 보호한다
- 고혈압이나 부종을 예방한다
- 암을 예방한다

겉잎

겉잎 3장으로 하루에 필요한 비타민 C의 50%를 섭취

겉잎은 딱딱하다고 버리는 경우가 많은데, 1~3장까지의 겉잎에는 안쪽 잎의 1.5배나 되는 비타민 C가 들어 있어서 절대로 버리면 안 됩니다. 게다가 겉잎에는 전체의 80%나 되는 비타민 A가 있고 혈압 강하 작용이 있는 아르기닌도 안쪽 잎의 3배나 많이 함유되어 있습니다.

위를 보호하고 위궤양을 예방하는 비타민 U

양배추에 든 비타민 U(캐비진)는 비타민이라는 이름이지만 사실은 아미노산입니다. 위 점막을 튼튼하게 하고 위산 과다 분비를 억제하는 성분으로, 위궤양이나 십이지장궤양을 예방하는 기능이 있습니다. 물론 체내 소화 과정에서 암 예방, 항산화 효과도 있습니다.

엽맥

유일무이한 피부 미용 성분

엽맥은 다른 부위보다 당도가 높고, 식이섬유도 잎의 2배가 들어 있습니다. 또 엽맥에만 프롤린이라는 콜라겐 복원 기능 성분이 있기 때문에 피부 미용에 꼭 필요한 부위입니다.

양배추 심은 우선 제거하기!

양배추 심에는 생장점이 있어서 수확한 후에도 축적한 영양분을 잎으로 보내려고 합니다. 절반으로 자른 양배추가 시간이 지나면 심을 중심으로 부풀어 오르는 이유가 바로 이 때문입니다. 이때 심의 풍부한 영양소가 빠져나갈 뿐 아니라, 잎끝에서 영양소가 점점 소실되고 빨리 상하게 됩니다. 따라서 양배추를 손질할 때는 심을 먼저 도려내세요. 양배추의 비타민은 보관 중에 별로 감소하지 않으므로 5일 안에 다 먹는다면 영양소 손실도 거의 없습니다.

눈이 번쩍!

양배추 심은 보배!

심의 감칠맛은 잎의 8배

'영양가가 높다고 해도 심은 맛없다'라고 생각하지 않나요? 그런데 알고 보면 양배추 심은 감칠맛의 근원이며, 아미노산이 잎의 8배 이상이나 들어 있는 맛있는 부위랍니다. 갈변된 부분은 냄새가 날 수 있으니 도려내고, 그 이외에는 얇게 썰어 볶음 요리 또는 카레에 넣거나 그대로 쓰케모노(채소절임), 마리네이드(와인, 식초, 기름 등에 절인 것) 등으로 만들어보세요. 양배추 심이야말로 감칠맛의 보고입니다.

Cabbage

양배추의 영양소 흡수 요령

양배추는 손질법에 따라 소화 효소가 약 18배나 차이 나요!

양배추샐러드는 최대한 가늘게 써는 것이 좋아요!

양배추는 브로콜리나 무와 같은 '아브라나과(科)' 채소입니다. 아브라나과 채소는 소화를 돕고 궤양을 방지하는 효과가 있는데, 양배추는 특히 이 효과가 뛰어납니다. 그야말로 밭에서 나는 위장약이죠. 이는 가늘게 썰수록 활성화되며, 자르지 않는 경우와 비교하면 18배나 차이가 납니다. 위장 문제를 해결하기 위해 양배추를 먹고 있다면 최대한 가늘게 썰거나 착즙기에 갈아서 스무디로 만드는 등 손질법을 바꾸어보세요.

COLUMN 양배추의 효능을 더 높여요!

단백질 대사 능력은 무의 3배 이상!

무는 소화를 돕는 채소로 유명한데, 양배추의 소화·대사 활성은 무의 3배 이상입니다. 건강 채소로 알려진 브로콜리와 비교하면 거의 5배에 달하죠. 비타민 U는 위를 보호하는 효과와 더불어 약해진 위장을 보완하고 점막을 튼튼하게 만드는 힘을 갖고 있습니다.

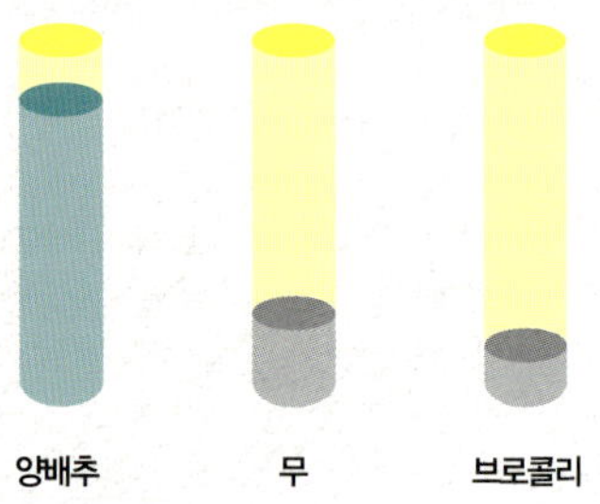

단백질 대사 활성

양배추는 자르면 자를수록 소화율이 17.9배로!

양배추의 소화력은 생양배추인 상태에서 활성화되고 70℃에서 비활성화되기 때문에 가열하지 않는 것이 좋습니다. 또 잘게 자를수록 소화율이 높아집니다. 양배추를 먹을 때 지방이 있으면 소화 효소가 높아지는데, 특히 마요네즈와 함께 먹는 것을 추천합니다. 달걀로 만든 마요네즈라면 3배, 콩 마요네즈도 2배 이상 증가합니다.

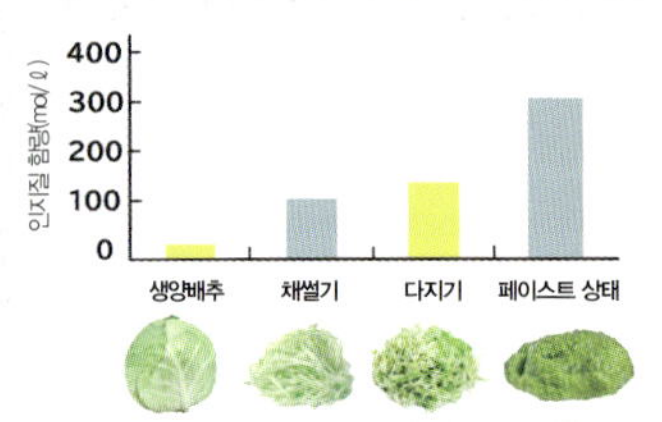

출처: 우리쿠라 마이 '항위장 장애 기능의 강화를 목적으로 한 양배추의 효과적인 조리 및 음식 궁합에 관한 연구'(2013), 도요식품연구소 연구 보고서(29)p.145~153 후쿠야마대학 생명공학부 생명영양과학과

조리법에 따른 소화 효소의 활성화

잘게 자르면 소화율 UP!

암 예방 성분도 가늘게 잘라 활성화

양배추 등의 아브라나과 채소에는 '설포라판'이라는 파이토케미컬이 들어 있습니다. 브로콜리 등에 많은 성분으로, 유해 물질을 해독하고 항산화력을 높이는 역할을 하며 암 예방 효과를 기대할 수 있는 몸에 이로운 성분입니다. 설포라판은 글루코시놀레이트라는 성분이 절단되면 효소와 섞여 활성화됩니다. 소화 효소뿐 아니라 항산화 성분을 섭취하기 위해서도 양배추는 가늘게 자르는 것이 좋습니다.

조리법에 따른 영양소 변화

항산화 성능을 높이려면 기름에 볶는 것이 베스트!

비타민 C나 미네랄 등 수용성 영양소가 많은 양배추는 삶거나 전자레인지에서 가열하면 영양소가 대폭 줄어듭니다. 한편 폴리페놀 유래 항산화 기능은 볶으면 증가한다는 실험 결과가 다수 보고되었습니다.

찌기

비타민 C
8.1% DOWN

찜 조리는 손실이 적어요

찜 조리 시 비타민 C의 손실률은 8.1%로, 영양소를 최대한 유지할 수 있습니다. 하지만 이것은 50℃에서 찐 경우입니다. 온도가 올라갈수록 손실률은 높아지며, 100℃에서 찌면 삶을 때처럼 비타민 C가 대폭 감소합니다.

삶기

비타민류는 절반 이하로

양배추의 수용성 비타민은 삶으면 40~60%가 빠져나갑니다. 양배추를 삶는다면 통째로 재빨리 가열하거나 국물째 먹는 것이 좋습니다. 또 소금을 2% 정도 넣으면 비타민 C를 약 10% 더 지킬 수 있습니다.

볶기

종합적으로 최고의 조리법

양배추를 볶으면 비타민 C는 감소하지만 폴리페놀은 약 40% 증가합니다. 또 베타카로틴도 기름으로 인해 흡수율이 60% 정도 증가하므로 가열 조리한다면 '기름에 볶기'가 가장 좋습니다.

전자레인지 조리

비타민 C
12% DOWN

전자레인지 조리도 손실이 많아요

전자레인지 조리는 영양소 손실이 적다고 하지만 실제로는 암 예방 성분이 많이 손실되고 비타민 C는 볶을 때의 절반이 됩니다. 또 수분이 많은 양배추는 전자레인지에서 수분 유출이 증가하면 삶을 때처럼 비타민 C가 감소합니다.

영양을 지키는 유용한 손질법

폭신한 식감은 가로로 채썰기, 아삭한 식감은 세로로 썰기

양배추는 자르는 방향에 따라 식감이 크게 달라집니다. 부드럽고 폭신한 식감을 원한다면 잎맥과 직각으로 잘라 섬유질을 끊습니다. 반대로 아삭한 식감을 원한다면 잎맥과 평행하게 잘라보세요.

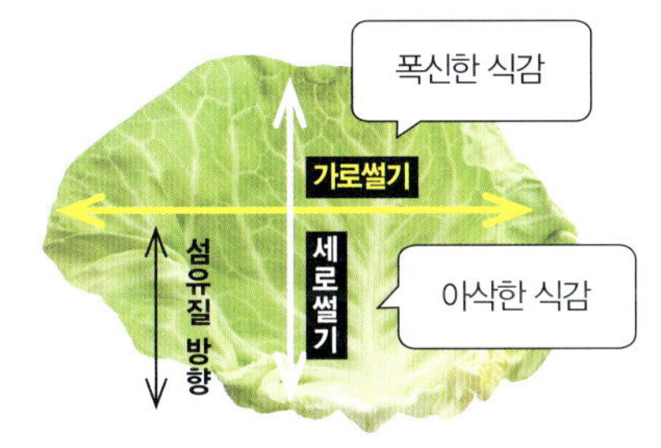

1 폭신한 식감을 원한다면 잎맥과 수직으로 잘라 섬유질을 끊어내듯이 채썰기를 합니다. 식감이 부드러워지며 단맛도 잘 느껴집니다.

2 아삭한 식감을 즐기려면 잎맥과 평행하게 자릅니다. 하지만 너무 두껍게 자르면 딱딱하니 가능한 한 가늘게 써는 것이 좋습니다.

양파 Onion

껍질을 4장 이상 벗기면 폴리페놀이 거의 제로

껍질(보호엽)

케르세틴의 90%가 여기에

양파 껍질은 구근보다 항산화 작용이 뛰어납니다. 케르세틴은 그 대부분이 껍질에 함유돼 있으며, 혈관을 튼튼하게 하거나 비만 예방에도 도움이 됩니다. 또한 일반 양파보다 자색 양파에 5.4배나 되는 양이 들어 있습니다.

Vegetable point

양파의 폴리페놀은 껍질에 90%

간 기능도 높이는 '양파 껍질 가루'

영양 만점인 양파 껍질은 그대로 먹기는 어렵지만 가루로 만들면 내장 지방 대책이나 비만 및 망막 손상 방지 효과에도 도움이 되는 유용한 식재료입니다. 수프 또는 된장국에 넣거나 햄버그 등의 속재료로 사용하면 좋습니다.

잘 씻어서 물기를 없앤 양파 껍질을 프라이팬에서 볶은 후 푸드프로세서 등으로 갈아 가루 형태로 만듭니다. 양파의 풍미와 영양이 가득 담긴 조미료가 완성됩니다.

껍질을 효과적으로 활용하면 양파의 영양소를 고스란히 얻을 수 있어요!

양파는 비타민류는 적지만 성인병 예방이나 피로 해소, 항산화 등의 성분이 가득한 채소입니다. 특히 최근 주목받는 폴리페놀인 케르세틴의 함량은 채소 중에서도 단연 으뜸입니다. 케르세틴이 가장 많이 들어 있는 곳은 '껍질' 부분이며, 겉에서부터 3장까지에 대부분이 들어 있습니다. 즉, 껍질을 너무 많이 벗기면 폴리페놀이 거의 사라진다는 뜻입니다. 폴리페놀은 음주로 세포가 손상되는 것을 막는 효과도 있으므로 껍질을 이용해서 맛국물을 내는 방법으로 활용해 보세요.

상부(엽초 상부)

케르세틴, 하부의 5.5배

양파의 케르세틴은 껍질 외에 상부에도 풍부합니다. 무심코 잘라버리기 쉬운 부위이지만 너무 많이 잘라내지 않도록 하세요. 상부가 두껍거나 만졌을 때 말랑말랑한 것은 상하기 쉬우니 주의하세요.

잎(비늘줄기·비후엽)

칼륨 최대 1.5배!

양파에서 우리가 먹는 부위는 '비늘줄기'입니다. 잎의 밑부분이 양분을 축적하는 만큼 두꺼워진 것이 비늘 형태로 겹쳐 있다고 하여 이름 붙여졌습니다. 안쪽은 두껍고 단맛이 강하며, 바깥쪽은 섬유질로 매운맛이 강하기 때문에 생양파를 먹는다면 안쪽이 좋습니다.

비후엽(안)

맹아엽

뿌리에서는 세포 분열이 활발하게 이루어지고 있어요!

주요 영양 성분×양파의 효능

- 알리신 230mg
- 케르세틴 28~50mg
- 비타민 B_6 0.14mg
- 칼륨 150mg
- 인 31mg

- 혈류를 개선한다
- 동맥경화를 예방한다
- 피로 해소를 돕는다
- 산화를 예방한다
- 알레르기를 억제한다

혈액 순환 성분에 고혈압 예방 효과도!

양파의 향 성분인 알리신은 당질에서 에너지를 만드는 비타민 B_1의 흡수율을 높이고, 혈액 순환을 개선하는 효과와 동맥경화 예방 효과도 있습니다. 또 껍질에 많은 폴리페놀인 케르세틴에는 항산화 작용, 항알레르기 작용, 혈압 상승 억제 효과도 있습니다.

중심부

- 마그네슘 30%
- 칼슘 30%
- 칼륨 40%

미네랄이 껍질의 5배

양파의 중심부 '심'은 잎에 양분을 보내는 중요한 부위입니다. 칼륨·인·마그네슘 등의 미네랄은 심에 가장 많은데, 전체의 30~40%가 여기에 있습니다. 심을 버리면 중요한 성분을 잃게 되어 손해가 큽니다.

COLUMN

양파 싹, 알고 보면 영양소가 가득해요

빛이 닿는 곳에서 보관하면 금세 싹이 날 수 있어요

양파 뿌리는 세포 분열이 활발하기 때문에 적당한 온도와 빛이 있으면 발아합니다. 이 싹에는 양파의 풍미와 영양소가 있으니 제거할 필요가 없습니다. 잘게 잘라서 양념 등에 사용하세요. 하지만 발아하면 양파 본체의 영양소를 잃어버리기 때문에 오래 두면 좋지 않습니다.

Onion

양파의 영양소 흡수 요령

슬라이스보다 다지기로 알리신 1.4배 증량

섬유질이 손상되고 공기에 닿으면 알리신이 발생

양파에는 특수한 아미노산인 알리인이 들어 있는데, 이것이 분해되면 '알리신'이라는 성분이 되어 혈액 순환 효과나 면역력 증진 효과를 만들게 됩니다. 알리신은 세포가 손상되고 공기에 노출되면 발생합니다. 만약 양파를 자르지 않고 통째로 조리하거나 섬유질을 따라 큼직하게 자르면 알리신 성분이 잘 생성되지 않습니다. 그래서 섬유질을 잘게 끊는 다지기를 추천합니다. 자른 후 10~30분 상온에서 방치하면 알리신이 더 증가합니다.

알리신은 점점 변해요

'알리인'이라는 파이토케미컬이 절단되어 효소 '알리이나아제'와 결합하면 '알리신'으로 변합니다. 또 알리신을 가열하면 '아호엔', '스콜디닌'이라는 다른 성분으로 변합니다. 냉한 체질을 개선하는 등의 효과를 기대할 수 있습니다.

알리인 → 알리신 → 아호엔 / 스콜디닌

과식에 주의

알리신이 활성화된 양파는 매운맛이 있어서 과하게 섭취하면 위가 상할 수 있습니다. 양파는 상온에 오래 두면 매운맛이 가라앉으니 이 방법을 활용해 보세요.

조리법에 따른 영양소 변화

'볶음'으로 항산화력 증가! 하지만 '투명한 갈색 양파'는 영양가가 없다?

양파의 중요 성분인 '알리신'과 '케르세틴'. 알리신은 열에 강하고 케르세틴은 지용성이어서 기름을 넣고 가볍게 볶는 조리가 가장 좋습니다. 하지만 투명한 갈색이 될 때까지 볶으면 영양소가 사라져버립니다.

생

'식초'를 넣으면 GOOD

알리신을 100% 섭취하려면 생양파가 좋지만 너무 많이 먹으면 위가 상할 수 있습니다. 이때, 식초를 넣으면 매운맛을 완화하면서 영양소도 유지할 수 있습니다.

물에 담그기

수용성 성분이 유출

물에 담그면 매운맛은 제거할 수 있지만 수용성인 알리신이나 칼슘·마그네슘·칼륨·인 등의 미네랄이 빠져나갑니다.

끓이기

국물째 먹는다면 OK

푹 끓이는 조리법도 물에 담그는 것 이상으로 수용성 성분이 손실됩니다. 하지만 양파에서 빠져나간 영양소가 그대로 담긴 국물을 그대로 먹을 수 있는 수프라면 괜찮습니다.

볶기

단시간 조리가 중요

양파는 80℃ 이하에서 가열하면 항산화력이 높아집니다. 또 지용성인 케르세틴은 기름에 볶으면 흡수율이 대폭 증가합니다.

찌기

100℃ 이상에서 비활성화

알리신은 가열하면 아호엔 등의 성분으로 변하여 항산화력을 유지하지만, 100℃ 이상이 되면 비활성화되니 오래 가열하지 마세요.

전자레인지 조리

단시간이라면 전자레인지 조리

전자레인지에서 가열하면 고르게 익지는 않지만 물에 닿지 않기 때문에 영양소 손실은 적습니다. 전자레인지를 사용한다면 30~45초 정도로 짧게 가열하는 것이 좋습니다.

껍질과 함께 밥을 지어 케르세틴을 전부 흡수해요

밥을 지을 때 손실되는 쌀의 미네랄도 양파 껍질로 보충!

양파 껍질을 넣고 밥을 지으면 녹아 나온 케르세틴을 흡수하여 밥이 연한 분홍색을 띕니다.

①쌀에 평소와 같은 양의 물을 넣고 잘 씻은 양파 껍질을 넣는다.
②밥이 다 지어지면 양파 껍질을 제거한다.
③전체를 잘 섞는다.
④그릇에 담으면 완성!

시금치 Spinach

자르는 타이밍에 따라 비타민 C가 90% 소실돼요!

자르고 나서 세척은 절대 금지! 영양소 유출에 주의하세요

시금치에 함유된 미네랄이나 비타민 C, 엽산 등은 수용성입니다. 그래서 자르고 나서 씻거나 물에 담그면 자른 단면에서 성분이 빠져나와 영양소가 사라진답니다. 시금치를 손질할 때는 반드시 '자르기 전에 씻기'를 잊지 마세요. 또 겨울 채소인 시금치는 추위에 강하기 때문에 '채소칸'보다는 온도가 낮은 '냉장실'에 넣어 보관하세요. 그대로 냉동 보관도 가능합니다.

잎

비타민 C는 줄기의 9배

광합성으로 항산화 물질인 비타민이 생성되기 때문에 잎끝에 비타민 C 등의 비타민류가 가장 많이 들어 있습니다. 또 진한 초록색은 베타카로틴이 풍부하다는 증거입니다. 시금치의 제철인 겨울이 되면 비타민 C 함량은 여름의 3배가 됩니다.

시금치는 추위에 강하지만 건조한 환경에는 약합니다. 수분과 함께 영양소도 사라져 버리기 때문이에요. 젖은 키친타월을 깐 용기에 넣어서 보관하세요.

보관 시 건조한 환경은 NO!

Vegetable point

영양소를 꽉 잡는 보관법

냉장 보관 5일 만에 비타민 C 40% 감소

시금치의 비타민 C는 냉장고 보관 5일 만에 40% 가까이 감소합니다. 바로 다 먹을 수 없다면 냉동 보관해야 영양소를 지킬 수 있습니다.

주요 영양 성분×시금치의 효능

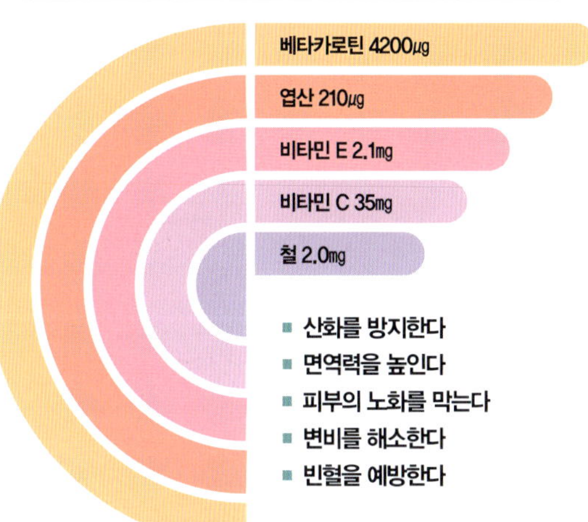

잎자루

항산화 성능은 잎의 5배

항산화 성능이 있는 폴리페놀은 잎자루, 특히 아래쪽에 많이 들어 있으며 항산화 성능은 잎의 약 5배입니다. 칼륨이나 칼슘 등의 미네랄도 잎과 같은 양이 들어 있습니다. 줄기가 너무 두꺼우면 딱딱해지므로 적당한 두께인 것을 고르면 맛있게 먹을 수 있습니다.

냉동 시금치는 냉장 해동 시 비타민 B_6가 1.5배

냉동 시금치는 냉장 해동하는 것을 추천합니다. 이렇게 하면 흐르는 물에 해동할 때보다 수분 손실은 1/3에 그치며 비타민 B_6는 1.5배나 유지할 수 있습니다. 한편, 실온 해동은 비타민 B_6가 많이 손실되는 해동 방법으로, 냉장 해동의 40% 정도밖에 남지 않습니다. 수분이 많은 채소는 냉장 해동하는 것이 가장 좋습니다.

뿌리

비타민 C의 산화 억제력 200배

흙이 붙어 있어서 무심코 잘라버리는 뿌리는 비타민 C가 산화하는 것을 막는 기능이 잎의 200배입니다. 철분이나 망가니즈가 가장 풍부할 뿐만 아니라 당도도 다른 부위의 2배입니다.

뿌리에 붙은 흙을 제거하려면 십자 모양으로 칼집을 넣고 물 속에서 흔들어 씻으면 됩니다.

COLUMN

겨울 시금치는 더욱 영양가 UP

당도도, 비타민도 약 1.5배

일본에서 12~1월에 나오는 시금치는 겨울철 찬바람을 일주일 이상 맞으며 자란 것입니다. 그러면 영양소와 당도를 비축하여 비타민 C나 베타카로틴, 당도가 약 1.4~1.5배 높아집니다. 겨울 시금치는 그야말로 '먹지 않으면 손해'랍니다.

최근 시금치의 비타민 C가 줄어들고 있다는 연구 결과가 있지만, 제철 시금치는 여전히 영양소가 풍부합니다. 베타카로틴뿐만 아니라 눈 건강에 좋은 성분인 '루테인'도 겨울철 찬바람을 맞으면 증가합니다.

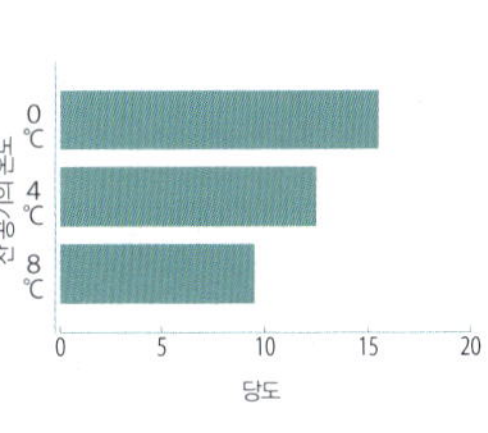

출처: 일반재단법인 '친환경이며 맛있는 농산물 시금치'에 게재된 그림을 토대로 작성

Spinach

시금치의 영양소 흡수 요령

기름에 볶으면 항산화력 1.5배, 흡수율은 최대 6배로!

베타카로틴, 비타민 E는 기름을 더하면 흡수율 UP

시금치의 항산화력·면역력 증진을 담당하는 2대 영양소인 베타카로틴과 비타민 E는 지용성입니다. 즉, 기름과 함께 섭취하지 않으면 영양소가 녹아 나오지 않아 애써 먹어도 일부밖에 몸에 흡수되지 않아요. 게다가 삶아서 조리하면 비타민 C 등 수용성 영양소가 빠져나가기 때문에 섭취할 수 있는 양이 크게 줄어듭니다. 시금치를 조리할 때는 '단시간 가열'하고 '기름'을 더해 흡수율을 높여야 합니다.

오히타시(채소를 데쳐서 간장으로 간한 음식)보다 소테(센불에서 소량의 기름으로 빠르게 조리한 것)가 더 좋아요!

간장을 넣는 타이밍도 중요!

시금치의 초록색을 만드는 클로로필은 외부의 유해 물질로부터 스스로를 지키기 위해 만들어진 파이토케미컬입니다. 클로로필은 산성인 성분을 넣으면 변하기 때문에 시금치에 산성인 간장을 더하면 10분 만에 약 절반으로 줄어듭니다. 따라서 간장을 뿌리는 타이밍은 먹기 직전이 가장 좋습니다. 소금으로 조미하면 영양 성분은 안정적으로 유지됩니다.

영양 듬뿍 식재료 조합법

시금치는 기름에 볶아 체내 흡수율을 2배로!

시금치에는 눈을 건강하게 만드는 루테인이 풍부하며, 두 단으로 하루에 필요한 양을 섭취할 수 있습니다. 루테인은 수용성으로 섭취하면 체내 흡수율이 60% 정도 됩니다. 그러나 시금치에 든 베타카로틴은 몸에 잘 흡수되지 않고 기름을 넣지 않으면 6%밖에 흡수되지 않습니다. 기름에 볶으면 흡수율은 15%로 2배 이상 높아지니 기름에 볶아 조리하는 것을 추천합니다.

조리법에 따른 영양소 변화

비타민 손실은 최소, 흡수력은 최대로

조리 시간이 길면 길수록 비타민이나 미네랄이 감소하기 때문에 '휘리릭 단시간에' 조리하세요. 삶으면 모든 영양소가 빠져나가니 볶아서 베타카로틴, 비타민 E의 흡수율을 높이거나 전자레인지로 단시간 조리합니다.

찌기

비타민 C
16% DOWN

단시간이면 GOOD

찜 조리라면 물에 직접 닿지 않기 때문에 비타민 C는 16%밖에 손실되지 않고 전체의 84%의 영양소가 남습니다. 하지만 고온에서 오래 찌면 삶을 때처럼 비타민 C가 줄어들기 때문에 온도와 시간에 주의해야 합니다.

삶기

비타민 C
60% DOWN

삶아서 물에 담그면 대폭 손실

시금치 조리의 기본은 '삶아서 물에 담그기'로 알고 있지만 사실 이렇게 하면 영양소 손실이 가장 큽니다. 삶은 후 5분 만에 비타민 C는 60%, 2분만 삶아도 40%가 손실됩니다. 그 후 물에 담그면 더 빠져나가 영양소가 훅 줄어듭니다.

볶기

비타민 C
23% DOWN

비타민 흡수율이 6배로!

볶는 조리법도 비타민 C를 비롯한 영양소가 20% 정도 감소합니다. 그러나 기름에 조리하면 베타카로틴, 비타민 E의 흡수율이 6배 증가합니다. 단시간에 휘리릭 볶으면 영양소 손실을 최소한으로 줄일 수 있습니다.

전자레인지 조리

물을 사용하지 않고 영양소 유지

전자레인지에서 가열한 후 물에 담그지 않으면 비타민·미네랄 손실을 10~20%로 줄일 수 있습니다. 단시간에 조리할 수 있고 영양소도 유지할 수 있어서 '볶는 조리법' 다음으로 권장합니다. 가열한 후에 기름으로 버무리는 '나물'도 좋습니다.

COLUMN

떫은맛을 없애면 수산은 어느 정도 줄일 수 있을까요?

수산은 수용성, 삶는 조리로 70% 감소

건강한 사람은 수산(옥살산)을 별로 신경 쓰지 않지만 요산 수치가 높은 사람은 주의해야 합니다. 떫은맛을 제거하는 과정에서 수산의 감소율은 계절에 따라 변동이 있지만 2분간 삶으면 최대 72% 줄일 수 있습니다. 또 1~2월의 제철을 맞이한 시금치는 수산 함량이 다른 계절보다 적기 때문에 떫은맛도 금세 없앨 수 있습니다. 단, 비타민 C 등의 수용성 영양 성분은 상당히 손실되므로 보완할 수 있는 다른 식재료나 반찬 등을 골라보세요.

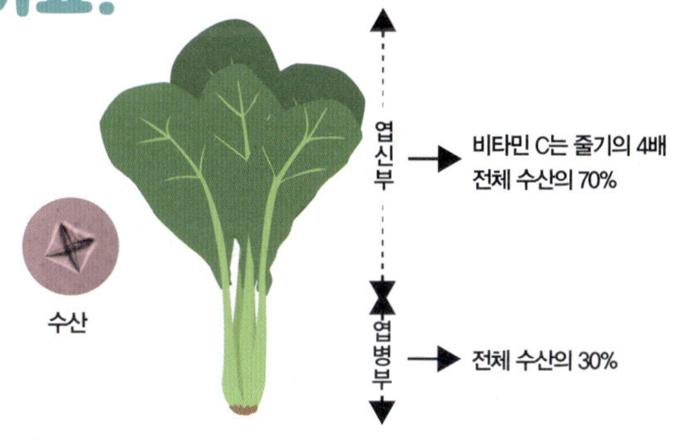

조리법에 따른 수산 함량의 차이

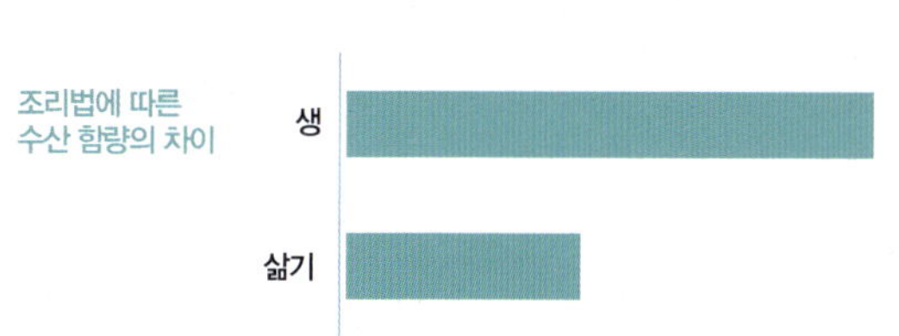

시금치를 통째로 1㎝로 잘게 잘라 전자레인지에서 2분 가열하면 수산을 70% 제거할 수 있습니다.
출처: 농연기구 '루테인 함량 유지와 수산 제거의 균형을 고려한 시금치 삶는 법'에 게재된 그림을 토대로 작성

대파 Green Onion

건조시키면 항산화력이 절반으로 뚝!

주요 영양 성분×대파의 효능

- 황화아릴 26㎍
- 비타민 C 32㎎
- 베타카로틴 1500㎍
- 칼슘 36㎎

- 혈류를 개선한다
- 면역력을 높인다
- 산화를 방지한다

초록색 부분과 흰색 부분은 영양 성분이 달라요

대파의 초록색 부분과 흰색 부분은 영양 성분이 다릅니다. 식이섬유, 칼륨, 베타카로틴, 비타민 K, 엽산, 비타민 C 등 전부 초록색 부분에 풍부하게 들어 있습니다. 그래서 조리법에 따른 영양가도, 보관 방법도 다릅니다.

건조함으로부터 대파를 지키는 보관법

대파는 상온 보관할 수 있지만 신선함을 유지하려면 냉장 보관이 좋습니다. 초록색 부분은 수분이 많고 상하기 쉬우니 대파를 보관할 때는 뿌리, 초록색 부분, 흰색 부분으로 나누세요. 젖은 키친타월에 감싸 지퍼백에 넣고 신선칸에 보관합니다. 대파는 냉동 보관해도 영양가는 그대로입니다.

대파의 부위 도감

뿌리

뿌리의 단맛은 끝부분의 5배

대파의 흰색 부분은 사실 잎사귀입니다. 빛이 닿지 않도록 여러 번 흙을 덮어 재배하면 부드럽고 단맛이 나는 파가 됩니다. 여기에는 당이 풍부하고 감기 예방에 효과적인 황화아릴이 많이 들어 있습니다. 그러나 열에 약해서 찜 조리에서는 1/3, 전자레인지 조리에서는 대부분이 소실됩니다. 또한 뿌리에 생장점이 있으니 바로 잘라내세요.

단맛

중심부(엽초)

단맛과 매운맛을 동시에

파류에 함유된 혈액 순환 성분인 황화아릴은 흰색 부분에 들어 있습니다. 비타민 B_1의 흡수율을 대폭 증가시키기 때문에 돼지고기나 간, 콩류 등과 함께 섭취한다면 이 부위를 먹는 것이 좋습니다.

영양을 지키는 유용한 손질법

부위별로 다른 손질 방법

흰색 부분의 황화아릴은 양파에 함유된 알리신과 마찬가지로 잘라야 활성화되기 때문에 잘게 다지는 것이 좋습니다. 한편, 초록색 부분은 비타민 C가 많으므로 너무 잘게 자르지 않아야 비타민 C 유출을 방지할 수 있습니다. 단, 매운맛이 강하기 때문에 생으로 먹는 경우에는 잘게 썰어도 됩니다.

조리법에 따른 영양소 변화

'구우면' 항산화력 2.5배

대파의 항산화력 증가나 면역력 증진 효과는 비교적 열에 강하기 때문에 가열 조리로 인한 손실은 적은 것이 포인트입니다. 특히 구웠을 때 항산화력이 대폭 증가합니다. 대파의 감기 예방 효과를 높이려면 '구운 파'를 드세요.

생

비타민 C를 유지하려면 생으로

파는 열에 강하지만 비타민을 섭취하기 위해서는 역시 생으로 먹는 게 가장 좋습니다. 잘게 다져서 양념으로 사용하면 비타민류를 남김없이 섭취할 수 있습니다. 단, 매운맛을 빼기 위해 물에 담그면 점액이 흘러나와 비타민 성분이 감소합니다.

삶기

면역력도 불활성화

파의 흰색 부분은 삶으면 비타민 C, 칼륨, 엽산, 베타카로틴 등이 평균적으로 20~30% 정도 감소합니다. 그중에서도 비타민 C는 가장 많이 손실됩니다. 냄비 요리 등에 파를 넣는다면 다른 식재료로 비타민 C를 보충하세요.

볶기

대파의 힘이 최대!

초록색 부분과 흰색 부분은 조리할 때 영양가의 증감이 다릅니다. 흰색 부분은 볶으면 7% 정도밖에 증가하지 않지만 초록색 부분은 78%나 많아집니다. 파 전체로 보면 항산화력이 2.5배, 당도도 1.2배 증가하니 볶음은 두말할 것 없는 최고의 조리법입니다.

전자레인지 조리

영양 손실은 없지만…

파의 폴리페놀에 함유된 항산화력은 열에 강해서 전자레인지에서도 유지할 수 있지만 파의 대표적인 항암 성분인 황화아릴은 전자레인지에서 5분만 조리해도 사라집니다. 이 성분을 섭취하고 싶으면 조리법을 고민해 보세요.

매운맛

끝(엽신)

흰색 부분보다 베타카로틴이 18배! 영양소는 끝에 모인다!

파의 초록색 부분은 녹황색 채소이며 흰색 부분은 담색 채소입니다. 그래서 영양가도 달라요. 초록색 부분은 흰색 부분에 비해 유황 함량이 풍부합니다. 또 베타카로틴이 18배, 비타민 K는 13배, 비타민 C도 2배 이상이나 들어 있습니다. 따라서 초록색 부분을 버리면 파의 영양소를 거의 다 버리는 것이나 마찬가지입니다. 또 파 껍질은 층에 따라 영양가가 다른데, 파의 특징인 유황 화합물에 관계된 유황류는 안쪽에 많고 반대로 칼슘 등은 바깥쪽에 많습니다.

COLUMN

초록색 부분의 끈적끈적한 성분을 섭취하세요!

점액 성분을 얼마나 섭취하느냐가 면역력 향상의 열쇠

대파의 초록색 부분에는 면역력을 높이는 성분이 풍부합니다. 특히 점액과 프룩탄의 당분이 중요하며, 이들을 씻어내면 면역력 향상 효과는 거의 없어집니다. 점액을 제거하면 면역 기능을 높이는 '사이토카인'이나 NK 세포의 활성 효과가 사라져 버립니다.

면역력 활성을 나타내는 '사이토카인' 함량의 증가

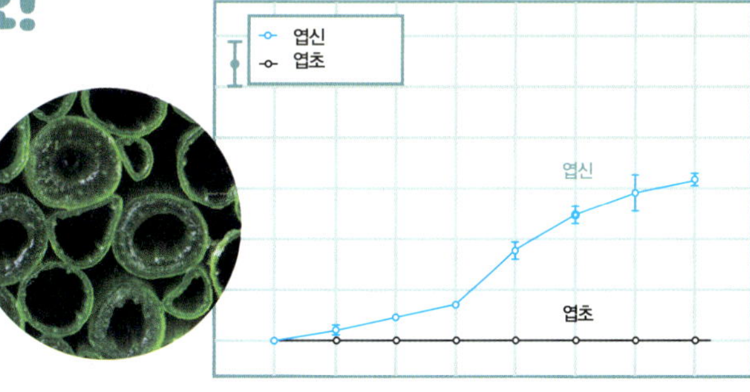

출처: 농연기구 '파의 면역 활성화 작용'

배추 Chinese Cabbage

'찜'으로 가바가 8배 UP!

수요 영양 성분×배추의 효능

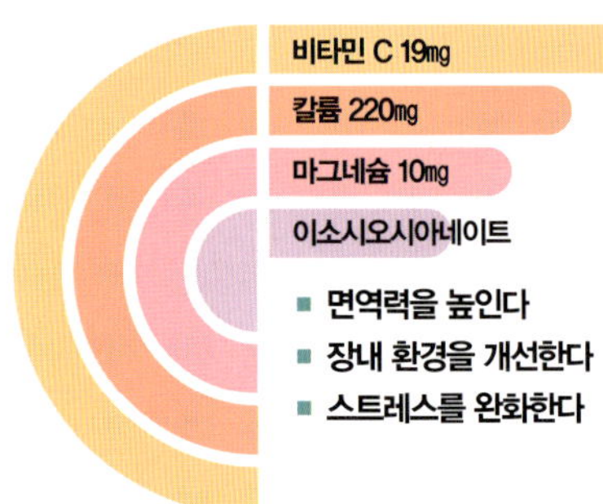

60℃의 저온 찜으로 가바 대폭 증가

배추의 감칠맛 성분인 글루타민산은 릴렉스 효과나 혈압 강하 효과가 있는 가바(GABA)를 생성합니다. 배추의 글루타민산을 가바로 변환하려면 60℃ 이하의 저온에서 찌는 것이 약 8배나 늘릴 수 있어 효과적입니다.

COLUMN 주목 성분, 배추의 가바는 이렇게 늘려요

냄비에 물을 넣고 뚜껑을 덮어 20분

가바는 80℃ 이상에서 가열하면 증가하지 않으므로 저온(55~60℃)에서 20분 정도 찌는 것이 가장 좋습니다. 냄비에 5㎝ 높이로 물을 넣고 끓기 직전에 불을 끈 후 배추를 넣습니다. 뚜껑을 덮고 천천히 가열합니다.

조리법에 따른 영양소 변화

사실은 열에 약하다? 장시간 가열은 영양 손실의 원인

냄비 요리에 배추가 빠지면 아쉽죠. 하지만 장시간 끓이면 배추의 비타민 C와 미네랄이 대폭 손실됩니다. 먹기 직전 재빨리 삶거나 전자레인지로 조리해야 비교적 손실이 적습니다. 저온 찜이라면 비타민 C를 대부분 유지할 수 있고 가바도 늘릴 수 있습니다.

찌기

비타민 C 20% DOWN

비타민, 항산화력, 기능성 성분 전부 GOOD

찜 조리는 비타민 손실도 최소한으로 줄일 뿐 아니라 가바 등의 기능 성분도 늘리는 최적의 조리법입니다. 단, 찜 조리 시 나오는 국물을 버리지 마세요.

삶기

삶으면 영양소 대폭 손실

보글보글 삶으면 비타민 C가 20~30% 정도로, 칼슘 등의 미네랄도 40% 정도로 감소합니다. 삶는다면 1분 내외로, 아삭한 식감을 살짝 남긴 상태로 빠르게 조리하세요.

볶기

볶는다면 손실은 약간 감소

볶는 조리법은 비교적 영양소의 손실은 적지만 배추의 영양소는 수용성이 많기 때문에 역시 비타민·미네랄이 60% 정도가 됩니다. 볶을 때는 물에 담그거나 미리 데치지 마세요.

전자레인지 조리

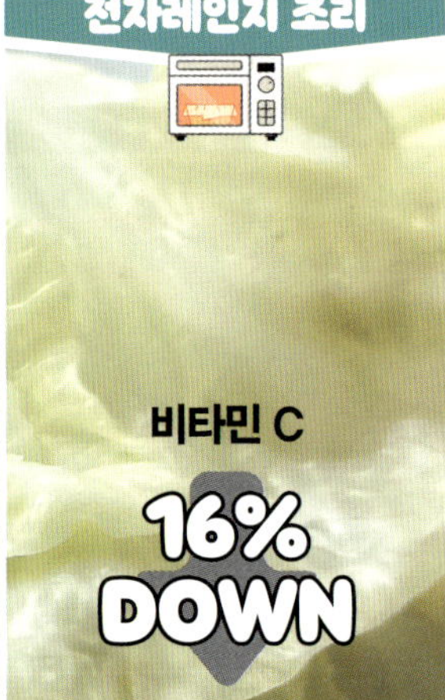

전자레인지 조리 시에도 1분 정도가 적당

찜 조리에 이어 추천하는 방법이 전자레인지 조리입니다. 단, 전자레인지에서 가열해도 배추의 수분이 나오면 영양소가 빠져나가기 때문에 역시 1분 정도만 가열하는 것이 좋습니다.

Vegetable point

중심부부터
먼저
드세요!

배추의 부위 도감

겉잎

비타민 C는 3.6배

겉잎에는 비타민 C가 중심부의 3.6배, 칼슘은 2배 이상으로 영양소가 풍부합니다. 겉잎은 절대로 버리지 마세요. 또 표면에 보이는 검은 점은 오염물이 아니라 폴리페놀입니다. 이것도 제거할 필요는 없습니다.

중심부(결구엽)

글루타민산이 14배

배추는 중심부가 감칠맛의 근원이며, 피로 해소 효과가 있는 글루타민산이 겉잎의 약 14배 들어 있습니다. 시간이 지나면 글루타민산을 바깥쪽으로 보내기 때문에 여기부터 먼저 먹지 않으면 감칠맛도, 영양소도 사라져 버립니다.

심(줄기)

배추의 중요 성분이 10배

아브라나과 채소에 함유된 항산화 성분 이소시오시아네이트는 배추에도 들어 있는데, 가장 많은 곳이 심 부분입니다. 심에는 비타민 C도 풍부하므로 이 부분을 버리기엔 아깝습니다. 단맛도 강하니 잘게 썰어 샐러드 등으로 만들어보세요.

여기에 칼집을
넣으면 성장이
멈춥니다!

영양을 지키는 유용한 손질법

배추를 통째로 낭비 없이 자르려면?

통배추는 우선 절반으로 자릅니다. 아랫부분에 칼집을 넣고 손으로 가르면 간단합니다. 심을 포함한 중심부를 도려내고 그곳부터 먼저 사용합니다. 비타민 C가 많은 겉잎은 큼직하게 썰고 중심부는 생으로 먹기 쉽게 채 썰거나 깍둑썰기합니다.

1

2

3

4

브로콜리 Broccoli

브로콜리의 항암 효과는 썰어서 방치하면 3배로 증가!

브로콜리의 항산화 기능은 자를수록 향상돼요

브로콜리의 글루코시놀레이트는 암세포를 억제하는 설포라판을 생성합니다. 브로콜리를 자르면 방어 기능으로 인해 이 글루코시놀레이트가 증가한다고 합니다. 작게 자른 브로콜리를 48시간 방치하여 공기에 닿게 하면 글루코시놀레이트의 일부가 최대 3배까지 증가하는 경우도 있습니다. 단, 브로콜리의 비타민 C는 시간이 지나면 사라질 수 있으니 비타민 C를 보충할 수 있는 식재료와 함께 먹는 것이 좋습니다.

Vegetable point

기능성 성분이 가득한 채소의 왕!

감기와 천식 억제 효과도 있어요!

브로콜리의 부위 도감

꽃봉오리

비타민 C는 줄기의 9배

꽃봉오리는 심에 가까울수록 영양소가 풍부합니다. 특히 비타민 U는 이 부위에 가장 많고, 안쪽 잎의 4배인 경우도 있습니다. 가장 달고 부드러운 부위이므로 샐러드나 아사즈케 등으로 만들어 생으로 먹는 것이 좋습니다.

줄기

당분은 꽃봉오리의 2.5배

줄기는 단단한 껍질에 덮여 있으며 비타민 C는 꽃봉오리의 80% 정도를 함유하고 있습니다. 꽃봉오리의 비타민 C에 비해 열에 강해서 가열 조리도 가능합니다. 당분도 꽃봉오리의 2.5배나 되어 달고 맛있으니 버리지 마세요.

줄기(하부)

비타민 C와 캐비진이 풍부

줄기는 아래쪽으로 갈수록 단단해서 버리기 쉬데, 여기에도 잎줄기와 같은 영양소가 들어 있니다. p.38의 손질법도 꼭 시도해 보세요.

씻는다면 '식초물 담그기'로

브로콜리를 씻을 때는 볼에 물을 담고 줄기를 잡아 거꾸로 넣어 흔들며 씻으면 됩니다. 이때 물에 식초를 넣으면 더욱 좋습니다. 식초물에 씻으면 불순물, 세균 등을 약 98% 제거할 수 있다고 합니다.

식초로 깨끗하게!

생김새가 복잡한 브로콜리는 세척하기 어려운 채소입니다. 게다가 표면에 유막이 있어서 물이 튕기기만 합니다. 그렇다고 잘라서 씻으면 단면에서 비타민 C가 약 40%나 빠져나오기 때문에 특히 주의해야 합니다.

주요 영양 성분×브로콜리의 효능

- 베타카로틴 900mg
- 비타민 C 140mg
- 비타민 E 3.0mg
- 엽산 220μg
- 설포라판 60mg

- 피부 노화를 방지한다
- 산화를 예방한다
- 암을 예방한다
- 혈압을 정상으로 만든다
- 인지 기능을 개선한다

우유보다 많은 단백질을 함유한 '지정 채소'

브로콜리는 일본인의 식생활에서 중요한 역할을 차지해 일본의 국가 지정 채소가 되었습니다. 2026년부터는 가격 안정화로 인해 구입하기도 쉬워질 것이라고 합니다. 브로콜리는 영양소가 풍부하고 단백질도 우유의 1.2배나 들어 있습니다.

알레르기 억제 효과 16배 No.1 부위는 꽃봉오리

브로콜리의 꽃봉오리에는 폴리페놀인 비타민 U가 다른 부위의 약 16배나 들어 있습니다. 비타민 U에는 위를 튼튼히 하는 효과 외에 알레르기 반응 물질의 활동을 억제하고 감기나 재채기 등의 알레르기 반응을 완화하는 기능이 있기 때문에 꽃가루가 날리는 시기에 적극적으로 섭취하면 좋은 재료입니다. 수용성이므로 전자레인지 조리하여 샐러드로 만들거나 수프에 넣어 국물째 드세요.

잎줄기

항산화 성분은 꽃봉오리의 3배

브로콜리 잎은 꽃봉오리에 이어 영양소가 풍부한 부위입니다. 비타민 C도 풍부하고 폴리페놀은 꽃봉오리의 3배나 됩니다. 잎줄기에는 암세포를 84%나 억제하는 효과가 있다고 합니다. 무심코 따서 버리면 아까울 정도로 영양소가 많으니 꼭 드세요.

암세포 활동 억제

COLUMN

성장을 위한 힘을 축적한 새싹

설포라판 함량은 브로콜리의 10배

설포라판이 주목받으면서 함께 인기가 높아진 것이 '브로콜리 새싹'입니다. 성장을 위한 힘을 가진 브로콜리 새싹에서 생성되는 설포라판의 양은 브로콜리의 약 10배나 됩니다. 생으로도 먹기 편하고 섭취하기 쉬운 것도 매력입니다.

브로콜리의 영양소 흡수 요령

브로콜리는 먹는 타이밍과 손질법에 따라 활성률이 12배 달라져요

머스타드와 함께 섭취하면 설포라판이 5배로

암 억제 성분 설포라판을 활성화시키는 효소인 미로시나아제는 가열로 소실될 수 있고, 75℃ 이상에서는 활성화되지 않습니다. 미로시나아제가 없어지면 설포라판의 기능은 떨어지기 때문에 가열 조리 후에는 미로시나아제를 함유한 식재료를 보충하는 것이 중요합니다. 미로시나아제가 풍부한 머스터드를 첨가하면 체내의 설포라판이 약 5배나 증가합니다. 그 외에도 무나 고추냉이 등 매운맛이 나는 식재료에 미로시나아제가 풍부하게 들어 있습니다.

영양을 지키는 유용한 손질법

영양 손실 없이 줄기를 먹는 요령

1 줄기에 1㎝ 정도 깊이의 칼집을 세로로 넣는다.

2 랩으로 싸서 전자레인지에서 1분 가열한 뒤 칼집 부분부터 벗긴다.

3 다 벗기면 단단한 부분만 제거한 줄기 완성!

냉동 보관으로 영양소를 잃는다?

브로콜리의 글루코시놀레이트나 미로나아제는 냉동해도 사라지지 않습니다. 그래서 바로 먹을 수 없다면 냉동 보관하는 것도 좋습니다. 단, 미리 데치면 비타민 C가 소실되므로 생브로콜리 그대로 작게 잘라 냉동하세요. 자연 해동하면 물기가 생기니 조리할 때는 해동하지 않고 얼어 있는 상태로 사용합니다.

영양을 지키는 유용한 손질법

먹는 타이밍에 따라 손질법이 달라져요

브로콜리는 손질법에 따라 기능성 성분이 변합니다. 덩어리 썰기는 시간이 갈수록 글루코시놀레이트 등이 증가하고 20℃에서 24시간이 지나면 12배까지 상승합니다. 한편, 잘게 썰기는 자른 순간 약 4배가 됩니다. 어느 정도 시간이 지난 후에 먹는다면 덩어리 썰기가, 바로 먹는다면 잘게 썰기가 영양 성분을 늘릴 수 있는 방법입니다.

시간을 두고 먹는다면 덩어리 썰기로 12배!

바로 먹는다면 잘게 썰기로 4배!

영양을 지키는 유용한 손질법

다진다면 생으로도 OK

브로콜리를 2㎜ 정도로 다지면 생으로도 먹기 편합니다. 잘게 잘라도 설포라판의 활성화에는 시간이 걸리기 때문에 48시간 이상 두는 것이 좋으며, 기름과 함께 먹는 것을 추천합니다.

1

2

조리법에 따른 영양소 변화

가열 시간이 너무 길면 비타민도, 항산화도 큰 손실

브로콜리는 가열해서 먹는 경우가 많지만, 너무 오래 가열하면 비타민 C가 사라지고 귀중한 효소인 미로시나아제도 활성화되지 않습니다. 천천히 가열하지 말고 3분 정도를 기준으로 두는 것을 추천합니다. 삶고 끓이는 조리는 비타민 C와 미네랄이 빠져나가기 때문에 피하는 것이 좋습니다.

생

생으로 먹는 경우도 있다?
브로콜리는 생으로도 먹을 수 있습니다. 꽃봉오리 부분을 먹기 좋게 잘라 양념에 버무려도 좋고, 딱딱한 부분을 벗긴 줄기는 그대로도 맛있게 먹을 수 있습니다. 잘 씹어서 설포라판을 활성화해 주세요.

삶기

비타민 손실 최대
브로콜리의 꽃봉오리는 비타민 C가 쉽게 빠져나가는데, 특히 삶으면 60%나 감소합니다. 미로시나아제도 삶으면 활성화되지 않으므로 되도록 삶지 않는 것이 좋습니다.

찌기

찜 조리가 BEST!
비타민 C를 지키려면 물을 사용하지 않는 조리법이 가장 좋습니다. 찜 조리는 비타민 C와 함께 설포라판도 손실이 거의 없어, 가장 추천하는 조리법입니다.

전자레인지 조리

비타민 C는 GOOD
전자레인지 조리로도 비타민 C를 지킬 수 있지만 설포라판의 감소율은 62%나 됩니다. 전자레인지를 이용할 때는 아래에서 소개한 키친타월을 사용한 방법으로 영양소 손실을 막아야 합니다.

영양을 지키는 유용한 손질법

비타민을 지키는 전자레인지 요령

전자레인지로 조리할 때는 수분 증발을 막기 위해 젖은 키친타월을 사용하면 좋습니다. 삶았을 때보다 비타민 C를 약 2배, 비타민 B_1은 약 4배를 남길 수 있습니다.

1 브로콜리를 먹기 좋은 크기로 자른다.

2 내열 용기의 바닥에 젖은 키친타월을 깔고 브로콜리를 넣는다.

3 젖은 키친타월로 덮고 전자레인지에서 2분 30초 가열한다.

소송채 Komatsuna

냉동으로 비타민 C 100%

주요 영양 성분×소송채의 효능

- 베타카로틴 3100㎍
- 비타민 C 39㎎
- 칼슘 170㎎
- 철분 2.8㎎

- 피부 노화를 방지한다
- 산화를 예방한다
- 뼈를 생성한다
- 빈혈을 예방한다

냉동 보관하면 맛도, 영양도 60% 증가

풍부한 칼슘과 비타민 C를 함유한 소송채는 냉동 보관해야 합니다. 냉동하면 세포벽이 손상되어 조직이 부드러워져서 해동만 하면 먹을 수 있습니다. 또 가열하면 약 60%나 빠져나가는 수용성 영양소를 남김없이 섭취할 수 있습니다.

소송채를 씻어 물기만 없앤 후 그대로 랩에 싸서 냉동실에 넣습니다. 해동할 때는 냉장고나 상온에서 자연 해동합니다. 국물 요리 등에 넣을 때는 얼어 있는 그대로 조리하면 됩니다.

Vegetable point

사 오면 바로 냉동해야 손실률 제로!

소송채의 부위 도감

잎(엽신)

카로티노이드는 줄기의 10배

잎끝에는 비타민 C와 함께 베타카로틴 등의 카로티노이드가 풍부하며, 그 양은 줄기의 약 10배나 됩니다. 단, 잎끝에서 서서히 영양소가 빠져나가기 때문에 가능한 한 빨리 먹거나 바로 냉동하세요.

뿌리

미네랄 함량 No.1

잎채소 중에서도 칼슘이나 철 등의 미네랄이 풍부한 소송채. 특히 성장에 필요한 영양소를 축적한 뿌리는 그야말로 미네랄의 보고입니다. 제거하지 말고 시금치(p.29)와 마찬가지로 십자 모양으로 칼집을 넣어 씻은 후 사용하세요.

줄기(잎줄기)

당도가 최대인 부위

줄기는 비타민은 적지만 잎보다 당이 풍부합니다. 아삭아삭한 씹는 맛과 단맛으로 소송채 맛의 결정타가 되는 부위입니다. 냉동 소송채는 적당하게 식감을 남기면서도 부드러워지므로 소송채의 맛을 고스란히 느낄 수 있습니다.

볶는다면 베타카로틴 흡수율 UP

떫은맛이 적은 소송채는 생으로도 먹기 쉬운 잎채소입니다. 그대로 샐러드나 스무디로 만들 수도 있습니다. 가열한다면 영양소나 식감을 위해 단시간 내에 조리해 주세요. 베타카로틴의 흡수율을 높일 수 있도록 기름에 볶아도 좋습니다.

생

냉장 보관이면 2~3일 안에
냉동 소송채는 적당히 부드러워서 삶지 않고 오히타시나 나물로 만들 수 있습니다. 언 상태 그대로 스무디를 만드는 것도 좋습니다. 냉장 보관한 경우에는 비타민이 손실되지 않도록 2~3일 안에 드세요.

삶기

삶는다면 30초
소송채의 비타민·미네랄은 삶으면 절반이 사라집니다. 삶을 때는 자르지 않은 채로 30초 정도만 빠르게 데쳐주세요.

볶기

지용성 영양소를 섭취
볶을 때는 소송채의 비타민 C 손실이 적습니다. 베타카로틴, 피나 뼈를 건강하게 만드는 비타민 K는 지용성이므로 기름에 볶아 흡수율을 높일 수 있습니다.

시금치보다 풍부한 루테인

루테인은 빛의 자극으로부터 눈을 보호하고 피로를 억제하며 건강을 유지하는 기능성 성분입니다. 사실 대표적인 건강 채소 시금치보다 소송채에 약 2배 가까이 많습니다. 루테인은 베타카로틴과 마찬가지로 지용성이므로 기름과 함께 섭취하면 흡수력을 높일 수 있습니다. 눈 건강을 생각한다면 오히타시 등에도 참기름을 넣어 섭취하세요.

전자레인지 조리

손실은 약간 적어요
전자레인지를 이용한다면 삶을 때보다 수용성 비타민의 손실을 줄일 수 있습니다. 내열 접시에 넣고 랩을 덮거나 랩에 싸서 30초 정도 가열합니다.

찌기

가열한다면 찜 조리
소송채는 금세 익기 때문에 1분 정도만 쪄도 충분합니다. 2분 이상 찌면 비타민 C가 약 20% 이상 줄어듭니다.

영양 듬뿍 식재료 조합법

칼슘과 베타카로틴의 효과를 높여요

소송채에 함유된 칼슘은 시금치의 약 3배나 되므로 체내의 칼슘 흡수를 돕는 식재료와 조합하는 것이 좋습니다. 칼슘 흡수를 돕는 단백질이나 마그네슘을 함유한 콩 제품이 최고의 궁합을 자랑합니다. 또 베타카로틴도 풍부하므로 토마토 등 비타민 C가 든 식재료와 함께 섭취하여 항산화 효과를 더 높이는 것도 추천합니다.

푸른차조기 Perilla

잎 뒷면을 만지면 항균력이 80% 뚝!

주요 영양 성분×차조기의 효능

- 페릴알데하이드 127㎎
- 로스마린산 256㎎
- 베타카로틴 11000㎍
- 비타민 C 26㎎

- 산화를 예방한다
- 균 번식을 억제한다
- 성인병을 예방한다

차조기의 풍미는 뒷면에 있어요! 앞면을 뒤로 가게 하여 자르는 것이 정답

차조기 향의 주성분인 페릴알데하이드에는 강한 살균 작용이나 장염을 억제하는 작용 등 몸에 좋은 기능이 가득합니다. 이 성분은 잎의 뒷면에 집중되어 있으며 만지기만 해도 점점 휘발되어 버립니다.

Vegetable point

기능성이 높은 일본의 슈퍼 푸드

선린

가볍게 만져요!

차조기의 부위 도감

뒤(엽맥)

항균 작용의 80%는 뒤쪽

페릴알데하이드를 함유한 '냄새 주머니'가 되는 것이 잎의 뒷면에 집중된 선린이라는 부분입니다. 살짝 만지기만 해도 페릴알데하이드가 공기 중으로 흩어집니다. 잎의 뒷면을 뒤집어서 앞으로 가게 하여 자르면 손상을 줄일 수 있습니다.

잎(화엽부)

초록색의 정체는 베타카로틴

잎의 선명한 초록색은 베타카로틴이 풍부하다는 증거입니다. 베타카로틴의 항산화 작용과 더불어 차조기의 폴리페놀인 로스마린산도 높은 항산화 기능이 있습니다. 또 항알레르기 작용이나 치매 예방 작용도 기대할 수 있는 눈에 띄는 성분입니다.

축(엽지부)

아주 조금만 잘라내세요

냉장고 채소칸 등에서 차조기를 보관할 경우에는 컵에 물을 넣고 축 부분만 담그면 비교적 오래 보관할 수 있습니다. 보관할 때는 끝의 1㎜ 정도만 잘라내고, 먹을 때는 잎과 함께 채썰기하면 됩니다.

영양을 지키는 유용한 손질법

잎의 뒷면을 뒤집어서 자르세요!

차조기를 손질할 때 잎의 뒷면을 도마에 놓고 썰면 그것만으로 페릴알데하이드가 사라집니다. 이때는 잎을 뒤집어서 뒷면이 도마와 닿지 않게 하는 것이 중요합니다. 잘게 자르지 않아도 되는 경우에는 축을 잡고 주방 가위로 자릅니다.

1 채썰기할 경우, 차조기의 뒷면을 위로 가게 두고 여러 장 겹쳐 돌돌 만다. 이때 뒷면을 많이 만지지 않도록 끝을 잡는다.

2 끝에서부터 원하는 두께로 자른다. 뒷면을 만지지 않고 자를 수 있으므로 페릴알데하이드가 휘발되는 것을 막을 수 있다.

조리법에 따른 영양소 변화

가열도 가능합니다

차조기는 대부분 생으로 먹지만 베타카로틴을 비롯한 비타민과 치매 예방 효과가 있는 로스마린산 등 지용성 성분도 많이 함유되어 있습니다. 그래서 기름에 볶는 것도 좋습니다.

생

먹기 직전에 잘라요
살균 효과가 있는 페릴알데하이드는 쉽게 사라질 수 있는데, 조리뿐 아니라 자르고 난 후 시간이 지나도 성분이 감소합니다. 생으로 먹는 경우에는 먹기 직전에 자르는 게 좋습니다.

삶기

물을 사용하는 조리는 부적합
물에 담그면 비타민 C와 함께 페릴알데하이드도 빠져나갑니다. 향도 날아가 버리므로 차조기의 장점을 살리는 조리법이라고 할 수 없습니다.

볶기

지용성 성분의 흡수율 UP
로스마린산, 베타카로틴과 더불어 피와 뼈를 만드는 비타민 K, 항산화 작용이 있는 비타민 E 등의 지용성 성분도 들어 있기 때문에 기름에 볶는 것이 좋습니다. 오일 절임도 추천해요.

COLUMN

차조기를 마르지 않게 하는 보관 요령

신선한 향 그대로 보관해요

신선한 차조기는 향이 강하고 선명한 초록색을 띠고 있지만 말라서 시들어버리면 향 성분도 훅 줄어듭니다. 마르지 않게 하기 위해서는 병에 물을 소량 담고 축을 아래로 가게 넣거나 랩에 싸서 냉장고에 넣습니다. 잎이 물에 닿으면 상할 수 있으니 젖은 키친타월에 싸서 지퍼백에 넣어 보관해도 됩니다.

양상추 Lettuce

생으로 먹는 것보다 볶아 먹으면 비타민 흡수 8배

주요 영양 성분×양상추의 효능

- 비타민 C 5mg
- 비타민 E 0.3mg
- 식이섬유 1.1mg
- 락투코피크린

- 산화를 예방한다
- 피부 노화를 방지한다
- 장내 환경을 개선한다
- 수면의 질을 높인다

부피를 줄여 많이 섭취해요

양상추는 샐러드 채소라는 이미지가 강하지만 사실은 가열해서 먹는 것이 더 좋습니다. 생양상추는 많이 먹기 어려운데, 95%가 수분이어서 짧게 가열하기만 해도 부피가 줄어 식이섬유를 듬뿍 섭취할 수 있습니다.

양상추의 부위 도감

겉잎

비타민 C가 30%

겉잎에는 베타카로틴이 많이 들어 있으며 줄기 부분에는 진정 기능이나 간 기능을 높이는 폴리페놀 락투코피크린이 풍부합니다. 이는 줄기를 자르면 나오는 흰 액체로, 약간의 쓴맛이 나는 원인이기도 합니다.

중심 잎(결구엽)

폴리페놀 함량 최대

양상추에 든 폴리페놀 성분 락투코피크린은 예로부터 수면의 질을 높이는 기능을 하는 것으로 잘 알려져 있습니다. 이 폴리페놀은 중심 잎에 가장 많이 들어 있습니다.

균형 잡힌 영양소를 함유한 채소

Vegetable point

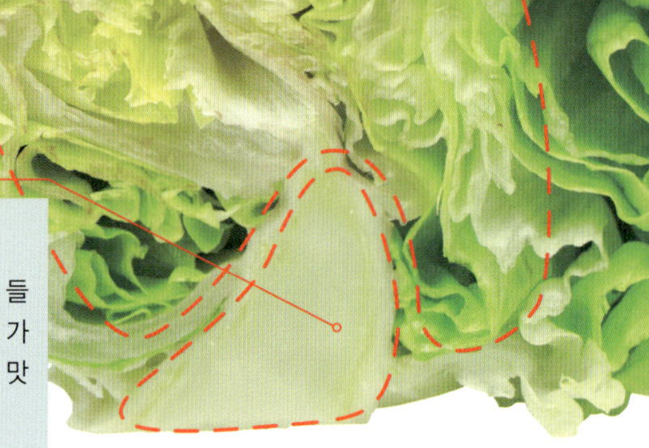

심

독자 성분이 잎의 2.5배

생장점인 심에는 칼슘·마그네슘 등의 미네랄이 들어 있으며, 락투코피크린도 이 부위에 많습니다. 가열하면 당도가 높아져서 볶음 요리 등에 넣어도 맛있게 먹을 수 있습니다.

암 억제 효과 채소 중 No.1

영양가가 적다고 저평가되는 양상추이지만, 알고 보면 '종양괴사인자 알파(TNF-α)'라는 면역력을 높이는 물질이 채소 중 가장 많이 함유되어 있습니다. 'TNF-α'는 바이러스뿐 아니라 암세포를 억제하는 기능도 있다고 합니다. 감기가 유행하는 계절이나 면역력이 떨어졌다고 느꼈을 때 양상추를 양껏 섭취하세요.

영양소를 꽉 잡는 보관법

양상추 보관&되살리는 꿀팁

양상추는 수분이 많고 금방 상하기 때문에 보관 시 생장점인 심의 활동을 멈추게 하는 것이 중요합니다. 그러면 2~3일 만에 상하는 양상추의 수명을 일주일로 늘릴 수 있습니다. 또 시든 양상추는 따뜻한 물에 담가 되살립니다. 세포가 물을 쭉쭉 흡수하여 다시 아삭해집니다.

양상추는 심 부분부터 상하기 시작합니다. 겉잎의 영양소가 심으로 옮겨가기 때문에 이 부위의 기능을 멈추는 것이 중요합니다. 심에 이쑤시개를 2~3개 꽂으면 생장점이 파괴되어 보관 기간이 늘어납니다.

시든 양상추 잎을 40℃(체온보다 조금 높은)의 따뜻한 물에 담그면 세포 기능이 활발해져서 5분 만에 아삭하게 되살아납니다. 얼음물에 담그는 것보다 효과가 빠르고 영양소 유출도 효과적으로 막을 수 있습니다.

조리법에 따른 영양소 변화

'볶음'이나 '전자레인지 조리'로 휘리릭 가열해요

생으로도 먹을 수 있는 양상추는 오래 가열할 필요가 없습니다. 30초 정도 가열하면 아삭한 식감을 남기면서 부피를 대폭 줄일 수 있으므로 단시간 가열하는 걸 추천합니다.

생

칼로 썰지 않고 손으로 찢기

양상추를 생으로 먹는 경우, 칼로 썰면 폴리페놀이 반응하여 변색되므로 손으로 찢어서 사용하세요. 채 썰기 등 꼭 칼을 사용해야 한다면 섬유질의 결을 따라 자르면 됩니다.

삶기

2분 만에 60% 감소

물을 사용하여 조리할 경우, 비타민은 60~80% 감소합니다. 그중에서는 물을 조금만 사용하는 '찜'이 손실을 최대한 줄이는 조리법입니다.

볶기

항산화력은 증가

볶으면 비타민 C는 감소하지만 항산화력은 증가한다는 연구 보고가 있습니다. 베타카로틴, 비타민 E 등 지용성 비타민의 흡수율도 증가하므로 재빨리 볶아 조리하는 것도 좋습니다.

전자레인지 조리

전자레인지 조리도 단시간에

전자레인지를 이용하면 수용성 성분의 손실을 줄일 수 있지만 이 경우에도 장시간 가열은 피해야 합니다. 30~40초를 기준으로 빠르게 조리하세요.

부추 Leek

냉동하면 항산화 효과가 9.6배로!

주요 영양 성분×부추의 효능

알리신 2.6mg
베타카로틴 3500mg
비타민 C 19mg
비타민 E 3mg

- 피로 해소를 돕는다
- 암을 예방한다
- 면역력을 높인다
- 산화를 예방한다
- 피부 노화를 방지한다

Vegetable point

냉동하면 영양소도, 단맛도 대폭 증가!

부추의 부위 도감

잎끝

진한 초록색에는 비타민이 있어요

부추는 부위에 따라 영양소가 완전히 다릅니다. 진한 초록색의 잎끝에는 베타카로틴, 비타민 C 등과 더불어 암 예방 효과가 있는 메티인도 가장 많이 함유되어 있습니다.

엽초

알리신이 두 번째로 풍부한 곳은 중간부

부추의 영양소인 알리신·메티인은 중간부에도 들어 있는데, 시간이 지날수록 잎끝으로 공급되어 영양가가 점점 줄어듭니다. 냉장 보관한다면 잎끝과 나눠 두는 것이 영양소를 유지하는 방법입니다.

뿌리

부추 뿌리는 영양소의 저장고

부추 뿌리에는 칼슘이나 마그네슘 등의 미네랄이 풍부하게 축적되어 있습니다. 또 알리신과 당분도 많기 때문에 영양소가 많을 뿐 아니라 맛도 좋은 부분입니다.

냉동으로 혈류 개선 성분 최대 9.6배, 암 예방 효과 성분도 3.5배로

냉장고에서 상하기 쉬운 대표적인 채소인 부추는 사 오면 바로 냉동실에 넣어야 합니다. 부추를 냉동하면 영양소가 줄어들기는커녕 혈액 순환 효과가 있는 항산화 성분 알리신이 최대 9.6배, 암 예방 효과가 있는 메티인도 약 3.5배로 증가합니다.

영양을 지키는 유용한 손질법

엽초는 가늘게, 잎끝은 큼직하게 썰기

부추의 뿌리부터 엽초에는 알리신이 풍부하므로 잘게 잘라 활성화되도록 합니다. 한편, 잎끝에는 비타민 C가 많기 때문에 너무 잘게 자르면 비타민 C가 왕창 빠져나갑니다. 영양소를 제대로 섭취하려면 부위에 따라 손질법을 바꾸는 것이 좋습니다.

영양 듬뿍 식재료 조합법

비타민 B1과의 조합이 최강

부추에 함유된 알리신은 피로 해소 효과가 있는 비타민 B1과 결합하면 흡수율이 10배나 증가하는 '알리티아민'으로 변합니다. 비타민 B1이 풍부한 간과 조합한 '부추 간 볶음'은 피로 해소에 효과적입니다.

마늘에 버금가는 피로 회복력

마늘도 부추와 마찬가지로 알리신을 풍부하게 함유하여 피로 해소에 효과적이에요. 알리신 함량은 마늘이 높지만, 부추는 채소 중에서도 높은 베타카로틴 함량을 자랑하는 등 비타민도 풍부하고 항산화력도 뛰어납니다. 한 단을 먹으면 하루에 필요한 녹황색 채소 섭취량을 80%나 충족시킬 정도로 영양 만점입니다. 부추는 마늘에 버금가는 건강 식재료라고 할 수 있습니다.

조리법에 따른 영양소 변화

냉동한 상태로 조리하면 알리신이 증가

수용성 성분이 많은 부추이지만 의외로 조리에 의한 영양소 손실은 적습니다. 단, 시간이 지나면 영양소 손실이 많아지므로 바로 먹지 않을 때는 냉동 보관을 추천합니다. 냉동하면 알리신이 더 활성화될 수도 있습니다.

생

생으로 먹는다면 엽초부터 뿌리는 잘게 잘라요

생으로 먹는 경우 잎과 줄기는 알리신과 메티인을 활성화시키기 위해 잘게 자르는 것이 좋습니다. 비타민이 많은 잎끝은 큼직하게 썰어서 손실을 줄여주세요.

삶기

삶을 때도 비타민이 사라지지 않아요

삶을 때 비타민 C를 놓치는 채소가 많은데, 부추의 경우 삶으면 약간이지만 비타민 C가 증가한다고 합니다. 재빨리 삶아서 바로 먹으면 좋습니다.

볶기

지용성 비타민의 흡수율이 증가

볶으면 비타민 C는 40% 정도 줄어들지만 베타카로틴, 비타민 E의 흡수율은 높아집니다. 알리신은 열에 약하기 때문에 단시간에 볶아야 합니다.

전자레인지 조리

냉동 부추로 대폭 증가

전자레인지를 이용하면 영양소는 전반적으로 유지됩니다. 또 냉동 부추를 전자레인지로 가열한 경우, 생부추에 비해 알리인·메티인이 1.5~4배로 증가합니다. 전자레인지 조리라면 냉동 부추를 사용하는 것을 추천합니다.

고추 Chili Pepper

홍고추는 가열, 풋고추는 생으로!

주요 영양 성분×고추의 효능

- 캡사이신 1mg
- 베타카로틴 6600μg
- 비타민 E 10.9mg

- 혈류를 증가시킨다
- 지방을 연소시킨다
- 에너지 대사를 높인다
- 산화를 방지한다

열매

매운맛뿐 아니라 단맛도 많아요

'고추=맵다'는 이미지이지만, 사실 과육에는 단맛이 풍부합니다. 매운맛이 많은 곳은 주로 고추의 속 부분이며, 과육은 피망 등과 마찬가지로 가열해서 단맛을 끌어낼 수 있습니다.

씨&흰 심지(태좌&격벽)

매운맛 성분은 흰 심지에 90%

생고추의 매운맛은 대부분 흰 심지에 들어 있습니다. 그러나 '건고추'는 건조 과정에서 흰 심지의 캡사이신이 붙어 과육 부분도 맵습니다.

먹기만 해도 운동하는 것과 같은 효과

얼얼한 매운맛의 캡사이신이 특징인 고추. 매운맛으로 체온을 올려주기 때문에 '먹는 운동'이라고도 하는 성분입니다. 풋고추는 생으로, 홍고추는 가열해야 이 매운맛을 끌어낼 수 있습니다.

조리법에 따른 영양소 변화

고추는 '끓이기'보다 '굽기'가 정답

고추에는 캡사이신 외에 비타민 C나 베타카로틴 등의 카르테노이드, 그리고 폴리페놀 등의 항산화 성분도 가득합니다. 이 성분들은 물에 끓이기보다 굽거나 볶는 등 물을 사용하지 않는 조리법을 이용하면 대부분 유지할 수 있습니다.

맵지 않은 품종의 영양가는 낮다?

고추는 매운 품종뿐 아니라 매운맛이 없고 단맛이 강한 품종도 있습니다. 여기에는 캡사이신 대신에 캡시에이트라는 성분이 들어 있어서 에너지 대사 효과, 지방 연소 효과 등을 기대할 수 있습니다. 매운맛이 없다고 해서 영양가가 낮은 것은 아닙니다.

굽는 온도에 따른 페놀량의 변화

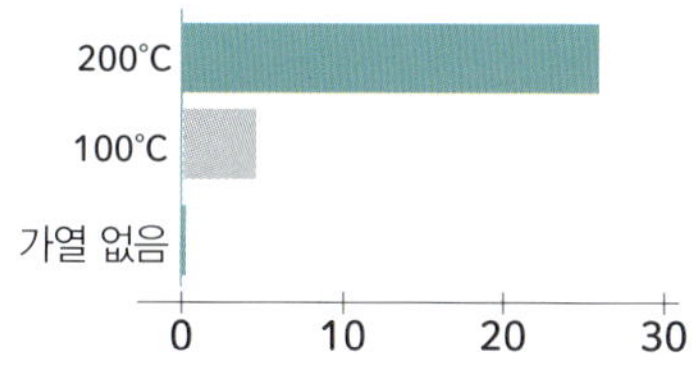

출처: Dahye Kim, Hyeyoung Park, and In Hee Chocorresponding "The effect of roasting on capsaicinoids, volatile compounds, and fatty acids in Capsicum annuum L. (red pepper) seeds"(2022) 31(2),p.211 – 220

캡사이신에는 이중 지방 연소 효과가

캡사이신은 체내에 축적되기 쉬운 중성 지방을 즉시 에너지가 되는 지방산으로 바꾸어 활동 에너지를 높여주는 역할을 합니다. 또한 근지구력을 높이고 피로감은 줄이는 효과도 있어 운동과 찰떡궁합입니다.

4주간의 지방 연소 변화와 래트의 지방 축적량

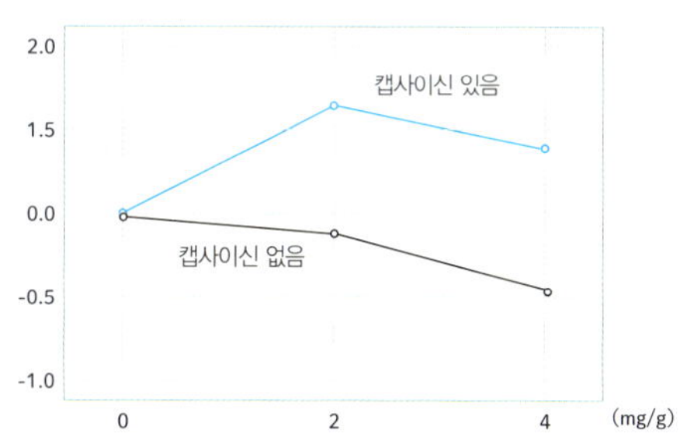

출처: Inoue et Biosci. Biotechnol. Biochem., 71(2), 380–389,2007. Ohnuki et al., Bios ci.Biotechnol.Biochem., 65, 2735–2740,2001

COLUMN

고추로 무리 없이 30%의 염분 제한이 가능해요

짠맛이 잘 느껴지고 만족감도 높아요

고추의 캡사이신에 든 매운맛은 아주 조금만 넣어도 짠맛을 더 잘 느끼게 해 주고 뇌에서 맛을 보완해 주는 효과도 있습니다. 그래서 간장·소금 등의 염분을 줄인 요리에 넣으면 딱 좋습니다. 염분을 줄이고 싶은 경우에는 염분 대신 고춧가루를 양념으로 사용하거나 고추를 담근 기름을 상비해 두고 사용하는 등 매운맛을 더하는 것이 좋습니다.

마늘 Garlic

잘게 다져 피로 해소 효과를 10배로!

Vegetable point

암 예방에 성인병 예방 효과도 기대!

마늘의 부위 도감

겉껍질

항산화력은 열매의 1.5배

마늘 껍질은 열매보다 영양소가 풍부합니다. 식이섬유는 4배, 폴리페놀은 7배 더 많고 항산화력도 1.5배나 더 높습니다. 그래서 양파 껍질처럼 말린 후 볶아서 분말로 만들어 사용하면 다양한 요리의 영양가를 높일 수 있습니다(p.24).

속껍질

여기에 파이토케미컬이 있어요

섬유질의 속껍질에는 열매를 보호하기 위한 파이토케미컬이 풍부합니다. 구운 마늘이나 튀긴 마늘로 속껍질까지 먹을 수도 있지만 겉껍질과 함께 가루로 만들거나 채소 맛국물을 낼 때 사용해도 좋습니다.

비늘줄기

다른 식재료의 항산화력도 높여요

마늘의 강한 항산화력은 체내 산화를 방지할 뿐 아니라 함께 먹는 식재료의 산화를 방지하는 효과도 있습니다. 지방, 아미노산 등 산화되기 쉬운 성분의 손실을 줄이고 맛과 영양을 유지해 줍니다.

피로 해소 효과가 있는 비타민 B_1의 흡수가 10배 이상

마늘은 단독으로도 피로 해소 효과가 높은 식재료이지만 비타민 B_1과 함께 섭취하면 막강한 힘을 자랑합니다. 비타민 B_1은 포도당을 에너지로 변환하는 기능이 있으며, 피로나 나른함을 해소하고 다이어트 효과도 기대할 수 있는 비타민입니다. 잘게 썰면 활성화되는 마늘의 알리신은 비타민 B_1과 결합할 때 알리티아민이라는 성분으로 변합니다. 알리티아민은 건강 음료에도 활용되며 비타민 B_1에 비해 흡수율이 무려 10~20배나 높습니다.

세포가 손상되면 알리신이 활성화

알리신은 알리인이라는 성분이 절단이나 저작 작용으로 인해 효소 알리이나아제와 결합할 때 생성됩니다. 그러나 가열하면 다른 성분으로 변하기 때문에 생마늘 그대로 잘게 다지는 것이 좋습니다. 마늘 다지기가 귀찮다면 우선 으깨고 썰면 간단합니다.

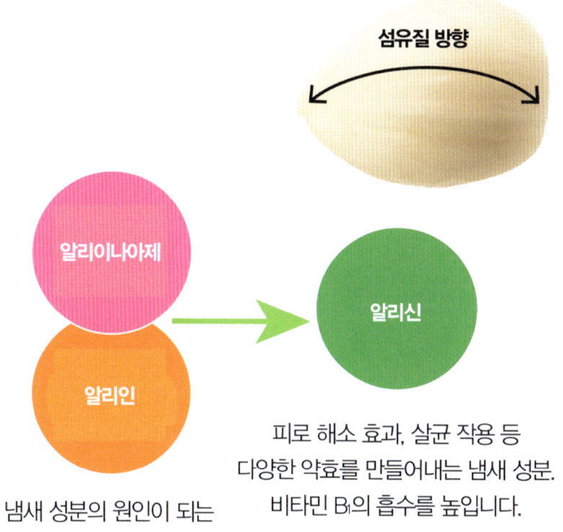

냄새 성분의 원인이 되는 아미노산(무취)

피로 해소 효과, 살균 작용 등 다양한 약효를 만들어내는 냄새 성분. 비타민 B_1의 흡수를 높입니다.

주요 영양 성분×마늘의 효능

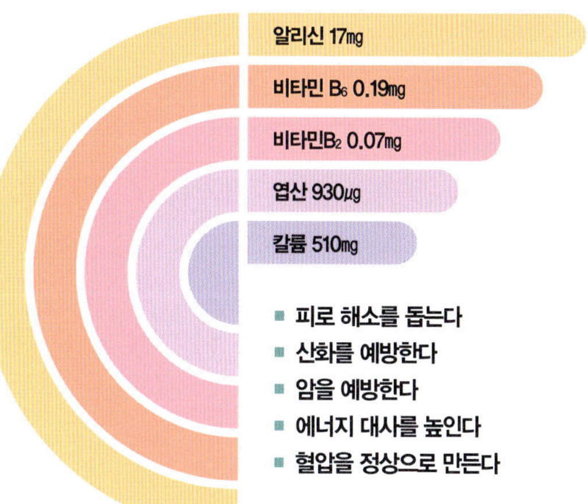

- 피로 해소를 돕는다
- 산화를 예방한다
- 암을 예방한다
- 에너지 대사를 높인다
- 혈압을 정상으로 만든다

마늘의 기능성은 이렇게 높아요!

미국 국립 암 연구소가 암 예방에 효과적인 식품을 연구하여 순위를 매긴 '디자이너 푸드'에서 당당히 1위로 꼽힌 채소가 바로 마늘입니다. 알리신 등의 강력한 항산화 성분은 피로 해소, 장내 세균의 균형 정비, 콜레스테롤 억제 등에 도움이 됩니다. 마늘은 그야말로 우리 몸에 효과적인 건강 채소라고 할 수 있습니다.

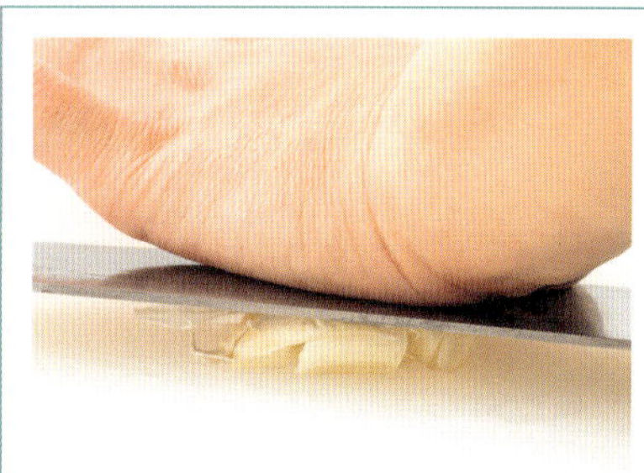

껍질째 으깬다
마늘을 껍질째 칼로 짓눌러 섬유질을 따라 으깬다.

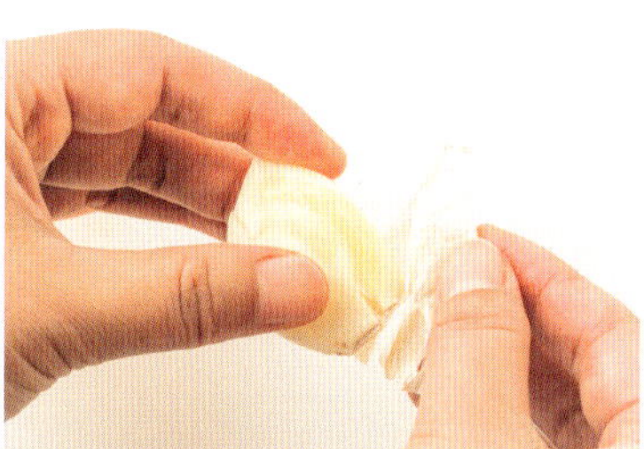

껍질을 벗긴다
으깨지면서 겉껍질과 속껍질이 분리된다.

섬유질과 반대로 썬다
섬유질이 갈라진 방향과 수직으로 끝에서부터 썰면 다지기 끝!

마늘 싹에는 비늘줄기에 없는 영양소가 들어 있어요

싹에도 다른 항산화 성분이 있어요

마늘에서 자라난 초록색 싹에는 '클로로필'이라는 엽록소가 비늘줄기의 약 8배나 들어 있습니다. 클로로필은 항산화, 항알레르기, 항종양, 고혈압 개선 등의 효능이 가득합니다. 싹이 나도 버리지 말고 양념에 넣어 사용하세요.

Garlic

마늘의 영양소 흡수 요령

마늘은 전자레인지 조리하면 항산화 성분이 제로

마늘을 통째로 전자레인지에 돌리면 알리신 불활성

마늘에 함유된 '황화아릴'은 항산화 성분 '알리신'으로 변할 수 있습니다. 그러나 황화아릴은 가열하면 변하는 불안정한 물질입니다. 마늘을 썰어서 공기와 접촉하면 알리신이 생성되지만 '썰지 않고 통째로 가열'하면 알리신이 활성화되지 않은 상태로 사라질 가능성이 큽니다. 또 전자레인지에서 단 1분만 가열해도 알리신이 생성되지 않아 항암 효과가 떨어집니다. 따라서 잘게 썰거나 갈아서 가열하는 것이 좋습니다.

조리법에 따른 영양소 변화

조리한다면 기름과 함께

마늘에 들어 있는 알리신은 썰면 활성화되지만 열이나 물에는 약한 성분입니다. 푹 끓이거나 전자레인지에 돌리면 사라져 버립니다. 그러나 기름과 조리하면 잘 분해되지 않으므로 푹 끓일 경우에도 먼저 볶으면 좋습니다.

생

과식에 주의
다지거나 간 마늘은 알리신이 활성화되어 항산화력을 발휘합니다. 그러나 생마늘은 자극적이고 위에 부담이 크기 때문에 공복일 때는 1쪽을 기준으로 섭취하세요.

삶기

알리신은 물에 약해요
마늘의 알리신은 물에 잘 녹기 때문에 삶거나 끓이면 대부분 사라집니다. 끓일 때는 먼저 볶아서 기름으로 보호합니다.

볶기

알리신은 기름으로 보호
알리신은 기름으로 조리하여 분해되지 않게 하는 것이 가장 좋습니다. 차가운 기름에 다진 마늘을 넣고 약불에서 가열하세요. 단, 고온에서 너무 오래 볶으면 알리신이 사라지니 주의하세요.

전자레인지 조리

전자레인지 조리로 냄새를 없애요
알리신은 마늘 냄새의 원인이기도 합니다. 마늘을 통째로 전자레인지에서 가열하면 알리신이 활성화되지 않고 냄새도 없어집니다. 물론 알리신의 효과도 함께 사라집니다.

아호엔은 80℃에서 소멸, 기름과 저온 가열이 포인트

알리신을 기름에서 저온 가열하면 '아호엔'이라는 성분으로 변합니다. 아호엔은 항산화 기능 외에 뇌 활성화나 혈류 개선 효과를 기대할 수 있는 성분입니다. 80℃ 이상에서 가열하면 사라지기 때문에 마늘을 썰어 기름에 넣고 끓지 않도록 가열하는 것이 좋습니다.

사용하고 남은 마늘은 속껍질을 벗기고 보관하세요

영양소를 꽉 잡는 보관법

마늘 보관은 '–2℃'에서

마늘을 보관할 경우, 최적 온도는 –2℃ 정도입니다. 또 보관 장소의 통기성이 좋지 않으면 곰팡이가 생기고 통기성이 너무 좋으면 수분이 날아갑니다. 키친타월이나 신문지 등에 싸서 냉장고의 신선칸에 넣어 보관하면 비교적 오래 갑니다.

영양 듬뿍 식재료 조합법

마늘이 DHA·EPA의 산화를 막아요

생선에 든 오메가3 지방산인 DHA·EPA는 성인병 예방이나 인지 기능 향상에 효과적인 성분이지만 산화하기 쉽다는 단점이 있습니다. 마늘의 항산화력은 생선 지방산의 산화도 억제하는 효과가 있으므로 함께 조리하는 것이 좋습니다.

COLUMN

식후 요거트로 냄새를 99% 제거

최신 연구에서 실증된 요거트의 소취 효과

마늘이 건강에 좋은 것은 알지만 아무래도 먹은 후의 냄새가 신경 쓰이죠? 이 냄새는 요거트를 먹으면 99% 제거할 수 있다는 연구 결과가 보고되었습니다. 요거트는 위장을 정돈하기 때문에 마늘의 강한 자극을 완화하는 효과도 기대할 수 있습니다.

완두순 Pea Sprout

위치를 잘못 자르면 큰 손해!

주요 영양 성분×완두순의 효능

- 베타카로틴 3000㎍
- 비타민 C 43㎎
- 비타민 K 210㎍
- 엽산 210㎍

- 산화를 예방한다
- 피부 노화를 방지한다
- 면역력을 높인다
- 뼈를 튼튼하게 한다

곁가지를 남기면 재생해요

완두콩의 새싹인 완두순은 성장력이 강해서 잘라도 바로 다음 싹이 나는 식재료입니다. 하지만 처음에 자를 때 곁가지를 남기지 않으면 재생력이 사라지고 성장 속도가 느려집니다. 영양가 가득한 재생은 두 번째까지입니다.

Vegetable point

몸에도, 지갑에도 이득!

완두순의 부위 도감

잎

비타민이 풍부한 영양 채소

소송채와 같은 베타카로틴을 함유한 완두순. 엽산 등의 비타민 B군도 풍부하며, 칼슘의 정착을 돕는 비타민 K는 1일 섭취량을 완두순으로 해결할 수 있습니다.

조리법에 따른 영양소 변화

지용성 비타민은 기름에 볶기

완두순에 풍부한 베타카로틴이나 비타민 K는 지용성이기 때문에 기름과 함께 섭취하면 흡수율이 증가합니다. 이들은 가열해도 줄어들지 않지만, 엽산이나 비타민 C는 삶으면 물에 녹아 절반에서 1/3 이하가 되어버립니다. 가열한다면 지방과 함께 조리하는 것이 좋습니다.

CUT!

곁가지

2개의 곁가지를 놓치지 마세요

콩으로부터 위로 5~7㎝까지의 부분에 곁가지(생장점)가 2개 있습니다. 콩 부분의 풍부한 영양소가 이 싹으로 보내지기 때문에 잘라도 점점 자랍니다.

콩과 채소의 장점만 모았어요

완두순에서 먹을 수 있는 부분은 줄기와 잎뿐이지만 콩에서 공급된 영양소가 있어서 채소 중에서도 단백질이 풍부합니다. 비타민 B군이 많은 것도 콩의 힘입니다. 저렴하고 영양가도 골고루 함유된 완두순은 그야말로 가정의 구세주 같은 채소입니다.

COLUMN

완두순은 몇 번까지 재생할 수 있나요?

2회 수확으로 영양가 최대로

곁가지를 남긴 완두순을 얕은 용기에 넣고 스펀지 형태의 뿌리가 잠길 정도의 물을 넣어 두면 됩니다. 콩을 물에 담그면 상할 수 있으니 양을 조절하세요. 완두순을 수확할 때는 2회까지 영양가가 높습니다.

동물성 단백질을 곁들이면 미네랄 흡수율 UP!

주요 영양 성분×죽순의 효능

식이섬유 520mg
칼륨 1.3mg
티로신 180mg

- 장내 환경을 개선한다
- 여분의 염분을 배출한다
- 뇌 기능을 활성화한다

아연 흡수율은 겨우 30%

칼륨이나 아연 등의 미네랄이 풍부한 죽순. 그러나 아연은 체내 흡수율이 약 30%밖에 되지 않고, 이마저도 나이가 들면서 함께 줄어듭니다. 이러한 아연 흡수율은 고기나 생선 등 동물성 단백질을 섭취하면 증가합니다.

조리법에 따른 영양소 변화

떫은맛 제거에 '쌀겨'는 필요없다?

일반적으로 죽순의 떫은맛을 제거할 때는 쌀뜨물이나 쌀겨를 사용합니다. '수산'과 아린 맛의 원인인 '호모겐티신산'을 제거하기 위해서죠. 그러나 수산과 달리 호모겐티신산은 티로신이라는 아미노산이 산화하여 발생한 것으로, 한방 약재료에도 함유된 성분입니다. 일부러 시간을 들여 제거할 필요는 없습니다. 영양적으로는 '삶아서 수산의 떫은맛만 제거'해도 괜찮습니다. 기름에 볶으면 아린 맛이 잘 느껴지지 않고 지용성인 비타민 E도 들어 있어 항산화 성분의 흡수율이 높아지므로 추천합니다.

죽순의 부위 도감

끝부분

수산의 40%가 집중

죽순의 아린 맛의 원인 중 하나인 '수산'은 끝부분에 전체의 40%가 들어 있습니다. 수산은 결석의 원인이 되는 물질로, 수용성이기 때문에 삶아서 떫은맛을 제거하는 과정이 필요합니다.

마디

모든 마디에 생장점이 있어요

'열흘 만에 대나무가 된다'는 놀라운 성장 속도를 자랑하는 죽순. 그 비밀은 '마디'에 있습니다. 60개의 마디 전체에 생장점이 있으며, 뿌리에서 영양소가 공급되어 동시에 자라납니다.

뇌를 활성화시키는 성분 '티로신'

죽순의 '티로신'은 뇌를 활성화시키고 스트레스도 완화시키는 성분입니다. 뇌의 에너지원이 되는 당분을 함유한 쌀과 같이 먹으면 그 효과를 제대로 누릴 수 있습니다. 수용성인 칼륨도 남김없이 섭취할 수 있습니다.

Vegetable point

디톡스&몸의 면역을 높이는 효과도 있어요

콜리플라워 Cauliflower

생으로 먹으면 항산화력 100% 섭취!

주요 영양 성분×콜리플라워의 효능

- 비타민 C 81㎎
- 설포라판
- 엽산 94㎍
- 칼륨 410㎎

- 산화를 예방한다
- 암을 예방한다
- 면역력을 높인다

Vegetable point

이틀 이내에 다 먹어서 영양소 손실을 막아요

꽃봉오리

비타민 C 함량은 여기가 최고

비타민 C가 가장 많은 곳은 꽃봉오리 부분입니다. 다른 채소와 달리 콜리플라워의 비타민 C는 가열에 의한 손실이 적은 것이 특징입니다. 다만, 고온 다습에 약하기 때문에 사 오면 곧장 냉장고에 넣으세요.

줄기

비타민·미네랄의 저장고

두꺼운 줄기는 성장을 위한 미네랄이나 비타민을 저장하는 역할도 하기 때문에 버리면 안 됩니다. 아래의 단단한 부분만 잘라내면 삶거나 볶아서 먹을 수 있습니다.

잎

단백질은 다른 부위의 2배

잎 부분에는 단백질이 다른 부위의 약 2배나 들어 있으며 칼슘이나 철분, 베타카로틴도 함유되어 있습니다. 잎채소 느낌으로 볶음 요리 등에 사용하는 것이 좋습니다.

이중 항산화력을 생으로 섭취

브로콜리와 마찬가지로 아브라나과 채소인 콜리플라워는 항산화 성분인 설포라판과 더불어 비타민 C도 풍부합니다. 콜리플라워는 가열하지 않고 생으로 먹어도 맛있기 때문에 설포라판을 그대로 섭취할 수 있습니다.

조리법에 따른 영양소 변화

생으로도 맛있게 먹을 수 있어요

꽃봉오리 부분에 수분을 많이 함유한 콜리플라워는 닮은꼴 채소인 브로콜리보다 생으로 먹기 쉬운 것이 특징입니다. 또한 수용성 성분이 많으므로 재빨리 가열하는 것이 좋습니다.

생

다지기로 활성화

설포라판은 자르면 활성화됩니다. 다져서 활성화하는 것을 추천합니다. 샐러드 등에 넣으면 아삭아삭한 식감에 계속 손이 갈 거예요.

삶기

비타민 B군 유출

엽산 외에도 니아신, 판토텐산 등 에너지 대사를 돕는 수용성 비타민 B군이 들어 있으나, 잘라서 삶으면 약 50%가 손실됩니다.

찌기

비타민 C는 거의 그대로

따뜻하게 익혀 먹는다면 찜 조리가 좋습니다. 콜리플라워의 비타민 C는 열에 강해서 가열 조리 시 감소하지 않고, 비타민 B군이나 미네랄 등 수용성 성분의 유출도 막을 수 있습니다.

볶기

큼직하게 자르기&단시간

다른 채소의 비타민 C는 볶으면 손실되지만, 콜리플라워는 최대 40% 정도로 억제할 수 있습니다. 손실을 줄이려면 큼직하게 잘라 단시간 내에 가열하세요.

전자레인지 조리

한입 크기로 자르기

찜 조리와 마찬가지로 전자레인지에서도 비타민은 거의 손실되지 않습니다. 큼직하게 자르면 고르게 익지 않으니 한입 크기로 자르세요.

기름에 버무리면 영양 만점!

콜리플라워에는 혈액을 응고시키거나 골밀도를 유지하는 성분인 비타민 K도 함유되어 있는데, 이 성분은 지용성입니다. 다진 콜리플라워를 올리브유 등의 기름에 버무려 샐러드를 만들면 비타민·설포라판도 남김없이 섭취할 수 있는 최강 레시피가 됩니다.

COLUMN

'통째로' 삶으면 영양과 맛이 듬뿍!

작게 나누지 않는 것이 포인트

수분이 많은 콜리플라워는 작게 잘라서 삶으면 영양소도 빠져나가고 후두둑 부서져 식감도 나빠집니다. 하지만 통째로 삶으면 영양소도, 감칠맛도 빠져나오지 않고 식감을 적당하게 남긴 상태로 가열할 수 있습니다. 끓는 물에 줄기부터 넣어 1분, 뒤집어서 1분 삶으면 됩니다.

당근 Carrot

껍질을 벗기면 항산화 기능이 30% 손실!

당근의 부위 도감

상부
중심부
하부
끝부분

잎

엽산은 뿌리의 3.5배

당근잎에는 베타카로틴이 뿌리만큼 들어 있지는 않지만 다른 영양소는 뿌리와 비슷하거나 더 많이 함유되어 있습니다. 칼슘은 약 3배, 엽산은 약 3.5배나 됩니다.

상부

비타민 C 함량 최대

당근의 상부는 잎과 함께 잘라 버리기 쉬운데, 사실 여기에는 비타민 C가 가장 풍부합니다. 중심부의 1.4배나 들어 있으므로 너무 많이 잘라내지 않는 걸 추천합니다.

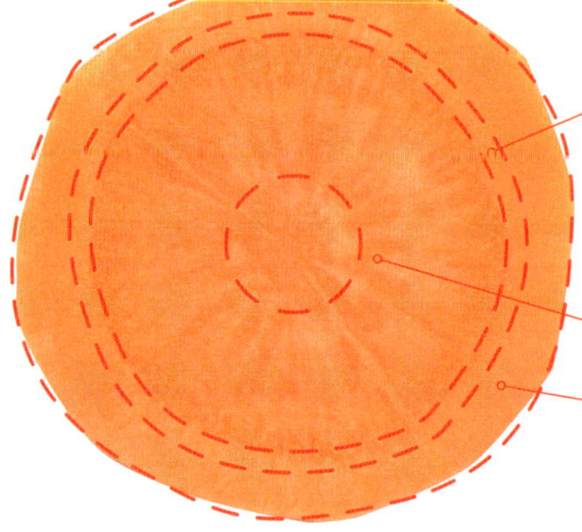

Vegetable point

베타카로틴 함량이 뛰어난 항산화 채소

끝부분

비타민의 저장고

상부에 이어 비타민이 많이 함유된 곳이 이 끝부분입니다. 여기도 잘라버리는 사람이 많은데, 알고 보면 베타카로틴, 비타민 C 모두 중심부보다 풍부합니다.

껍질과 중심부에서는 베타카로틴 함량이 크게 달라요

당근의 대표 영양소라고 하면 항산화 비타민인 베타카로틴을 꼽을 수 있습니다. 당근의 영양소는 중심부에서 껍질 쪽으로 공급되기 때문에 중심부의 영양소는 적고 껍질 부근에 많습니다. 그래서 베타카로틴도 중심부에 비해 껍질 부분에 2.5배나 더 많이 들어 있습니다. 또 껍질이 있는 것과 벗긴 것을 비교하면 껍질을 벗겼을 때 베타카로틴은 20~30%, 비타민 C도 30~40% 감소합니다. 항산화 성분을 제대로 흡수하고 싶다면 껍질이 있는 것을 골라야 합니다.

당근의 효소는 비타민 C를 파괴하지 않아요

당근에 들어 있는 아스코르비나아제는 비타민 C를 '환원형'에서 '산화형'으로 바꾸기 때문에 비타민 C를 산화시켜 파괴한다고 여겼습니다. 그러나 산화형 비타민 C는 체내에서 환원형 비타민 C와 똑같이 작용하므로 비타민 C가 파괴되는 것은 아닙니다.

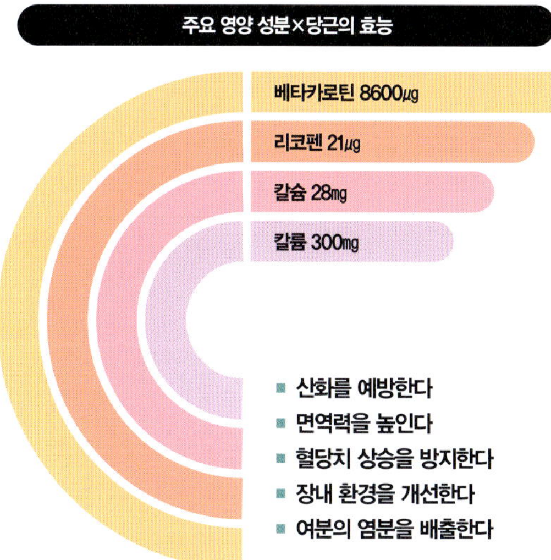

항산화력&면역력 향상 기대

당근은 채소 중에서 베타카로틴을 가장 많이 함유한 친숙한 채소이자 면역력과 항산화력을 높여주는 든든한 식재료입니다. 엽산 등의 비타민이나 칼슘, 칼륨 등의 미네랄과 함께 식이섬유도 풍부하여 장내 환경도 정돈됩니다.

관다발

비타민 C는 중심부의 2.5배

수분이나 양분을 전체에 보내는 역할인 관다발. 영양소가 지나가는 길이기 때문에 영양소가 많은 부위입니다. 비타민 C는 껍질층과 거의 비슷하게 들어 있으며, 중심부에 비하면 약 2.5배 많습니다.

껍질층

베타카로틴은 중심부의 2.5배

껍질 부근에는 중심부에서 전달된 영양소가 풍부합니다. 베타카로틴을 비롯한 비타민뿐만 아니라 폴리페놀도 중심부보다 4배 더 많이 들어 있습니다. 최대한 벗기지 않고 섭취하는 것이 좋습니다.

중심부(물관부)

오래되면 영양분이 빠져요

뿌리를 성장시키기 위해 축적한 영양소를 껍질 쪽으로 보내는 부위입니다. 그래서 영양 성분이 적고 시간이 지나면 바깥쪽으로 퍼집니다. 시간이 너무 지나면 여기에 구멍이 뻥뻥 뚫립니다.

COLUMN

당근의 베타카로틴은 주스로 섭취!

주스로 만들면 베타카로틴의 흡수율은 2.7배가 됩니다

당근의 베타카로틴은 가열하거나 잘게 부수면 흡수율이 증가한다고 합니다. 당근 퓌레로 만든 주스로 베타카로틴 흡수율을 조사했더니 생당근에 비해 흡수율이 약 2.7배로 증가했습니다.

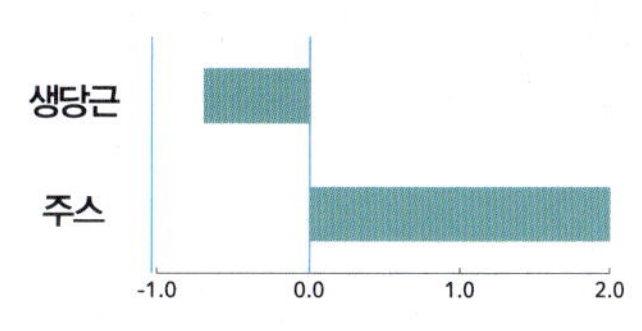

출처: 가고메주식회사 '베타카로틴의 효율적인 섭취 방법에 관한 연구'(2015)

당근의 영양소 흡수 요령

당근은 가열&기름 조리로 베타카로틴 흡수 2.7배

당근의 베타카로틴은 기름 조리가 필수

당근의 가장 중요한 성분인 베타카로틴은 가열하거나 잘게 부수면 흡수율이 증가한다고 했는데, 기름과 함께 섭취하면 흡수율이 2.7배로 더 증가합니다. 베타카로틴은 지용성이어서 기름을 더하면 녹아내리기 때문입니다. 또 당근에는 베타카로틴과 마찬가지로 체내에서 비타민 A로 변하는 알파카로틴도 들어 있습니다. 알파카로틴은 비타민 A로 변환하는 비율은 낮지만 베타카로틴보다 높은 항암 효과가 기대됩니다. 기름과 섭취하면 알파카로틴의 흡수율도 높아집니다.

영양을 지키는 유용한 손질법

세로썰기보다 원형썰기나 마구 썰기로

부위 도감에서 설명했듯이 당근은 껍질 부근과 중심부의 영양소가 크게 다릅니다. 세로로 썰면 위치에 따라 비타민 함량이 절반으로 줄어들 수도 있습니다. 그래서 중심부와 껍질 쪽을 함께 먹을 수 있는 원형썰기나 마구 썰기를 추전합니다. 또 잎이 달린 상태로 누면 상부의 비타민이 잎쪽으로 이동하므로 보관 시에는 뿌리와 잎을 잘라 내 주세요.

Vegetable point

잎은 바로 잘라내기!

조리법에 따른 영양소 변화

베타카로틴은 기름에 볶아 흡수율을 높여요

당근의 베타카로틴은 체내에 비타민 A가 부족한 경우에 변환되며, 비타민 A가 충분한 경우에는 변환되지 않고 체외로 배출되므로 과잉 섭취 걱정은 없습니다. 가열&기름 조리로 흡수율을 높여보세요.

생

베타카로틴 흡수율은 8%

당근은 생으로 샐러드를 만들어 먹을 수 있지만 베타카로틴의 흡수율은 고작 10% 이하입니다. 샐러드로 먹더라도 전자레인지 등에서 가열하는 것이 좋습니다.

삶기

흡수율은 가열로 UP

당근의 베타카로틴은 가열해서 부드럽게 만들면 흡수도 잘 됩니다. 하지만 엽산이나 칼륨 등의 수용성 성분은 물에 녹아 빠져나옵니다.

볶기

베타카로틴 흡수율 No.1

베타카로틴은 약간 감소하지만 가열과 지방 첨가가 동시에 가능하여 베타카로틴 흡수율이 2.7배로 올라갑니다.

전자레인지 조리

베타카로틴이 UP

전자레인지 조리로 베타카로틴 함량은 증가하지만 흡수율은 조금 낮습니다. 시간이 없을 때 활용하고, 먹을 때 올리브유 등의 지방을 더하는 것을 추천합니다.

영양소를 꽉 잡는 보관법

당근은 잘라서 보관이 필수? 잘라두면 비타민 C가 증가해요

당근 같은 뿌리채소는 절단 스트레스로 비타민 C가 증가합니다. 잘라서 이틀 동안 두었더니 비타민 C가 2배나 많아졌다는 연구 보고도 있습니다. 그러나 갈면 반대로 비타민이 감소합니다. 이유식이나 환자식을 만들기 위해 당근을 갈았다면 비타민 C가 든 식재료를 더해보세요.

비타민 C의 양

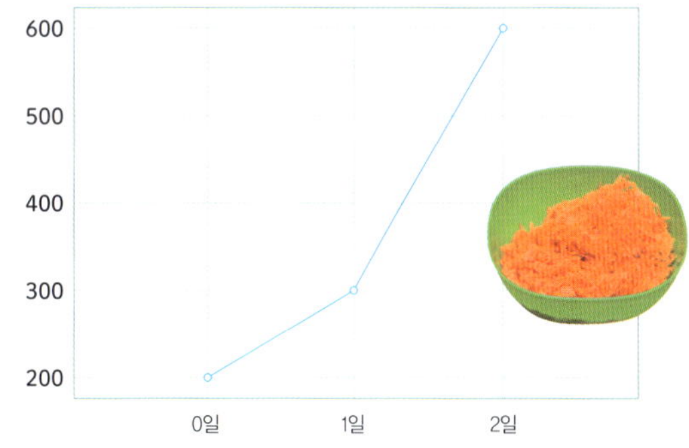

출처: 오바 가즈코 '채소의 절단·방치, 생식 조리에 따른 비타민 C 및 아스코르빈산 옥시다아제 활성의 변화'(1990), 일본가정학회지, 41(8), P715-721

COLUMN

양질의 지방과 함께 섭취하면 베타카로틴의 흡수율 증가

생으로도 흡수율을 높여 항산화 작용을 얻어요

베타카로틴은 가열하면 흡수율이 증가하지만, 양질의 지방과 함께 섭취하면 생으로 먹어도 흡수율이 높아집니다. DHA·EPA를 다량 함유한 참치 통조림이나 리놀산이 풍부한 아보카도와 함께 먹는 것을 추천합니다. 아보카도+생당근의 경우, 베타카로틴의 흡수율은 6.5배가 되었다는 보고도 있습니다.

감자 Potato

슬라이스하면 미네랄이 80% 감소!

껍질

폴리페놀은 껍질에 20배

감자 껍질과 껍질 아랫부분은 항산화 작용이 뛰어나며, 유해 콜레스테롤을 낮추는 기능이나 노화 방지에 도움이 되는 폴리페놀 클로로겐산이 중심부보다 약 20배 많이 들어 있습니다. 엽산이나 미네랄도 여기에 집중되어 있습니다.

Vegetable point

이중 항산화력으로 몸을 지켜요

햇감자와 일반 감자 중 비타민 C는 햇감자 승!

봄이 되면 나오는 햇감자는 일반 감자보다 비타민 C가 2~4배 많아 적극적으로 섭취해야 하는 채소입니다. 수분량이 풍부해 상하기 쉬우니 빠른 시일 내에 먹는 것이 좋습니다.

감자의 부위 도감

중심부

가바량은 바깥쪽의 4배

최근 연구에 따르면 감자에는 스트레스 해소 효과로 알려진 가바가 풍부하다고 합니다. 뇌 신경 전달 물질로 작용하며 혈압 상승 억제 효과도 기대할 수 있습니다.

의외의 비타민 C 채소! 함량은 사과의 5배

감자에는 전분 등 탄수화물이 많아 칼로리를 걱정하는 사람이 많지만 사실 감자의 칼로리는 쌀의 약 절반밖에 되지 않습니다. 또 비타민 C 함량은 사과의 약 5배로 매우 풍부합니다. 게다가 감자의 전분이 비타민 C를 보호하기 때문에 가열 조리해도 파괴되지 않는다는 특징이 있습니다. 또 뇌 기능을 활발히 하거나 스트레스를 완화하는 가바도 풍부합니다. 여분의 염분을 배출하고 체내의 수분 균형을 유지하는 칼륨도 많이 함유된 의외의 건강 채소랍니다.

감자의 영양소는 자르면 자를수록 감소

감자에 들어 있는 칼륨 등의 미네랄은 잘라서 물에 담갔다가 조리하면 감소하는 경향이 있습니다. 또 얇게 슬라이스한 경우, 그 양은 약 20~30%로 줄어듭니다. 자르고 나서 가열하면 비타민 C도 감소하므로 조리할 때 슬라이스는 피하는 것이 좋습니다. 가능한 한 통째로 조리하세요.

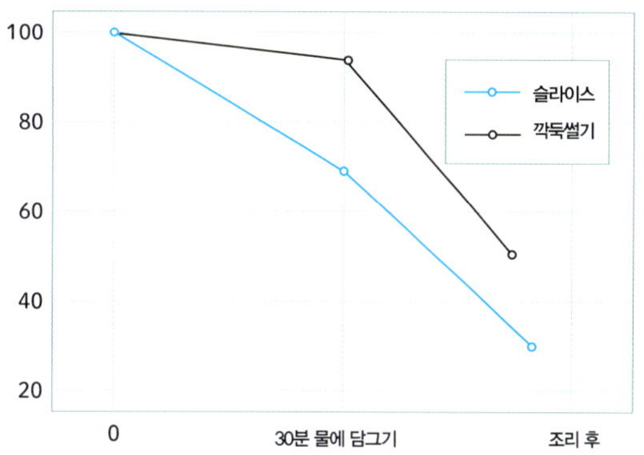

출처: 에고 미치코 '조리에 따른 채소의 무기 성분 동향(제4보)-감자 조리에 대하여-' 1988, 벳부대학 단기대학부 정기간행물 제7호, P15-20

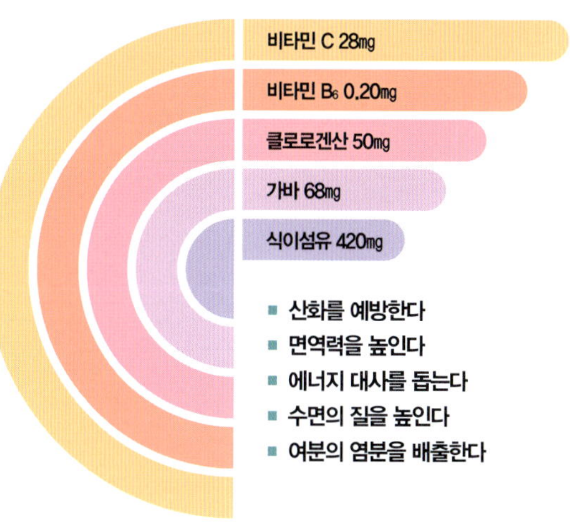

껍질을 벗기면 영양가가 절반으로 감소!

감자 껍질에는 자외선으로 인한 산화 등으로부터 자신을 보호하기 위해 클로로필뿐 아니라 다양한 영양소가 풍부합니다. 비타민 C나 식이섬유가 많아서 껍질을 두껍게 벗겨버리면 그 양은 거의 절반으로 줄어듭니다. 영양적으로는 가능한 한 껍질째 먹는 것이 좋습니다.

알맹이(덩이줄기)

전분에 싸인 비타민 C

감자는 뿌리채소라고 하지만 우리가 먹는 부분은 뿌리가 아니라 '줄기'입니다. 줄기가 크고 비대한 덩이줄기라는 부위죠. 덩이줄기에는 전분이 다량 들어 있어서 비타민 C를 보호합니다.

COLUMN 감자의 독소는 먹어도 되나요?

어린이는 특히 주의! 초록색 껍질도 제거하세요

싹에 들어 있는 솔라닌은 성인은 200mg 이상, 어린이는 그 1/10로도 식중독 증상을 일으키는 경우가 있습니다. 보통 100g의 감자에 들어 있는 솔라닌은 수십 mg이므로 성인은 문제없지만, 어린이는 주의가 필요합니다. 초록색 껍질이나 알맹이에도 들어 있으니 함께 제거하세요.

Potato

감자의 영양소 흡수 요령

삶을 때는 껍질째, 권장은 '전자레인지 조리'

가열하기 전에 잘라버리면 비타민 C 70% 감소

감자의 비타민 C는 다른 채소에 비해 조리 시 손실이 적은 것이 특징입니다. 그러나 작게 자르거나 물에 담그면 단면에서 비타민 C가 빠져나옵니다. 감자는 생으로 먹기 어려운 채소이므로 가열하는 것이 기본인데, 가열하기 전에 잘라버리면 비타민 C가 최대 70%나 감소합니다. 조리 시 통째로 가열한 후 자르거나 으깨면 감칠맛이나 미네랄을 유지할 수 있습니다.

조리법에 따른 영양소 변화

가열할 때 너무 많이 자르면 안 돼요!

비타민 C와 함께 비타민 B_6나 칼륨 등의 미네랄도 수용성이기 때문에 자르면 단면에서 녹아 나옵니다. 가능한 한 껍질째 통째로 조리하세요. 부득이하게 자를 경우에는 전자레인지로 조리하는 게 좋습니다.

생

생으로도 먹을 수 있지만…
감자는 가열하는 게 기본이지만 생으로도 먹을 수 있습니다. 단, 감자의 전분은 생으로는 소화가 잘 되지 않아 배가 아플 수도 있으니 주의하세요.

삶기

반드시 '물에 넣어서' 삶기
감자는 통째로 물에 넣어서 삶고, 물이 끓으면 약 20분 정도 가열합니다. 끓는 물에 넣어 조리할 때보다 영양소 손실이 적고 단맛도 제대로 끌어낼 수 있습니다.

찌기

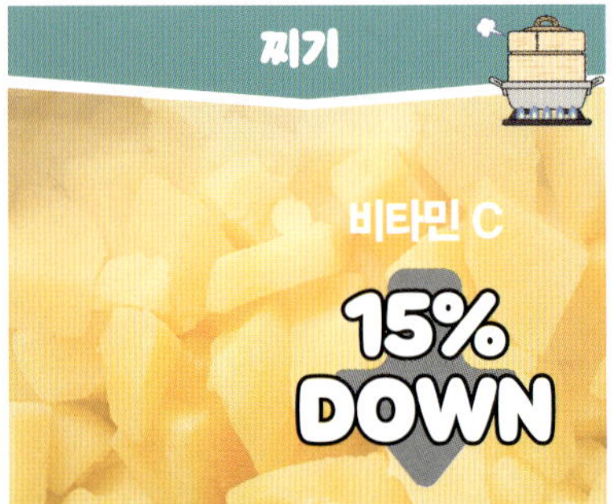

통째로 쪄서 포슬포슬하게
찜 조리도 영양소 손실은 적지만 비타민 C 감소율은 통째로 삶을 때보다 약간 높습니다. 영양가나 맛을 생각하면 가능한 한 통째로 찌는 것이 좋습니다.

볶기

타지 않도록 주의
볶거나 튀길 때는 통째로 조리하면 시간이 오래 걸리기 때문에 자를 수밖에 없고, 영양소 유출도 피할 수 없답니다. 갈색이 될 정도로 태우지 않도록 주의하세요.

전자레인지 조리

비타민 C는 그대로
전자레인지로 가열하면 조리 시간도 빠르고 물도 사용하지 않으므로 영양소는 거의 그대로입니다. 젖은 키친타월에 싸서 랩을 씌운 후 3분 가열(딱딱하면 조금씩 시간 추가)합니다.

조리법에 따른 영양소 변화

식으면 장내 환경 개선 효과 증가!

감자는 전분질로 당질이 높은 이미지이지만 사실 뿌리채소 중에서 당질이 가장 낮고 비타민 C와 식이섬유가 풍부해서 매일 먹으면 좋은 채소입니다. 감자처럼 전분이 많은 식재료는 일단 식으면 '레지스턴트 스타치'라는 성분으로 변합니다. 레지스턴트 스타치는 대장의 유익균의 먹이가 되어 장내 환경을 개선하는 데에 도움이 됩니다. 한 번 레지스턴트 스타치로 변한 전분은 재가열해도 그대로입니다. 그렇기 때문에 감자 요리는 미리 만들어둬도 괜찮습니다.

	칼로리	당질(g)
감자	59	15.9
일본산 참마	118	27.9
고구마	127	33.1
중국산 참마	64	13.9

감자를 식혀서 만드는 포테이토 샐러드는 장 건강에 유용한 레시피입니다. 감자를 삶을 때는 잘게 자르지 않고 통째로 삶거나 전자레인지에서 가열하세요.

튀긴다면 전자레인지 조리 후에

전체적으로 진한 색이 나게 튀기면 몸을 산화시키는 '아크릴아마이드'가 발생할 수 있습니다. 아크릴아마이드는 조리 시간에 비례하여 생성되기 때문에 튀기는 시간을 줄이는 것이 포인트입니다. 일단 전자레인지에 돌리고 나서 튀기면 조리 시간을 줄일 수 있습니다.

완성도	1	2	3	4	5
가열 기준	색 변화가 거의 없다	매우 옅은 튀김색	전체적으로 가벼운 튀김색	전체적으로 튀김색	
상태					

COLUMN 다시마를 넣어 가바를 1.5배로

가바가 가득한 감자 된장국

감자의 주목 성분인 가바는 감칠맛 성분인 글루타민산을 더하면 증가한다고 합니다. 그래서 추천하는 것이 감자의 가바를 늘린 된장국입니다.

〈만드는 법〉

1 한입 크기로 자른 감자를 다시마와 함께 물에 담가 6시간 이상 둔다.

2 1을 냄비에 넣어 가열하고 감자가 익으면 불을 끈다. 거기에 된장을 풀면 완성!

1

2

토마토 Tomato

껍질과 씨를 제거하면 영양소 90%가 손실!

토마토의 부위 도감

껍질

리코펜의 80%가 껍질에

부드러운 과육을 보호하는 토마토 껍질은 영양가가 높습니다. 특히 항산화 작용이 높은 리코펜은 전체의 약 80%, 과육의 약 1.7배나 들어 있습니다. 또 베타카로틴은 전체의 약 60%, 비타민 C는 전체의 약 30%가 껍질에 있습니다.

씨

씨에는 60%의 폴리페놀이

토마토 씨에는 항산화 작용을 하는 페놀류가 많이 들어 있으며, 그 양은 전체의 약 60%입니다. 그래서 씨를 제거하면 항산화 효과가 크게 감소한다는 연구 결과도 보고되었습니다.

빨간 색소인 리코펜은 건강에 GOOD

Vegetable point

껍질과 씨를 제거하면 큰 손해!

빨간 색소 안에 높은 면역력 증진 효과를 숨긴 토마토. 식감이 좋지 않다고 뜨거운 물에 데쳐 껍질을 벗기거나 씨를 제거하는 조리법도 있지만 이렇게 하면 영양적으로는 손해가 큽니다. 특히 토마토 껍질에는 리코펜이 다량 함유되어 있기 때문에 이를 제거하면 영양소의 80%가 사라집니다. 씨나 태좌에도 아미노산을 비롯한 영양소가 풍부합니다. 껍질과 씨를 제거한 토마토의 영양소는 전체의 10%밖에 남지 않습니다.

껍질과 씨를 제거하면 항산화 작용도 80% 손실

껍질이나 씨에는 베타카로틴 외에 비타민 C나 폴리페놀이 풍부하기 때문에 항산화 효과도 매우 높습니다. 껍질과 씨를 제거한 토마토의 항산화 작용을 측정한 실험에 따르면 약 80%나 감소했다고 합니다. 이왕 먹는다면 제거하지 말고 영양소를 남김없이 섭취하세요.

부위별 항산화 작용

태좌

가바량은 과육의 2배

태좌는 씨를 보호하는 젤리 같은 부분을 말합니다. 태좌에는 전체의 80%나 되는 아미노산이 집중되어 있어서 제거해 버리면 감칠맛이 대부분 사라집니다. 또 과육의 2배 정도 되는 가바가 들어 있습니다.

과육

90%의 수분과 미네랄이

과육 부분은 산뜻한 신맛이 있는데 사실 대부분이 수분입니다. 싱싱한 과육 안에 칼륨이나 인 등의 미네랄이 들어 있습니다. 과육은 빨간색이 진할수록 리코펜이 풍부하므로 선명한 색을 고르세요.

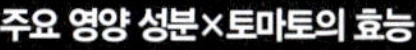

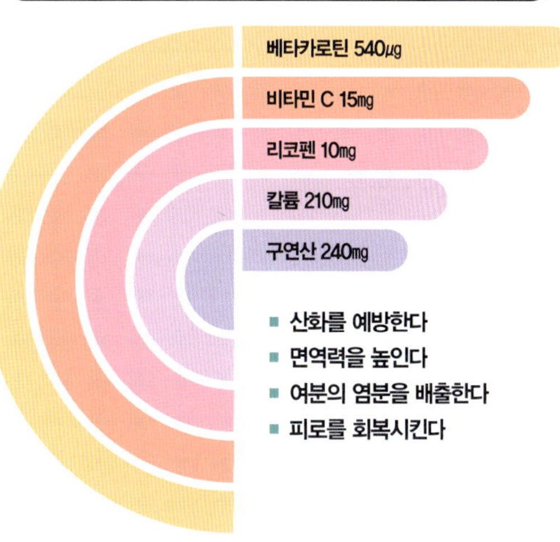

- 산화를 예방한다
- 면역력을 높인다
- 여분의 염분을 배출한다
- 피로를 회복시킨다

면역력 증가에 항산화, 피로 해소 효과도

토마토에는 면역 기능을 높이는 리코펜, 산화를 예방하는 베타카로틴 등 몸을 건강하게 유지하는 성분이 가득합니다. 토마토의 풍부한 영양 성분은 피로 해소에도 효과가 있다는 보고도 있습니다. 운동 직후의 피로감을 줄이는 효과나 피로 물질의 대사 효과도 높기 때문에 운동 후 수분을 보충할 때도 토마토 주스를 마시는 것을 추천합니다.

영양을 지키는 유용한 손질법

토마토의 영양소를 지키는 손질법

토마토 씨는 밑부분의 중심점을 기준으로 퍼져나가는 흰색 선 위에 있습니다. 토마토를 자를 때는 흰색 선을 피해서 선과 선 사이를 나누듯이 자릅니다. 씨와 태좌가 들어 있는 과육 부분에 칼이 닿기 때문에 씨와 태좌에 함유된 영양소가 빠져나오는 것을 막을 수 있습니다.

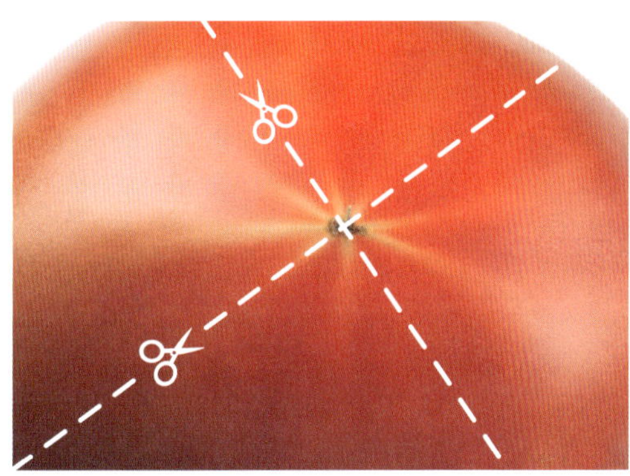

Tomato

토마토의 영양소 흡수 요령

가열하여 흡수율 2배 UP!

리코펜도, 베타카로틴도 가열하면 흡수율 증가

토마토는 생으로 샐러드를 만들어 먹는 경우가 많은데, 사실 리코펜을 섭취하려면 가열해서 먹는 것이 좋습니다. 토마토의 중요 성분인 리코펜은 가열해서 세포벽이 손상되면 흡수율이 약 2배로 높아집니다. 토마토에 든 베타카로틴도 가열하면 잘 흡수되기 때문에 가능한 한 가열해서 먹는 것이 좋습니다. 또 리코펜과 베타카로틴은 지용성이기 때문에 기름을 더하는 것을 추천합니다.

Vegetable point

리코펜과 베타카로틴은 가열로 흡수율이 증가

간 내 리코펜 농도

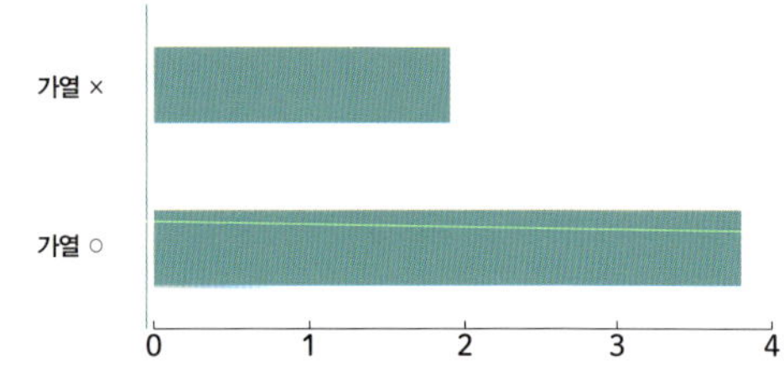

출처: 다케무라 료타, 혼다 마사키, 후카야 데쓰야 '특정 채소와의 가열 조리에 의한 토마토 리코펜의 cis 이성화의 촉진'(2019), 일본조리과학회지, 52호, p.57-66

냉동해도 흡수율이 높아진다?

리코펜의 흡수율은 세포벽이 손상되면 높아지기 때문에 냉동하여 세포벽을 파괴하면 리코펜의 흡수율 증가 효과를 기대할 수 있습니다. 냉동하면 비타민 C나 베타카로틴도 유지할 수 있으므로 한 번에 다 먹지 못하면 냉동 보관을 권장합니다. 또한 냉동 토마토는 가열하면 바로 부드러워지기 때문에 단시간 내에 조리할 수 있습니다.

COLUMN

먹는 시간에 따라 섭취할 수 있는 영양소가 달라져요

리코펜은 아침, 가바는 밤

영양 성분 중에는 먹는 시간에 따라 소화·흡수할 수 있는 양이 변하거나 효과가 달라지는 것이 있습니다. 토마토의 리코펜은 아침에 먹으면 흡수율이 점심의 1.3배, 밤의 1.4배가 됩니다. 한편, 스트레스 해소 효과가 있는 가바는 수면의 질을 높여주기 때문에 밤에 섭취하면 효과적입니다.

조리법에 따른 영양소 변화

가열&기름 조리가 최적의 조리법

가열하면 리코펜이나 베타카로틴의 흡수율이 높아지고 토마토의 항산화 효과도 증가합니다. 또 감칠맛의 근원인 아미노산이 단맛으로 바뀌기 때문에 이러한 이유에서 가열 조리를 추천합니다.

생

미네랄은 유지

토마토를 생으로 먹는 경우, 비타민 C나 미네랄은 유지할 수 있지만 베타카로틴이나 리코펜의 흡수율은 그대로입니다. 지방을 더해서 흡수율을 높여보세요.

끓이기

끓이면 항산화력 증가

토마토를 푹 끓이면 항산화력은 30분에 1.3배 증가합니다. 또 리코펜의 흡수율은 가열하기만 해도 2배가 됩니다.

볶기

기름을 더해 흡수율 증가

볶을 때도 항산화력은 증가합니다. 기름을 사용하면 리코펜의 흡수율이 약 3배, 베타카로틴의 흡수율도 약 2배 높아지기 때문에 추천하는 조리법입니다.

전자레인지 조리

간단하고 효과적

전자레인지에서 가열할 경우, 항산화력과 함께 리코펜도 증가할 가능성이 있습니다. 또 비타민 C나 칼륨 등 수용성 영양소의 손실도 최소한으로 억제할 수 있습니다.

영양소를 꽉 잡는 보관법

보관한다면 상온에서

수분이 많은 토마토는 보통 냉장고에서 보관하지만 상온에서 '후숙'시키면 리코펜을 늘릴 수 있습니다. 조금 딱딱하거나 초록색 부분이 남은 토마토는 상온 후숙으로 리코펜이 60% 증가하는 경우도 있습니다.

1

토마토를 키친타월이나 신문지에 1개씩 싼다.

2

통기성이 좋은 바구니 등에 넣어 직사광선이 닿지 않는 곳에서 보관한다.

영양 듬뿍 식재료 조합법

마늘이나 양파와 가열하면 리코펜 흡수율이 더욱 증가

최근 연구에서 토마토를 마늘이나 양파와 함께 조리하면 리코펜의 흡수율을 더 높일 수 있다는 사실이 보고되었습니다. 마늘이나 양파를 가열할 때 발생하는 '디아릴디설파이드'가 리코펜을 흡수하기 쉬운 성분으로 바꾸기 때문입니다.

호박 Pumpkin

호박 '껍질'에는 가장 많은 영양소가!

주요 영양 성분×호박의 효능

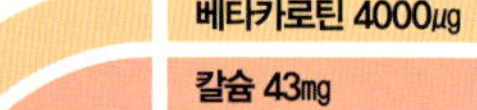

베타카로틴 4000㎍
칼슘 43mg
칼륨 5.2mg

- 산화를 예방한다
- 면역력을 높인다
- 피부 노화를 방지한다

항산화력은 껍질에 있어요

호박은 비타민이나 전분을 많이 함유한 녹황색 채소입니다. 호박의 대표적인 영양소라고 하면 역시 베타카로틴이죠. 베타카로틴은 과육에도 풍부하지만 껍질에 과육의 약 3배나 들어 있기 때문에 껍질도 함께 먹는 걸 추천합니다.

Vegetable point

고영양 저당질의 슈퍼 푸드

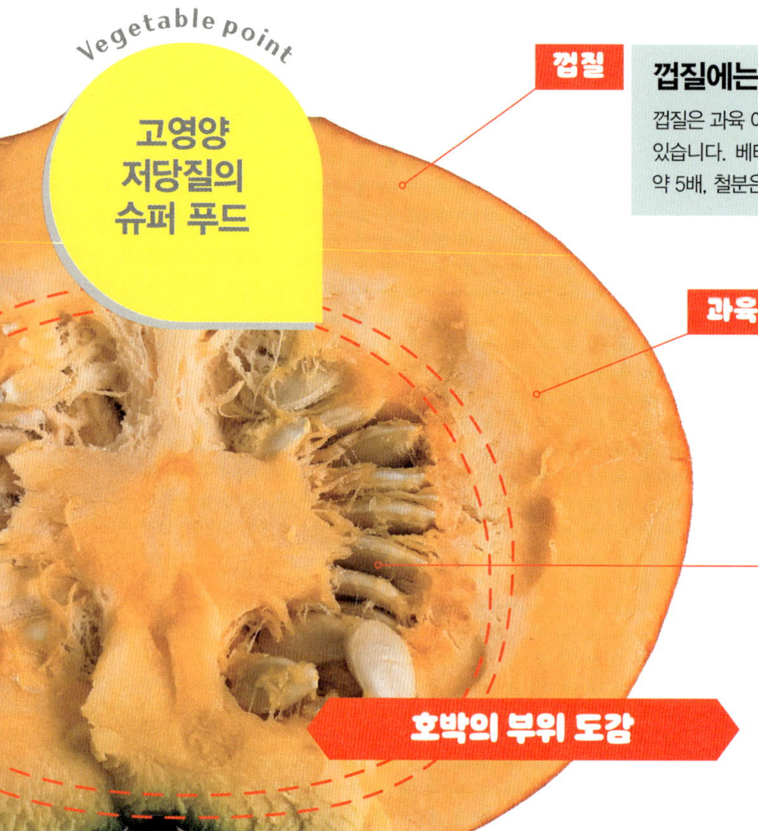

호박의 부위 도감

껍질

껍질에는 약 3배의 베타카로틴

껍질은 과육 이상으로 풍부한 영양소를 함유하고 있습니다. 베타카로틴은 과육의 약 3배, 칼슘은 약 5배, 철분은 약 2배가 들어 있습니다.

과육

칼륨 함량이 단연 1위

과육에는 체내 수분량을 정비하고, 부종을 해소하는 효과가 있는 칼륨이 많습니다. 그 함량이 오이의 약 2배입니다.

씨&호박속

희소 영양소인 아연이 4배

호박씨나 호박속에는 미네랄이나 비타민이 가득하고, 아연은 과육의 약 4배나 들어 있습니다. 씨에는 양질의 지방인 리놀산도 풍부합니다.

영양을 지키는 유용한 손질법.

미끄러지지 않게 조심해요!

호박은 딱딱해서 자르기 어렵다는 사람도 많습니다. 다치지 않으려면 호박 단면을 도마에 놓고 안정적으로 자르는 것이 포인트입니다. 호박을 통째로 자를 경우에는 우선 꼭지를 칼로 제거합니다.

1 호박의 단면을 도마 위에 놓고 안정적으로 둔 후 양손으로 칼을 눌러 껍질을 자른다.

2 수분이 많은 호박속은 바로 제거한다. 파낸 호박속은 전자레인지 조리하여 포타주 등으로 만든다.

3 바로 사용하지 않을 경우에는 단면에 랩을 잘 싸서 채소칸에서 보관한다.

조리법에 따른 영양소 변화

호박은 익히면 영양소가 듬뿍

호박에 들어 있는 베타카로틴과 비타민 E는 지용성이기 때문에 기름을 넣고 조리하는 게 좋습니다. 또 호박의 비타민 C는 감자와 마찬가지로 전분으로 보호되기 때문에 가열 조리해도 줄어들지 않습니다.

생

호박은 가열이 기본

호박은 생으로 먹으면 전분이 잘 소화되지 않고, 베타카로틴이나 비타민 E 등의 영양소도 섭취할 수 없습니다. 하지만 최근에는 콜린키 등 생으로 먹을 수 있는 품종이 등장했습니다.

삶기

단면에서 유출

호박의 비타민 C는 가열로 손상되지 않지만, 잘라서 삶으면 40% 정도 유출됩니다. 소량의 물로 찌면 손실을 줄일 수 있습니다.

볶기

볶는 조리로 흡수율 UP

기름에 조리하면 비타민 C는 약간 감소하지만 베타카로틴과 비타민 E는 흡수율이 증가합니다. 영양소를 효율적으로 흡수하려면 볶는 것이 가장 좋습니다.

전자레인지 조리

비타민 유지

물을 사용하지 않는 전자레인지에서 가열하면 호박의 베타카로틴이나 비타민 C도 거의 100%를 유지하고 미네랄 손실도 막을 수 있습니다. 단시간에 조리할 수 있는 것도 장점입니다.

간단히 찐다면 프라이팬 조리

호박은 찜 조리를 하면 영양소 손실이 적습니다. 전자레인지 조리와 마찬가지로 프라이팬을 사용해서 찌면 간단합니다.

1 먹기 좋은 크기로 자른 호박을 찜기에 올린다. 프라이팬에 찜기가 잠기지 않을 정도의 물을 넣고 불을 켠다.

2 물이 끓으면 뚜껑을 덮어 15분 정도 가열하고 부드러워지면 완성!

냉동하면 영양가는 올라간다?

호박을 한 번에 다 사용할 수 없는 경우에는 사용하기 좋은 크기로 잘라 1회분씩 랩에 싸서 냉동하는 것을 추천합니다. 비타민 C나 미네랄은 유지할 수 있고, 조금이지만 베타카로틴이 증가합니다. 국물 요리에 사용한다면 해동하지 않고 얼린 상태로 넣어도 됩니다.

호박씨는 슈퍼 푸드

호박씨에는 유해 콜레스테롤의 증가를 억제하는 리놀산 외에도 여성 호르몬과 비슷한 기능을 가진 리그난이 풍부하여 갱년기 증상의 개선 효과를 기대할 수 있습니다. 잘 씻은 호박씨를 프라이팬에서 구우면 간식이나 샐러드 토핑으로도 활용할 수 있습니다.

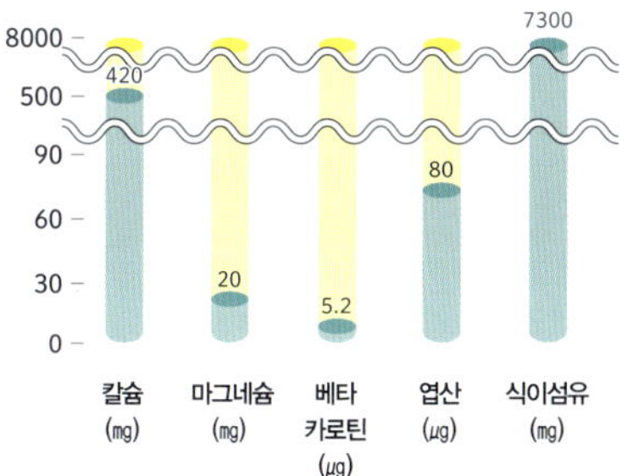

가지 Eggplant

가지 꼭지를 버리면 항암 작용이 제로!

꼭지·꽃받침

꼭지에는 천연 항암제가

가지 꼭지는 사마귀를 없애는 효과가 있다고 하여 민간요법 등에서 활용되었는데, 꼭지나 꽃받침에 들어 있는 천연 화합물이 자궁암의 암세포를 사멸시키는 것이 생쥐 실험에서 확인되었습니다.

영양을 지키는 유용한 손질법

꽃받침을 효율적으로 자르는 법

1 꼭지와 과육이 이어진 부분에 둥글게 칼집을 넣는다.

2 칼집을 넣은 부분에서 아래쪽 꽃받침을 제거하고 남은 꼭지째 조리한다.

꼭지째 조리

가지는 영양가가 적다고 여겨지지만 최근 연구에서 다양한 효과가 발견되었습니다. 가지에는 안토시아닌인 나스닌, 클로로겐산 등의 폴리페놀이 들어 있어 항산화력이 뛰어나고, 꼭지나 꽃받침에는 항암 작용이 있다는 사실도 보고되었습니다. 꽃받침은 식감 때문에 그대로 먹기가 어렵지만, 꼭지는 수프에 넣거나 볶아서 먹을 수 있습니다. 꽃받침째 말려서 긴피라(채 썬 식재료에 설탕, 간장을 넣고 달짝지근하게 볶은 요리) 등으로 먹는 방법도 있습니다.

껍질

항산화력은 과육의 2~3배

가지 껍질에는 안토시아닌의 일종인 나스닌 등의 폴리페놀이 풍부하게 들어 있기 때문에 항산화력은 과육의 2~3배 정도로 높습니다. 가지 껍질을 벗기면 항산화 성분을 거의 버리는 셈입니다.

과육

하부에 가바가 풍부

스펀지 형태의 과육은 90% 이상이 수분입니다. 영양 성분은 적지만 칼륨이나 식이섬유, 비타민 B군 등이 균형 있게 들어 있습니다. 수면의 질을 높이는 가바는 하부(과정부)에 더 풍부하게 들어 있습니다.

떫은맛을 제거하면 항산화 효과 크게 감소

가지의 떫은맛은 폴리페놀인 클로로겐산 때문입니다. 항산화 작용 외에 당분 흡수를 억제하여 지방 축적을 방지하기 때문에 당뇨병을 비롯한 성인병의 예방 효과도 기대할 수 있는 성분입니다. 떫은맛을 제거해 버리면 아까운 영양소가 사라집니다.

씨

많으면 많을수록 항산화 성분 증가

과육의 검은 점들은 '먹어도 괜찮을까?'라고 생각할 수 있는데, 이것은 씨입니다. 클로로겐산이 가장 많이 들어 있는 부위이므로 많으면 많을수록 항산화력은 높아집니다. 갈색으로 변색되는 경우도 문제없습니다.

주요 영양 성분×가지의 효능

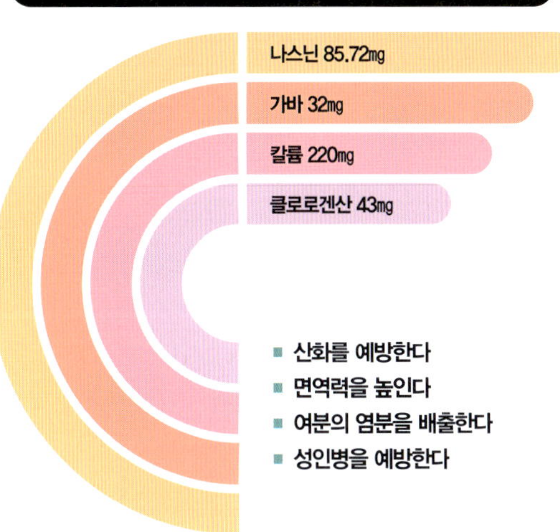

- 산화를 예방한다
- 면역력을 높인다
- 여분의 염분을 배출한다
- 성인병을 예방한다

'가지가 몸을 차게 한다'는 말은 사실인가요?

가지는 수분이 많고 몸의 열을 낮추는 식재료이지만, 여분의 수분이나 염분을 배출하여 '순환을 원활하게 한다'는 표현이 정확할 것입니다. 몸을 시원하게 하고 싶은 여름에는 토마토나 오이 등의 여름 채소와, 몸을 따뜻하게 하고 싶은 계절에는 생강 등과 함께 섭취하세요.

COLUMN

새로운 발견! 다른 식품의 1000배나 되는 혈압 개선 효과

가지로 혈압 개선&릴렉스?

2016년에 발견된 '콜린에스테르'는 혈압을 낮추고 교감 신경 기능을 억제하여 긴장을 풀어주는 기능성 성분으로, 가지에는 이 성분이 다른 식품의 1000배 이상이 들어 있습니다. 콜린에스테르는 가열에 강하기 때문에 조리해서 섭취할 수도 있지만 떫은맛을 제거하면 사라지니 주의하세요.

콜린에스테르에 의한 혈압 개선 효과

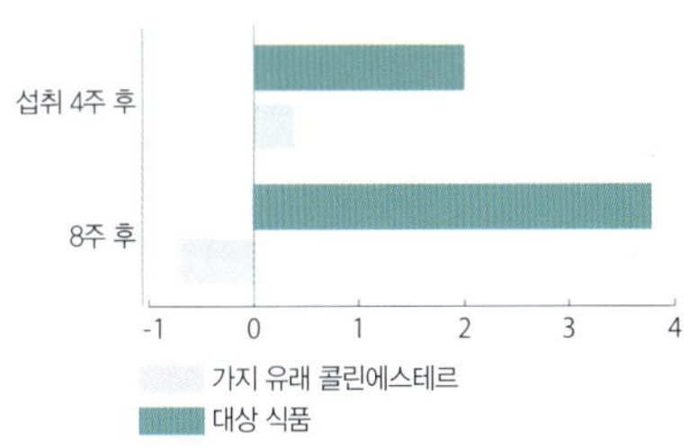

출처: Nishimura, M.; Suzuki, M.; Takahashi, R.; Yamaguchi, S.; Tsubaki, K.; Fujita, T.; Nishihira, J.; Nakamura, K.Daily "Ingestion of Eggplant Powder Improves Blood Pressure and Psychological State in Stressed Individuals: A Randomized Placebo-Controlled Study" Nutrients 2019, 11, 2797.

Eggplant

가지의 영양소 흡수 요령

가지의 가바는 60℃ 가열로 40% 증가

수면의 질을 높이고 싶다면 '찜' 추천

가지의 과육에 들어 있는 가바는 60℃에서 가열하면 약 40% 증가하기 때문에 몸을 안정시키거나 수면의 질을 높이고 싶다면 가지를 '저온에서 찌는 것'이 가장 좋습니다. 찜기에 가지를 넣고 불을 끈 후 뚜껑을 덮어 잠시 두면 60℃ 정도의 온도를 유지할 수 있습니다. 또 아미노산의 일종인 가바는 글루타민산 등의 감칠맛 성분을 더하면 증가합니다. 저온 찜에 '된장 또는 치즈'를 더하면 가바는 약 2배가 됩니다.

조리법에 따른 영양소 변화

가지의 항산화력은 가열해서 끌어내요

가지의 나스닌이나 클로로겐산 등의 폴리페놀이 갖는 항산화 성능은 가열하면 끌어낼 수 있습니다. 그러나 너무 많이 가열하면 성분이 감소하므로 고온·장시간이 아니라 저온·단시간 가열합니다.

튀기기

나스닌 4% UP

떫은맛 제거로 영양소 유출

채소의 폴리페놀은 절단이나 가열로 증가하는 경우가 있는데, 가지의 나스닌도 튀기면 조금 증가합니다. 클로로겐산도 거의 유지됩니다.

찌기

항산화력 50% UP

찜으로 기능성 향상

가지에 든 폴리페놀의 항산화력은 가열하면 증가합니다. 단, 삶으면 빠져나가기 때문에 물을 사용하지 않는 찜 조리가 좋습니다. 가바의 효과도 상승한답니다.

볶기

기름으로 코팅

가지의 영양소를 통째로 섭취하려면 기름으로 코팅하는 것도 추천합니다. 나스닌이나 칼륨 등 수용성 성분이 빠져나오지 않으므로 영양소 손실이 적습니다.

전자레인지 조리

가지의 수분을 유지

가지에 든 수분을 꽉 잡으려면 전자레인지 가열도 영양소 손실이 적은 조리법입니다. 통째로 전자레인지 조리할 경우, 가지가 폭발하지 않도록 칼집을 넣는 것을 잊지 마세요.

기름을 너무 많이 섭취하지 않도록 하는 조리 요령

가지 과육은 스펀지 형태로 되어 있어서 다른 채소처럼 잘라서 볶으면 깜짝 놀랄 정도로 기름을 많이 흡수하여 기름 범벅이 되는 경우도 있습니다. 기름을 적게 흡수하게끔 재빨리 완성하려면 처음에 기름을 발라두는 것이 좋습니다. 자른 가지에 기름 1작은술을 묻히고 잠시 두었다가 기름이 배면 조리를 시작합니다. 전자레인지로 조리할 때도 처음에 기름을 발라두면 촉촉하게 완성됩니다.

1

2

우유로 가지가 촉촉하게

튀김이나 소테 등 가지 요리를 촉촉하게 완성하고 싶은 경우에는 '우유에 담그는 것'이 효과적입니다. 가지 과육에 우유가 스며들면서 기름을 많이 흡수하는 것을 막고 흐물거리지도 않습니다. 자른 가지를 30분 정도 우유에 재웠다가 올리브유 등으로 양면을 굽습니다. 치즈로 감칠맛을 더하면 가바 효과도 기대할 수 있는 요리가 됩니다.

1 2 3 4

영양소를 꽉 잡는 보관법

가지는 상온 보관!

가지의 원산지는 따뜻한 나라인 인도로 알려져 있습니다. 그래서 가지는 5℃ 이하의 추위에 약합니다. 실온이 15℃ 정도라면 상온 보관을 추천합니다. 수분이 증발하면 시들기 때문에 1개씩 랩에 싸두고, 냉장고에 보관할 때는 온도가 높은 채소 칸에 둡니다.

오이 Cucumber

식초를 더하면 비타민 B군이 2배로!

주요 영양 성분×오이의 효능

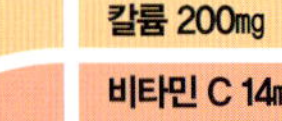

칼륨 200mg
비타민 C 14mg
마그네슘 15mg
시트룰린 9.6mg

- 여분의 염분을 배출한다
- 염증을 억제한다
- 혈압을 정상화한다

오이 식초로 간 기능 향상

오이는 대부분 수분으로 이루어져 있지만 식초에 담가 피클로 만들면 영양 효과가 급상승합니다. 생오이와 피클을 비교하면 피클일 때 비타민 B_2는 2.4배, 엽산은 2배 더 많아집니다. 폴리페놀도 1.4배로 대폭 증가합니다.

오이의 부위 도감

끝부분

비타민 C는 전체의 20%

꽃잎 하부에 비타민 C가 전체의 20% 들어 있는데, 감소 속도가 빨라 일주일 만에 10% 정도로 줄어듭니다. 이 부위는 단맛이 강하지만 여기에서부터 점점 맛이 빠져나가니 가능한 한 빨리 섭취하는 것이 좋습니다.

껍질

껍질의 초록색은 베타카로틴

오이의 비타민은 껍질에 많은데, 특히 베타카로틴은 거의 껍질에만 들어 있어서 되도록 벗기지 말고 먹는 것을 추천합니다. 껍질에 돌기가 있는 품종은 울퉁불퉁할수록 신선합니다.

꼭지 부분

꼭지에는 미네랄이 2배

꼭지 쪽에는 다른 부위보다 미네랄이 많고 비타민 C도 과육보다 풍부합니다. 쓴맛의 원인 중 하나인 쿠쿠르비타신도 많이 들어 있는데, 항염증 효과도 있으므로 잘라내지 않고 먹는 것이 좋습니다.

관다발

쓴맛 성분이 있는 것은 껍질 아래

오이의 쓴맛을 내는 성분인 개미산이 들어 있는 부위는 껍질 아래의 관다발입니다. 꼭지를 잘라내고 단면끼리 문지르면 개미산의 기능을 억제해 쓴맛을 줄일 수 있습니다.

씨

비타민 C의 40%가 여기에

씨 주변에는 비타민 C가 전체의 40%로 가장 많이 들어 있습니다. 단, 감소 속도가 빠르기 때문에 가능한 한 2~3일 내에 먹는 것이 좋습니다. 다 먹을 수 없는 경우에는 식초에 담가 보관하세요.

Vegetable point

미네랄 성분이 여름철 수분 보충에 도움이 돼요

조리법에 따른 영양소 변화

사실 가열해도 좋아요

오이는 생으로 먹는 경우가 많지만 가열하면 부종을 해소하는 효과가 높아지거나 몸을 차게 하는 기능을 약하게 할 수 있습니다. 계절이나 컨디션에 따라 먹는 법을 바꾸는 것이 오이의 영양소를 현명하게 섭취하는 요령입니다.

생

여름에 먹는다면 생으로

몸에 열이 쌓이기 쉽고 수분 보충이 필요한 여름에는 생으로 먹는 것을 추천합니다. 오이의 식이섬유에는 소화를 돕는 효과도 있으므로 과식한 다음 날에도 좋습니다.

끓이기

끓이면 비타민 손실로

가열 조리할 경우, 끓이면 물에 비타민 C나 칼륨을 비롯한 미네랄이 빠져나가 버립니다. 물을 사용하지 않는 조리법으로 가열하는 것이 좋습니다.

볶기

혈류 개선으로 체온도 UP

오이의 시트룰린은 혈류 개선 효과·피로 해소 효과나 진정 효과가 있는 기능성 성분으로, 가열 조리에도 강하므로 몸을 따뜻하게 하고 싶을 때 볶음을 추천합니다.

단시간 조리의 효과도 있어요

전자레인지 조리도 볶음과 마찬가지로 몸을 따뜻하게 하고 싶을 때 추천합니다. 맛이 잘 스며들기 때문에 나물이나 아사즈케를 만들 때 가볍게 전자레인지에 돌리면 단시간 내에 조리할 수 있습니다.

영양을 지키는 유용한 손질법

얇게 썰면 항산화력이 증가

오이에는 항산화력이 높은 글루타치온산이라는 아미노산이 들어 있는데, 이 성분은 자르면 활성화됩니다. 또 오이를 자르면 폴리페놀을 비롯한 항산화 성분도 증가합니다. 자르지 않은 오이와 비교했을 때 5시간 후의 항산화 성분의 총량은 채썰기하면 1.35배, 껍질을 벗긴 경우에는 1.51배, 슬라이스한 경우에는 1.78배로 늘어났습니다. 절단 스트레스로 오이가 자신을 보호하려는 힘이 더해져 항산화 성분이 증가하는 것으로 판단됩니다. 비타민 C는 자르거나 방치하면 감소하지만 전체적인 항산화력은 높아지기 때문에 잘라두거나 미리 만들어두는 요리에 오이를 사용하는 것도 괜찮습니다.

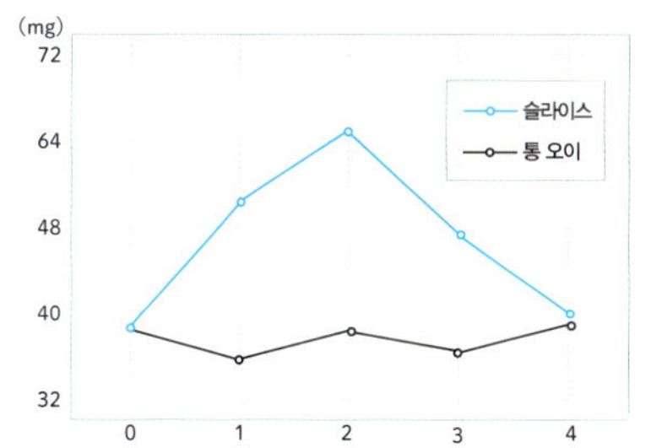

출처: Yuge Guan, Wenzhong Hu, Lei Wang and Bailu Yang "Different Cutting Methods Affect the Quality of Fresh-Cut Cucumbers by Regulating ROS Metabolism" 2023, Horticulturae, 9(4),p.514

COLUMN

토마토와 오이는 여름철 영양 보충에 도움이 돼요!

오이 토마토 샐러드는 따뜻하게 만들어야 한다?

가열한 오이와 토마토를 함께 섭취하면 각각 먹는 것보다 항산화 성능을 훨씬 높일 수 있다고 합니다. 거기에 식초를 넣으면 더 효과 만점이고요. 찬 샐러드보다 따뜻한 샐러드로 만드는 것이 훨씬 효과적입니다.

피망 Green Pepper

'세로썰기'로 혈액 순환 성분을 놓치지 않아요

쓴맛을 없애면 영양소도 함께 사라져요

피망은 비타민 C나 베타카로틴, 비타민 E를 함유한 영양가 높은 채소입니다. 피망의 독자적인 영양소라고 하면 향 성분인 피라진이 있는데, 이것이 폴리페놀인 퀘르시트린과 결합하면 독특한 쓴맛으로 변합니다. 피망의 섬유질은 세로로 늘어서 있어서 이 섬유질을 끊듯이 자르면 해당 성분이 빠져나와 쓴맛을 줄일 수 있습니다. 그러나 피라진은 혈액 순환을 돕고 뇌경색이나 심근경색 예방에 도움이 되는 성분이기 때문에 없애지 않도록 주의해 주세요.

껍질(외과피)

비타민 C는 레몬의 약 1.5배

피망 껍질에는 광합성으로 발생하는 비타민이 많으며, 비타민 C는 레몬의 약 1.5배가 들어 있습니다. 피망의 비타민 C는 비타민 P라는 성분으로 보호되기 때문에 가열해도 잘 파괴되지 않습니다.

영양을 지키는 유용한 손질법

가로썰기보다 세로썰기로

피망은 가로로 썰면 섬유질을 자르기 때문에 부드러워지고 쓴맛도 줄어들지만 피라진이 감소합니다. 섬유질 방향을 따라 세로로 썰면 피라진의 유출을 줄이고 식감도 아삭아삭해집니다.

주요 영양 성분×피망의 효능

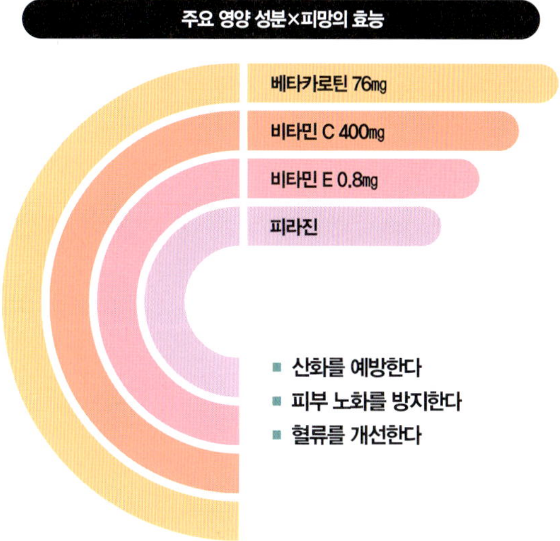

피망의 비타민 C는 열에 강해요

가열에 강한 비타민 C의 항산화 효과 외에 피부 노화를 방지하는 비타민 E나 혈액 순환 효과가 있는 피라진 등 피망에는 건강과 미용에 좋은 성분이 가득합니다. 언제든 구입할 수 있는 채소이지만 제철은 6~8월경입니다.

COLUMN

따뜻한 물에 담근 후 보관해 영양가 유지

50℃의 물에 담근 후 보관해요

피망은 상온 보관이 가능한 채소이지만 냉장 보관할 경우에는 '따뜻한 물에 담그기'를 추천합니다. 50℃의 물(끓인 물에 같은 양의 찬물을 넣기)에 1~3분 담갔다가 물기를 잘 닦고 랩에 싸서 냉장고에 둡니다. 그러면 비타민 감소를 줄일 수 있습니다.

영양을 지키는 유용한 손질법

손실 없이 씨와 피망속까지 섭취해요

1

피망의 상부를 꼭지째 잘라낸다. 꼭지만 제거하고 그 주변은 다른 부위와 함께 조리한다.

2

피망 과육에 세로로 칼집을 넣는다.

3

칼집에서부터 손으로 피망을 벌려 평평한 상태로 만든다.

4

끝에서부터 씨와 피망속까지 함께 세로로 썬다.

씨·피망속

피라진은 껍질의 10배

'씨와 피망속은 쓴맛의 원인'이라고 생각할 수 있지만 사실 피망의 쓴맛은 과육 부분에 있습니다. 먹어도 문제는 없지만 이 부위에는 피라진이 껍질보다 10배 많이 들어 있습니다. 씨와 피망속은 과육이나 껍질과 함께 조리하세요.

과육

쓴맛 성분은 폴리페놀

피라진과 결합하여 쓴맛을 발생시키는 퀘르시트린은 채소를 보호하는 폴리페놀의 일종입니다. 혈압을 낮추는 효과나 항염증 작용을 기대할 수 있습니다. 퀘르시트린은 지용성이기 때문에 기름과 합쳐 조리하면 좋습니다.

피망의 영양소 흡수 요령

구운 피망으로 피라진 증가

씨와 피망속에도 풍부한 혈액 순환 성분

피망의 혈액 순환 성분인 피라진은 사실 구운 고기 냄새와 같습니다. 푹 끓인 스튜 등의 감칠맛 성분이기도 하여 일부러 피라진을 첨가해서 감칠맛을 내는 경우도 있습니다. 피라진은 가열에 강할 뿐 아니라 어느 정도의 고온에서 가열하면 증가한다는 연구 결과도 있어서 피라진 성분을 원한다면 굽고 볶는 등의 조리법이 좋습니다. 피라진은 씨와 피망속에 풍부하므로 조리할 때는 그대로 사용하는 것을 추천합니다.

조리법에 따른 영양소 변화

기름을 넣어 가열하면 영양을 통째로 흡수

피망에는 베타카로틴, 비타민 E, 퀘르시트린 등 지용성 성분이 많습니다. 그래서 기름에 조리하면 흡수율을 높일 수 있습니다. 피망의 비타민 C나 피라진도 열에 잘 파괴되지 않으므로 가열 조리도 좋습니다.

생

통째로 얼음 담그기 추천
피망은 가열 조리해서 먹는 경우가 많지만 생으로도 맛있게 먹을 수 있습니다. 얼음에 담그면 식감이 아삭아삭해지고 단맛도 느낄 수 있습니다.

끓이기

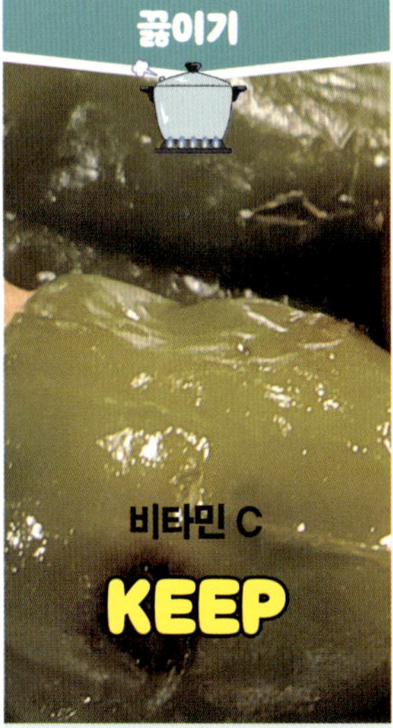

끓일 때는 자르지 않고
열에 강한 피망의 비타민 C는 끓여도 유지할 수 있습니다. 그러나 자르고 나서 조리하면 비타민이나 미네랄이 빠져나가기 때문에 되도록 통째로 끓이는 것이 좋습니다.

볶기

흡수력 증가
비타민 C를 지키면서 기름으로 조리하면 베타카로틴, 비타민 E의 흡수력이 높아집니다. 피라진은 흡수력뿐 아니라 성분 자체의 증가도 기대할 수 있습니다.

전자레인지 조리

재빨리 가열 추천
아삭한 식감을 남기면서 가열도 하고 싶다면 전자레인지 조리가 좋습니다. 비타민 C나 미네랄을 유지하면서 단시간 내에 조리할 수 있습니다.

영양소를 꽉 잡는 보관법

자르고 나서 3시간 후에 비타민 5배

채소는 상처를 입으면 그 스트레스로 인해 비타민 C가 증가하는 경우가 있습니다. 피망 역시 자르고 방치하면 비타민 C가 증가하는데, 3시간 후에 5배가 된다는 실험 결과가 있습니다. 그러나 상하기 쉬우니 잘랐다면 가능한 한 12시간 이내에 먹도록 합니다.

출처: 이마호리 요시히로 · 조우안페이 · 우에다 요시노리 · 아베 가즈히로 · 차친 가즈오 '절단 상해에 의한 스트레스가 피망 과실의 아스코르빈산 대사에 미치는 영향' 1997, 원예학회잡지(J.Japan.Soc.Hort. Sci.) 66(1),p.175–183

피망은
가열하면
당도도
올라가요

색에 따라 단맛도, 영양소도 달라져요

일반적으로 유통되는 초록색 피망은 사실 미숙과입니다. 익으면 빨간색이나 노란색, 주황색이 되고 영양가도 올라갑니다. 빨간색 피망은 베타카로틴이 초록색 피망의 2배 이상, 비타민 E는 5배 이상이지만 피라진은 초록색 피망에 많이 들어 있습니다. 한편, 파프리카는 같은 고추속의 다른 품종입니다.

영양 듬뿍 식재료 조합법

피망과 최고의 조합을 자랑하는 채소는?

피망에 든 지용성 영양소를 남김없이 섭취하려면 지방을 더하는 것이 중요합니다. 그래서 '간 깨'를 추천합니다. 참깨의 세사민으로 항산화력도 배로 증가하니 반찬으로 추가해 보세요. 세로로 썰어서 전자레인지 조리한 피망을 간 깨와 버무리기만 하면 됩니다.

무 White Radish

무는 갈면 항암 성분이 7배로!

하부는 갈아서 먹으면 7배 UP!

무의 아릿한 매운맛의 근원은 글루코시놀레이트에서 발생한 항산화 성분인 이소시오시아네이트입니다. 아브라나과 채소의 특징적인 성분으로, 항염증 작용 외에 항암 효과도 기대됩니다. 이소시오시아네이트는 자르거나 갈면 발생합니다. 무를 잘랐을 때보다 갈았을 때 이소시오시아네이트가 약 7배나 활성화되므로 갈아 먹을 때는 항산화 물질이 많은 하부를 추천합니다.

바깥쪽

안쪽

중심부

무는 바깥쪽보다 안쪽에 아미노산이 더욱 풍부하게 들어 있는데, 특히 감칠맛 성분인 글루타민산은 바깥쪽의 약 1.7배, 피로 해소 효과가 높은 아르기닌산은 바깥쪽의 약 2.2배나 들어 있습니다.

껍질부

비타민 C는 중심부의 2배

무의 비타민 C는 껍질과 껍질의 바로 아래, 영양소가 지나는 길인 관다발에 대부분 들어 있으며 그 양은 중심부보다 2배 정도 많습니다. 무 껍질은 딱딱하다고 두껍게 벗기곤 하는데 버리면 큰 손해입니다.

주요 영양 성분×무의 효능

위장의 기능을 정비하고 산화도 막아요

무에 든 아밀레이스는 전분을 분해하는 효소로, 소화를 돕고 위장의 기능을 정비합니다. 또 글루코시놀레이트는 아브라나과 채소에 함유되어 해독·항염증 작용이 있는 매운맛 성분 이소시오시아네이트(설포라판)를 발생시키는 기능성 성분입니다.

무의 부위 도감

하부·끝

항암 성분은 상부의 10배

무의 이소시오시아네이트는 매운맛이 강한 끝부분에 풍부하게 들어 있습니다. 이 성분을 활성화시키기 위해 끝부분은 갈아서 먹는 것을 추천합니다. 전분 분해 효소인 아밀레이스도 하부에 풍부합니다.

매운맛
수분 적음

여름과 겨울에 영양소를 함유한 부위가 달라져요

무의 제철은 겨울이지만 매운맛 성분인 이소시오시아네이트가 많은 것은 봄~여름에 수확되는 무입니다. 매운맛이 강한 여름 무는 절반 이상은 갈아서 먹는 것이 좋습니다. 겨울 무는 당이 많아지는데 껍질 부근에 이소시오시아네이트가 증가하므로 딱딱한 껍질 주변도 갈아서 섭취하는 것이 좋습니다.

이소시오시아네이트의 부위별 함량

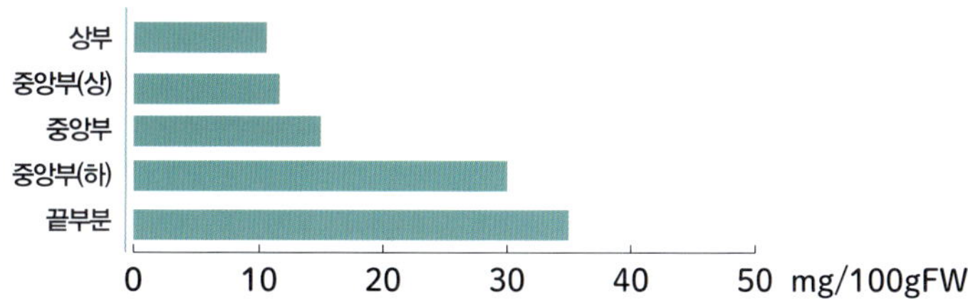

출처: 마이모토 사토시, 아사오 히로시, 가와시마 신이치, 오치 야스하루, 가지타 도시오 '무 재배 품종의 이소시오시아네이트 함량의 차이' 2012, 긴키주고쿠시코쿠 농업연구, 20호,p.21-28

White Radish

무의 영양소 흡수 요령

가열하면 항산화 작용이 1.5배로

가열로 장내 환경 개선

무의 이소시오시아네이트나 디아스타아제, 프로테아제는 생으로 섭취하는 것이 효과적이기 때문에 가열한 무는 영양가가 거의 없다고 여겨졌지만, 사실 가열하면 항산화력이 높아진다고 합니다. 즉, 가열하면 이소시오시아네이트의 해독 · 살균 작용은 감소하지만 항산화력은 증가합니다. 식이섬유도 가열했을 때 소화 흡수하기 더 쉬우므로 장내 환경 개선을 기대한다면 가열 조리하는 것이 1.5배 효과적입니다.

조리법에 따른 영양소 변화

식이섬유라면 삶기, 비타민 C라면 전자레인지 조리

무는 계절이나 부위에 따라 영양소가 달라질 뿐 아니라 조리법에 따라서도 각각 얻을 수 있는 영양소가 바뀝니다. 얻고 싶은 영양소에 따라 조리법을 바꾸거나 각각의 부위에 맞는 조리법을 이용하세요.

생

먹기 직전에 갈아요
생으로 먹는다면 이소시오시아네이트를 활성화시키는 무즙으로 만드는 것이 좋습니다. 이소시오시아네이트는 무를 갈고 15분 정도 지나면 절반으로 줄어들기 때문에 먹기 직전에 준비하세요.

끓이기

식이섬유로 장내 환경 개선
끓일 때는 단맛과 매운맛이 균형 잡힌 중앙부를 사용하는 것을 추천합니다. 식이섬유의 소화 흡수율이 약 20% 증가하며 항산화 성능도 높아집니다. 다만, 자르면 비타민 C는 감소합니다.

전자레인지 조리

비타민 C의 손실을 최소로
비타민 C의 손실이 적은 방법은 물을 사용하지 않는 전자레인지 조리입니다. 수용성 성분은 지킬 수 있지만 껍질은 부드러워지지 않기 때문에 쓰케모노나 무즙으로 활용합니다.

COLUMN

무를 끓이면 달아지는 이유는?

천천히 가열하여 전분이 단맛으로 변화

무의 단맛은 탄수화물에 함유된 전분입니다. 전분을 가열하면 당류로 변해서 단맛이 더해지는데 여름에 수확한 무는 전분량이 적기 때문에 가열해도 담백한 맛이 납니다. 천천히 가열하는 것이 포인트이므로 단맛을 내고 싶다면 끓이는 것을 추천합니다.

항산화력을 생각한다면 끝부분은 반드시 무즙으로

계절이나 원하는 효능에 따라 조리법을 달리하는 게 좋지만, 끝부분의 이소시오시아네이트를 가장 많이 얻을 수 있는 건 역시 무즙입니다. 무를 강판에 직각으로 대면 잘게 갈리고 식감이 좋아지며, 비스듬히 대면 입자가 거칠어집니다.

무즙의 비타민 C를 지키려면 '식초 추가'

무의 비타민 C는 효소로 파괴되기 때문에 갈면 효소와 반응하여 10분 만에 약 20% 감소합니다. 이소시오시아네이트의 효과와 함께 비타민 C를 지키려면 식초를 넣는 것이 좋습니다. 효소 분해로부터 비타민 C를 지키고 맛이 떨어지는 것도 방지해 줍니다.

무즙의 비타민 C의 양

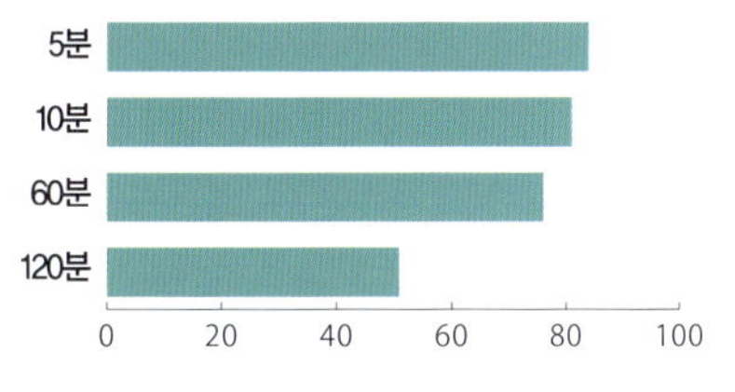

출처: 무라타 기쿠 '조리 가공과 비타민' 1970, 조리과학 Vol.3(1), P2–10

영양 듬뿍 식재료 조합법

생선구이에 무즙은 필수! 발암 성분을 억제해요

고소한 생선구이는 특히 약간 탄 듯한 부분이 맛있죠. 하지만 이를 대량으로 섭취했을 때 세포가 노화하는 원인이 됩니다. 무의 이소시오시아네이트는 암을 예방하는 효과를 기대할 수 있으며 무의 리그닌이라는 식이섬유도 발암성 물질을 억제하므로, 생선구이를 먹을 때 곁들이면 좋습니다.

쓰케모노라면 가바, 무말랭이는 미네랄

쓰케모노나 무말랭이 등 무를 가공하는 것으로도 영양가는 크게 달라집니다. 단무지 등의 쓰케모노는 매운맛이 빠지면서 이소시오시아네이트는 감소하지만 햇볕에 말리는 공정을 거치면 가바는 약 7배 증가합니다. 단무지 안의 가바는 혈압을 낮추는 효과가 기대되는, 건강에 유용한 성분입니다. 또 무를 말려 만드는 무말랭이는 미네랄이 응축되기 때문에 칼슘은 무려 생무의 약 20배나 증가합니다. 무말랭이의 미네랄은 물에 불릴 때 빠져나오기 때문에 불린 물도 꼭 조리에 사용하세요.

풋콩 Green Soybean

풋콩은 찜 구이로 비타민 C를 지켜요

주요 영양 성분×풋콩의 효능

- 비타민 C 27㎎
- 엽산 320㎍
- 칼륨 590㎎
- 사포닌

- 산화를 방지한다
- 콜레스테롤을 낮춘다
- 혈압을 정상으로 만든다
- 비만을 예방한다

통째로 조리하면 단맛도 증가

풋콩은 대두의 미숙과로, 최근에는 맛과 영양가를 높인 품종이 늘어났습니다. 일반적으로 풋콩은 삶아서 먹지만 삶은 풋콩은 비타민 C가 절반 이상 빠져나간 상태입니다. 깍지째 찜 구이로 만들면 비타민을 지키고 당도도 높아집니다.

Vegetable point

신선도가 생명이므로 영양 섭취는 시간 싸움!

높은 항산화 작용의 사포닌

대두나 풋콩에 든 사포닌은 항산화, 혈류 개선, 비만 예방 등 다양한 효과를 기대할 수 있는 성분입니다. 사포닌은 가열해도 남아 있지만 비타민 C는 삶으면 절반으로 줄어듭니다.

풋콩의 부위 도감

알맹이

껍질

심지

깍지

식이섬유와 칼슘이 풍부

풋콩 깍지의 식이섬유는 알맹이보다 약 2배 많으며, 칼슘도 1.7배 들어 있고 베타카로틴도 풍부합니다. 조리할 때 깍지째 활용해 보세요.

풋콩 조리 꿀팁

깍지 페이스트로 풋콩을 통째로 활용!

풋콩 깍지는 도저히 못 먹겠다고 할 수 있지만 오히려 깍지보다 풋콩을 둘러싼 심지와 플라스틱처럼 질긴 속껍질 부분이 먹기 어렵답니다. 이 부분들을 제거하고 페이스트로 만들면 수프 등에 넣어 먹을 수 있어요. 페이스트 만들기가 어렵다면 채소 수프의 맛국물 등으로 활용해 보세요.

깍지완두는 지방을 더하면 항산화 작용이 증가

주요 영양 성분×깍지완두의 효능

- 베타카로틴 560㎍
- 비타민 C 60㎎
- 식이섬유 3g
- 리신 130㎎

- 산화를 방지한다
- 대사를 돕는다
- 장내 환경을 개선한다

깍지째 먹으면 영양가가 높아요

깍지완두는 익으면 완두콩이 되며, 깍지째 먹는 성숙과는 스냅완두라고 합니다. 콩류에 함유된 비타민 K는 특히 깍지완두에 풍부한데, 지방과 함께 섭취하면 흡수율이 약 8배 증가합니다.

Vegetable point

감칠맛의 강도는 토마토 이상!

깍지완두의 부위 도감

깍지

깍지에는 베타카로틴도 있어요

녹황색 채소인 깍지완두는 베타카로틴을 비롯한 비타민이 풍부합니다. 비타민은 깍지에 많이 들어 있으며, 씨(알맹이) 부분을 보호하는 역할을 합니다.

씨

성장에 필요한 아미노산 '리신'이 있어요

씨에는 단백질과 아미노산이 풍부합니다. 특히 몸의 성장이나 회복을 돕고 칼슘 흡수도 촉진하는 필수 아미노산인 리신이 들어 있습니다.

달걀로 항산화 작용 증가&피부 미용

깍지완두의 비타민 K나 베타카로틴 같은 지용성 영양소는 달걀의 지방과 함께 섭취하면 흡수율이 증가합니다. 달걀에는 비타민 C가 없기 때문에 깍지완두와 함께 먹으면 영양소를 균형 있게 섭취할 수 있습니다.

비타민 C의 감소율

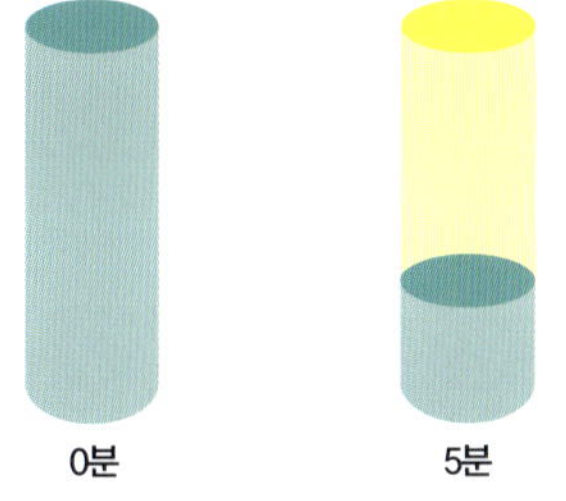

출처: 농연기구 '조리·가공 공정에서의 비타민 함량 변동 정보'

비타민 C는 5분 가열로 60% 감소

깍지완두에는 토마토의 약 6배 정도 되는 비타민 C가 들어 있습니다. 그러나 깍지완두의 비타민 C는 가열에 약해서 5분만 가열해도 약 60%가 줄어듭니다. 깍지완두는 빨리 익으니 1분 정도만 삶으면 됩니다.

표고버섯 Shiitake Mushroom

대(자루)를 버리면 영양소의 70% 손실

주요 영양 성분×표고버섯의 효능

- 비타민 B_1 0.13㎎
- 비타민 D 0.3㎍
- 에르고티오네인 9.6㎎
- 식이섬유 4.9㎎

- 면역력을 높인다
- 성인병을 예방한다
- 장내 환경을 개선한다

영양 성분도, 감칠맛 성분도 대에!

표고버섯의 대는 손질할 때 제거해 버리는데, 알고 보면 버섯갓보다 영양소가 풍부합니다. 피로 해소에 도움을 주는 가바는 약 2.2배, 간 기능을 돕는 오르니틴은 약 2.3배, 에너지 생산을 돕는 아스파라긴산은 약 1.5배 많습니다.

씻으면 항산화력이 대폭 감소

표고버섯뿐 아니라 버섯류는 수분이 많아 물에 씻으면 수용성 비타민이나 항산화 성분이 빠져나옵니다. 버섯류는 되도록 씻지 말고 키친타월 등으로 닦아내세요.

매일 먹는 표고버섯이 콜레스테롤을 낮춰줘요

표고버섯의 갓 뒤쪽에 함유된 에리타데닌은 콜레스테롤을 낮추는 데 효과가 있는 성분입니다. 그래서 표고버섯을 매일 먹으면 혈중 콜레스테롤 수치를 줄일 수 있다고 합니다. 일주일간 표고버섯을 섭취했을 때 생표고버섯의 경우 약 8%, 건표고버섯은 약 12% 정도 콜레스테롤 수치가 감소했다는 연구 결과가 있습니다.

버섯의 부위 도감

주름살

항산화력은 비타민 E의 7000배

주름살에 많이 함유된 에르고티오네인은 항산화 비타민인 비타민 E와 비교하면 항산화력이 7000배나 많습니다. 비타민 D의 전구 물질인 에르고스테롤도 주름살 부분에 풍부하므로 표고버섯을 햇빛에 말릴 때는 갓이 아래로 가게 두세요.

갓

식이섬유가 성인병을 예방

표고버섯에는 불용성 식이섬유가 풍부하게 들어 있어서 장내 환경을 정돈하는 효과가 있습니다. 표고버섯의 재배 방식으로 '균상 재배'와 '원목 재배'가 있는데, 원목 재배한 표고버섯에 식이섬유가 10% 이상 많이 들어 있습니다.

대

아미노산의 60%가 대에

표고버섯의 대에는 감칠맛 성분인 글루타민산을 비롯한 아미노산이 풍부하며, 전체의 약 60%가 들어 있습니다. 그래서 대를 잘라내면 감칠맛도, 영양소도 60% 줄어듭니다. 버섯에서 잘라내야 하는 곳은 밑뿌리 부분뿐입니다.

밑뿌리

끝의 딱딱한 부분

밑뿌리란 대 끝에 있는 검고 딱딱한 부분입니다. 유해 물질은 아니지만 딱딱해서 먹을 수 없어 제거합니다. 이 부분만 벗겨내듯이 제거하면 영양소 손실을 최소화할 수 있습니다.

표고버섯 조리 꿀팁

건표고버섯은 물에 불릴 필요가 없어요

건표고버섯은 물에 담가 불리는 것이 기본이지만 물에 넣어 그대로 조리하거나 전자레인지에 돌려 가볍게 불린 후 조리해도 됩니다. 이렇게 하면 수용성 영양소가 너무 많이 유출되는 것을 방지할 수 있습니다.

조리법에 따른 영양소 변화

천천히 가열하면 감칠맛이 증가!

표고버섯에 든 항산화 성분은 가열해도 쉽게 줄어들지 않으며, 감칠맛 성분 등의 아미노산은 가열하여 세포를 파괴하면 활성화됩니다. 빠르게 가열하는 것보다 천천히 가열할 때 성분을 효과적으로 끌어낼 수 있습니다.

생

생으로 먹으면 위험!
표고버섯을 포함한 버섯류는 대부분 생식하면 안 됩니다. 알레르기나 식중독, 피부염을 일으킬 수 있으니 반드시 익혀서 드세요.

삶기

70℃에서 천천히 가열
표고버섯의 감칠맛 성분 중 하나인 구아닐산은 70℃에서 천천히 익히면 극적으로 증가합니다. 따뜻한 물이 아니라 찬물에서 삶아 약불로 가열하는 것을 추천합니다.

볶기

비타민 D의 흡수율 증가
천천히 가열하는 것보다 효과는 떨어지지만 볶을 때도 감칠맛 성분이 증가합니다. 또 비타민 D는 지방과 함께 섭취하면 흡수율을 높일 수 있습니다.

전자레인지 조리

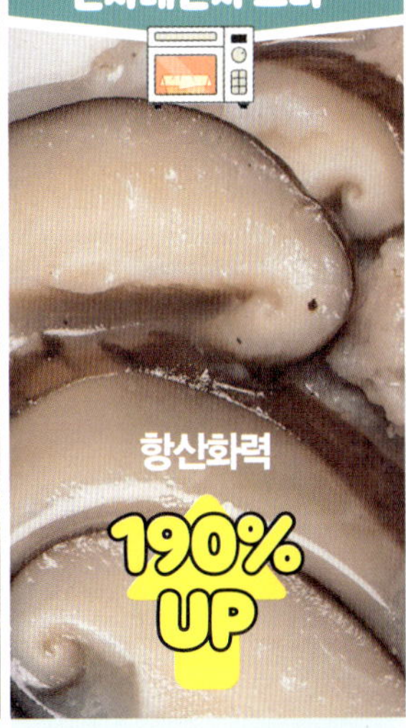

물을 사용하지 않고 영양소 유지
전자레인지에서 가열하면 항산화 성능이 높아진다고 합니다. 다만, 단시간 가열 시 대가 익지 않기 때문에 대는 끓이거나 볶아서 조리합니다.

COLUMN

표고버섯은 햇빛에 말리면 비타민 D가 10배!

'건표고버섯'으로 비타민 D 10배 증가

표고버섯에 함유된 비타민 D는 칼슘 흡수를 돕고 면역력을 높이는 중요한 성분입니다. 건표고버섯은 생표고버섯에 비해 비타민 D 함량이 30배 이상입니다. 또 생표고버섯을 30분~1시간 햇빛에 말리면 약 10배 증가합니다.

버섯 Mushroom

냉동하면 면역 증진 효과 13배!

주요 영양 성분×버섯의 효능

- 베타글루칸
- 비타민 D
- 칼륨
- 식이섬유

- 면역력을 높인다
- 장내 환경을 개선한다
- 성인병을 예방한다

냉동으로 감칠맛도, 영양소도 증가

버섯의 감칠맛 성분인 구아닐산은 생버섯 상태에서는 거의 없지만, 가열해서 세포를 파괴하면 활성화됩니다. 냉동하는 것으로도 세포를 파괴할 수 있습니다. 냉동을 추천하는 것은 팽이버섯이며, 이때 면역 증진 효과가 13배 증가합니다.

피로 해소에는 베타글루칸과 비타민 B군도 섭취할 수 있는 수프가 좋습니다.

매일 버섯을 먹고 면역력 UP!

버섯류에 함유된 식이섬유의 일종인 베타글루칸은 장에 작용하여 혈중 백혈구를 활성화하고 면역력을 높이는 기능이 있습니다. 인플루엔자나 감기 바이러스의 증식을 막고 이물질이나 질병으로부터 몸을 지켜주기 때문에 매일 조금씩이라도 버섯을 먹는 것을 추천합니다.

영양 듬뿍 식재료 조합법

감칠맛의 강도 20배 증가의 비결

감칠맛 성분에는 구아닐산 외에 다시마 등에 든 '글루타민산', 가다랑어포 등에 든 '이노신산'이 있는데, 버섯에는 구아닐산과 글루타민산이 둘 다 들어 있습니다. 그래서 감칠맛이 강하며, 다시마와 비교하면 20배 이상이나 많습니다.

시너지 효과에 의한 감칠맛의 강도
(다시마 맛국물을 1이라고 한 경우)

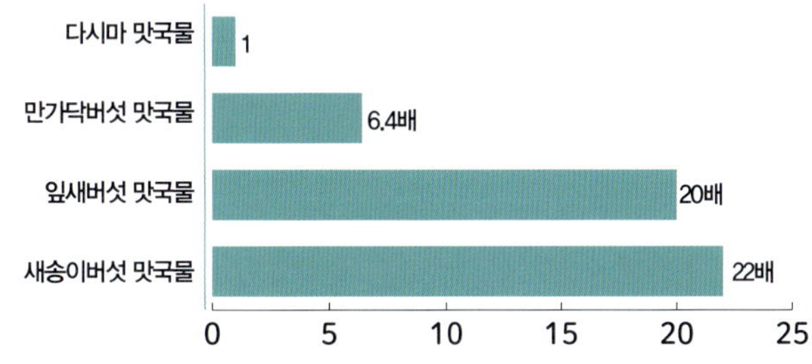

출처: 버섯 연구소(호쿠토) '버섯으로 염분 제한! 감칠맛의 힘'

버섯 맛국물은 낮은 염분으로도 감칠맛이 풍부하기 때문에 저염 조리에도 추천합니다. 버섯은 여러 종류를 섞으면 감칠맛이 더 증가합니다.

팽이버섯

냉동하면
좋은 버섯
BEST 3

1위는 '팽이버섯', 영양 효과가 13배

버섯 키토산은 팽이버섯에 많이 든 항산화 성분으로, 다이어트 효과를 기대할 수 있으며 냉동하면 약 13배 증가합니다. 만가닥버섯도 냉동으로 구아닐산이 약 8배 증가합니다. 잎새버섯은 세포를 파괴하면 혈류 개선과 내장 지방 감소 효과가 있는 MX 프랙션이 활성화되기 때문에 냉동하거나 잘게 자르는 것이 좋습니다.

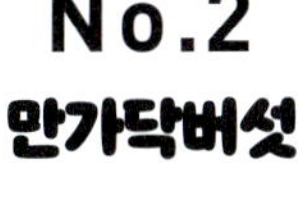

No.2

만가닥버섯

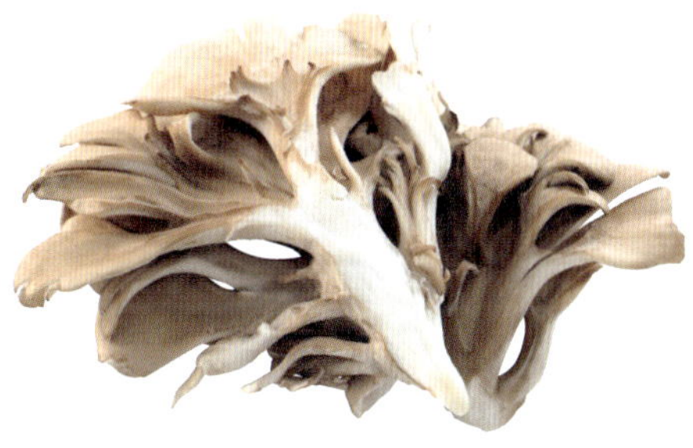

No.3

잎새버섯

밑뿌리

제거하는 부분은 아주 조금

표고버섯과 마찬가지로 다른 버섯도 밑뿌리는 약간만 제거합니다. 잎새버섯은 밑뿌리가 없기 때문에 풀어주기만 하면 조리할 수 있습니다.

우엉 Burdock

얇게 썰어 전자레인지에 가열하면 항산화력 2배!

주요 영양 성분×우엉의 효능

식이섬유 5.7g
마그네슘 54㎎
클로로겐산
타닌

- 장내 환경을 개선한다
- 피로 해소를 돕는다
- 암을 예방한다

우엉의 부위 도감

껍질

폴리페놀은 안쪽의 2배

우엉에는 외부의 자극으로부터 자신을 보호하는 폴리페놀인 클로로겐산이나 타닌이 들어 있습니다. 폴리페놀은 우엉 속보다 껍질에 약 2배 많습니다. 껍질을 벗기거나 흙을 너무 많이 씻어내면 영양소가 사라지므로 손질 시 주의하세요.

우엉 속

풍부한 식이섬유가 장을 보호해요

우엉의 중심부에는 정장 작용을 하는 식이섬유와 수분이 많이 들어 있습니다. 우엉 속의 검은 고리 모양 부분에도 폴리페놀이 많이 함유되어 있습니다.

조리하면 폴리페놀이 활성화

우엉의 항산화 성분인 폴리페놀은 자르면 활성화되는데, 둥글게 잘랐을 때보다 채 썰었을 때 약 1.5배 더 활성화됩니다. 게다가 전자레인지에서 가열하면 항산화력은 약 2배 증가합니다. 전자레인지에 가열한 뒤 조리해도 좋습니다.

우엉은 스펀지 등으로 흙을 부드럽게 닦아내고 채 썹니다. 수세미 등으로 박박 문지르거나 물에 담그면 폴리페놀이 감소하니 주의하세요.

폴리페놀량(㎎)
20
15
10
5
0
0 5 10 15
시간(분)
채썰기
원형 썰기

채소를 보호하는 폴리페놀은 절단 스트레스 등으로 활성화되기도 합니다. 우엉도 채 썰면 폴리페놀이 더 증가합니다.

출처: 야지마 에이코, 미에다 유카리 '조리 조작에 따른 폴리페놀량의 변화—식품으로부터의 폴리페놀 추출—'(2012), 나가사키여자단기대학 정기간행물, 36,p.57–61

영양 듬뿍 식재료 조합법

우엉 긴피라로 대장을 깨끗이!

우엉의 식이섬유에는 수용성·불용성 성분이 모두 함유되어 있어서 대장 청소에 최적입니다. 우엉의 폴리페놀에는 지방을 감소시키는 사포닌도 들어 있어서 몸속을 깨끗하게 청소해 줍니다. 전자레인지로 가열하면 항산화 작용도 활성화됩니다.

조리법에 따른 영양소 변화

삶으면 폴리페놀이 유출!

폴리페놀을 비롯한 항산화 성분은 가열하면 활성화됩니다. 우엉은 잘라서 조리하는 경우가 많은데, 삶으면 폴리페놀이 물에 빠져나갑니다. 가능한 한 물을 사용하지 않는 조리법을 추천합니다.

생

생식도 가능하지만…

우엉은 채칼 등으로 얇게 자르면 생으로 먹을 수 있지만 많이 먹으면 내장에 부담이 가해지므로 생식보다는 단시간 가열해서 섭취하는 것이 좋습니다.

삶기

국물째 먹는다면 OK

우엉의 폴리페놀은 삶으면 물에 그대로 빠져나갑니다. 가열한다고 해서 성분이 파괴되지는 않기 때문에 삶을 때는 국물째 먹을 수 있는 레시피로 만드는 것이 좋습니다.

찌기

확실히 활성화

우엉의 항산화력을 제대로 섭취하려면 찜 조리도 좋습니다. 물을 사용하지 않으므로 수용성 성분이 사라지지 않고 전자레인지 조리와 거의 같은 항산화력이 활성화됩니다.

전자레인지 조리

물을 사용하지 않고 영양소 유지

우엉을 조리할 때 가장 추천하는 방법은 전자레인지 조리입니다. 단시간 내에 간단하게 가열하며 항산화력도 최대가 됩니다. 삶지 말고 전자레인지로 조리하세요.

연근 Lotus Root

가열하면 항산화력이 절반으로 뚝!

주요 영양 성분×연근의 효능

- 비타민 C 48mg
- 칼륨 440mg
- 식이섬유 2g
- 타닌

- 산화를 방지한다
- 여분의 염분을 배출한다
- 장내 환경을 개선한다

항산화력을 원한다면 생연근을!

연근의 단면을 검게 변색시키는 주요 성분은 폴리페놀인 타닌입니다. 활성 산소를 억제하는 항산화력이 높은 성분이지만 가열하면 40~50% 감소합니다. 연근은 주로 가열해서 먹지만 영양을 따져보면 생으로 먹는 것이 더 좋습니다.

연근의 부위 도감

하위 마디

연근은 여러 마디가 연결되어 성장합니다. 작은 하위 마디(젊은 마디)는 전분이나 단백질이 적고 식감이 아삭아삭하며, 상위 마디는 가열하면 식감이 폭신폭신해집니다.

연근 속(지하 줄기)

폴리페놀은 마디의 최대 2배

하위 마디는 다른 마디에 비해 폴리페놀이 최대 2배 더 많이 들어 있습니다. 연근은 의외로 비타민 C가 풍부한데, 귤보다 약 1.5배 많습니다.

껍질

폴리페놀은 연근 속의 2배

폴리페놀은 연근 속보다 껍질에 2배 많습니다. 폴리페놀이 많아 쉽게 변색되지만 껍질은 벗기지 않고 씻어서 조리하면 됩니다.

마디

폴리페놀 함량 5배

연근 마디는 대부분 잘라서 버리지만 폴리페놀이 연근 속보다 약 5배 많이 들어 있고, 아미노산이나 철분도 풍부한 부위입니다. 버리지 말고 함께 조리하세요.

떫은맛의 정체는 폴리페놀! 물에 담그면 안 돼요!

타닌이 풍부한 연근은 단면이 쉽게 변색되기 때문에 식초물 등에 담가 떫은맛을 제거하죠. 그러나 떫은맛을 제거하면 이 타닌의 항산화 성분이 사라집니다. 가능한 한 떫은맛을 없애지 않고 그대로 조리하는 것이 좋습니다.

조리법에 따른 영양소 변화

가열하면 항산화력은 훅 떨어져요

긴피라나 조림 요리 등 연근은 가열해서 먹는 경우가 많지만, 타닌을 포함한 폴리페놀의 항산화력은 가열하면 감소하기 때문에 생으로 먹는 것을 추천합니다. 작은 하위 마디는 섬유질이 가늘고 부드러워서 생으로 먹는 데 적합한 부위입니다.

생

얇게 썰거나 갈아서

연근은 생으로 먹는 것을 추천합니다. 가장자리의 작은 마디는 얇게 잘라 샐러드를 만들거나 식초에 버무려 먹으면 됩니다. 섬유질이 약간 두꺼운 상위 마디는 갈아서 묽은 수프로 만들면 먹기 편합니다.

삶기

미네랄이나 비타민도 손실

연근의 항산화력은 가열하면 기본적으로 40~50% 감소합니다. 삶으면 칼륨이나 비타민도 손실되므로 피하는 것이 좋습니다.

볶기

비타민 E의 흡수력은 UP

볶으면 항산화력은 줄어들지만 그 감소율은 비교적 낮습니다. 또 지용성인 비타민 E의 흡수율이 증가하기 때문에 재빨리 가열한다면 볶아도 좋습니다.

전자레인지 조리

비타민 C는 거의 유지

전자레인지 가열로도 항산화력은 감소하지만 단시간 내에 조리한다면 감소율을 줄일 수 있습니다. 연근의 비타민 C는 가열에 강하므로 거의 유지할 수 있습니다.

연근을 생으로 먹을 때는 신선도를 체크!

연근을 생으로 먹는다면 신선도를 확인하세요. 시간이 지나 단면이 검어졌다면 가열하는 것이 좋습니다. 가을에 나는 제철 연근은 특히 부드럽고 싱싱하므로 생식을 추천합니다.

순무 Turnip

순무는 '삶기'보다 '전자레인지 조리'로 비타민, 단맛도 손실 없게

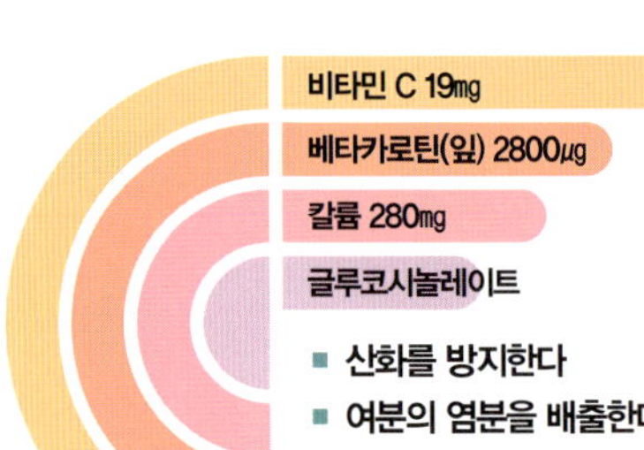

비타민 C는 가열하면 절반 이하로

무와 같은 아브라나과 채소인 순무. 영양소도 무와 비슷하고 열매(줄기) 부분에는 비타민 C나 칼륨, 소화 효소인 디아스타아제, 항산화 성분인 글루코시놀레이트가 들어 있습니다. 비타민 C를 지키려면 물 없이 조리하세요.

조리법에 따른 영양소 변화

찜이나 전자레인지 조리로 비타민 C를 사수하라!

순무는 생으로도 맛있게 먹을 수 있지만 가열하면 단맛이 훨씬 증가합니다. 단시간 내에 가열하면 비타민 C도 유지할 수 있으므로 데워서 먹는 것도 좋습니다. 생으로 먹는다면 갈아 먹는 것을 추천합니다.

생

잘게 잘라서 항산화력 증가
순무의 글루코시놀레이트는 효소와 반응하여 항산화 물질인 설포라판으로 변하기 때문에 생으로 먹을 때는 갈거나 잘게 자르면 좋습니다.

삶기

비타민, 미네랄이 감소
비타민 C는 열에 약하기 때문에 삶으면 60%가 사라집니다. 잘라서 삶으면 칼륨도 빠져나가기 때문에 삶는다면 통째로 조리하는 걸 추천합니다.

찌기

비타민도, 단맛도 GOOD
순무를 가열한다면 비타민 C를 유지할 수 있고 수용성 미네랄도 빠져나가지 않는 찜 조리가 좋습니다. 껍질째 찌면 탄수화물에 있는 당의 단맛이 증가합니다.

전자레인지 조리

단시간 조리로 영양 유지
찜 조리와 마찬가지로 전자레인지 조리도 영양소를 유지하면서 단맛도 올릴 수 있습니다. 단시간 내에 찜 조리와 같은 당도가 되므로 바쁜 날에 이용해 보세요.

전자레인지라면 단시간 조리

전자레인지에서 가열할 경우, 껍질째 조리하면 열매의 수분을 지키고 촉촉하게 완성됩니다. 잎도 함께 가열하여 오히타시나 나물로 만들면 한 번에 두 가지 음식을 만들 수 있습니다. 껍질은 식감이 다소 남기 때문에 신경이 쓰인다면 껍질을 벗기고 채 썰어서 사용하세요. 폰즈 소스 등에 담그면 간단한 쓰케모노가 완성됩니다.

순무의 부위 도감

잎

비타민은 열매의 2800배

잎이 달린 상태로 판매되는 순무. 순무의 잎은 녹황색 채소로 열매에는 별로 없는 베타카로틴이 풍부합니다. 비타민 C도 열매의 2배 이상 들어 있기 때문에 버리지 말고 먹어야 합니다. 베타카로틴의 흡수력을 높일 수 있는 볶음 요리를 추천합니다.

껍질

열매와 비슷한 영양가, 벗기면 손해!

순무 껍질은 열매에 비해 섬유질이 탄탄하기 때문에 두껍게 벗기는 경우도 있는데, 껍질 아래에 비타민 C가 집중되어 있으므로 너무 많이 벗기지 않도록 유의하세요. 순무는 껍질째 조리하거나, 껍질을 벗긴다면 쓰케모노 등에 활용해 보세요.

열매(줄기)

소화 효소 효과가 필요할 때는 생으로!

순무도 무와 마찬가지로 소화를 돕는 효소 디아스타아제를 함유한 채소입니다. 전분을 분해해 주는 효소이므로 과식했을 때도 추천합니다. 그러나 디아스타아제는 열을 가하면 활성화되지 않으므로 해당 효과를 얻으려면 생으로 드세요.

순무잎은 베타카로틴의 흡수율을 높이기 위해 기름에 볶는 요리를 추천합니다. 또 순무잎의 비타민 C는 뼈를 튼튼하게 하는 칼슘의 효과를 높이므로 멸치볶음 등 칼슘이 많은 식재료에 넣으면 더 좋습니다.

잎도 먹는다면 건강 효과도 훨씬 증가

담색 채소인 순무 열매와 녹황색 채소인 순무잎은 영양소에 큰 차이가 있습니다. 순무잎에는 베타카로틴이나 비타민 C 이외에도 골다공증이나 동맥경화를 예방하는 비타민 K, 조혈 비타민인 엽산, 칼슘이 풍부합니다. 부족한 영양소를 보충해 주는 든든한 부위랍니다.

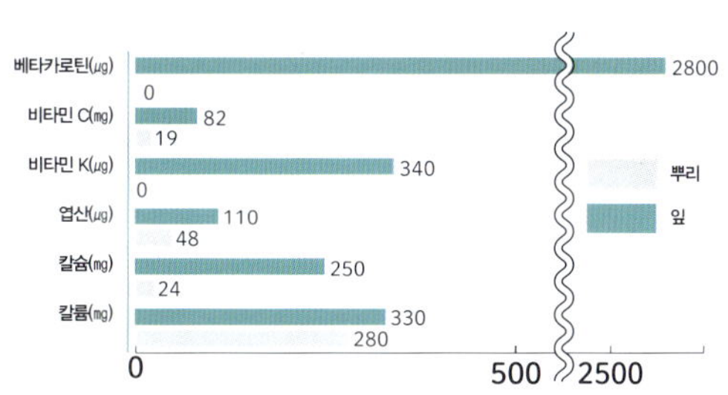

생강 Ginger

'찜'으로 대사 기능 향상 성분이 3배로!

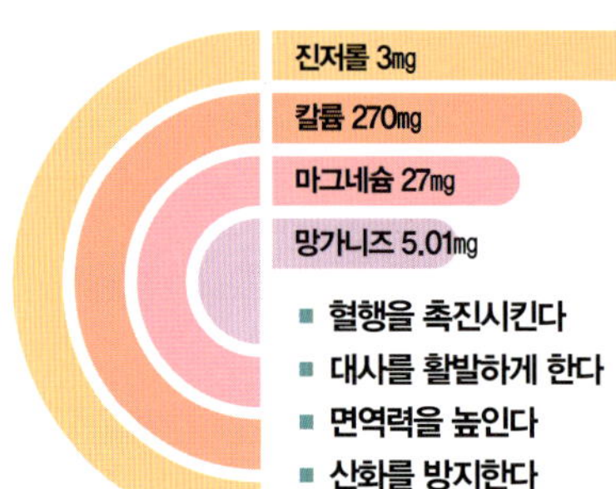

생강은 가열하면 효과 증대!

생강에 든 진저롤은 혈행을 촉진시키는 성분으로, 가열하면 쇼가올로 변합니다. 몸을 따뜻하게 하는 효과가 높아지고 대사 기능 향상, 살균, 항산화 등 다양한 효과를 기대할 수 있습니다. 가열 방법에 따라 3배로 증가합니다.

가열과 건조로 약효 변화

진저롤은 알싸한 매운맛으로 혈행을 촉진시키지만, 가열하거나 건조시키면 항산화 성분인 쇼가올로 변합니다. 쇼가올은 몸속에서부터 열을 만들어내고 면역력·항산화력을 높입니다. 또 대사 기능도 향상시키고 항암 작용도 기대할 수 있습니다.

조리법에 따른 영양소 변화

천천히 가열하는 것이 포인트, '찜' 조리 추천!

생강의 진저롤은 천천히 가열하면 수분이 빠지고 항산화 성분인 쇼가올로 변합니다. 천천히 가열할수록 쇼가올로의 변환율이 높아집니다.

생	삶기	찌기	전자레인지 조리
	쇼가올 330% UP	쇼가올 360% UP	쇼가올 KEEP
혈행은 좋아지지만… 생생강의 진저롤은 혈관을 확장하여 혈행을 좋게 만들지만 그 효과는 오래 지속되지 않습니다. 몸을 따뜻하게 하는 효과를 기대한다면 가열하여 섭취하는 것이 더 좋습니다.	**삶으면 3.3배** 생강의 진저롤은 삶은 후 10분부터 쇼가올로 변하기 시작하는데, 60분 가열하면 약 3.3배로 증가합니다. 냄비 요리나 조림 요리에 넣어 가열하는 것도 좋습니다.	**찜 조리라면 3.6배** 생강을 찜 조리한 경우에는 가열 후 30분부터 쇼가올이 증가하기 시작하고, 60분 후 약 3.6배로 늘어나 높은 항산화력을 가진 특별한 생강이 됩니다.	**단시간 가열로 변화는 미미** 쇼가올은 장시간 가열이 어려운 전자레인지에서는 별로 변하지 않습니다. 몸을 따뜻하게 하는 효과는 높아지기 때문에 대사 기능 향상은 기대할 수 있습니다.

생강의 부위 도감

껍질

영양소의 70%는 껍질에 집중

생강의 폴리페놀인 진저롤은 껍질이나 껍질 바로 아래에 대부분이 들어 있습니다. 껍질을 벗기면 생강의 독자 성분을 버리게 되므로 껍질째 사용하는 것이 좋습니다.

뿌리줄기

향 성분은 자르면 생겨요

생강의 독자적인 향 성분에는 진저롤 외에 땀을 유도하는 시네올이 있습니다. 이 성분은 자르면 발생하므로 감기 초기 등에는 생강을 갈아서 섭취하는 것이 좋습니다.

눈이 번쩍!

스페셜 생강 찜

생강 찜 만드는 법

얇게 자른 생강을 찜기 등에서 1시간 동안 찐 후 하루 말려서 수분을 없애면 항산화력을 유지한 상태로 보관할 수 있는 '스페셜 생강 찜'이 완성됩니다. 홍차 등의 음료에 넣어 먹는 등 일상적으로 섭취하면 면역력 증진 효과를 기대할 수 있답니다.

오크라 Okra

식초를 넣으면 성인병 예방 효과가 2배!

주요 영양 성분×오크라의 효능

- 펙틴 0.9mg
- 베타카로틴 520㎍
- 비타민 B_1 0.09mg
- 칼륨 280mg

- 성인병을 예방한다
- 면역력을 높인다
- 여분의 염분을 배출한다

오크라 식초로 혈당치를 낮춰요

오크라의 끈적끈적한 성분 중 하나는 식이섬유인 펙틴입니다. 펙틴은 혈당치를 낮추고 혈관을 건강하게 만들어 성인병을 예방하는 데 도움이 되는 성분입니다. 혈당치를 낮추는 식초와 함께 먹으면 시너지 효과를 기대할 수 있답니다.

꽃받침

딱딱한 것은 꽃받침의 테두리 부분

오크라의 꽃받침을 전부 제거해 버리면 먹을 수 있는 부분이 크게 줄어들며, 조리하는 도중에 수용성 영양소나 펙틴이 빠져나갑니다. 손질할 때 꽃받침 테두리와 끝의 거무스름한 부분만 제거하면 됩니다.

껍질

잔털은 제거해도 문제없어요

신선한 오크라에는 잔털이 빽빽이 나 있습니다. 이 잔털에는 특별히 영양 성분이 들어 있지 않아서 식감이 신경 쓰인다면 제거해도 상관없습니다. 보관할 때도 잔털을 손질해 주는 편이 오래 갑니다.

씨

식이섬유는 우엉의 2배

오크라의 식이섬유는 씨의 주변뿐 아니라 씨 전체에 함유되어 있고, 그 양은 우엉의 약 2배입니다. 불용성 식이섬유와 수용성 식이섬유가 균형 있게 들어 있어서 장내 환경을 정돈하는 효과도 높은 식재료입니다.

생식한다면 도마에 문지르기

오크라를 데치지 않고 생으로 먹을 경우에는 잔털을 제거해야 먹기 편합니다. 소금을 뿌리고 도마 위에서 굴려 문지른 후 먹기 좋게 자르면 됩니다.

먹는 순서는 '오크라 먼저'

오크라의 혈당치를 억제하는 효과를 최대한으로 살리려면 식사 시 오크라부터 먹는 것을 추천합니다. 오크라의 펙틴이 혈당치의 급상승을 방지하고 몸에 지방이 쌓이지 않게 도와주기 때문에 특히 다이어트할 때 적극적으로 섭취하면 좋습니다.

조리법에 따른 영양소 변화

베타카로틴이라면 볶음, 혈당치를 낮춘다면 생으로

오크라에는 펙틴 외에도 베타카로틴이나 칼륨 등의 영양소가 풍부합니다. 펙틴의 혈당치 억제 효과를 원한다면 생으로 먹는 것이 좋지만 베타카로틴의 흡수율을 높이려면 볶음을 추천합니다.

생

제철 오크라는 미리 데치지 않아요
6~9월의 제철을 맞이한 오크라는 부드럽기 때문에 데치지 않아도 생으로 맛있게 먹을 수 있습니다. 미리 데칠 경우에는 자르지 말고 빠르게 조리하세요.

삶기

비타민 C
69%
DOWN

삶을 때는 비타민 C 감소
펙틴이나 칼륨은 수용성이기 때문에 삶으면 빠져나갑니다. 또 비타민 C도 약 40% 감소하므로 삶는 것은 피하는 것이 좋습니다.

볶기

항산화력을 원한다면 볶음도 OK
오크라에는 베타카로틴이나 비타민 E, 비타민 K 등 지용성 비타민도 들어 있습니다. 항산화력을 섭취하려면 기름을 두르고 볶아서 흡수율을 높여보세요.

전자레인지 조리

전자레인지 조리는 영양소 유지
가열해서 먹을 경우에는 빠르게 조리할 수 있는 전자레인지 조리가 좋습니다. 펙틴, 비타민 B_1, 비타민 C 등의 수용성 영양소의 감소를 막을 수 있습니다.

잘게 다져 끈적끈적한 성분을 활성화

펙틴의 끈적끈적한 성분은 잘게 잘라 세포벽을 파괴하면 활성화됩니다. 오크라를 잘게 자르면 생으로 먹기 편한데, 이때 꽃받침 부분도 함께 자르면 식감도 신경 쓰이지 않습니다. 펙틴에는 위장을 정돈하는 효과가 있기 때문에 여름철 더위로 지친 날, 영양 보충 식재료로도 활용할 수 있습니다.

생명력 있는 오크라로 수면의 질 향상

수면의 질이 올라가면 피부 노화도 방지

오크라는 성장 속도가 빨라 하루 만에 2배 가까이 자라는 경우도 있다고 합니다. 성장이 너무 빨라서 수확 시기를 놓치는 오크라가 있을 정도입니다. 이런 오크라에는 수면의 질 개선, 피로 해소, 집중력 향상 효과 등이 있기 때문에 시험 공부할 때 섭취하면 성적 향상에도 도움이 될 것으로 보입니다.

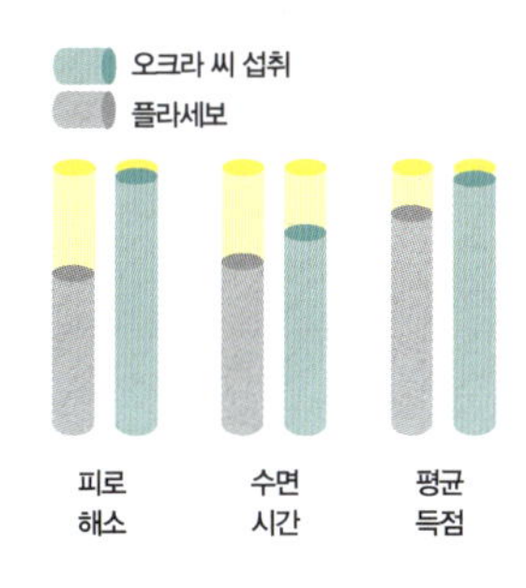

출처: BHN주식회사 '완숙 오크라 씨 · 인체 시험에 의한 임상 시험 결과'를 토대로 작성

셀러리 Celery

잘게 자르면 향산화 성분 30% 증가!

주요 영양 성분×셀러리의 효능

- 아피인
- 피라진
- 칼륨 410mg

- 릴렉스한다
- 산화를 방지한다
- 면역력을 높인다
- 암을 예방한다
- 여분의 염분을 배출한다

자르면 폴리페놀이 증가

셀러리에는 향 성분인 아피인을 비롯한 폴리페놀이 함유되어 있습니다. 폴리페놀은 외부 물질로부터 몸을 지키기 위해 몸체가 절단되면 그 양이 증가하는 경우가 있는데, 셀러리를 잘게 자르면 폴리페놀이 약 30% 증가한다고 합니다.

뿌리

심지의 정체는 식이섬유. 제거한다면 뿌리만

셀러리의 줄기 부분에 있는 심지는 식이섬유입니다. 셀러리는 식이섬유가 풍부한 것 같아도 사실 함량이 적고, 거의 이 심지에만 들어 있답니다. 셀러리의 정장 작용을 제대로 섭취하려면 심지는 뿌리의 단단한 부분만 제거하세요.

보관할 때는 알루미늄 포일에 싸기

1

2

줄기

보관할 때는 잎을 떼 두기

셀러리는 줄기에서 잎으로 영양소가 전달되기 때문에 보관 기간이 길어질수록 줄기의 영양소는 감소합니다. 그래서 반드시 줄기와 잎을 분리해야 합니다. 랩에 싸고 그것을 또 알루미늄 포일에 싸면 건조로 인한 영양소 손실을 막을 수 있습니다.

잎

베타카로틴은 줄기의 2배

셀러리 잎에는 항산화 성분인 베타카로틴이 풍부합니다. 베타카로틴은 지용성 성분이므로 기름에 볶아 먹는 것을 추천합니다.

셀러리가 노화의 특효약이 될 수도?

셀러리의 진액과 토마토나 소바 등에 들어 있는 폴리페놀 루틴을 조합하면 노화의 원인인 'AGEs'의 생성을 억제할 수 있다는 연구가 발표되었습니다. 양파의 케르세틴이나 브로콜리의 설포라판 등과 마찬가지로 셀러리도 노화·산화 방지에 강한 효과가 있는 식재료랍니다.

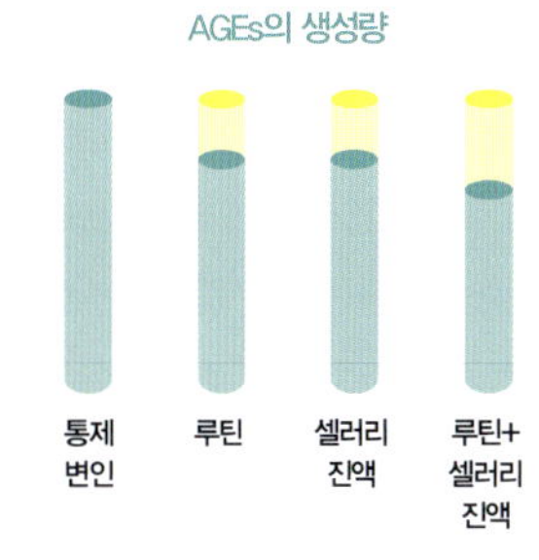

가와키타 류시, 마쓰이 다카노리, 야마기시 쇼이치 '셀러리 진액과 루틴의 병용에 따른 종말 당화 산물 형성 저해 작용' (2020), Diabetes Frontier Online

축 처진 이파리는 얼음물에 담가 생기 있게!

냉장고에 보관해 축 처진 셀러리는 특히 잎 부분부터 바로 숨이 죽습니다. 그럴 때는 찬물에 담가두면 세포가 물을 빨아들여 생기 있게 되살아난답니다!

조리법에 따른 영양소 변화

가열하면 폴리페놀은 증가

셀러리의 폴리페놀은 가열하면 증가하므로 카레나 포토푀(고기와 채소를 섞어 끓인 진한 수프) 등 푹 끓인 요리에 넣으면 좋습니다. 아피인이나 피라진 등 휘발하는 향 성분으로 식욕도 끌어올리므로 여름철 더위에도 좋습니다.

생

생으로 먹는다면 한입 크기로

셀러리는 보통 스틱 형태로 자르는데, 섬유질과 반대 방향으로 자르는 것을 권장합니다. 식이섬유인 심지를 끊기 때문에 심지를 제거하지 않아도 되고 먹기 편해집니다.

끓이기

항산화력 10% UP

가열하면 항산화력 증가

셀러리의 폴리페놀인 아피인이나 피라진은 가열하면 증가하고 항산화력을 높여줍니다. 셀러리 잎도 함께 끓이는 것이 좋습니다.

볶기

지방을 더하면 흡수율 상승

셀러리 잎에 많이 들어 있는 베타카로틴이나 비타민 E는 지방을 더해서 흡수율을 높이는 것을 추천합니다. 잎은 샐러드로 만들면 맛있게 먹을 수 있습니다.

콩나물 Bean Sprout

수염뿌리를 제거하면 비타민 C 40% 감소

주요 영양 성분×콩나물의 효능

- 비타민 C 4g
- 엽산 44㎍
- 칼륨 160㎎
- 식이섬유 870㎎

- 대사를 촉진한다
- 산화를 방지한다
- 여분의 염분을 배출한다

콩나물의 열쇠는 수염뿌리

콩나물은 칼로리가 낮고 영양가도 적다고 생각할 수 있지만 콩류의 단백질 외에 비타민 C 등 수용성 영양소가 함유되어 있습니다. 콩나물은 수염뿌리를 제거하면 식감이 좋아지지만 조리 과정에서 영양소의 약 40%가 빠져나갑니다.

조리법에 따른 영양소 변화

비타민 C는 금세 사라져요

콩나물의 비타민 C는 금세 사라지고 가열할수록 소실됩니다. 콩나물에는 비타민 C 이외에도 비타민 B나 미네랄 등 수용성 영양소가 풍부하지만 가열할 때 주의가 필요합니다. 삶은 후 물에 담그는 것도 피해야 합니다.

생

기본적으로 생식은 NG
콩나물은 신선도가 떨어지기 쉬우므로 익혀 먹는 것을 전제로 합니다. 보관 상태에 따라서는 균이 번식하는 경우도 있으므로 반드시 가열해야 합니다.

삶기

삶아서 물에 헹구면 대폭 손실
콩나물의 비타민 C는 삶으면 금세 사라지는데, 2분 조리로 70~80%가 감소합니다. 가열할 때는 재빨리 삶거나 뜨거운 물에 살짝 데치는 것이 좋습니다.

볶기

비타민 흡수율이 6배로
볶을 경우 비타민 C는 40% 정도 남습니다. 볶는 과정에서 약간 걸쭉하게 만들어 빠져나간 영양소도 섭취할 수 있다면 20% 정도만 손실됩니다.

물을 사용하지 않고 영양소 유지
빨리 익는 콩나물은 전자레인지로 조리하면 손실을 최소화할 수 있습니다. 비타민 C는 20% 정도 감소하고, 비타민 B나 칼륨 등의 미네랄은 유지할 수 있습니다.

콩나물의 포인트는 보관법! 냉동도 추천해요

수분이 많아 상하기 쉬운 콩나물은 냉장 보관하면 2~3일밖에 가지 않습니다. 풍미나 식감은 다소 떨어지지만 바로 먹지 않는다면 냉동 보관을 추천합니다. 봉지째 냉동하고 조리할 때는 언 상태로 사용합니다.

뜨거운 물을 부어 재빨리 익히기

콩나물은 너무 오래 삶으면 영양소도 빠져나가고 식감도 나빠집니다. 콩나물에 뜨거운 물을 부으면 오래 삶지 않아도 됩니다. 내열 볼에 콩나물을 넣고 뜨거운 물을 부어 재빨리 익힌 후 체에 밭쳐서 물에 담그지 않고 자연스럽게 식히면 됩니다.

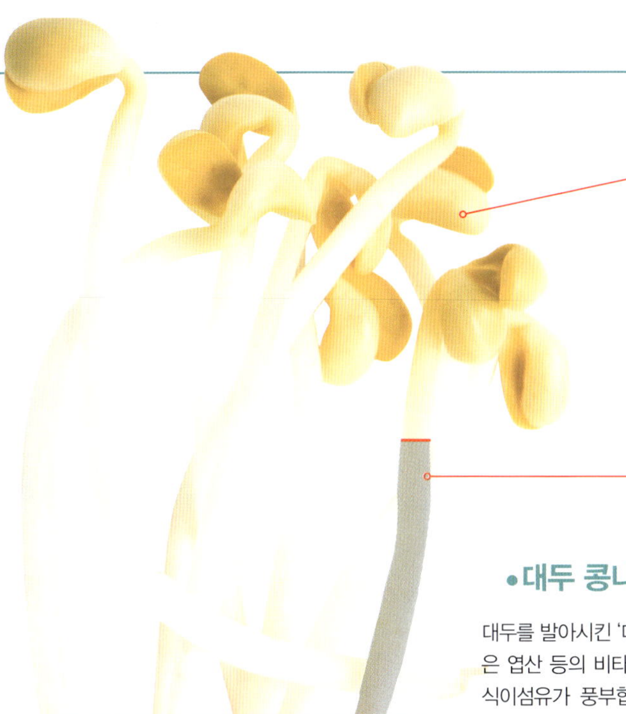

콩나물의 부위 도감

떡잎

단백질은 줄기의 3배

콩나물은 콩에서 발아한 싹(떡잎) 부분에 영양소가 풍부합니다. 단백질이 줄기나 뿌리에 비해 3배 이상 들어 있으며, 비타민 B군과 콩류의 이소플라본이나 가바 등도 함유되어 있습니다.

줄기

수분이 빠지므로 단시간에 가열

콩나물 줄기는 배축이라고 하는 부위입니다. 수분이 많고 칼슘이나 칼륨 등 미네랄이 들어 있습니다.

•대두 콩나물•

대두를 발아시킨 '대두 콩나물'은 엽산 등의 비타민 B군이나 식이섬유가 풍부합니다. 다른 종류의 콩나물보다 두껍고 탄탄해서 씹는 맛이 있고, 가열해도 아삭아삭한 식감이 남는 것이 특징입니다.

비타민 C는 전체의 40%

수염뿌리는 제거해 버리는 사람도 있지만 알고 보면 풍부한 식이섬유를 함유하고 있습니다. 비타민 C도 전체의 40%가 들어 있으니 가능한 한 떼지 말고 그대로 드세요.

콩나물의 종류별 영양소

풋내가 적은 '검은눈콩나물'이나 싱싱한 '숙주나물'은 가늘고 길어서 빨리 익습니다. 대두 콩나물에 비해 비타민 C가 풍부한 것이 특징입니다.

•검은눈콩나물•

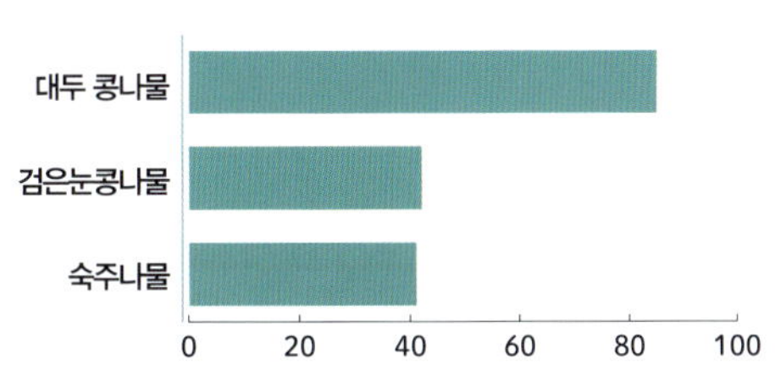

COLUMN 콩나물에는 피로 해소 효과가 가득!

피로 해소의 아스파라긴산은 아스파라거스의 2배

콩나물에 든 아미노산 아스파라긴산은 피로 해소 효과가 높은 성분입니다. 이름으로 유추할 수 있듯 아스파라거스에 풍부한 성분이지만 사실 대두 콩나물에는 아스파라거스의 약 2배나 되는 양이 들어 있답니다.

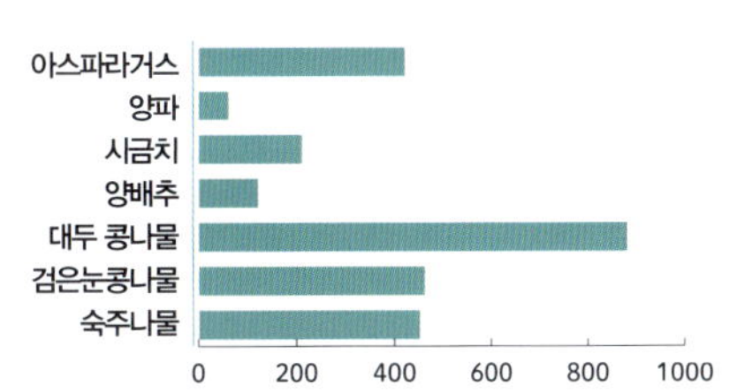

고구마 Sweet Potato

은행잎 썰기로 항산화력이 1.5배

주요 영양 성분×고구마의 효능

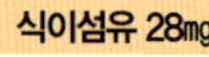

- 식이섬유 28㎎
- 비타민 C 25㎎
- 베타카로틴 380㎎
- 안토시아닌 124㎎

- 장내 환경을 개선한다
- 산화를 방지한다
- 면역력을 높인다

껍질

폴리페놀의 약 80%가 껍질 부근에

고구마에 든 폴리페놀은 눈 건강에도 관련된 안토시아닌과 높은 항산화 성능을 가진 클로로겐산입니다. 껍질과 그 아래 부위에는 이 폴리페놀의 약 80%가 들어 있습니다.

고구마의 부위 도감

덩이뿌리

열에 강한 비타민 C가 풍부

고구마는 비타민 C가 풍부하여 감기 예방에도 추천하는 채소입니다. 고구마의 비타민 C는 감자와 마찬가지로 전분으로 보호되어서 가열해도 거의 감소하지 않습니다. 식이섬유가 풍부하고 변비 예방에도 최적입니다.

고구마의 폴리페놀은 슬라이스나 은행잎 썰기를 하면 증가하지만 너무 잘게 자르거나 오래 보관하면 감소하니 주의하세요. 지퍼백에 넣어 채소 칸에서 보관하고 4~6일 안에 먹는 것이 좋습니다.

잘라서 보관하면 폴리페놀이 증가

고구마의 폴리페놀에는 높은 항산화력이 있지만 4일 이상 보관하면 서서히 감소합니다. 단, 적당한 크기로 자르면 그 스트레스로 폴리페놀이 많아지고 6일 후에는 40~60%나 증가하여 항산화력도 높아진답니다.

NASA의 우주식에도 선정된 슈퍼 푸드

고구마는 NASA에서 '준완전식'으로 연구될 정도로 영양소가 높은 식재료입니다. 현미나 토마토 등 영양 식재료와 비교해도 뒤지지 않는 영양가가 들어 있습니다. 장내 환경도 정돈해 주므로 건강해지는 효과를 기대할 수 있습니다.

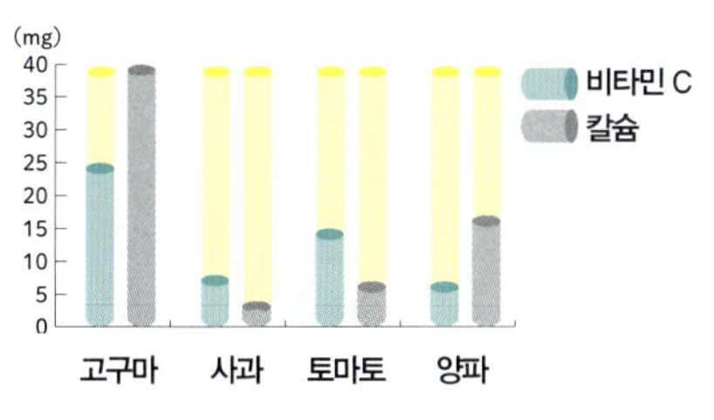

비타민 C&칼슘 함량

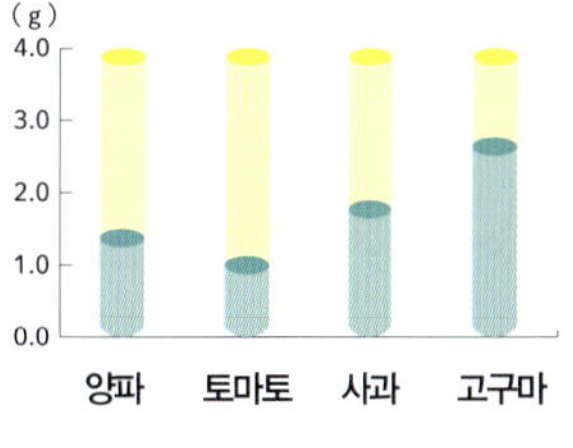

식이섬유 함량

조리법에 따른 영양소 변화

가열하면 항산화력 증가

고구마에는 비타민 C나 폴리페놀 등의 항산화 성분이 풍부합니다. 비타민 C는 비교적 열에 강하고 클로로겐산, 안토시아닌 등의 폴리페놀은 조리하면 증가하기 때문에 가열해서 항산화력을 끌어올릴 수 있습니다.

생

생식은 NG! 하지만…

생고구마의 전분은 잘 소화되지 않아서 익혀 먹는 게 일반적입니다. 얇게 썰어서 샐러드 등으로도 먹을 수 있지만 과식하면 배가 아플 수 있으니 주의하세요.

삶기

비타민 C가 물에 유출

비타민 C는 열에 강하지만 고구마를 잘라서 삶으면 물에 빠져나가기 때문에 60% 정도만 남게 됩니다. 삶는다면 시간이 오래 걸려도 자르지 말고 통째로 조리하세요.

찌기

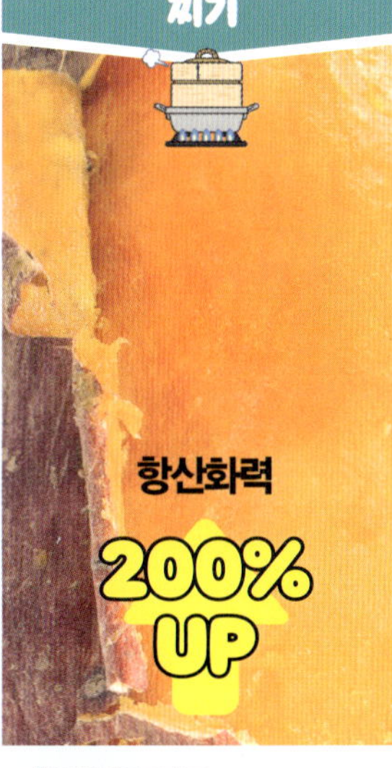

항산화력이 2배로

고구마의 항산화력은 고온에서 가열하면 감소하기 때문에 천천히 가열하는 것을 추천합니다. 그러면 20분 정도로 항산화력이 1.5~2배 증가합니다.

전자레인지 조리

단시간 가열은 괜찮아요

전자레인지는 단시간 내에 고온 가열하기 때문에 항산화력은 별로 증가하지 않고 비타민 C도 감소해 버립니다. 단맛도 별로 증가하지 않으므로 되도록 다른 방법으로 조리하세요.

맥아당을 5배로 늘리면 장 건강에도 큰 효과가!

가열 시간에 따라 증가율이 크게 달라져요

고구마의 단맛을 내는 맥아당의 칼로리는 설탕의 약 절반이며, 혈당치의 급상승을 방지하고 장내 환경을 개선하는 효과도 있습니다. 맥아당은 70℃ 부근의 저온에서 가열하면 발생하기 때문에 전자레인지 조리보다 찜이나 오븐 가열이 좋습니다.

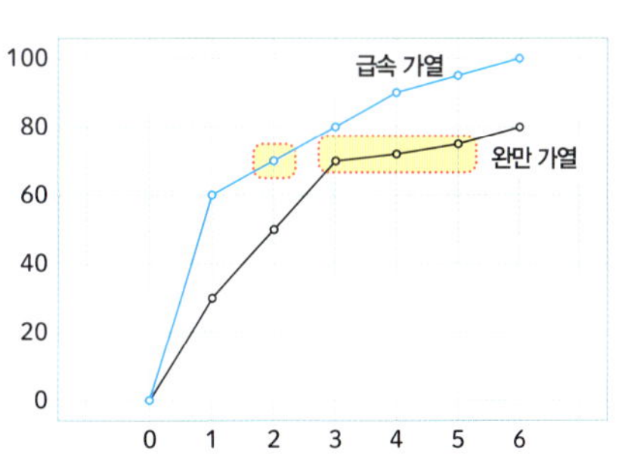

출처: 가타야마 겐지 '구운 고구마의 당도의 비밀'(2019). 화학과 교육, 67(7), P318-331

여주 Goya

삶으면 비타민 C가 60% 사라져요!

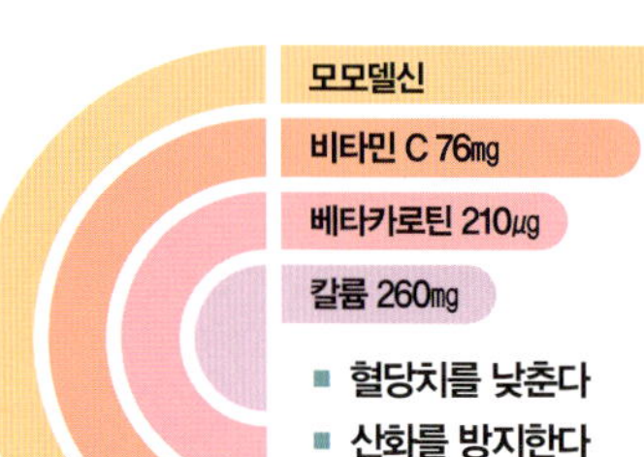

여름철 피로 개선 효과가 뛰어나요!

여주의 독특한 쓴맛의 원인인 모모델신은 위장이나 간 기능을 회복시키는 효과가 있으며, 여름철 더위로 인한 피로 개선 효과가 탁월합니다. 여주에 든 비타민 C도 몸에 유용한 성분이지만 삶으면 약 60%가 사라집니다.

조리법에 따른 영양소 변화

삶으면 비타민 C가 크게 감소

여주에 든 비타민 C는 피망과 거의 비슷하지만 조리법에 따라 감소합니다. '삶기', '볶기', '찌기' 순으로 손실률이 크기 때문에 되도록 삶지 말고, 미리 데치지도 않는 것이 좋습니다.

얇게 썰면 생으로도 OK

여주는 보통 가열해서 먹는다고 생각하지만 얇게 썰어 샐러드로 만드는 것도 추천합니다. 여주 속을 제거하지 않아도 된답니다. 쓴맛은 가다랑어포 등의 감칠맛 성분과 함께 섭취하면 줄일 수 있습니다.

10분 이상 삶으면 대폭 감소

여주의 비타민 C는 열에 비교적 강하지만 5분 정도 삶으면 절반, 10분 이상 삶으면 40%로 감소합니다. 아미노산인 모모델신도 빠져나갑니다.

기름으로 베타카로틴 흡수율 UP

볶으면 비타민 C 손실은 30%로 조금 적습니다. 그러나 지용성 비타민의 흡수율이 높아지기 때문에 항산화력을 섭취하고 싶다면 볶는 조리법을 권합니다. 5분 이내에 빠르게 조리하세요.

비타민 C 손실은 적게

찜 조리는 비타민 C의 손실이 가장 적은 가열 방법입니다. 15분 찌면 비타민 C는 20% 정도 감소하며, 모모델신이나 칼륨은 거의 손실되지 않습니다.

미리 데치거나 소금에 문지르지 않아도 돼요

여주의 쓴맛을 줄이기 위해 미리 데치거나 소금에 문지르는 것은 일부러 영양소를 사라지게 하는 것이나 다름없어요. 여주의 쓴맛은 기름과 함께 조리하거나 가다랑어포 또는 돼지고기의 감칠맛(이노신산)을 더하면 문제없습니다. 그래도 못 먹겠다는 사람 이외에는 밑손질 없이 조리하는 것이 좋습니다.

여주의 부위 도감

껍질

90%의 모모델신

여주의 쓴맛 성분인 모모델신은 껍질과 그 아래의 열매 부분에 대부분이 들어 있습니다. 또 껍질에는 베타카로틴도 풍부합니다. 껍질이 울퉁불퉁하고 초록색이 짙을수록 더 신선합니다.

여주 속

비타민 C가 과육의 1.8배!

여주 속은 쉽게 버리는 부위이지만 비타민 C는 과육의 약 1.8배나 들어 있으며, 이는 껍질과 과육의 비타민 C를 합친 양보다 더 풍부합니다. 쓴맛도 거의 없고 과육과 함께 조리하면 식감도 신경 쓰이지 않습니다.

씨

리놀렌산이 풍부

여주 씨에 든 공액리놀렌산은 희소한 불포화지방산입니다. 지방 연소에 효과적이고 보충제로도 활용되는 성분입니다. 씨와 여주 속을 같이 둥글게 썬 여주를 그대로 튀김이나 소테로 만들면 맛도 좋고 영양가도 높습니다.

COLUMN

혈당치 급상승 방지에도 도움이 돼요

당뇨병의 예방약으로 사용되기도 했어요

여주는 옛날부터 민간요법에서 '당뇨병' 약으로 인식되었습니다. 이 효과는 연구 결과 '여주를 섭취하면 간에 작용하여 인슐린 분비가 증가하고 식후 혈당치의 급상승을 막는다'고 인정되었습니다. 여주의 어떤 성분이 효과적인지는 아직 확실하지 않지만 당뇨병 예방·치료에 도움이 되는 믿음직한 식재료임은 틀림없습니다.

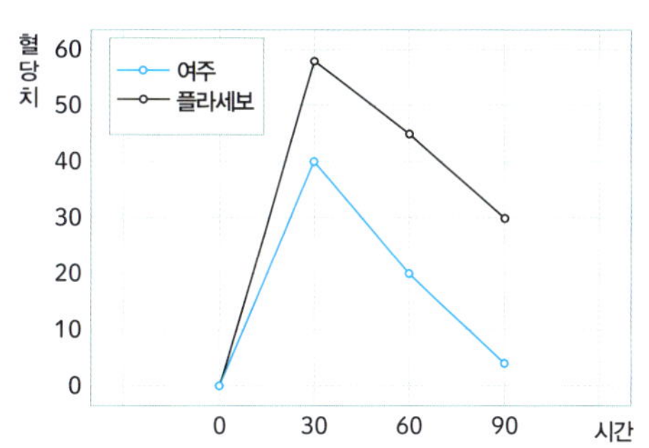

출처: 오바나 도메오, 니분 시게레, 다케다 류지 '코로솔산 및 여주 추출물 함유 식품이 식후 혈당치에 미치는 영향' (2023), 진료와 신약, 60,p.584–591

주키니 Zucchini

가열 금지! 비타민E 70% 손실!

주요 영양 성분×주키니의 효능

- 비타민 C 76㎎
- 베타카로틴 310㎍
- 비타민 E 0.8㎎
- 칼륨 320㎎

- 산화를 방지한다
- 피부 노화를 방지한다
- 여분의 염분을 배출한다

가열로 비타민 E가 급감!

오이와 비슷하게 생긴 주키니는 실은 호박류입니다. 주키니의 비타민 E는 지용성이기 때문에 볶으면 된다고 생각하지만 의외로 가열하면 비타민 E가 줄어듭니다. 기름에 볶거나 튀기면 70%가 사라지니 주의하세요.

주키니의 부위 도감

꼭지

꼭지는 혈압 강하 작용

꼭지에 든 쓴맛 성분인 쿠쿠르비타신에는 혈압 강하 작용이 있습니다. 너무 많이 섭취하면 중독을 일으키는 경우가 있다고 하지만 적은 양이면 문제없습니다.

Vegetable point

노란색 주키니는 껍질이 부드러워요

얇게 슬라이스하면 식감도 재미있어요

수분이 많고 부드러운 주키니는 영양소를 버리지 않기 위해 생으로 먹는 것이 좋습니다. 필러로 껍질째 얇게 슬라이스하면 식감이 즐거운 샐러드가 완성됩니다. 올리브유로 버무리면 베타카로틴도, 비타민 E도 흡수할 수 있답니다.

과육과 껍질

과육과 껍질에는 베타카로틴과 비타민 C

초록색 껍질에는 베타카로틴이, 흰색 과육에는 비타민 C와 칼륨 등의 미네랄이 많습니다. 가열한다면 찜 조리나 전자레인지 조리로 비타민 유출을 최소화하세요.

락교 Japanese Shallot

구운 락교는 항산화력 20배

주요 영양 성분×락교의 효능

- 비타민 C 23㎎
- 프룩탄 18.6㎎
- 칼륨 230㎎
- 알리신

- 산화를 방지한다
- 피로 해소를 돕는다
- 여분의 염분을 배출한다
- 피부 · 점막을 보호한다

락교는 '구이'로 드세요

파류에 함유된 기능성 성분인 알리신은 락교에도 들어 있습니다. 락교의 알리신은 가열하면 혈전 예방 효과를 기대할 수 있는 시클로 알리인으로 변합니다. 가열하면 항산화 작용이 약 20배가 된다고 합니다.

락교의 부위 도감

열매

수용성 식이섬유의 보고

알리신과 함께 중요한 성분이 수용성 식이섬유 프룩탄입니다. 장내 환경을 정상화하는 효과가 높고 혈당치의 상승을 억제하여 콜레스테롤을 낮추는 효과도 기대할 수 있습니다.

알리신이 듬뿍 든 식초절임

락교에 함유된 알리신의 혈액 순환 효과를 얻으려면 가열하는 것보다 생으로 먹는 것을 추천합니다. 비타민 C나 미네랄도 잃지 않는답니다. 식초절임을 만들면 영양소가 녹아내리기 때문에 절임 국물째 먹는 것이 좋습니다.

당도는 무려 멜론의 2배

Vegetable point

COLUMN 식이섬유는 양배추의 11배

가열하면 단맛 증가

프룩탄을 함유한 락교의 식이섬유량은 채소 중에서도 독보적으로, 양배추의 11배나 되는 양이 들어 있답니다. 프룩탄은 당도가 높은데, 락교의 당도는 멜론의 2배 정도입니다. 가열하면 프룩탄이 당으로 변하기 때문에 단맛이 훨씬 증가합니다.

옥수수 Corn

옥수수는 심도, 수염도 버리면 안 돼요

주요 영양 성분×옥수수의 효능

리놀산 530mg
비타민 B_1 0.15mg
식이섬유 3g
단백질 3.6g

- 콜레스테롤 수치를 낮춘다
- 에너지 대사를 돕는다
- 피로 해소를 돕는다

옥수수의 부위 도감

수염

'콘 실크'라고 하는 높은 영양가

옥수수알에서 자라는 수염은 '암술'입니다. 부종 개선, 피부 미용, 당뇨병 예방 등 미용·건강 효과가 높다고 알려져 있습니다. 은은한 옥수수향이 나는 수염은 볶음 요리 등에 넣어도 맛있게 먹을 수 있습니다.

알맹이(낟알)

단백질이 밥의 1.4배

곡류인 옥수수에는 식물성 단백질이 풍부합니다. 옥수수는 혈당치를 높이는 GI 수치가 낮고 포만감이 있어서 주식 대신으로 먹으면 당뇨병 대책이나 다이어트에도 좋습니다.

심(줄기)

배아의 리놀산도 놓치지 않아요

알맹이의 씨눈(배아)에는 콜레스테롤 수치를 낮추는 효과가 높은 불포화지방산인 리놀산이 풍부하게 들어 있습니다. 배아 부분은 심에 남으니 조림 요리의 맛국물을 낼 때나 밥을 지을 때 넣어서 사용하세요.

모든 영양소가 든 '일본식 영양 솥밥'

옥수수의 영양소를 빠짐없이 섭취하려면 수염과 신을 함께 넣은 '옥수수 영양 솥밥'을 추천합니다. 밥이 완성되면 심을 빼내고 수염은 먹기 좋은 크기로 잘라 밥에 섞습니다.

1

2

심도, 수염도 버리지 마세요

옥수수는 채소라는 이미지가 강하지만 사실은 곡류이며, 주식으로 먹는 지역도 있을 정도로 영양가가 높고 영양 균형도 확실합니다. 알맹이 부분뿐 아니라 수염이나 심도 제대로 활용해 보세요.

옥수수는 신선도가 생명

옥수수는 수확 후 효능이 매우 빨리 감소하고, 당분을 전분으로 바꾸기 위해 단맛이 줄어듭니다. 6일간 상온 보관하면 당도가 절반 이하로 감소하기 때문에 가능한 한 빨리 조리하는 것이 좋습니다. 보관할 때는 채소칸이 아니라 온도가 낮은 냉장실에 두면 열화를 줄일 수 있습니다.

보관 환경에 따른 당도의 변화

당도(%)
100
80
60
40
20
0 1 2 3 4 5 6 시간(일)
0℃
상온

출처: 지바 다이코, 야에가시 세이지 '옥수수의 수확 적기와 수확 후의 품질 변화'(1991). 도호쿠농업연구. 44,p.241-242

조리법에 따른 영양소 변화

신선한 옥수수는 생으로!

옥수수는 조리가 필수라고 생각하기 쉽지만, 신선한 것은 부드러워서 생으로 먹을 수도 있습니다. 신선한 옥수수의 단맛은 특별합니다. 가열한다면 물을 사용하지 않는 조리를 추천합니다.

생

단맛과 식감은 신선함의 증거
생으로 먹을 수 있을 정도로 신선한 옥수수는 당분이 분해되지 않았기 때문에 단맛이 강하게 느껴집니다. 식이섬유나 비타민 B군 등도 최대한으로 섭취할 수 있습니다.

삶기

폴리페놀
55%
DOWN

물을 사용하는 조리로 비타민 유출
삶으면 옥수수의 귀중한 영양소인 비타민 B군이 물에 녹고 폴리페놀도 녹아 절반 이하로 줄어듭니다. 삶는 조리법은 피하는 것이 좋습니다.

찌기

프라이팬에서 찌는 것도 GOOD
옥수수의 단맛을 확실히 끌어낼 수 있는 찜 조리는 비타민 B군, 미네랄의 유출도 줄일 수 있습니다. 프라이팬에 물을 약간 넣고 찌는 것도 괜찮습니다.

전자레인지 조리

물을 사용하지 않고 영양소 유지
물을 사용하지 않고 간편하게 조리할 수 있는 전자레인지 조리도 영양소 손실이 적은 조리법입니다. 껍질을 2장 정도 남기고 랩에 씌워 5분 정도 가열하면 됩니다.

COLUMN

옥수수는 눈 건강에도 GOOD

자외선으로부터 눈을 지키는 성분이 풍부

옥수수의 노란색 성분은 자외선으로부터 눈을 보호하는 기능이 있는 루테인이나 제아크산틴입니다. 자외선은 눈 외에도 몸 전체를 산화시키는 원인이므로 제철인 여름에 옥수수를 꼭 섭취해 주세요.

PART 2

고기

닭·돼지·소 등
종류에 따라 함유하고 있는
영양소가 완전히 달라요!

저칼로리인 닭고기, 피로 해소 효과가 높은 돼지고기, 철분이 풍부한 소고기 등 같은 육류라도 영양 효과는 크게 다릅니다. 또 부위에 따라서도 지방이 30배 이상 차이 나기도 합니다.

체내 흡수율을 고려한 현명한 섭취법

고기·달걀·유제품 100% 활용법

고기, 달걀, 유제품의 영양소를 최대한으로 활용하려면 가열 시간과 온도 체크가 포인트입니다. 또 고기의 종류나 부위에 따라서도 특성이 다르기 때문에 본인의 컨디션이나 체질에 맞는 조리법을 선택하세요.

달걀

매일 섭취하여 영양을 보충해요

달걀은 몸에 필요한 아미노산이 균형 있게 든 양질의 단백원입니다. 기존의 설과 달리, 달걀을 하루에 1개 이상 먹어도 콜레스테롤은 증가하지 않는다는 사실이 판명되었습니다. 그래서 영양원으로 더 주목받고 있습니다.

흡수되기 쉬운 칼슘

인체에 흡수되기 쉬운 칼슘이나 에너지 대사를 돕는 비타민 B_{12}가 들어 있는 유제품. 부족하기 쉬운 영양소를 섭취하기 쉬운 반면, 섭취법에 따라 손실도 큰 식재료입니다.

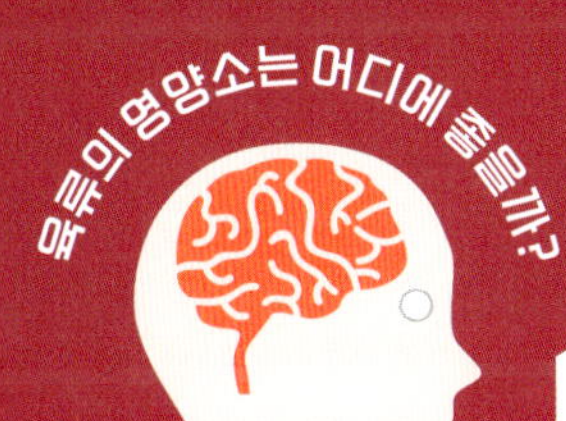

단백질

육류의 단백질은 동물성이므로 체내 흡수율이 뛰어납니다. 그만큼 포화지방산을 많이 함유하므로 건강상 위험한 사람은 주의하세요.

비타민 B군

육류는 채소보다 비타민 B_{12}가 풍부합니다. 비타민 B_{12}는 신경 기능이나 적혈구 형성에 필요합니다. 육류를 먹지 않는 사람은 반드시 비타민 B군을 보충해야 합니다

칼슘

동물성 칼슘, 특히 유제품은 흡수율이 약 50%로, 채소와 비교하면 흡수율이 훨씬 높습니다. 단, 뼈를 만들려면 비타민 D도 필요합니다.

철분

육류의 철분은 헴철이라고 하며, 동물성 식품에만 들어 있습니다. 식물계 철분보다 흡수율이 높고 비타민 C와 섭취하면 더 좋습니다.

닭고기 Chicken

손질법에 따라 비타민 B군이 절반으로!

퍽퍽하지 않게 조리하는 것이 중요해요

다른 육류와 비교했을 때 닭고기는 지방이 적습니다. 특히 가슴살은 고단백 저칼로리로 다이어트를 하거나 근육을 키울 때 최적인 식재료입니다. 가슴살에는 에너지 대사를 돕는 비타민 B군이 풍부하지만 손질법에 주의하지 않으면 수분과 함께 이 비타민 B군이 사라져 버립니다. 닭고기의 근섬유는 가열하면 줄어들고 고기에 든 수분을 없애기 때문에 퍽퍽해지는데, 이 수분에 비타민 B군이 들어 있어서 수분이 빠지면 비타민 B군이 최대 약 1/2 손실되기도 합니다.

•가슴살•

피로 해소 물질의 함량이 식품 중 No.1

가슴살에는 비타민 B_6나 니아신 등의 비타민 B군 외에도 이미다졸펩티드라는 피로 해소 효과가 높은 성분이 풍부합니다. 몸의 산화를 방지하는 효과가 있는 아미노산으로, 날개를 계속 움직이는 가슴 근육에 필요합니다.

Meat point
다리살보다 필수 아미노산량이 많아요

닭고기의 부위 도감

▶ 닭의 부위

이미다졸펩티드 함량

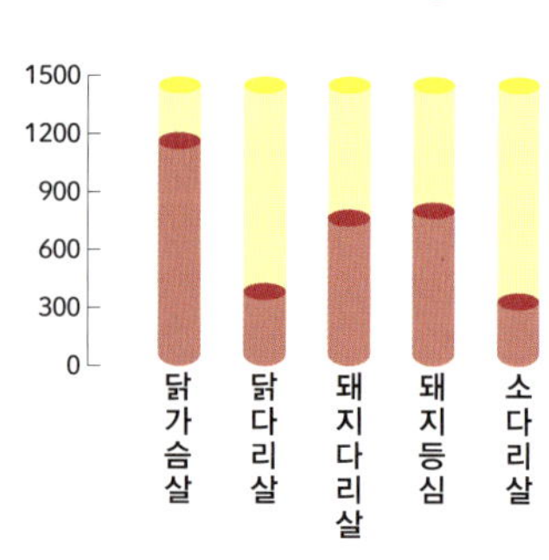

출처: 사토 미카코 외 '일본 축산학회 제107회 대회' 발표를 토대로 작성

영양을 지키는 유용한 손질법

수용성 비타민을 사수하는 손질법

닭가슴살을 손질할 때는 근섬유를 자르는 것이 중요합니다. 닭가슴살은 위치에 따라 근섬유의 방향이 다릅니다. 각각의 근섬유를 수직 방향으로 자르면 가열했을 때 수축을 방지하고 수분과 함께 비타민 B군이 빠져나가는 것을 막아 퍽퍽해지지 않습니다.

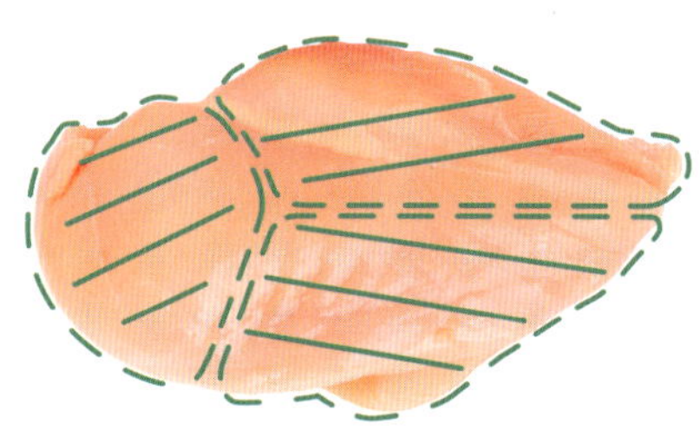

단백질 부족을 겪는 현대인의 구세주

성인에게 필요한 단백질은 여성 약 50g, 남성 약 60g이지만 현대인의 식생활에서는 이를 충분히 섭취하지 못하는 경우가 많습니다. 이런 상황에서 닭고기는 칼로리가 낮고 저렴한 가격으로 단백질을 보충해 주는 구세주나 다름없습니다. 닭가슴살 2장으로 하루에 필요한 단백질을 얻을 수 있는 데다가 에너지 대사를 돕고 피로 해소에도 효과적이라니, 매일 적극적으로 섭취해야 하지 않을까요?

주요 영양 성분×닭가슴살의 효능

- 비타민 B_6 0.35㎎
- 니아신 12㎎
- 단백질 19.5㎎
- 이미다졸펩티드 1200㎎

- 에너지 대사를 돕는다
- 정신을 안정시킨다
- 피로 해소를 돕는다

•다리살•

비타민 B_2 함량 No.1

비타민 B군 중에서도 건강한 피부나 머리카락을 만들고 점막을 보호하는 기능이 있는 비타민 B_2는 다른 부위보다 다리살에 약 2배나 많이 들어 있습니다. 다리살에는 건강한 뼈와 혈액을 위한 비타민 K도 풍부하므로 영양소가 부족하다고 느낄 때 섭취하는 것을 추천합니다.

에너지 대사 효과도 있어요

Meat point

COLUMN

닭껍질은 고칼로리? 제거해야 할까요?

삶기보다 '굽기' 추천

닭껍질은 1장당 약 90㎉인 지방이 높은 부위이지만 에너지 대사를 돕는 니아신이나 비타민 K가 풍부합니다. 지방이 염려되면 기름을 두르지 않은 프라이팬에서 바삭바삭하게 구우면 됩니다. 니아신은 열에는 강하지만 수용성이기 때문에 삶으면 손실됩니다.

닭고기의 영양소 흡수 요령

식초를 넣어 칼슘도, 흡수율도 2배 UP

칼슘량도, 흡수율도 증가

뼈에 붙은 고기는 세포가 잘 파괴되지 않고 수분을 오래 유지하여 촉촉하고 감칠맛과 영양소도 풍부합니다. 게다가 푹 끓이면 뼈에서 빠져나온 칼슘도 섭취할 수 있습니다. 특히 식초를 넣고 끓이면 뼈에서 칼슘이 잘 배어나며, 그냥 물에 끓였을 때보다 칼슘량이 약 1.8배 많아집니다. 물로만 끓이면 닭고기의 칼슘은 체내에 30% 정도만 흡수되지만 식초를 넣으면 흡수율도 약 2배로 끌어올릴 수 있습니다.

닭고기×식초의 조합이라면 닭봉이나 닭날개 식초 조림이 좋습니다. 칼슘을 효율적으로 섭취하고 뼈를 쉽게 바를 수 있으며, 연골에 든 콜라겐도 모두 섭취할 수 있습니다. 식욕을 자극하고 담백하게 먹을 수 있어 식욕이 없을 때 안성맞춤입니다.

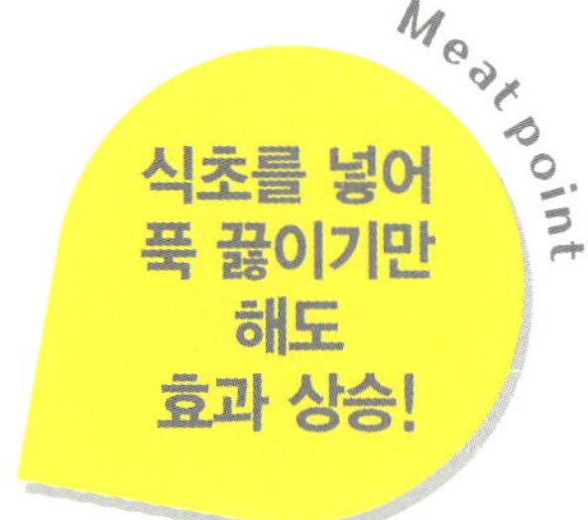

조리법에 따른 영양소 변화

삶는다면 국물째 먹어요

닭고기는 익혀서 먹어야 하지만 주요 영양소인 비타민 B군은 기본적으로 수용성입니다. 삶거나 푹 끓이는 경우 비타민이 국물에 녹아 빠져나옵니다. 그래서 국물째 먹는 것이 좋습니다.

생

반드시 고르게 가열하기
닭고기에는 캄필로박터라는 세균이 있는 경우가 많아서 속까지 고르게 익히지 않으면 식중독을 일으킬 수 있습니다. 70~80℃에서 적어도 2분 이상은 가열하세요.

삶기

국물에 영양소가 빠져나와요
비타민 B군은 대부분이 수용성이기 때문에 삶고 끓이는 경우 영양소의 절반 가까이가 국물에 녹아 빠져나옵니다. 그래서 국물째 먹을 수 있는 요리가 좋습니다. 닭고기 삶은 물을 육수로 응용해도 좋습니다.

굽기

퍽퍽하지 않은 조리법을 연구해요
비타민 B_2나 니아신 등은 열에 강하지만, 비타민 B_1 등 열을 가하면 산화하기 쉬운 성분들은 절반으로 줄어듭니다. 최대한 수분을 유지할 수 있는 조리법을 사용하세요.

전자레인지 조리

밑간을 하고 전자레인지로
닭고기를 전자레인지로 가열할 경우에는 골고루 익도록 잘라서 청주나 양념장 등을 묻히고 조리합니다. 비타민 손실이 적고 단시간 내에 조리할 수 있습니다.

눈이 번쩍!

퍽퍽하지 않게 조리하기

삶은 닭안심살 만드는 법

부드러운 닭안심살은 고온에서 계속 가열하면 수분이 급격히 배출되어 퍽퍽해지고 영양소도 감소하기 때문에 잔열로 익혀야 합니다.

①물과 청주, 닭안심살을 넣은 냄비에 불을 켠다. 끓으면 불을 끄고 뚜껑을 덮어 10분 둔다.

②체에 밭쳐 식히면 완성!

•닭안심살•

지방은 가슴살의 1/6

이 부위는 닭고기 중에서도 특히 저칼로리입니다. 건강에 좋은 부위이지만 지방이 적기 때문에 가열하면 쉽게 퍽퍽해질 수 있는 부위이기도 합니다. 고온에서 계속 가열하면 식감이 나빠지기 때문에 잔열로 천천히 익히는 것이 영양소와 감칠맛을 모두 지키는 방법입니다.

•날개•

칼슘은 다른 부위의 3~4배

닭날개나 닭봉에 풍부한 콜라겐은 체내에 직접 흡수되지는 않지만 콜라겐 생성을 활성화하는 데 도움이 됩니다. 닭의 콜라겐은 미용뿐 아니라 혈관을 튼튼하게 하는 효과가 있다는 사실이 최근 보고되었습니다.

뼈째 & 껍질째 조리가 필수

콜라겐은 뼈 주위나 껍질 아래에 풍부하므로 뼈째·껍질째 조리하세요. 비타민 C와 함께 섭취하면 콜라겐의 생성력이 더 증가합니다.

COLUMN

퍽퍽해지지 않고 영양소도 지키는 조리 방법은?

Meat point

닭고기와 '겉면을 구워 육즙을 가둔다'는 맞지 않아요!

수분 유지가 영양소&맛의 비결

고기를 구울 때 '겉면을 구워 육즙을 가둔다'고 하는데, 닭고기의 경우에는 겉면을 먼저 구우면 속이 덜 구워지고, 너무 오래 구우면 퍽퍽해집니다. 닭고기를 구울 때는 굽기 전에 수분을 입히는 것이 요령입니다. 그러면 수분 손실을 줄이고 촉촉하게 조리할 수 있습니다.

1 고기를 맛술이나 바닷물 정도의 소금물에 담그고 2시간 정도 둔다. 수분이 근섬유에 스며들어 수분을 머금은 상태를 유지해 준다.

2 프라이팬에 기름을 두르고 껍질부터 약불에서 천천히 굽는다. 색이 나면 뒤집고 속까지 익혀 완성한다.

돼지고기 Pork

에너지 생산력은 소고기의 10배

비타민 B1이 당을 에너지로 변환

영양 균형이 뛰어난 돼지고기에서 특히 주목해야 할 성분은 비타민 B1입니다. 당질을 에너지로 만드는 대사의 기능을 돕고 피로에도 거뜬한 몸을 만드는 데 도움이 되는 영양소이지만 똑같이 비타민 B1을 함유한 소고기에 비해 돼지고기에는 약 10배나 되는 양이 들어 있습니다. 또 돼지고기의 감칠맛의 근원 중 하나인 카르노신은 노화를 방지하고 산화 스트레스를 없애는 기능이 있으며, 이 외에도 치매 예방에 효과적인 아라키돈산도 함유되어 있는 등 돼지고기는 건강한 생활을 위해 꼭 필요한 성분이 많습니다.

▶ 돼지의 부위

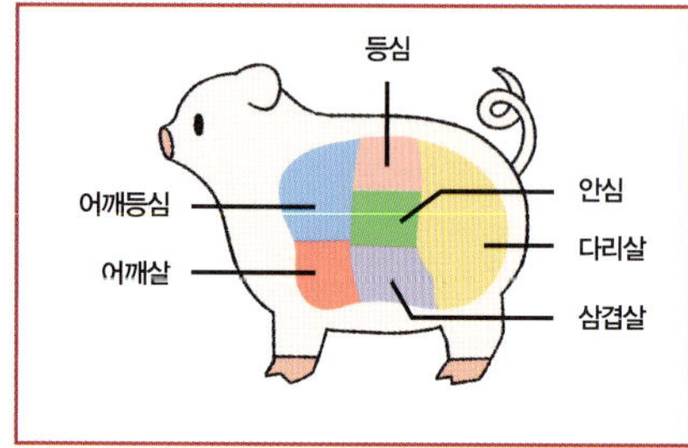

•등심•

면역 증진 성분이 1.6배

살코기와 지방의 균형이 좋고 결이 가늘며 부드러운 돼지고기 등심은 포크소테나 돈가스, 로스트포크 등의 요리에 어울립니다. 돼지고기 부위 중에서 판토텐산 함량이 가장 많아 면역력을 높이는 효과를 기대할 수 있습니다.

Meat point

추천 1순위는 비타민 B군이 가장 많은 부위!

•안심•

비타민 B군의 함량 No.1

안심은 지방이 적고 돼지고기 부위 중에서도 담백하게 먹을 수 있는 부위입니다. 지방이 적은 만큼 비타민 함량이 많으며, 다른 부위와 비교하면 모든 비타민 B 함량이 가장 많습니다. 아연 등의 미네랄도 더 많이 함유되어 있습니다.

돼지고기 부위는 어떻게 고를까요?

돼지고기는 부위에 따라 비타민 B군의 함량이 다릅니다. 비타민 B1을 예로 들면 지방이 적은 부위에 많기 때문에 피로 해소 효과를 얻고 싶으면 지방이 적은 안심이나 살코기인 다리살을 고르면 됩니다.

비타민 B_1 함량은 소고기의 17배

돼지고기는 에너지 대사 효과와 피로 해소 효과가 높은 비타민 B_1이 풍부합니다. 그래서 여름철 무더위로 체력이 저하되었을 때나 근력을 기르고 싶을 때 적극적으로 섭취하는 것이 좋습니다. 지방이 적은 살코기 부위를 골라 칼로리 걱정도 날려버리세요!

비타민 B_1 함량

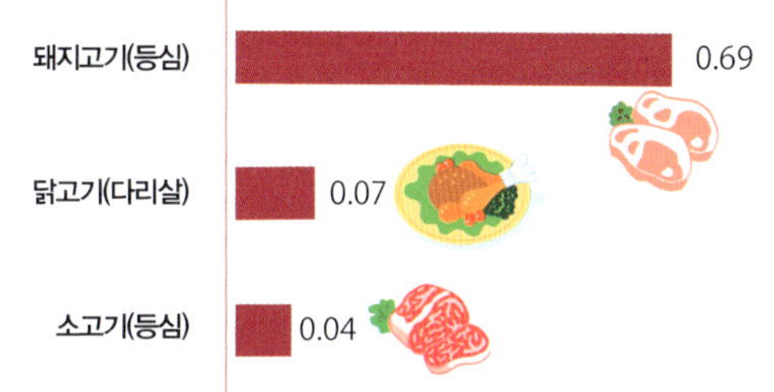

주요 영양 성분×돼지고기의 효능(돼지 안심)

- 비타민 B_1 1.32㎎
- 비타민 B_2 11㎎
- 비타민 B_3 0.54㎍
- 카르노신 22.2㎎
- 단백질 899㎎

- 에너지 대사를 돕는다
- 산화를 방지한다
- 정신을 안정시킨다
- 피로 해소를 돕는다

당질을 효율적으로 에너지화

돼지고기는 당질을 효율적으로 에너지로 만드는 효과 및 지방 연소 효과가 높은 식재료입니다. 칼로리를 이유로 육류 섭취를 꺼리는 사람이라도 돼지고기는 제대로 섭취하는 것을 권장합니다. 돼지고기 삼겹살은 지방이 많은 부위이지만 돼지고기는 식후 혈당이 잘 오르지 않기 때문에 다이어트에 방해되지 않습니다.

•삼겹살•

몸에 필수인 지방이 60%

돼지고기 삼겹살의 지방의 주요 성분은 불포화지방산인 올레인산입니다. 유해 콜레스테롤을 억제하는 효과가 있고 혈관을 건강하게 만들어 성인병 예방에도 도움이 됩니다. 지방이 많다고 해서 무조건 피하지 않아도 된답니다.

COLUMN 돼지고기 지방은 뇌의 구세주?

뇌 기능을 향상해 행복감도 느낄 수 있어요

돼지고기 지방에 함유된 아라키돈산은 생선의 DHA처럼 뇌 건강에 깊게 관련된 지방산입니다. 어린이의 뇌 발달을 촉진하거나 성인의 뇌 기능을 향상하는 효과를 기대할 수 있습니다. 아라키돈산은 뇌를 행복하게 하는 성분이기도 하여 돼지고기를 먹으면 만족감도 얻을 수 있습니다.

돼지고기의 영양소 흡수 요령

돼지고기는 곁들임 음식으로 피로 해소 효과 10배!

곁들임 음식으로 비타민 B_1의 흡수력 대폭 증가

에너지 대사를 돕는 비타민 B_1은 체내에 흡수되기 어렵다는 단점이 있습니다. 그러나 비타민 B_1을 분해하는 어떤 성분의 작용으로 몸에 쉽게 흡수된다는 사실이 밝혀졌습니다. 그 성분은 마늘이나 파류, 부추 등에 함유된 향 성분인 '알리신'입니다. 비타민 B_1은 알리신과 만나면 체내 흡수율이 비타민 B_1보다 약 10배 높은 알리티아민이라는 성분으로 변합니다. 또 돼지고기는 마늘에 재우면 지방의 산화를 억제할 수 있습니다.

푸르설티아민* 복용 시 비타민 B_1의 배출량

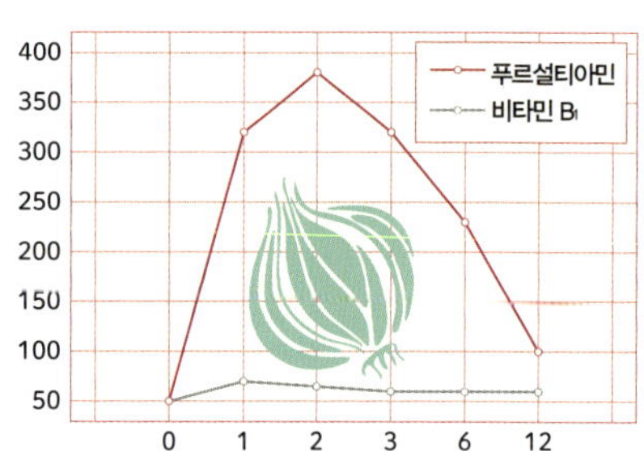

*알리티아민을 약으로서의 안정성을 높이고 마늘 향을 배제한 물질
출처: 이토카와 요시노리, 니시노 유키노리, 이가라시 쇼고 '약물 동태 시험, 혈구 이행성 시험 및 B_1 복원 시험에서 본 비타민 B_1 유도체의 평가'(1992), 비타민 66권 1호, P35-42

조리법에 따른 영양소 변화

물을 사용하지 않는 것이 포인트

생

레어는 NG, 푹 익히기

돼지고기에는 O-157이나 캄필로박터 등 식중독 또는 E형 간염의 원인이 되는 바이러스가 숨어 있기도 합니다. 소량이라도 발병할 수 있으므로 충분히 익혀 드세요.

삶기

삶는다면 국물째

돼지고기의 중요한 성분인 비타민 B_1은 수용성이기 때문에 삶거나 끓이면 국물에 빠져나옵니다. 그러나 국물째 먹으면 약 80% 가까이 섭취할 수 있습니다.

굽기

재빨리 가열하여 손실 줄이기

삶는 것보다 볶거나 구우면 비타민 B_1의 손실을 줄일 수 있습니다. 장시간 가열하면 영양소가 절반으로 감소하기 때문에 얇게 썬 고기를 빠르게 굽는 것이 좋습니다.

전자레인지 조리

육즙째 거의 유지

전자레인지로 조리하면 수분이 적게 나옵니다. 양념장을 발라 가열하는 등 녹아내린 수분까지 먹으면 비타민은 거의 손실되지 않습니다.

돼지고기 조리 꿀팁

돼지 간은 항산화력이 육류 No.1! 철분도 4배

돼지 간은 비타민 B군과 함께 비타민 A와 면역력을 높이는 아라키돈산도 풍부하고 육류 중에서도 뛰어난 영양가를 자랑합니다. 또 철분은 소고기의 3~4배나 됩니다. 독특한 풍미는 오래 가열할 때 발생하기 때문에 고온에서 재빨리 가열하면 해결됩니다. 다만, 물에 담그는 등의 밑손질을 하면 철분이나 미네랄 등의 영양소가 빠져나가니 피하세요.

냄새나지 않게 조리하는 방법

1 간에서 나온 여분의 물기를 키친타월로 꼼꼼히 닦아낸다.

2 청주, 간장, 맛술을 섞은 조미료에 10분 정도 담가 밑간한다.

3 프라이팬에 기름을 두르고 물기를 닦아낸 간을 겉면을 튀기듯 굽는다.

4 노릇하게 튀겨지면 프라이팬의 기름을 가볍게 닦아내고 부추, 콩나물과 같이 볶는다. 부추 간 볶음 완성!

'가쿠니'로 2시간 이상 조리하면 영양소가 달라져요

가쿠니는 돼지고기를 네모나게 썰어 만든 조림 요리로, 고칼로리라는 이미지가 있지만 장시간 푹 끓이면 영양소가 높아질 가능성이 있다고 언급되었습니다. 돼지고기에는 포화지방산과 불포화지방산이 있는데, 2시간 이상 끓이면 포화지방산은 약 절반으로 줄어들고 유해 콜레스테롤을 낮추는 불포화지방산의 비율이 높아진다고 합니다.

COLUMN

생강과 마늘이 돼지고기의 산화를 48% 막아요

가열에 의한 산화로부터 영양소를 지켜요

항산화 성분이 높은 식재료는 함께 조리하는 식재료의 산화를 막기도 합니다. 돼지고기 지방에 들어 있는 아라키돈산 등의 성분은 가열로 쉽게 산화되므로 생강, 마늘 등 항산화 작용이 높은 식재료를 넣고 조리하면 산화를 억제할 수 있습니다. 또 생강이나 마늘은 얼린 고기의 산화 억제에도 효과가 있습니다.

소고기 Beef

소고기의 철&아연은 닭고기·돼지고기의 4배

만성 피로나 나른함을 느낀다면

소고기는 철이나 아연 등의 미네랄이 다른 고기보다 약 4배나 풍부합니다. 소고기에 든 철분 '헴철'은 채소에 든 '비헴철'보다 흡수율이 5배 높습니다. 철분은 현대인의 식생활에서 결핍되기 쉬운 성분이므로 만성 피로를 느낄 때는 적극적으로 섭취해 보세요. 아연도 마찬가지로 부족하기 쉬운 성분으로, 피부나 뼈 건강을 위해 섭취해야 합니다. 철, 아연 모두 살코기에 많이 들어 있으니 건강해지고 싶다면 살코기를 추천합니다.

▶ 소고기의 부위

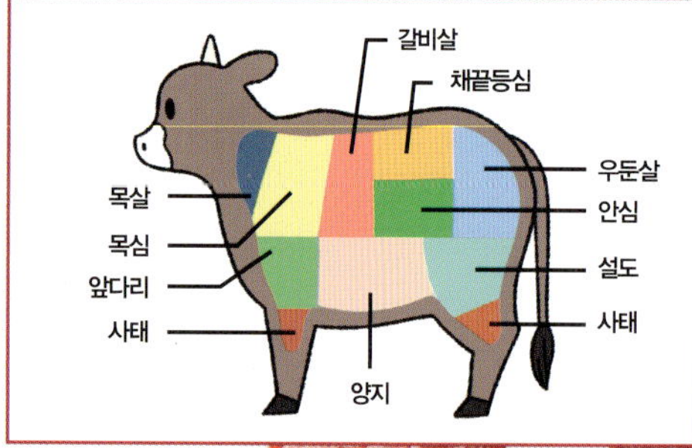

소고기의 부위 도감

다이어트 중이라면 '고기 먼저'

'혈당치의 급상승을 억제하기 위해서는 채소부터 먹는다'는 것이 정석이지만 사실 고기부터 먹는 것이 효과적이라고 합니다. 고기를 먹으면 혈당치를 억제하는 인슐린이 분비되고 포만감도 늘어나 과식을 막아줍니다. 비만 방지뿐 아니라 성인병 예방에도 효과적인 방법입니다.

•안심•

지방은 등심의 절반 이하

양질의 단백질이 풍부한 안심. 고단백 저칼로리로 콜레스테롤도 낮고 지방을 효율적으로 에너지로 만들어주기 때문에 다이어트나 근력을 기르고 싶을 때 추천합니다. 철·아연 함량도 높아서 피로 해소에도 도움이 됩니다.

식전 · 식후의 혈당치 상승

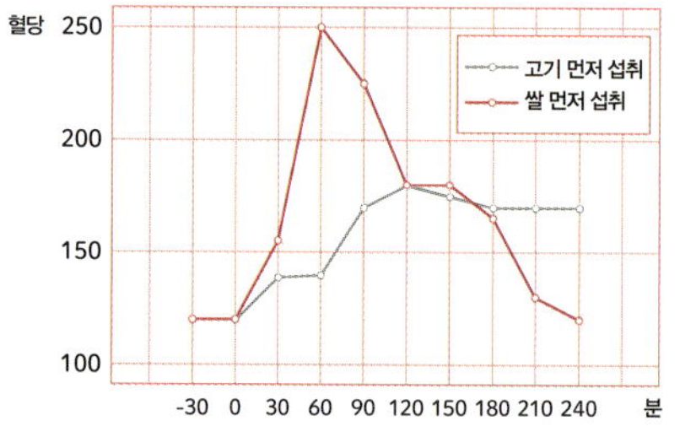

출처: Hitoshi Kuwata, et al. "Meal sequence and glucose excursion, gastric emptying and incretin secretion in type 2 diabetes: a randomised, controlled crossover, exploratory trial" 2016, Diabetologia Vol. 59,p.453－461

비타민·미네랄에 지방 연소 효과 성분도

소고기에는 비타민 B군과 함께 철·아연 등의 미네랄도 풍부합니다. 또 소고기에 많이 함유된 L-카르니틴은 지방을 연소하고 근육을 움직이는 에너지를 만들어내는 기능을 가진 아미노산입니다. 소고기의 L-카르니틴은 돼지고기나 닭고기보다 가열로 인한 손실이 적습니다.

주요 영양 성분×소고기의 효능(안심)

- 비타민 B_1 0.06mg
- 비타민 B_2 0.17mg
- 철 0.7mg
- 아연 4.6mg
- L-카르니틴 63mg

- 에너지 대사를 돕는다
- 피를 만든다
- 빈혈을 방지한다
- 지방을 연소한다

•설도•

지방 연소 성분은 돼지고기의 4배

설도에는 지방 연소 효과가 있는 L-카르니틴이 가장 많습니다. L-카르니틴은 나이가 들면서 체내 생성량이 감소하는 성분이므로 정기적으로 열심히 섭취하세요. 단백질 소화를 촉진하는 무나 고추냉이 등의 양념을 첨가하면 좋습니다.

L-카르니틴과 코엔자임Q10의 시너지 효과

미용 성분으로 알려진 코엔자임Q10은 L-카르니틴과 함께 작용하여 지방을 에너지로 변환하는 것을 도와줍니다. 소고기, 특히 살코기에는 두 가지 성분이 다 들어 있어서 지방 연소 효과가 매우 뛰어납니다. 노화 방지에도 중요한 역할을 하니 의식적으로 살코기를 섭취하세요.

•목심•

아연 함량 No.1

활성 산소로부터 몸을 지키고 면역력을 높이는 아연은 소고기 목심에 가장 많습니다. 아연도 흡수하기 어려운 성분으로, 가공식품에 들어 있는 인산 등이 아연의 흡수를 방해하기 때문에 현대인의 식생활에서는 특히 부족하기 쉽습니다.

비타민 C와 함께 섭취하는 것이 필수

면역력을 높이는 아연과 몸속에 효소를 보내 에너지를 순환시키는 철은 바이러스에 대항하는 몸을 만들기 위해서도 중요한 성분입니다. 이 성분들은 비타민 C와 조합하면 흡수율을 높일 수 있으므로 비타민 C가 많은 채소나 과일을 곁들여 먹는 것을 추천합니다.

Beef

소고기의 영양소 흡수 요령

얇게 썰기보다 두껍게 썰기가 비타민 B군 1.8배 상승

소고기의 비타민 B군은 두껍게 썰어서 사수해요!

소고기 역시 다른 고기와 마찬가지로 비타민 B군을 중심으로 한 비타민이 풍부합니다. 비타민 B군은 대부분 고기의 수분에 들어 있기 때문에 조리 중에 나오는 육즙이 많으면 많을수록 다 빠져나옵니다. 그래서 육즙이 쉽게 빠져나오는 얇은 고기보다 수분을 머금은 두꺼운 고기가 비타민을 잘 지킬 수 있습니다. 두껍게 썬 고기는 차가운 상태라면 겉면만 타고 속까지 잘 익지 않기 때문에 굽기 30분 전에 냉장고에서 꺼내 상온에 두세요.

조리법에 따른 영양소 변화

너무 오래 가열하지 않는 것이 포인트!

고기는 고온에서 계속 구우면 근섬유가 수축하고 수분을 바로 배출하여 감칠맛도, 영양소도 사라집니다. 그러니 약불에서 천천히 익히세요. 가열 후에 잠시 두어 잔열로 익히는 것도 좋습니다.

생

레어라도 괜찮은 이유는?
소고기는 고기 내부에 균이나 기생충이 없기 때문에 겉면만 구우면 됩니다. 단, 시간이 지나면 균이 침투하는 경우가 있으니 저항력이 약한 어린이나 고령자는 주의하세요.

삶기

국물째라면 90% 유지
소고기에 든 비타민 B_{12}는 아미노산과 지방의 대사를 돕는 성분입니다. 소고기를 삶으면 국물 안에 빠져나오지만 열에는 비교적 강하기 때문에 국물째 먹는다면 90%를 유지할 수 있습니다.

굽기

오븐 구이라면 거의 손실이 없어요
소고기는 프라이팬에서 구우면 비타민 B_{12}가 10% 정도 감소하지만 오븐에서 구우면 손실되는 영양소가 거의 없습니다.

전자레인지 조리

전자레인지라면 얇게 썬 고기로
전자레인지로 조리할 경우, 얇게 썬 고기를 선택하는 것이 좋습니다. 양념장을 발라 조리하면 맛을 낼 수도 있고 단시간 내에 조리할 수도 있습니다.

소고기의 중심 온도는 몇 도?

레어, 미디엄, 웰던 등 고기의 굽기 정도에 따라 고기의 내부 온도는 크게 달라집니다. 소고기의 단백질 중 고기를 단단하게 하는 근형질 단백질은 60℃ 부근에서 변성하기 때문에 미디엄 레어가 고기를 부드럽게 하면서도 제대로 가열할 수 있는 방법입니다.

조리법에 따른 영양소 변화

잔열로 완성하는 스테이크 굽는 법

소고기의 살코기는 너무 오래 익히면 퍽퍽하고 딱딱해집니다. 영양소도, 육즙 가득한 감칠맛도 있는 미디엄 레어로 구우려면 약간의 요령이 필요합니다. 어느 정도 익으면 잔열로 마무리하고 속이 약간 분홍빛이 도는 정도로 만들어보세요.

COLUMN

식초+설탕 소스로 대사 효과 3.5배

대사 증가에 피로 해소까지 '매력 만점 소스'

식초와 설탕을 졸여 만드는 '가스트릭' 소스. 고기에 감칠맛을 내며 부드럽고 육즙 가득하게 완성합니다. 또 식초와 설탕의 조합이 간에 작용하여 에너지 대사를 약 3.5배 증가시킵니다. 피로 해소나 혈당치의 급상승을 억제하는 효과도 기대할 수 있습니다.

1 굽기 30분~1시간 전에 냉장고에서 꺼내둔다.

2 기름을 두르고 약불~중불에서 달군 프라이팬에 고기를 넣는다.

3 갈색이 날 때까지 3분 정도 굽고 뒤집어서 반대쪽도 똑같이 굽는다.

4 구운 고기를 알루미늄 포일에 싸서 10분 정도 식히면 완성!

달걀 Egg

매일 1개씩 먹으면 심혈관 위험 45% 감소

뇌에도, 몸에도 좋은 효과가 가득!

달걀은 뇌와 신경 기능을 돕는 아미노산이나 에너지 대사를 돕는 비타민 B군을 함유한 영양 식품입니다. 달걀의 주요 성분은 기억력을 높여주는 아세틸콜린의 원료인 '레시틴'입니다. 레시틴은 치매 예방, 간 기능 개선 등의 효과를 기대할 수 있고, 최신 연구에 따르면 혈관 속 유해 콜레스테롤을 분해하는 기능도 있다고 합니다. 달걀은 과식한다고 건강을 해치지 않습니다. 오히려 하루에 1~3개씩 꾸준히 섭취하면 심혈관 질환에 걸릴 위험이 60% 낮아진다는 연구 결과가 있습니다.

달걀의 부위 도감

노른자

레시틴은 대두의 3배

달걀노른자에는 뇌 기능을 활성화하는 레시틴이 풍부합니다. 레시틴은 대두에도 들어 있는데, 달걀의 레시틴이 대두보다 약 3배 많으므로 달걀을 먹는 게 더 효율적입니다.

흰자

면역력을 높이고 인체 흡수율 98%

달걀흰자의 특징적인 성분인 리조팀은 천연 살균 성분으로, 달걀을 세균으로부터 보호합니다. 체내에 들어가면 유해 바이러스를 없애고 동시에 면역력을 높여 감기 등의 감염병으로부터 몸을 지켜줍니다.

껍데기(난각)

껍데기의 칼슘은 흡수하기 쉬워요

일반 식품의 칼슘은 잘 흡수되지 않는 데 비해 달걀 껍데기에 함유된 칼슘은 체내에 잘 흡수됩니다. 그래서 몸에 더 효과적이지요. 달걀 껍데기를 가루(p.131)로 만들어 활용해 보세요.

알끈(난대)

귀중한 성분이 들어 있어요

식감이 나쁘다고 버리기 일쑤인 알끈에는 '시알산'이 들어 있습니다. 시알산은 바이러스나 세균으로부터 세포를 지키고 면역력을 높여주는 성분으로, 하루에 필요한 양의 절반을 달걀 1개로 섭취할 수 있습니다.

하루에 1개 이상 먹어도 콜레스테롤 걱정 없어요!

Egg point

뇌·신경·세포 등 몸을 만드는 중요한 식재료

달걀은 양질의 단백질을 함유하여 우리 몸에 에너지를 공급하는 식품입니다. 달걀에는 뇌 활성화, 면역력 향상, 간 기능 개선 등 다양한 역할을 하는 필수 아미노산이 들어 있고 비타민 A, B군, D, E와 철분, 칼슘도 풍부합니다. 매일 먹고 싶은 완전식품이죠?

주요 영양 성분×달걀의 효능

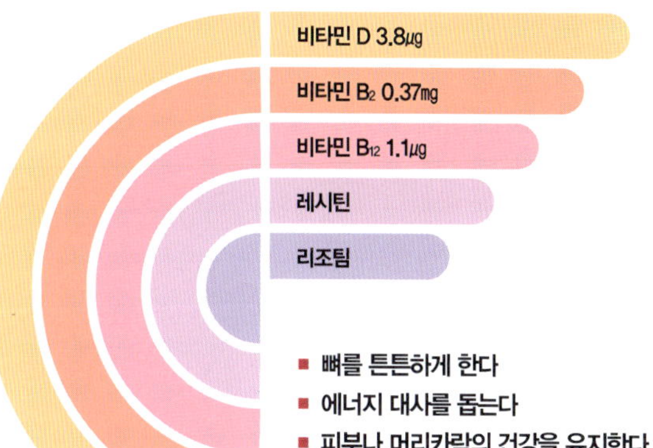

혈중 카로티노이드 농도

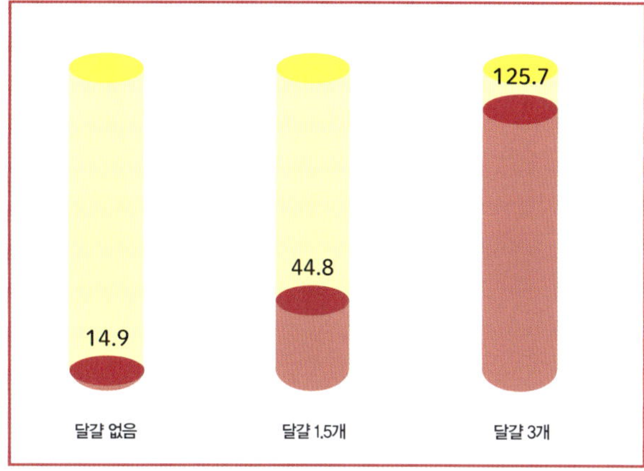

출처: Jung Eun Kim et al, "Egg Consumption Increases Vitamin E Absorption from Co-Consumed Raw Mixed Vegetables in Healthy Young Men"(2016), Journal of Nutrition, 146(11),p.2199-2205

영양 듬뿍 식재료 조합법

달걀을 더하면 베타카로틴 흡수율이 8배로

녹황색 채소에 든 베타카로틴은 지방과 궁합이 좋은데, 달걀의 지방과 함께 섭취하면 흡수율이 약 8배 증가한다고 합니다. 똑같이 지용성이고 호박이나 브로콜리 등에 든 비타민 E의 흡수율도 달걀을 더하면 약 5배 증가합니다.

바지락과 함께 먹으면 치매 예방 효과 상승

달걀에 든 레시틴의 치매 예방 등 뇌 기능 활성 효과는 비타민 B_{12}와 함께 섭취하면 더 높아집니다. 비타민 B_{12}는 달걀에도 들어 있지만 고기나 유제품, 청어, 바지락 등 동물성 식재료에 풍부하니 이 재료들과 함께 섭취해 보세요.

달걀의 루테인은 흡수율이 보충제의 3배

달걀에는 눈 건강에 도움이 되는 루테인도 들어 있습니다. 루테인이 든 시금치와 루테인 보충제, 그리고 달걀을 섭취한 경우의 혈중 농도를 비교했더니 달걀은 보충제의 3배 이상이었습니다. 달걀은 시력 유지에도 효과적이죠.

혈중 루테인 농도

루테인 보충제 | 시금치 | 달걀(루테인 강화 달걀)

출처: HoYoung Chung et al, "Lutein bioavailability is higher from lutein-enriched eggs than from supplements and spinach in men"(2004), The Journal of nutrition, 134(8),p.1887-1893

Egg

달걀의 영양소 흡수 요령

가열 방법에 따라 비타민 D 최대 40% 손실

적당히 가열해서 비타민 D도 놓치지 마세요!

달걀에는 다양한 비타민이 들어 있는데, 그중 비타민 D는 칼슘 흡수를 돕는 중요한 성분입니다. 비타민 D는 지용성이며 열과 물에 강하지만 조리법에 따라서는 감소하는 경우도 있습니다. 특히 고온에서 가열하면 최대 40%나 손실됩니다. 달걀은 생으로 먹으면 알부민이라는 단백질이 알레르기를 일으키는 경우가 있어서 어느 정도 가열해야 안심하고 먹을 수 있답니다. 너무 오래 조리하지 말고 적당히 익히세요.

조리법에 따른 영양소 변화

뚜껑을 덮어주세요

날달걀은 단백질을 흡수할 수 없는 경우가 있고, 달걀을 가열해서 너무 딱딱해지면 소화 흡수에 시간이 걸려서 레시틴이나 리조팀도 활성화되지 않습니다. 또 뚜껑을 덮지 않으면 영양소가 날아가 버릴 수 있으니 주의하세요.

비타민은 100%지만…
날달걀은 비타민 B나 D를 손실 없이 섭취할 수 있지만 단백질의 흡수율은 거의 절반입니다. 날달걀은 상온보다 냉장고에 보관하세요.

고온 가열로 영양소 손실
프라이팬에서 고온 가열하면 달걀프라이의 비타민 D는 40% 줄어듭니다. 비타민 B_2 등도 절반으로 줄어들지만 이때 뚜껑을 덮고 조리하면 손실을 줄일 수 있습니다.

달걀말이도 30% 손실
프라이팬이나 기계를 고온으로 설정해서 만드는 달걀말이는 가열하는 동안에 비타민 D가 30% 정도 감소합니다.

너무 오래 삶으면 NG
삶은 달걀의 비타민 D는 비교적 손실이 적지만 오래 가열하면 레시틴, 리조팀이 활성화되지 않으므로 반숙일 때 멈추는 것이 좋습니다.

달걀을 얼마나 삶아야 할까요?

날달걀은 단백질을 흡수할 수 없고 달걀을 오래 삶으면 레시틴 등의 중요한 성분이 사라집니다. 가장 맛있는 것은 노른자와 흰자가 적당히 부드러운 상태입니다. 삶은 달걀은 5~7분 동안 조리하는 것이 좋습니다. 또 65~70℃로 유지한 따뜻한 물에 20~30분 담가 두면 노른자와 흰자가 너무 딱딱하지 않은 반숙 달걀이 완성됩니다. 끓인 물 1ℓ에 찬물 1컵을 넣으면 딱 좋은 온도가 되므로 상온에 둔 달걀을 넣고 뚜껑을 덮어두세요.

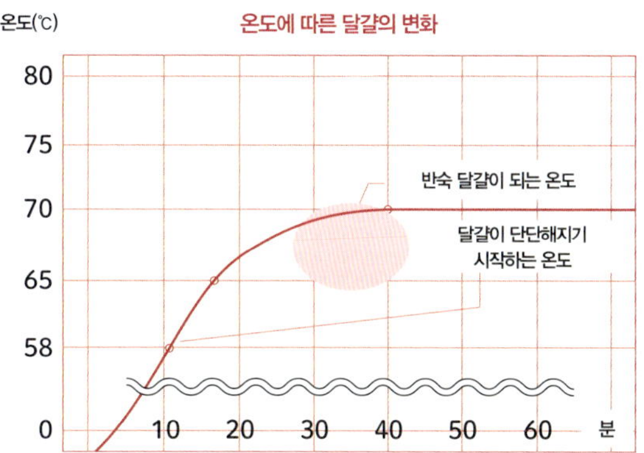

출처: 다쓰구치 나오코, 다이 마사요 '반숙 달걀의 응고 상태에 대한 가열 온도와 유지 시간의 영향'(2019), 일본조리과학회지, 52(5), P345–351

COLUMN

달걀 껍데기 가루로 칼슘을 듬뿍 흡수해요

수프나 된장국, 핫케이크에 섞어 칼슘 듬뿍 요리로 변신시켜요

건강식품으로도 판매되는 달걀 껍데기 가루를 직접 만들 수 있습니다. 끓는 물에 달걀 껍데기를 넣고 1분 이상 가열해서 소독합니다. 그리고 물기를 제거한 달걀 껍데기를 푸드프로세서에 넣고 잘게 갑니다. 수프나 된장국에 넣거나 핫케이크에 섞어 칼슘을 섭취해 보세요.

버터 Butter

냉동하면 9개월 동안 산화하지 않아요

주요 영양 성분×버터의 효능

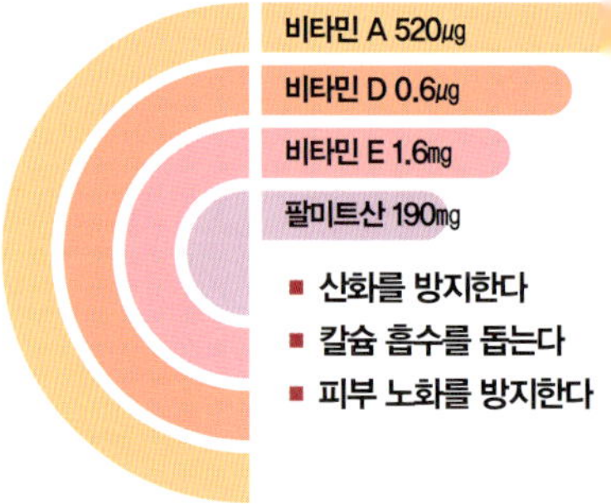

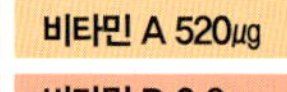

비타민 A 520㎍
비타민 D 0.6㎍
비타민 E 1.6㎎
팔미트산 190㎎

- 산화를 방지한다
- 칼슘 흡수를 돕는다
- 피부 노화를 방지한다

빛과 공기에 약해요

버터는 유지류 중에서도 특히 소화가 잘되는 유지방으로, 비타민 A는 우유의 13배 이상 들어 있습니다. 가열할 때는 산화되지 않지만 빛과 공기에는 쉽게 산화되기 때문에 냉동 보관을 권장합니다. 온도 변화를 막으면 최대 9개월까지 산화를 억제할 수 있습니다.

Butter point

비타민 A가 풍부해요

버터는 소분해서 냉동하는 게 정답

버터 덩어리를 냉동했다가 일일이 잘라 사용하면 귀찮기도 하고 꺼낼 때마다 버터의 산화가 진행되기도 합니다. 냉동할 때는 5~10g을 기준으로 잘라 랩으로 싸서 공기를 뺀 후 지퍼백에 넣어 보관하세요. 사용할 만큼 랩째 잘라서 꺼내면 됩니다.

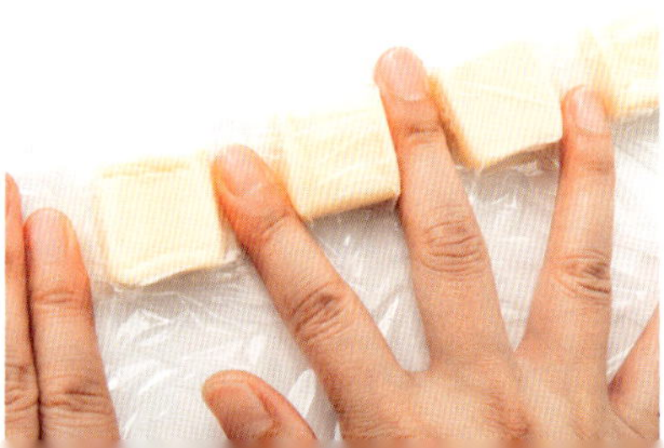

버터와 우유의 영양 성분 비교(100g당)

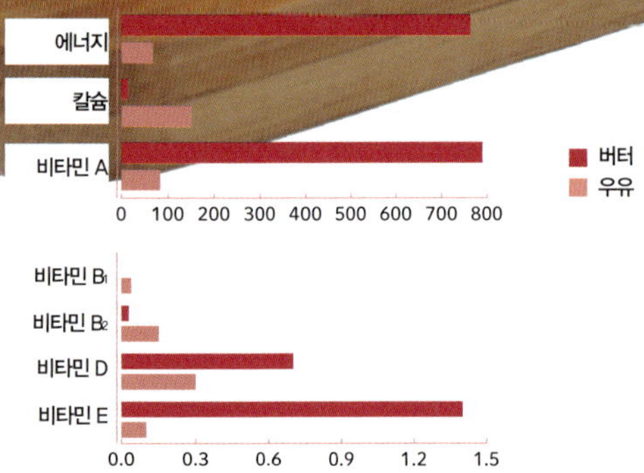

에너지
칼슘
비타민 A
0 100 200 300 400 500 600 700 800
버터
우유

비타민 B1
비타민 B2
비타민 D
비타민 E
0.0 0.3 0.6 0.9 1.2 1.5

우유의 유지방으로 만들어지는 버터에는 비타민 A가 풍부합니다. 또 체내에서 비타민 A로 변하는 베타카로틴도 들어 있는데, 이것은 소가 먹은 목초에 든 베타카로틴의 영향을 받은 것입니다.

버터 조리 꿀팁

버터는 재가열하면 품질이 나빠져요

버터나 올리브유의 유지는 생선의 지방 등과 달리 가열해도 산화되지 않습니다. 그래서 가열 조리 시 사용하기에 적합하지만, 한번 얼린 버터를 재가열하면 풍미도 나빠지고 산화도 진행됩니다. 버터를 사용한 요리는 바로 만든 것을 먹어야 합니다.

버터vs마가린, 어느 쪽이 건강할까요?

예전에는 '마가린에는 트랜스지방산이 들어 있어서 몸에 좋지 않다'라고 했지만 요즘 마가린에는 트랜스지방산을 거의 사용하지 않습니다. 풍미를 원한다면 버터, 가벼운 식감을 선호한다면 마가린 등 기호에 따라 고르면 됩니다.

일반 버터와 발효 버터, 이 점이 달라요!

발효 버터란 버터의 원료가 되는 크림을 유산균으로 발효시킨 것입니다. 발효버터는 유산균이 들어 있어서 장내 환경을 개선하는 효과를 기대할 수 있고 감칠맛이나 풍미도 일반 버터보다 강합니다. 우리나라에서는 일반 버터를 주로 사용하지만 유럽에서는 발효 버터를 더 많이 사용합니다.

트랜스지방산의 평균 섭취량

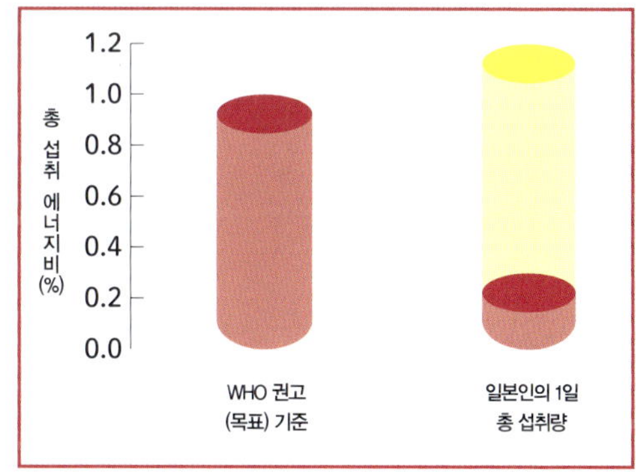

출처: 농림수산성 '바로 알 수 있는 트랜스지방산'(2021)

COLUMN 버터가 대사 위험을 줄인다?

대사 위험이 줄어들고 행복감이 높아질 수 있어요

버터에 든 포화지방산은 과다 섭취하면 심장에 좋지 않다고 여겨졌습니다. 그러나 최신 연구에 따르면 버터의 포화지방산에 든 펜타데칸산을 적당히 섭취하면 대사 위험이 줄어들고 행복감을 높일 수 있다고 합니다.

우유 Milk

전자레인지로 데우면 비타민의 50% 손실!

비타민 B_{12}는 전자레인지로 조리하지 마세요!

우유에는 칼슘, 비타민 A, 단백질 등이 풍부하게 들어 있고 이 영양소들은 가열해도 거의 사라지지 않습니다. 그러나 에너지 대사를 돕는 비타민 B_{12}는 다릅니다. 전자레인지에 돌리면 급격한 가열로 인해 거의 절반으로 줄어듭니다. 보통 전자레인지에서 가열하면 영양소에는 큰 차이가 없는데, 급격한 온도 변화에 약한 비타민 B_{12}는 어떻게 해도 손실이 큽니다. 우유를 데우려면 냄비에서 천천히 가열하세요.

빛에 닿기만 해도 비타민 60% 감소

피부를 건강하게 유지하는 비타민 B_2는 빛을 쬐면 사라질 수 있습니다. 유리병에 우유를 넣고 4시간 동안 빛을 닿게 하면 60%나 되는 양이 감소합니다. 태양광뿐 아니라 형광등 빛에 닿아도 19% 정도 감소하기 때문에 유리컵에 든 우유를 꺼내두면 안 됩니다.

칼슘 흡수율의 비교

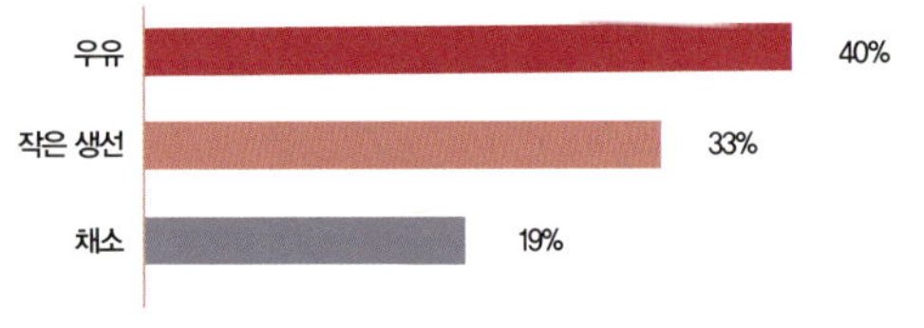

출처: 우에니시 가즈히로 외 '일본 성인 여성의 우유, 작은 생선(빙어, 멸치), 채소(소송채, 몰로헤이야, 세발나물) 칼슘 흡수율' (1998), 일본영양 · 식량학회지, 51(5), P259-266

우유의 칼슘은 흡수가 잘 돼요!

칼슘은 체내 흡수율이 낮아 작은 생선은 약 30%, 채소는 20% 이하로 흡수됩니다. 그러나 우유의 칼슘은 단백질·카제인과 결합하면 흡수가 잘 되어서 40%나 흡수된답니다.

하루 적정량은 어느 정도일까요?

우유는 칼슘을 비롯한 풍부한 영양소의 공급원입니다. 매일 섭취하면 뼈와 근육을 튼튼하게 해주는 믿음직한 존재예요. 우유의 1일 적정 섭취량은 1컵(약 200㎖·칼슘 약 220㎎) 정도입니다. 하루 운동량이 많고 에너지 소비가 많은 사람은 그보다 조금 많게 1컵 반 정도 먹는 것을 추천합니다.

Milk point

아미노산 100점인 건강 음료

1일 권장 칼슘 섭취량의 30~40%가 들어 있어요

우리나라는 토양 자체에 칼슘이 적게 들어 있고 채소나 물을 통해서도 칼슘을 섭취할 수 없기 때문에 만성적으로 칼슘이 부족할 수 있습니다. 그래서 우유를 적극적으로 섭취해야 합니다. 우유 1컵으로 하루에 필요한 칼슘(800㎎)의 1/4을 섭취할 수 있으니 매일 마시는 습관을 들여봅시다.

주요 영양 성분×우유의 효능

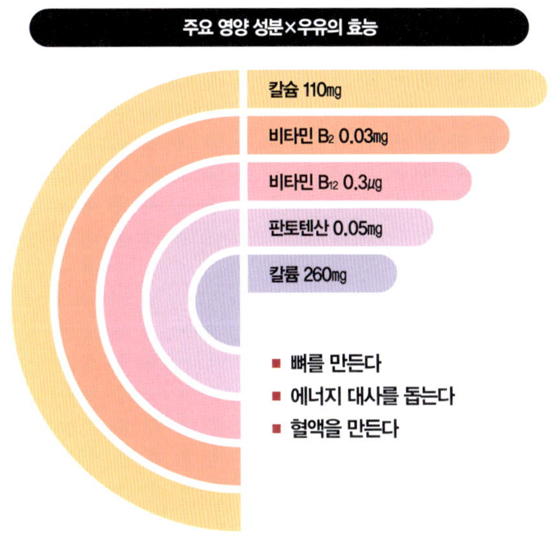

조리법에 따른 영양소 변화

가열만 한다면 손실은 적어요

찬 우유든 따뜻한 우유든 영양소에는 별로 변화가 없습니다. 그러나 찬 우유를 마시면 배가 부글부글하는 '유당불내증'인 경우에는 우유를 데워 마시는 것이 좋습니다. 그러면 유당이 잘 분해되고 위도 활발하게 움직여 흡수하기 편해집니다.

생

혈당치 상승도 억제해요

찬 우유는 식후 혈당치 상승을 억제하기 때문에 이 효과를 기대한다면 식전에 마시는 것이 좋습니다. 단, 위가 약한 경우에는 식사 중간이나 식후에 마십니다.

냄비에서 가열

비타민 B_{12}
KEEP

냄비 가열이라면 문제없어요

냄비에서 가열하면 비타민 A나 비타민 B_{12}는 거의 감소하지 않습니다. 우유를 가열하면 생기는 막은 단백질이므로 이것도 함께 마시는 것이 좋습니다.

전자레인지 조리

비타민 B_{12}
50% DOWN

간편하지만 영양소는 손실

냄비 가열에서는 거의 100% 남아 있는 비타민 B_{12}가 전자레인지에서 6분 가열하면 거의 절반으로 줄어듭니다. 간편하게 가열할 수 있지만 영양소 손실은 큽니다.

COLUMN 유당불내증은 개선할 수 있을지도?

배가 부글부글한 것은 알레르기와는 다른 반응

우유를 마시면 배가 부글부글한 증상은 유당 소화 능력이 약하기 때문이라고 여겨지지만, 찬 우유를 한꺼번에 벌컥벌컥 마시는 방식이 원인일 수도 있습니다. 12주간 계속 소량씩 마셨더니 증상이 개선되었다는 연구 보고가 있습니다. 우유만 마셔도 배가 아파 고민이라면 천천히 조금씩 마시는 방법을 시도해 보세요.

우유의 영양소 흡수 요령

최신 과학에서 발견! 착각하고 있던 의외의 잘못된 조합

칼슘 흡수를 방해하는 것들

우유는 영양소가 풍부하지만 어떤 식품과 같이 먹느냐에 따라 영양 손실이 커질 수도 있습니다. 우유에 함유된 칼슘은 체내 흡수율이 높은데, 흡수를 방해하는 성분과 함께 섭취하면 흡수율이 대폭 줄어들거나 아예 흡수하지 못하게 됩니다. 흡수를 방해하는 영양소로는 '인', '수산', '피틴산', '타닌'이 있습니다. 또 카페인은 이뇨 작용으로 칼슘을 체외로 배출해 버리니 너무 많이 섭취하지 않도록 주의하세요.

우유 × 초콜릿

초콜릿에 든 수산은 칼슘 흡수를 억제합니다. 코코아나 슈퍼 푸드로 알려진 치아시드에도 수산이 풍부하므로 주의하세요. 시금치나 죽순에도 수산이 많지만 가열하면 줄어듭니다.

우유 × 햄·소시지

햄이나 소시지 등 가공식품에 함유된 인도 칼슘 흡수를 억제하는 성분입니다. 인은 인스턴트 식품이나 스낵류에도 많이 들어 있습니다. 인은 필수 영양소이지만 과다 섭취하면 간 기능이 떨어질 수 있습니다.

우유 × 녹차

녹차에 든 타닌은 우유 단백질인 카제인과 결합하면 단백질의 체내 흡수를 방해합니다. 또 카페인의 이뇨 작용으로 칼슘이 흡수되기 전에 배출됩니다.

COLUMN

우유로 근육량 유지

우유는 건강한 다이어트의 지원군

우유는 지방이 들어 있어서 마시면 살찐다고 생각하는 사람도 많습니다. 다이어트할 때 우유를 하루에 1컵씩 마시는 사람과 그렇지 않은 사람을 비교한 경우, 우유를 마신 사람은 근육량이 늘고 대사량이 증가하여 체지방을 더 줄일 수 있었다는 결과가 보고되었습니다. 다이어트할 때 섭취 칼로리를 줄이면 뼈나 근육량이 감소하는 문제가 있는데, 우유를 마시면 이를 해결하는 데 도움이 됩니다.

다이어트에 의한 체지방, 근육, 골밀도의 변화

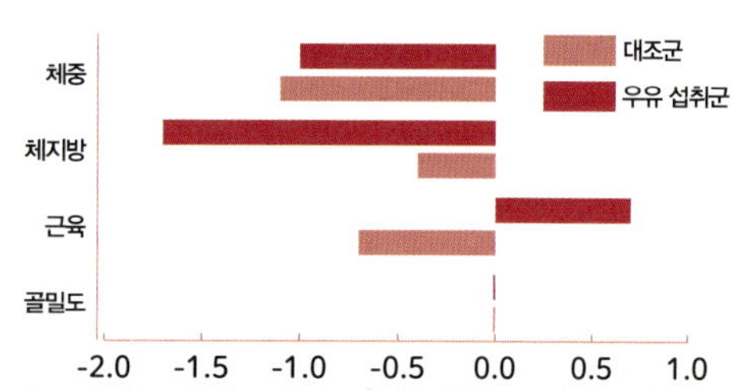

출처: 히로타 다카코 '우유 다이어트는 체지방을 줄일까?' 미디어밀크 세미나 강연 https://www.j-milk.jp/knowledge/nutrition/hn0mvm0000005thb.html

우유 조리 꿀팁

비타민 D와 함께 섭취하는 것을 추천해요

우유의 칼슘을 효과적으로 섭취하려면 칼슘의 흡수율을 높이는 비타민 D와 함께 먹는 것이 가장 좋습니다. 비타민 D는 연어 등의 생선류나 잎새버섯 등에 풍부하게 들어 있으므로 우유로 만든 소스를 뿌리거나 우유를 넣은 오믈렛 등의 속재료로 사용해 보세요.

영양소를 꽉 잡는 보관법

우유의 비타민 B_2는 3시간 방치하면 70% 감소

우유에 든 비타민 B_2는 에너지 대사를 돕고 피부를 건강하게 하는 효과를 가진 성분입니다. 비타민 B_2는 열에는 강하지만 빛에는 약해서 빛이 닿는 장소에 두면 손실됩니다. 빛을 막아주는 종이팩에 든 우유도 3시간 정도 그냥 두면 비타민 B_2가 70% 감소합니다. 우유를 보관할 때는 잠깐이라도 빛이 닿지 않는 곳에 두세요.

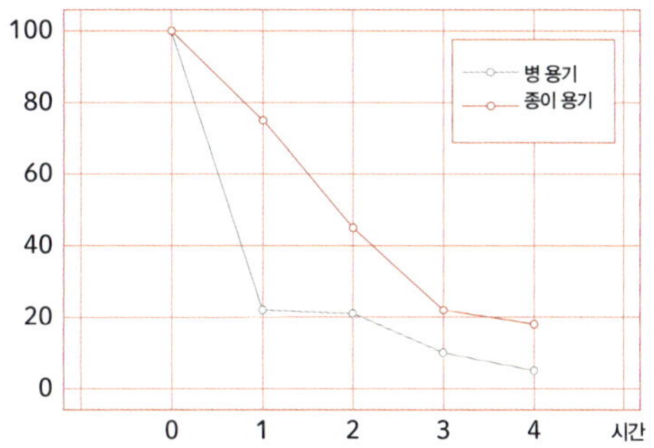

출처: 하야시 미키코, 사토 마사코 '우유의 비타민 B_2에 관한 연구' 1973, 가고시마대학 교육학부 연구 정기 간행물 제24권, P40-49

소화 흡수로 고른다면 저온 살균&비균질 우유

현재 일본에서 유통되는 우유의 약 90%는 120~150℃에서 고온 살균한 것입니다. 이 우유는 생산 효율이 높고 저렴하지만 유익한 성분도 사멸되고 단백질도 열에 의해 변성되는 단점이 있습니다. 그래서 주목받는 것이 63~72℃의 저온에서 살균한 우유입니다. 저온 살균 우유는 생우유에 비해 소화가 쉬운 것이 특징입니다. 또 일반 우유는 우유의 지방 입자를 작게 쪼개는 과정을 통해 균질화되어 있는데, 이 과정을 거치지 않은 것을 비균질 우유라고 합니다. 이 우유는 우유 본연의 맛이 살아 있고 소화 흡수력이 높기 때문에 체질적으로 우유가 맞지 않는 사람도 부담 없이 편하게 마실 수 있습니다.

COLUMN

칼슘을 효과적으로 섭취하려면 '밤'에 마셔요!

뼈 건강은 밤에 만들어져요

우유는 마시는 시간에 따라 얻을 수 있는 효과가 달라집니다. 칼슘은 밤에 뼈로 이동하기 때문에 뼈 건강을 생각한다면 우유는 밤에 마시는 것이 좋습니다. 밤에 마시는 우유에는 하루의 피로를 해소하는 효과도 기대할 수 있습니다. 아침에 마시면 수면의 질을 높이는 데에 도움이 되고, 운동 후에 섭취하면 근육의 피로를 회복하는 효과가 있습니다.

치즈 Cheese

운동 직후에 먹으면 근력이 8% 증가

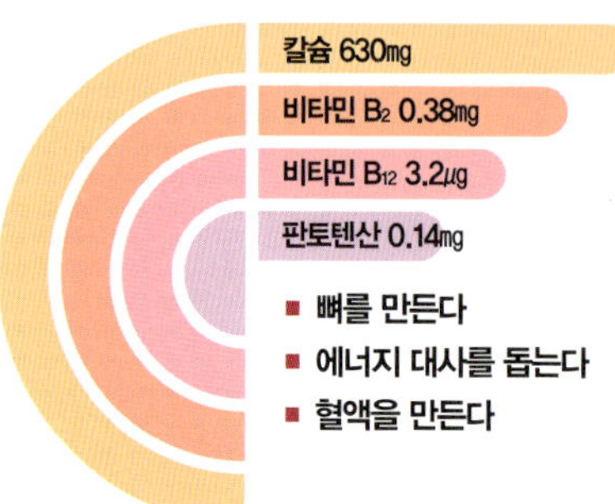

성인병 예방에도 기대가 커요

운동 직후에 단백질을 섭취하면 근력을 효율적으로 올릴 수 있는데, 가장 간단한 방법은 치즈나 요거트를 섭취하는 것입니다. 이 습관을 계속 이어 나갔더니 근력은 8% 증가하고 성인병으로 이어지는 염증 반응도 억제되었다는 연구 결과가 있습니다.

치즈의 칼슘량은?

100g의 치즈를 만드는 데 약 10~14배나 되는 우유가 사용됩니다. 우유의 수분을 제거하여 만들기 때문에 특히 파르메산치즈처럼 수분이 적고 단단한 것일수록 칼슘이나 단백질이 풍부합니다. 수분과 함께 유당도 제거되기 때문에 유당불내증인 사람은 치즈로 칼슘을 섭취하면 좋습니다.

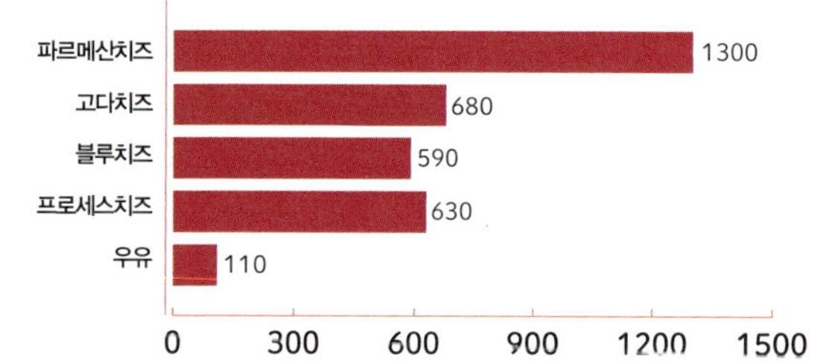

•파르메산치즈•

칼슘 함량 No.1

영양이 응축되어 있어서 치즈 중에서 칼슘이 가장 많습니다. 그 양은 우유의 10배 이상으로, 일반적인 프로세스치즈의 거의 2배입니다. 하지만 염분도 많기 때문에 한 번에 너무 많이 먹지 않도록 주의하세요.

•모차렐라치즈•

염분을 줄일 때 골라요

유산균을 넣어 우유를 굳힌 후 숙성시키지 않고 먹는 생치즈의 일종입니다. 칼슘은 우유의 약 3배이며 비타민 A도 치즈 중에서는 비교적 많습니다. 가열하면 유산균은 사멸하지만 다른 영양소는 별로 바뀌지 않습니다.

•프로세스치즈•

가벼운 식감으로 쉬운 사용

수분이 적은 자연치즈를 가열하여 녹이고 모양을 만든 것입니다. 자연치즈는 유산균의 작용으로 숙성되는 경우가 있는데, 프로세스치즈는 가열했기 때문에 맛의 변화가 없고 보관하기 쉬운 것이 특징입니다.

COLUMN 카망베르치즈로 치매 예방?

치매 예방 성분이 6% 상승

경도의 치매 증상이 있는 피험자가 카망베르치즈를 하루에 2개씩 섭취했더니 치매 예방 효과가 기대되는 단백질인 뇌유래신경영양인자(BDNF)가 약 6% 증가했다는 실험 결과가 있습니다. 치매 예방에 도움이 된다는 레드와인과 함께 먹으면 뇌 기능 유지 효과를 기대할 수 있을 것입니다.

영양 듬뿍 식재료 조합법

치즈의 카제인으로 콜레스테롤 수치가 낮아져요

치즈에는 우유에서 공급된 양질의 단백질인 카제인이 풍부합니다. 카제인은 콜레스테롤 수치를 낮추는 효과가 있다고 합니다. 자연치즈의 일종인 체다치즈를 6주간 섭취했더니 콜레스테롤 수치가 대폭 감소했다는 연구 결과도 있습니다. 치즈를 적당량 섭취하는 것은 건강 유지에 도움이 됩니다.

6주간의 치즈 섭취에 따른 혈중 총 콜레스테롤 농도

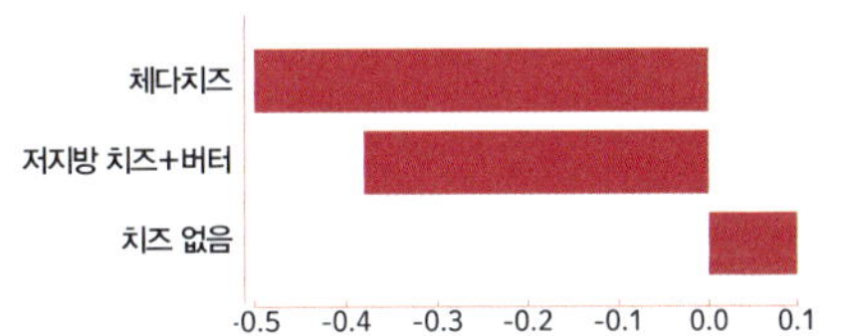

출처: Emma Feeney, et al, "Dairy matrix effects: reponse to consumption of dairy fat differs when eaten within the cheese matrix–a randomized controlled trial"(2018), The American Journal of Clinical Nutrition, 108(4), P667–674

•크림치즈•

흡수가 잘 되는 유지방이 풍부

생크림을 원료로 만들어진 생치즈로, 지방은 많지만 체내 흡수율이 높은 것이 특징입니다. 또 지방 대사를 촉진하는 비타민 B인 판토텐산도 많이 들어 있습니다.

•슈레드치즈•

자연치즈를 잘게 자른 것

토스트나 피자 등에 사용되는 슈레드치즈는 고다치즈나 체다치즈, 모차렐라치즈 등 자연치즈를 섞어 잘게 자른 것입니다. 가열했을 때 늘어나는 것은 단백질(카제인)이 결합되었기 때문입니다.

면역력을 높이려면 밤에 먹어요

프로세스치즈나 카망베르치즈에는 면역력을 높이는 아연이 풍부하게 들어 있습니다. 아연은 수면 중에 감소하는 성분으로, 밤에 섭취하면 호르몬 분비를 도와줍니다. 아연은 알코올 분해 효소도 활성화시키므로 치즈는 술안주로 제격입니다.

요거트 Yogurt

40°C에서 유산균의 흡수율 UP!

유산균은 사람의 체온과 비슷한 온도에서 가장 활성화돼요

유산균을 이용하여 우유를 발효시킨 요거트는 장내 환경 개선 효과를 비롯하여 영양 효과가 풍부합니다. 요거트의 유산균은 사람의 체온과 비슷한 온도에서 활성화되어 흡수력이 높아진다고 합니다. 따뜻한 요거트로 위장을 데우면 대사 증가 효과도 기대할 수 있습니다. 단, 유산균은 50℃에서 사멸하기 시작하므로 그 직전인 40℃ 정도일 때 섭취하는 것이 가장 좋습니다. 전자레인지에서 30~40초 정도 가열하거나 미지근한 물에 타서 적당한 온도로 섭취하세요.

칼슘 흡수율은 나이가 들면서 감소해요

나이가 들면 칼슘 흡수율도 급감합니다. 10대와 비교하면 30대의 흡수율은 60% 정도이며, 그 후에도 서서히 줄어듭니다. 우유를 싫어하는 사람도 칼슘 섭취를 위해 요거트를 매일 먹는 습관을 기르는 것이 좋습니다.

연령별 칼슘 흡수율

흡수율
50
40
30
20
12 15 20 30 50 70 나이
여성
남성
YOGURT

출처: 후생노동성 2010년판 일본인의 식사 섭취 기준 책정 자료

1㎖당 1000만 마리 이상의 유산균이 있어요!

요거트는 영양소가 풍부하지만 가장 주목해야 할 것은 장내 환경을 개선하는 유산균입니다. 요거트는 1㎖당 1000만 마리 이상의 유산균이 들어 있어 변비나 설사를 개선하며 발암 위험을 낮추고 면역력을 높여줍니다.

칼슘과 함께 유산균으로 몸을 건강하게

칼슘은 뼈에, 양질의 단백질은 근육에, 유산균은 장에 작용하는 요거트는 우리 몸 건강에 크게 기여하는 영양 식품입니다. 비타민도 C 이외에는 균형 있게 들어 있어서 과일과 함께 먹으면 좋습니다. 유산균은 며칠 지나면 장에서 사라지므로 가능한 한 정기적으로 섭취하세요.

주요 영양 성분×요거트의 효능

- 칼슘 120㎎
- 비타민 B_2 0.14㎎
- 판토텐산 0.49㎎
- 단백질 3.6g
- 유산균 10억 마리

- ■ 뼈를 만든다
- ■ 에너지 대사를 돕는다
- ■ 산화를 방지한다
- ■ 장내 환경을 개선한다

최신 연구에서 알게 된 'EPS 요거트'

최근 요거트 유산균의 면역력 증진 효과가 있는 성분으로 EPS가 주목받고 있습니다. 발효 과정에서 생성되는 다당체(당이 사슬처럼 연결된 것)로, 암세포나 바이러스를 공격하는 NK 세포의 기능을 활성화합니다. 인플루엔자 백신의 효과를 높이는 데에도 도움이 됩니다.

영양 듬뿍 식재료 조합법

올리고당과 식이섬유로 프로바이오틱스 활성화!

프로바이오틱스란 살아 있는 상태로 장에 도달하는 유익균을 말합니다. 장내 유익균의 먹이가 되는 프리바이오틱스와 섭취하면 시너지 효과가 나타나 건강 증진에 도움이 됩니다. 둘 다 섭취하거나 두 가지를 모두 함유한 식품을 '신바이오틱스'라고 합니다.

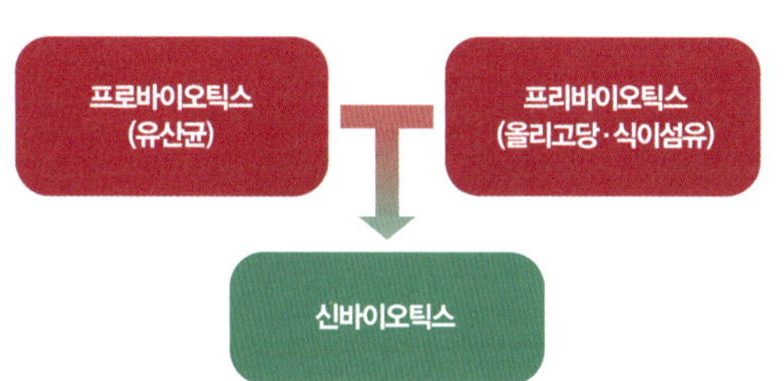

비타민 A의 흡수가 6.5배

EPS 요거트는 지용성인 카로티노이드의 흡수율을 높이는 효과가 있습니다. 녹황색 채소에 많고 체내에서 비타민 A로 작용하는 베타카로틴의 흡수율도 최대 6.5배로 끌어올립니다. 또 보리나 밀의 배아를 더하면 단백질이나 미네랄이 증가합니다.

COLUMN 요거트는 열사병 예방에도 효과적?

운동 후에 요거트를 섭취하면 체온 조절 기능이 향상돼요

운동하고 땀을 낸 후 30분 이내에 요거트 등의 유단백을 섭취하면 혈액량과 함께 체온 조절 기능이 개선된다는 연구 보고가 있습니다. 여름을 이겨내는 몸을 만들 때도 요거트가 도움이 될 것입니다.

젊은 층의 운동 전후 혈장량과 혈장 알부민량의 변화

3300
3200
3100
3000
2900
대조군
유제품 섭취군
운동 전 운동 후

140
130
120
운동 전 운동 후

출처: Kazunobu Okazaki, Masaki Goto, Hiroshi Nose, "Protein and carbohydrate supplementation increses aerobic and thermoregulatory capacities"(2009), The Journal of Physiology, P5585-5590

요거트의 영양소 흡수 요령

채소보다 요거트 먼저

'채소부터' 먹는 것보다 혈당치가 오르지 않아요

혈당치를 낮추기 위해 채소부터 먹는 습관을 가진 사람이 많아졌습니다. p.124에서도 채소보다는 고기를 먼저 먹을 때 더 효과적으로 혈당이 억제된다고 소개했는데, 요거트로도 같은 효과를 얻을 수 있답니다. 요거트를 먼저 먹으면 혈당치를 낮추는 호르몬인 인슐린 분비가 촉진되어 채소부터 먹는 것보다 혈당치의 변동이 완만해지는 것을 알 수 있습니다. 매일 요거트를 섭취하면 당뇨병 위험도 30% 감소한다고 합니다.

이런 고민이라면 이 요거트를 선택하세요!

요거트는 건강에 좋은 성분이 가득하죠. 요즘에는 마트를 둘러보면 여러 가지 기능을 강화한 기능성 요거트가 판매되고 있습니다. 특별히 해결하고 싶은 고민이 있나요? 어떤 성분이 든 요거트를 고르면 좋을지 살펴볼까요?

변비 해소

요거트에는 어떤 종류든 기본적으로 정장 작용이 있지만 변비를 해소하고 싶다면 살아 있는 상태로 장에 도달하는 힘이 강한 비피더스균 'BE80', 올리고당이나 수용성 식이섬유가 함유된 것이 좋습니다.

알레르기 억제

알레르기란 우리 몸의 면역 체계가 과민하게 반응하는 현상입니다. 알레르기를 완화하려면 장내 환경을 바꾸는 것이 중요합니다. 항알레르기 작용을 가진 비피더스균 'BB536', 알레르기 개선 효과와 함께 눈의 피로감도 완화하는 'KW3110' 등을 추천합니다

비만 예방

요거트 중에는 내장 지방을 줄이는 기능이 있는 유산균 '가세리균', 지방을 감소시키는 기능이 기대되는 'MI-2 유산균'이 함유된 것이 있습니다. 혈당치 상승을 억제하는 '난소화성 덱스트린'이 배합된 것도 추천합니다.

면역력 향상

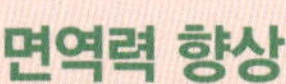

면역력을 높이고 싶다면 인플루엔자 예방에 효과적인 'R-1 유산균'이나 면역 기능을 활성화시키는 '플라즈마 유산균', 면역 기능을 유지하는 'L-92 유산균' 등을 함유한 요거트가 좋습니다

피부 상태 정비

유산균은 피부 미용에도 효과가 있다고 알려져 있습니다. 자외선으로 인한 손상을 줄이는 데에 효과적인 'SC-2 유산균'이 배합된 것이나 피부의 수분을 유지하는 기능을 가진 '콜라겐 펩타이드'가 든 제품도 추천합니다.

요거트의 이모저모 Q&A

요거트의 영양에 대해 다양한 이야기가 있지만
'그래서 뭐가 맞는 거야?'라는 생각도 들지 않나요?
여기서는 요거트에 관련된 궁금증을 해결해 드립니다.

Q.1

살아 있는 상태로 장에 도달한다는 것은 무엇인가요?

비피더스균의 절반은 위산 등으로 사멸합니다.

유익균으로 작용하는 유산균이나 비피더스균은 장에 도달하기 전에 위산 등으로 인해 사멸하는 경우가 있습니다. 사멸한 균도 프리바이오틱스(p.141)로 작용하지만, 정장 작용이 더 높은 것은 살아 있는 상태로 장에 도달해서 작용하는 '프로바이오틱스'입니다. 프로바이오틱스가 든 요거트는 특정 보건용 식품이나 기능성 표시 식품으로 지정되어 있습니다.

Q.2

요거트는 누구에게나 효과가 있나요?

10일간 먹고 체크해 보세요!

요거트에 들어 있는 유산균은 350~400종류가 있어서 10일~2주 정도 계속 먹어봐야 본인의 장내 환경에 맞는지 알 수 있습니다. 배변 활동이 좋아졌다, 배변 상태가 좋아졌다 등의 효과가 나타나면 계속 먹는 것이 좋습니다. 반대로 계속 먹어도 별로 변화가 없다면 다른 요거트를 섭취해 보세요.

Q.3

요거트의 효과를 높이는 조합은?

바나나, 올리고당 GOOD!

요거트가 건강에 이로운 건 사실이지만 설탕이나 잼 등을 많이 넣으면 당질이 높아집니다. 단맛을 원한다면 프리바이오틱스인 바나나, 올리고당 등을 넣어 보세요. 장내 유익균을 늘려주는 이상적인 조합입니다. 또 자고 일어나면 몸은 산성화되어 유산균이 사멸하기 쉬운데 요거트+바나나 조합은 아침에 먹으면 좋습니다.

PART 3

껍질

불포화지방산이 50%나!

불포화지방산에 속하는 오메가3 지방산이며 필수 지방인 DHA·EPA. 이 성분들은 생선의 지방에 들어 있으므로 껍질이나 혈합육을 버리면 영양소의 최대 80%가 사라져 버립니다.

머리·뼈

칼슘과 콜라겐이 풍부

생선 뼈나 머리에는 칼슘뿐 아니라 피부와 혈관을 건강하게 하는 콜라겐이 풍부합니다. 또 머리에는 DHA·EPA, 눈 주위에는 DHA가 많이 들어 있습니다.

먹는 부위에 따라 하늘과 땅 차이

어패류 100% 활용법

생선은 고기처럼 단백질 공급원이며 불포화지방산인 DHA·EPA의 귀중한 섭취원이지만, 한편으로는 영양소가 쉽게 손실될 수도 있습니다. 몸에 필요한 성분을 손실 없이 얻는 방법을 확인해 보세요.

혈합육(붉은살 부분)

철분은 전체의 90%

혈합육이란 생선의 등과 배 사이에 있는 근육으로, 장시간 운동을 가능하게 하는 부위입니다. 혈액이 고여 있어서 색이 검붉고 독특한 풍미가 있지만, 심각한 철분 부족이 문제가 되는 요즘에 적극적으로 섭취해야 하는 부위입니다.

내장

비타민 A와 D가 80%

생선 내장에는 비타민 A, D가 풍부하며 전체의 약 80%가 들어 있습니다. 하지만 꽁치, 은어, 빙어 이외에는 기본적으로 먹을 수 없습니다. 작은 생선 등을 뼈째 먹어 생선의 영양소를 고스란히 섭취해 보세요.

생선의 영양소는 어디에 좋을까?

DHA · EPA

어류의 DHA·EPA는 뇌와 신경 기능을 높이는 작용이 있습니다. 또한 EPA는 혈전을 예방하여 혈액 순환을 좋게 하는 효과를 기대할 수 있습니다.

비타민 B군

생선에는 비타민 B군, 특히 당질의 에너지 대사를 돕는 비타민 B_1, 지방의 에너지 대사를 돕는 비타민 B_2가 풍부합니다.

비타민 D

현대인에게 심각하게 부족한 비타민 D. 생선에는 이 비타민 D가 많고, 특히 연어나 고등어에 풍부합니다. 생선 뼈를 효과적으로 활용하여 섭취하세요.

칼슘

정어리나 전갱이 등의 등푸른 생선이나 멸치 등의 작은 생선에 풍부한 칼슘. 건조하면 칼슘이 70배나 증가하는 경우가 있습니다.

생선

집에 와서 '10분간'이 감소와 증가의 갈림길

생선의 영양소를 남김없이 섭취하려면 구입 후 보관에 신경 써야 합니다.
영양소 손실도 적고 보관 기간도 길어지는 냉동 보관을 추천합니다.

'날생선이 최고'가 아니라고?!

1995년부터 실시된 일본인의 단백질 섭취 조사에 따르면 생선 섭취량은 60% 가까이 감소했으며, 생선 특유의 DHA·EPA의 감소가 우려되고 있습니다. 생선 단백질은 육류에 비해 소화 흡수도 좋고 필수 영양소도 많습니다.

날생선의 경우, 그날 먹을 만큼만 냉장 보관하고 나머지는 냉동하는 것이 기본인데, '냉동한 생선은 맛없다', '해동이 잘 되지 않는다'는 이유로 생선을 피하는 것도 생선 섭취량 감소의 한 원인인 것 같습니다. 하지만 냉동은 맛있는 상태를 더 오래 유지할 수 있는 믿음직한 보관법입니다. 한편으로는 생선을 냉동하면 단백질이 산화되는 것도 사실입니다. 따라서 생선을 효율적으로 먹기 위해 현명한 냉동 보관법이 필수입니다.

그 포인트는 '소금'이나 '다시마'를 넣는 것입니다. 소금이나 다시마가 생선류의 수분을 꽉 잡기 때문에 잘 상하지 않고, 글루타민산을 증가시키는 효과도 있습니다. 글루타민산은 감칠맛의 근원이 될 뿐 아니라 피로를 해소하거나 면역력을 높이는 효능도 있습니다. 소금을 사용한 경우에는 글루타민산이 약 2~3배로, 다시마를 사용한 경우에는 30배 이상으로 증가했다는 연구 보고도 있습니다. 냉동 보관하기 전 조금만 수고를 들이면 영양소도, 감칠맛도 증가한답니다.

또 어패류는 그냥 냉동하는 것만으로도 영양가가 높아지는 경우도 있습니다. 새우에 함유된 성분 중 피로 해소 효과가 있는 타우린은 나흘간 냉동하면 1.14배로 증가합니다. 또 간 기능 개선 효과가 있는 바지락의 오르니틴은 냉동으로 8배나 증가한다고 합니다. 생선은 '남으면 냉동한다'가 아니라 사오면 바로 냉동하는 습관을 들여서 생선을 더 편리하고 효율적으로 섭취하고, 건강한 식생활을 목표로 합시다.

다시마 숙성

글루타민산 30배

냉동 4일

타우린 1.14배

규칙 1 급속 냉동으로 변질 방지

생선의 냉동 포인트는 -5~-1℃의 온도대를 최대한 단시간에 통과시키는 것입니다. 이 온도대에서는 물 분자가 큰 얼음 결정을 만들어내기 때문에 생선 조직이 얼음에 압박되어 손상될 수 있습니다. 조직이 파괴되면 효소 등도 변질되고, 해동할 때 나오는 수분으로 인해 영양소가 손실되어 버립니다. 얼음 결정을 작게 만들기 위해서는 생선에 보냉제를 올려 신속하게 식히거나 열 전도성이 높은 알루미늄 접시에 생선을 올려 냉동실의 냉기가 더 빨리 전해지도록 하면 됩니다.

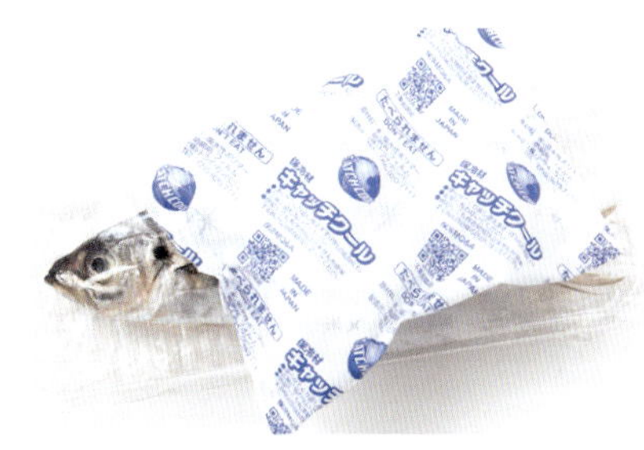

규칙 2 수분=영양소 유출을 해동으로 방지

생선 해동법은 무엇이 정답인지 헷갈리지만, 해동했을 때 수분이 나와버리면 영양소도 함께 유출됩니다. 수분을 적게, 또 생선살이 변질되지 않게 하려면 가능한 한 낮은 온도에서 해동하여 세포벽의 손상을 줄이는 것이 중요합니다. 가장 낮은 온도에서 해동하는 방법은 얼음물에 담그는 것입니다. 녹기 시작하는 온도인 1℃ 전후를 유지할 수 있기 때문에 수분이 적게 나옵니다. 수분이 가장 많이 나오는 것은 상온 해동입니다. 시간도 오래 걸리고 상할 가능성이 높으니 주의하세요.

얼음물 해동

볼에 얼음과 물을 넣고 생선이 담긴 지퍼백째 해동합니다. 물은 공기보다 열전도성이 좋기 때문에 1시간 정도면 해동 가능합니다.

냉장고 해동

생선을 냉동고에서 냉장고로 옮기고 5~6시간 동안 천천히 해동하면 수분이 별로 나오지 않고 맛도 잘 변하지 않습니다.

전자레인지 해동

전자레인지의 해동 모드를 사용하면 재빨리 해동할 수 있지만 골고루 해동되지 않을 수 있으니 전자레인지를 사용한다면 30~40초씩 돌리면서 뒤집거나 방향을 바꿔주세요.

상온 해동

빨리 해동될 것 같지만 얼음물 해동보다 시간이 오래 걸리고, 상온에 계속 꺼내두면 세균이 생길 수 있으므로 피하는 것이 좋습니다.

규칙 3 붉은살생선은 '따뜻한 소금물' 해동으로!

참치나 가다랑어 등의 붉은살생선을 해동할 때 생선살이 검게 변해버린 경험을 해본 적 있지 않나요? 이것은 붉은살생선에 함유된 미오글로빈이라는 색소가 산화로 변색되었기 때문입니다. 미오글로빈의 산화는 -5~0℃의 낮은 온도에서 일어납니다. 37℃의 따뜻한 물에서 해동하면 이 온도대를 재빨리 빠져나갈 수 있습니다. 수분이 나오지 않도록 37℃의 따뜻한 물에 바닷물 정도의 소금(3%)을 넣어 녹이고 그 안에 생선을 넣어 표면이 조금 부드러워질 때까지 30초~1분 정도 문질러 씻습니다.

'육질' 체크! 영양소를 파괴하지 않아요!

생선은 육질에 따라 조리법이 달라지므로 붉은살생선과 흰살생선 각각의 특징을 잘 알아두어야 합니다. 영양소를 지킬 수 있는 요령을 알아볼까요?

생선의 육질에는 세 가지 타입이 있어요

생선은 근육 구조와 단백질 종류에 따라 세 가지로 나뉘고 그 비율로 조리법이 달라집니다. 대표적인 흰살생선인 광어, 홍살치, 농어 등은 근막과 세포막이 콜라겐이나 엘라스틴으로 되어 있어 소화하기 쉽습니다. 또 가다랑어, 고등어, 참치 등의 붉은살생선은 혈합육의 힘줄이 있으며 감칠맛이 있고 여러 종류의 단백질이 구상 구조로 되어 있습니다. 미오신 등의 근원섬유 단백질이 함유된 생선에는 도미, 광어, 대구 등이 있으며, 이 타입은 소금에 잘 녹는 것이 특징입니다.

단백질의 특징을 살펴요

흰살생선은 육기질 단백질로 되어 있고 콜라겐이 많으므로 가열 온도에 주의해야 합니다. 근형질 단백질이 함유된 생선은 수용성이므로 물에 닿는 조리법을 사용하면 영양소가 쉽게 손실됩니다.

	형상	가열하면	구조상의 특징	특징	종류	손질법
육기질 단백질	섬유상	수축한다	콜라겐	녹지 않는다	가자미 홍살치	날생선은 씹는 맛이 없으므로 회에는 부적합
근형질 단백질	구상	단단해진다	미오글로빈 (혈합육의 주요 성분)	물에 녹는다	가다랑어 고등어 참치	수용성이므로 생선 토막을 물에 씻는 것은 피하기
근원섬유 단백질	섬유상	단단해진다 수축한다	아크틴 미오신	소금에 녹는다	대구 광어 도미	소금으로 변성될 수 있으므로 조리할 때 소금 가감에 주의

규칙 2 육질에 따라 가열 온도가 달라져요

생선을 가열할 때 붉은살생선은 40℃, 흰살생선은 65℃ 부근에서 단백질이 응고되기 시작합니다. 더 단단해지기 쉬운 붉은살생선을 가열할 때는 다타키처럼 겉면을 빨리 굽고 단시간 내에 조리하는 것이 좋습니다. 흰살생선은 가열해도 비교적 부드럽지만 살이 수축해서 잘 부서집니다. 생선조림을 할 때는 국물을 먼저 끓인 후 생선을 넣으면 겉면이 단단해지고 단백질이 녹아내리는 것을 방지할 수 있습니다.

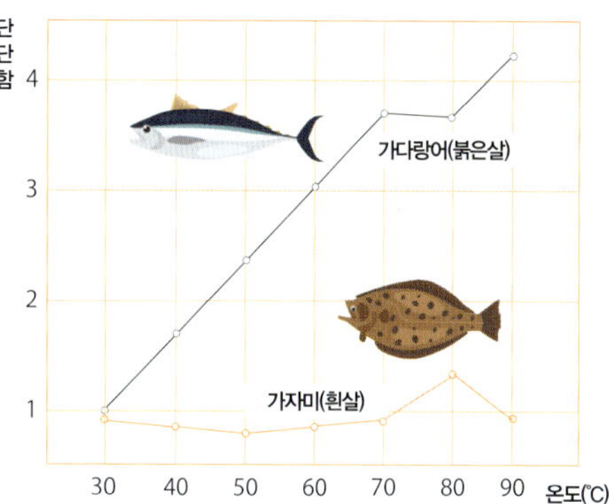

출처: 시모무라 미치코 '생선 조리에 관한 연구' 1997, 일본가정학회지 Vol.48 No.9 P753–762, 아스레시피 '단백질의 특징을 알면 생선 요리가 더 맛있어진다'(2019)

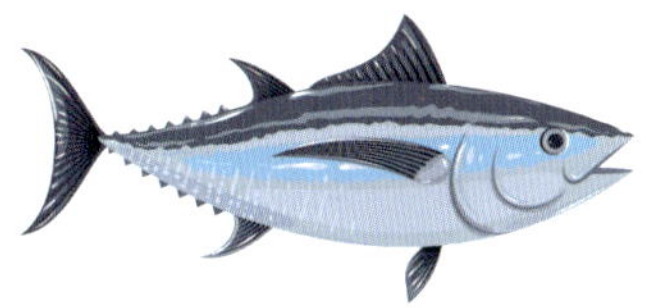

근원섬유 타입

근섬유가 두껍고 육질이 부드러운 것이 특징입니다. 단백질의 비율이 적어서 가열하면 살이 잘 부서집니다. 구울 때는 소금을 뿌리세요.

근형질 타입

수용성으로 55~60℃에서 열변성을 일으킵니다. 70℃ 이상이 되면 근육이 콘크리트처럼 단단해지고 콜라겐도 변성됩니다.

육기질 타입

0.5% 이하의 저농도 소금물에는 녹지 않지만 2% 이상에서는 용해됩니다. 근원섬유 단백질은 40~50℃에서 열변성이 일어납니다.

규칙 3 흰살생선과 붉은살생선은 손질법이 달라요

살이 잘 부서지는 흰살생선은 근섬유를 따라 자르면 부서짐을 방지할 수 있습니다. 반면, 참치 같은 붉은살생선은 근섬유가 단단하기 때문에 근섬유에 수직으로 잘라 먹기 좋게 만드는 것이 포인트입니다. 생선을 자를 때는 칼을 잘 갈아서 사용하세요.

근섬유에 평행하게

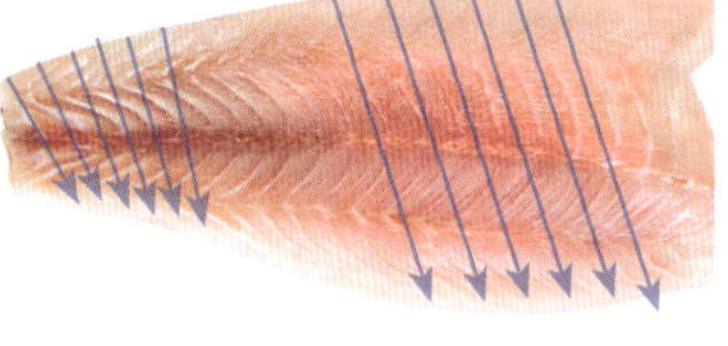

머리 쪽은 A와 같이 평행하게, 꼬리 쪽은 B와 같이 부채꼴로 칼집을 넣습니다.

붉은살생선은 수직으로

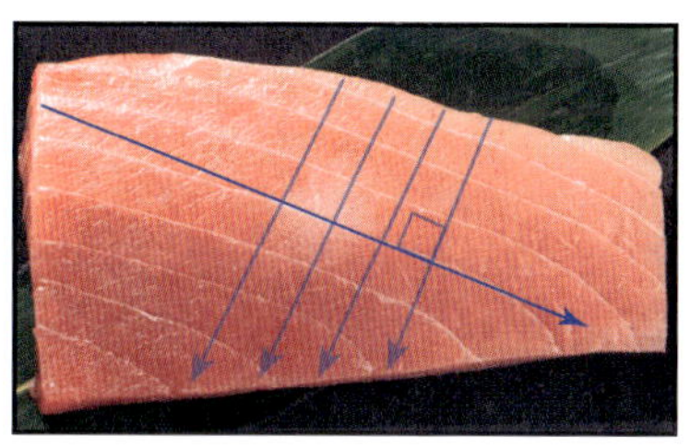

붉은살생선은 근섬유에 수직으로 칼집을 넣어 단단한 근섬유를 끊듯이 자릅니다.

COLUMN 생선의 단백질은 우유의 단백질보다 흡수율이 높아요

흡수율이 높고 압도적인 저칼로리

생선 단백질은 동물성 단백질 중에서도 특히 흡수가 잘 됩니다. 또 생선은 고기·달걀·우유 등 다른 동물성 단백질보다 압도적으로 지방이 적기 때문에 칼로리가 신경 쓰이는 경우라도 생선은 되도록 매일 먹는 것이 좋습니다.

75.2%

참치 Tuna

참치회는 당질 제로, 혈당치를 억제해요

주요 영양 성분×참치의 효능

- 세린 110㎍
- DHA · EPA 120 · 27㎎
- 비타민 A 83㎎
- 비타민 D 5㎍

- 산화를 방지한다
- 뇌를 활성화한다
- 피로 해소를 돕는다
- 뼈를 튼튼하게 한다

식후의 급격한 혈당치 상승을 억제해요

양질의 지방인 DHA·EPA 외에 피로 해소 효과가 있는 타우린과 간 기능을 높이는 세린을 함유한 참치. 철분이나 비타민도 풍부하여 영양적으로도 '생선의 왕'이라고 할 수 있습니다. 참치는 회로 먹으면 당질은 거의 0g이고 식후 혈당치 상승도 억제합니다.

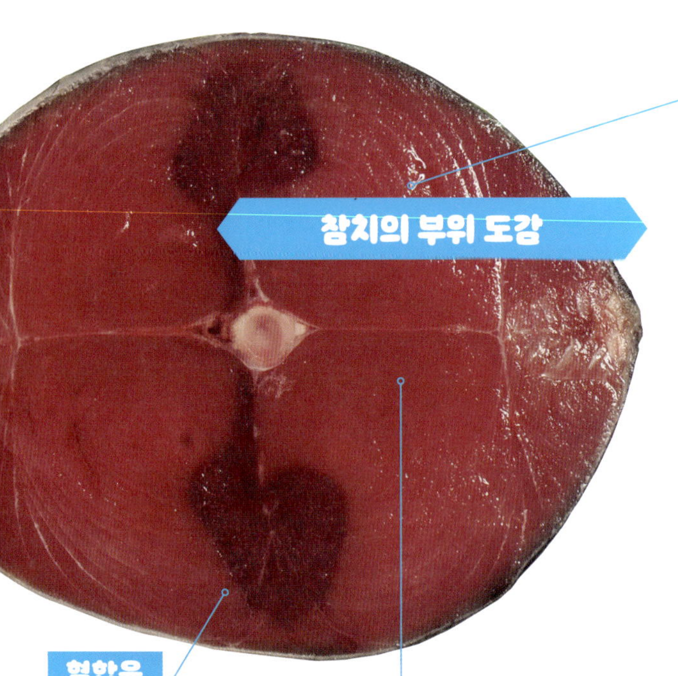

참치의 부위 도감

대뱃살

대뱃살에 EPA가 50배

생선은 부위에 따라 지방 함량이 크게 다른데, 이른바 뱃살 부분의 EPA는 다른 부위보다 50배 많습니다. DHA도 뱃살에 26배 이상 많이 들어 있습니다. DHA·EPA는 쉽게 산화되므로 회로 먹는 것이 좋습니다.

머리&눈

머리의 세포 복구 성분은 꼬리의 2배

참치 머리에는 세포 복구에 도움이 되는 안세린이 꼬리보다 2배 많습니다. 눈에는 동물성 콜라겐보다 흡수율이 높은 콜라겐이 풍부하며, 생강이나 파와 함께 조리하면 냄새가 사라지고 살살 녹는 식감을 즐길 수 있습니다.

혈합육

안세린·철분·타우린 No.1

참치 중에서도 비교적 저렴하게 구입할 수 있는 혈합육에는 피로감을 줄이는 안세린(닭가슴살의 이미다졸펩티드와 같은 성분)과 철분이 풍부하고, 비타민 E의 500배나 되는 항산화력을 가진 세린이 고농도로 함유되어 있습니다.

붉은살

칼로리는 뱃살의 1/3

지방이 적은 참치 붉은살의 칼로리는 뱃살의 1/3입니다. 또 에너지 대사를 촉진하는 비타민 B_1이나 니아신 함량은 뱃살의 1.4~2배로 풍부합니다. 칼로리를 줄이고 대사를 촉진하려면 참치 붉은살이 좋습니다.

조리법에 따른 영양소 변화

혈당치 억제 효과를 원한다면 회로 섭취!

회유어로 오랫동안 헤엄쳐 힘이 넘치는 참치는 모든 부위의 영양가가 높은 생선입니다. 하지만 가열하면 산화되는 성분이 많아서 가능한 한 생으로 섭취하는 것을 권합니다. 식사로만 섭취할 수 있는 불포화지방산도 풍부하니 놓치지 마세요.

생	조리기	굽기	튀기기

	타우린 KEEP	타우린 30% DOWN	오메가3지방산 50% DOWN
생물이라면 회! EPA는 붉은살의 51배 참치는 회로 먹으면 당질은 거의 0g이고 피로 해소 효과가 있는 타우린, 안세린을 손실 없이 섭취할 수 있습니다. 게다가 회로 섭취할 경우, 붉은살보다 51배나 많은 EPA를 섭취할 수 있습니다.	**조림은 영양가 유지** 참치의 타우린이나 안세린, 세린은 가열로는 잘 파괴되지 않아 조림 요리에서도 유지됩니다. 단, 타우린이나 EPA·DHA는 녹아내리기 때문에 국물째 먹을 수 있는 조리법이 좋습니다.	**지방과 함께 유출** 타우린은 열에는 강하지만 구웠을 때 빠져나가는 지방에 들어 있기 때문에 구우면 약 30%가 사라집니다. 구울 때 DHA·EPA도 20%가 빠져나갑니다.	**튀기면 지방이 절반으로 감소** 생선은 튀길 때 DHA·EPA가 다량 손실됩니다. 고온 가열의 산화로 인해 50% 가까이 사라집니다.

Seafood point

생선의 왕, 지방도 최고!

꼬리

히스티딘, 안세린은 전체의 20%

뱃살과 마찬가지로 근육질 부위인 꼬리는 구우면 스테이크 같은 맛이 납니다. 근육에 든 안세린과 함께 지방 대사를 돕는 히스티딘이 다른 부위보다 3배 많고 참치 전체의 20%나 됩니다.

볼살

DHA·EPA는 붉은살의 5배

근육질로 포만감이 있는 참치의 볼살은 구우면 고기 같은 맛을 즐길 수 있는 부위입니다. DHA·EPA도 풍부한데 특히 DHA는 붉은살의 1.7배입니다. 또 타우린도 꼬리의 80%나 되는 양이 들어 있습니다. 희소한 부위이므로 발견하면 꼭 구입하세요.

영양을 지키는 유용한 손질법

살이 부서지면 영양소가 유출!

가열할 때 살이 부서지면 영양소도 손실됩니다. 근육질인 참치는 가열하면 근섬유가 수축하고 수분과 함께 영양소도 빠져나갑니다. 근섬유는 낮은 온도에서 줄어들기 쉬우므로 끓일 때는 먼저 끓인 조림 국물에 생선을 넣고, 구울 때는 그릴이나 프라이팬을 미리 충분히 데우세요.

고등어 Mackerel

구우면 비타민 D의 흡수율이 2배

주요 영양 성분×고등어의 효능

- DHA · EPA 970 · 670mg
- 타우린 170mg
- 비타민 D 5.1μg
- 철 1.2mg

- 산화를 방지한다
- 피로 해소를 돕는다
- 뼈를 튼튼하게 한다
- 빈혈을 예방한다

지용성 비타민의 흡수율을 높여요

고등어는 영양가 높은 식품으로 인기 있지만 신선도가 쉽게 떨어지고 아니사키스나 히스타민에 의한 식중독 위험도 있어 가열해서 먹어야 합니다. 고등어에 든 비타민 D나 비타민 E 등 지용성 성분은 구우면 흡수율이 올라갑니다.

머리

머리의 철분은 1.3배

고등어 머리 부분의 영양소는 몸통과 같으며, 철분은 1.3배 들어 있습니다. 머리 부분만 구입하기는 어렵지만 통조림을 이용하면 머리를 포함한 고등어 전체의 영양소를 섭취할 수 있습니다.

조리법에 따른 영양소 변화

DHA·EPA는 조림, 비타민 D는 구이

고등어는 생으로 먹을 때 주의가 필요한 생선입니다. 가열하면 비타민 B군은 감소하지만 지용성 비타민 D가 풍부하므로 기름을 사용해서 가열 조리하는 것을 추천합니다.

생

신선도에 주의!

생고등어는 풍부한 영양소를 유지할 수 있지만 쉽게 상하기 때문에 회로 먹을 때는 주의해야 합니다. 생으로 먹는다면, 식초를 더해보세요. 지방의 건강 효과와 더불어 혈액 순환 효과도 얻을 수 있습니다.

조리기

비타민 B군

30% DOWN

조린다면 생강 첨가

조리면 고등어의 비타민 B군은 30% 정도가 손실되지만 단백질은 최대로 유지됩니다. 조림 국물에 생강이나 마늘, 된장을 넣으면 항산화력도 함께 섭취할 수 있습니다.

굽기

비타민 B1

30% DOWN

프라이팬에서 20% 감소

고등어에 열을 가할 때 지방이 빠져나가기 때문에 구우면 비타민 B군이 줄어듭니다. 또 DHA·EPA의 지방도 그릴 구이로 10%, 프라이팬에서 20%가 사라집니다.

볶기

비타민 D

200% UP

기름 조리로 흡수율 UP

기름에 볶으면 수용성 비타민은 빠져나가지만 비타민 D 등 지용성 비타민의 흡수율은 최대 2배로 증가합니다. 올리브유 등 산화하기 어려운 기름으로 조리하는 것을 권합니다.

비타민은 참고등어, 철분은 망치고등어

고등어에는 비타민, 미네랄이 균형 있게 들어 있습니다. 주로 참고등어, 망치고등어가 있는데, 각각의 영양소가 다릅니다. 가을~겨울에 제철을 맞이하는 참고등어는 비타민 B_1이나 비타민 D, 비타민 E가 더 많고, 일 년 내내 구하기 쉬운 망치고등어는 철분이 더 많이 들어 있습니다.

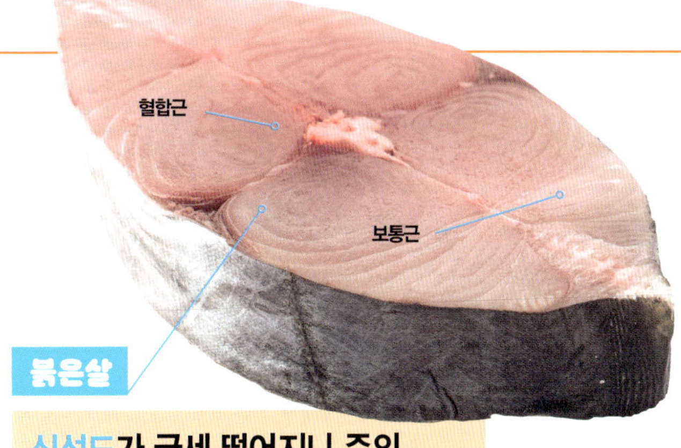

붉은살

신선도가 금세 떨어지니 주의

붉은살은 장거리를 헤엄치는 고등어의 몸에 많고 에너지가 축적되어 있어서 영양가가 높습니다. 또 항산화 작용이 뛰어난 세린도 풍부합니다. 하지만 신선도가 금세 떨어지니 구입 후에는 얼른 '소금을 뿌리고', '식초에 담가' 밑손질을 하는 것이 좋습니다.

Seafood point

혈합육을 살리는 조리로!

고등어의 부위 도감

껍질

껍질에 최대의 DHA·EPA

고등어를 포함한 생선류의 DHA·EPA는 껍질과 그 바로 아래에 가장 많이 함유되어 있습니다. 고등어의 경우에는 혈합육보다 껍질에 2.5배 많은 양이 들어 있습니다. 생선을 구울 때 껍질이 타면 영양소가 손실되니 주의하세요.

혈합육

타우린은 다른 부위의 최대 10배

혈합육 부위가 커서 철분이나 비타민 A, D 등이 풍부한 고등어. 혈합육은 다른 부위보다 타우린 함량도 많으며, 붉은살의 7.9배, 경우에 따라 약 10배나 많아질 수도 있습니다. 철분도 3.6배 들어 있어 건강에 좋은 영양소가 가득합니다.

말차를 첨가하여 산화 대폭 억제!

녹차에 든 카테킨은 항산화력이 높기 때문에 고등어의 DHA·EPA를 산화로부터 지켜줍니다. 또 녹차와 DHA·EPA를 동시에 섭취하면 인지 기능이 높아진다는 실험 결과도 있습니다. 녹차 중에서도 카테킨이 풍부한 말차가루를 넣고 구우면 고등어의 산화를 억제하고 영양소도 더 효과적으로 섭취할 수 있습니다.

영양 듬뿍 식재료 조합법

양질의 단백질이 가득

고등어의 단백질은 흡수율이 좋고 감칠맛도 풍부합니다. 고등어 된장조림은 된장이 고등어 지방의 산화를 막아주는 최고의 레시피입니다. 가자미 등 흰살생선과 달리 고등어의 혈합육에는 골격근보다 콜라겐이 2.3배 더 많아서 미용을 위한 식재료로도 활용할 수 있습니다.

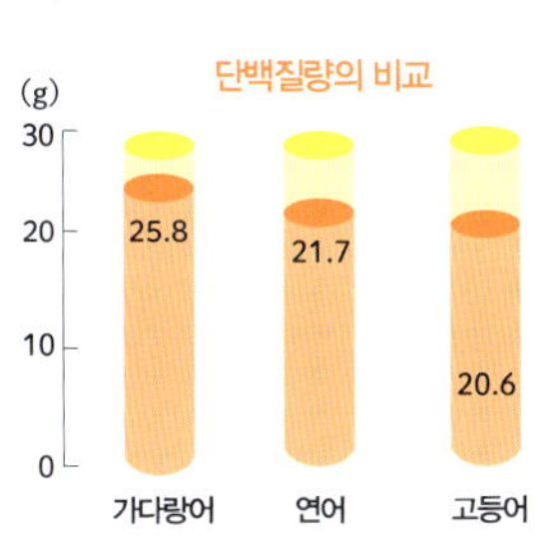

연어 Salmon

머리와 뼈를 버리면 칼슘 90% 손실

칼슘량은 뼈의 유무로 10배 달라져요

연어는 비타민이 풍부하고 항산화력도 높습니다. 우리가 보통 먹는 살 부위만 해도 영양가가 높지만, 칼슘은 대부분 머리나 뼈에 들어 있습니다. 뼈째 먹을 수 있는 연어 통조림과 비교하면 생선살에는 칼슘이 1/10밖에 들어 있지 않습니다. 연어 통조림의 DHA·EPA도 잘 산화되지 않으므로 이 성분들을 섭취하려면 통조림을 먹는 것을 추천합니다. 단, 연어 통조림의 비타민 D는 생물일 때의 1/4이고 비타민 B군도 가열 살균으로 약간 줄어들기 때문에 비타민을 섭취하고 싶다면 생물 연어를 고르세요. 연어 통조림은 재료가 단순한 것이 좋습니다.

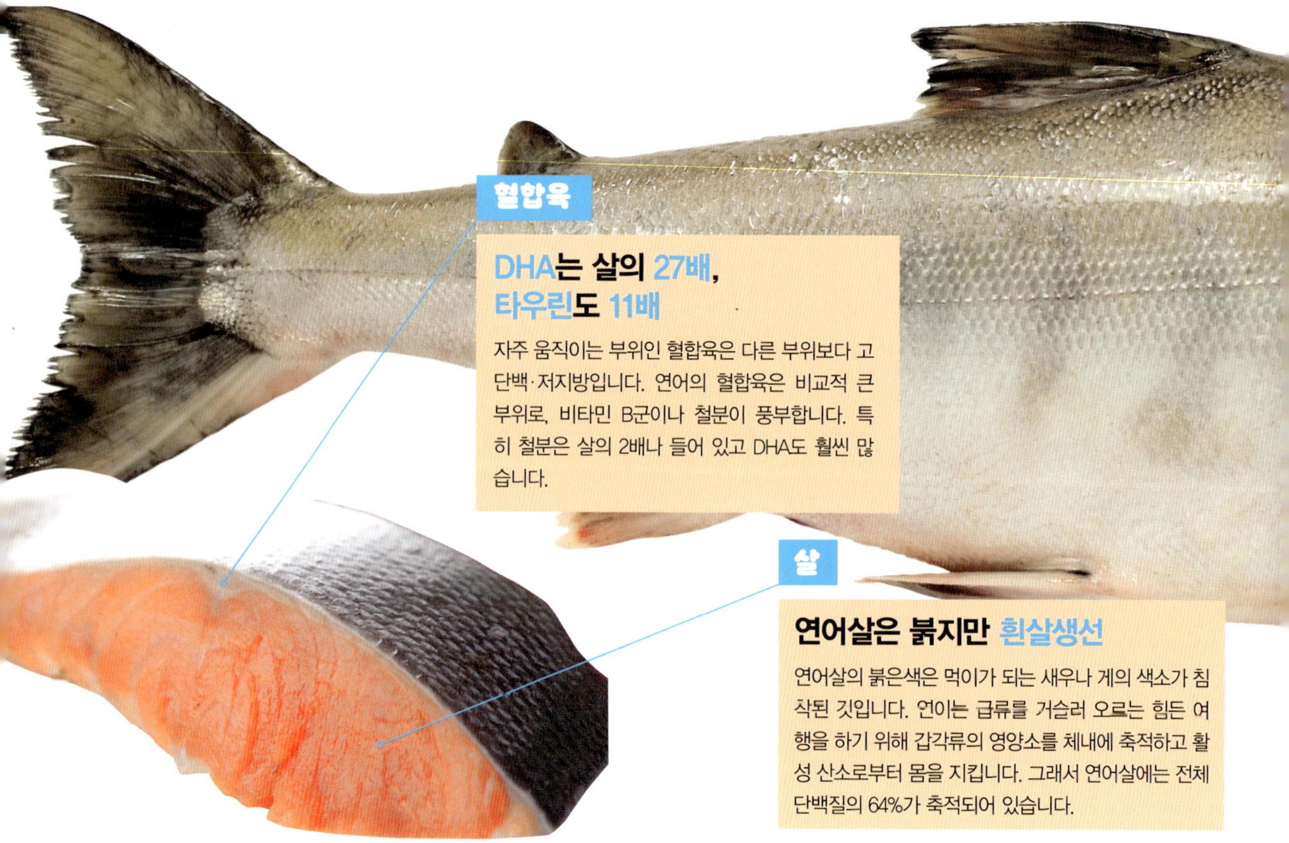

혈합육

DHA는 살의 27배, 타우린도 11배

자주 움직이는 부위인 혈합육은 다른 부위보다 고단백·저지방입니다. 연어의 혈합육은 비교적 큰 부위로, 비타민 B군이나 철분이 풍부합니다. 특히 철분은 살의 2배나 들어 있고 DHA도 훨씬 많습니다.

살

연어살은 붉지만 흰살생선

연어살의 붉은색은 먹이가 되는 새우나 게의 색소가 침착된 것입니다. 연어는 급류를 거슬러 오르는 힘든 여행을 하기 위해 갑각류의 영양소를 체내에 축적하고 활성 산소로부터 몸을 지킵니다. 그래서 연어살에는 전체 단백질의 64%가 축적되어 있습니다.

새로운 성분 프로테오글리칸의 효과는 엄지 척!

연어의 프로테오글리칸은 수분 유지 기능이 뛰어난 성분으로 콜라겐, 히알루론산처럼 미용·건강에 효과적인 기능성 성분입니다. 피부 미용이나 관절 연골의 대사를 돕고 갱년기 증상과 관련된 콜레스테롤 수치를 낮추는 등 다양한 기능을 갖고 있어서 미용 성분으로도 주목받고 있습니다.

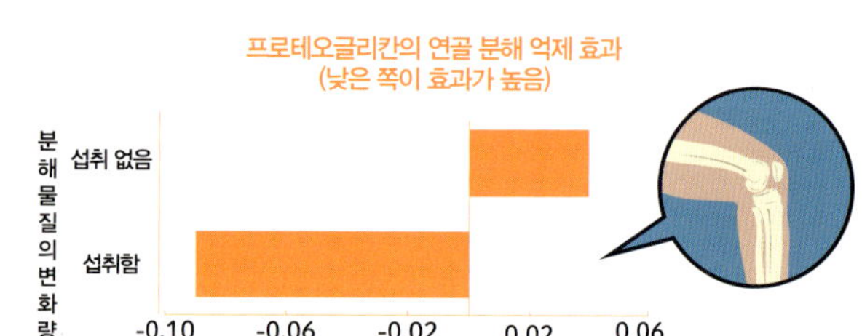

프로테오글리칸은 연골의 분해를 억제하고 연골의 소모를 방지합니다.
실험에서는 섭취한 사람과 그렇지 않은 사람의 억제 효과가 2.7배 차이 났습니다.

연어의 항산화력은 압도적! 비타민 E의 550배

연어의 선명한 붉은살의 성분은 '아스타잔틴'입니다. 그 항산화력은 베타카로틴의 약 40배, 비타민 E의 약 550배입니다. 코의 연골에서 추출되는 프로테오글리칸 등 연어에는 특유의 건강 성분이 가득합니다. 니아신, 비타민 B군, 면역력을 높이는 비타민 D 등 그야말로 영양소의 보고입니다.

주요 영양 성분×연어의 효능

- DHA · EPA 460 · 240mg
- 비타민 B6 11mg
- 비타민 E 32μg
- 아스타잔틴 1.4~3mg
- 프로테오글리칸

- 뇌를 활성화시킨다
- 뼈를 튼튼하게 한다
- 에너지 대사를 돕는다
- 산화를 방지한다
- 피부 노화를 방지한다

껍질

껍질에는 전체의 1/4의 영양가가 있어요

연어 껍질에는 DHA·EPA, 비타민 A나 타우린 등도 전체의 약 1/4이 들어 있습니다. 콜라겐이나 아스타잔틴도 풍부하므로 껍질도 섭취해 주세요. 단, 기름이 많으니 가열 조리 시 너무 타지 않도록 주의해야 합니다.

머리·뼈

머리 부분에 칼슘 90%

귀중한 영양소인 프로테오글리칸은 코의 연골에만 있습니다. 칼슘은 뼈에 90% 들어 있어서 연어 통조림으로도 섭취할 수 있는데, 등뼈만 담은 '등뼈 통조림'이라면 칼슘은 일반 연어 통조림보다 무려 10배나 많습니다.

연어의 부위 도감

Seafood point

연어 통조림이라면 칼슘을 전부 먹을 수 있어요

COLUMN

일본 전통식이 '갱년기'의 구세주로!

연어의 연골을 먹을 수 있는 일본 전통 음식이 있어요

프로테오글리칸이 풍부한 연어의 연골을 구하기는 어려운데, 일본의 북쪽 지방에는 이 부위를 활용한 전통 음식이 있습니다. 연어 머리의 부드러운 연골을 얇게 썰어서 식초 절임으로 만들어 먹는 '히즈나마스'입니다. 쫄깃한 식감을 즐길 수 있으며 주로 설 음식으로 먹습니다.

Salmon

연어의 영양소 흡수 요령

프라이팬으로 조리하면 항산화 성분이 2.5배!

구우면 아스타잔틴의 흡수율이 UP

생선을 가열하면 보통 비타민 B군이 20~30% 사라집니다. 그러나 연어에 밀가루를 묻혀서 프라이팬에서 조리하면 비타민 손실 없이 100% 섭취할 수 있습니다. 또 연어에 든 항산화 물질 아스타잔틴은 지용성이기 때문에 기름과 함께 섭취하면 흡수율이 높아지며, 2.5배 증가했다는 연구 보고도 있습니다. 대부분의 생선은 효율적인 영양소 흡수를 위해 생으로 먹는 것이 좋지만, 연어에 한해서는 프라이팬으로 조리하는 것을 추천합니다.

영양가 MAX '연어 난반즈케'

연어는 굽기 전에 식초에 절이면 가열로 인한 DHA·EPA의 산화를 방지할 수 있고, 또 식초에 10분만 담가도 감칠맛이나 함유된 성분의 효과가 증가합니다. 식초에 절인 연어 토막을 프라이팬에 굽고 양파를 추가하면 식초와 아스타잔틴이 결합된 영양 만점의 난반즈케(일본식 생선조림)가 완성됩니다.

1

연어를 식초에 10~15분 정도 담근 후 물기를 닦아내고 양면에 가볍게 밀가루를 묻힌다. 프라이팬에 올리브유를 두르고 가열한다.

2

온도가 올라간 올리브유에 껍질이 아래로 가게 연어를 넣고 올리브유를 끼얹으면서 튀기듯 구워 완성한다.

조리법에 따른 영양소 변화

연어는 조리 방법에 따라 영양소가 달라진다!

기본적으로 생식할 수 있는 연어는 적고, 우리가 회로 먹는 것은 대부분 수입산입니다. 연어는 영양가가 높아서 가열해도 영양소를 제대로 섭취할 수 있습니다. 다만, 껍질의 유무에 따라 DHA·EPA는 30%나 감소합니다.

생

연어는 기본적으로 생식 NG

바다와 강 양쪽의 먹이를 먹는 자연산 연어에는 기생충이 많아서 생식은 좋지 않습니다. 생으로 먹을 수 있는 것은 양식 연어로, 영양소는 자연산 연어와 거의 같지만 껍질을 제거하기 때문에 비타민 D는 약간 적습니다.

굽기

비타민 B_{12}

30% DOWN

비타민 B군은 30% 감소

그릴에서 구운 경우, 비타민 B_{12}를 비롯한 비타민 B군이 빠져나가 30% 정도가 소실됩니다. DHA·EPA도 10~20%가 빠져나갑니다.

찌기

비타민 B군

KEEP

찐다면 영양소 손실은 적게

찜 조리의 경우 지방이나 비타민 B군은 거의 유지할 수 있습니다. 다만 아스타잔틴의 흡수력을 높이기 위해, 먹을 때 지방을 더하는 것을 권장합니다.

볶기

항산화력

25% UP

흡수력 증가

연어의 항산화 성분 아스타잔틴은 열에 강해서 조리 시 거의 손실되지 않습니다. 지용성이므로 기름을 사용하여 볶으면 비타민 A나 흡수율을 2.5배로 높일 수 있습니다.

튀기기

DHA·EPA

40% DOWN

튀김 조리로 지방이 절반으로

생선을 튀기면 DHA·EPA가 배출되고, 대신에 조리에 사용된 기름이 연어에 스며듭니다. 그래서 DHA·EPA는 절반이 사라지고 비타민류도 40% 이상 줄어듭니다.

전자레인지 조리

비타민 B_{12}

50% DOWN

비타민 B_{12}는 대폭 손실

전자레인지 가열은 온도를 급격하게 올리기 때문에 비타민 B_{12}의 손실이 큰 편입니다. 최대 절반 정도가 사라진다고 생각하고 조리하세요.

조리기

비타민 B군

30% DOWN

비타민 B는 국물에 유출

연어의 비타민 B는 수용성이기 때문에 조림 국물에 빠져나갑니다. 푹 끓인다면 아쿠아파짜(이탈리아식 생선찜)처럼 국물째 먹을 수 있게 조리하세요.

COLUMN

연어의 DHA·EPA를 지키려면 '올리브유'로 조리해요

흡수율 증가를 위한 든든한 지원군

연어의 DHA·EPA는 엑스트라버진 올리브유를 넣으면 가열로 인한 산화를 방지할 수 있습니다. 올리브유의 항산화 성분이 생선의 지방 변화를 억제하고 지방끼리 시너지 효과를 일으켜서 피부나 눈에 좋은 아스타잔틴의 흡수율 증가를 도와줍니다.

정어리 Sardine

정어리의 DHA·EPA가 40% 사라져요

주요 영양 성분×정어리의 효능

- DHA · EPA 870 · 780mg
- 칼슘 74mg
- 비타민 B_2 0.39mg
- 니아신 11mg
- 비타민 D 32μg

- 뇌를 활성화시킨다
- 뼈를 튼튼하게 만든다
- 산화를 방지한다
- 에너지 대사를 돕는다

껍질을 제거하면 DHA·EPA 급감

일본에는 '정어리 100마리는 머리를 좋아지게 하는 약'이라는 말이 있는데, 머리와 껍질을 제거하면 '머리를 좋아지게 하는 약'의 40%를 버리는 셈입니다. 제철 정어리는 기름이 오르고 뇌의 활성 성분인 DHA·EPA도 증가합니다. DHA·EPA는 껍질 아래에 특히 풍부하므로 껍질을 제거하면 약 40%가 손실됩니다.

정어리의 부위 도감

껍질

모든 부위 중 DHA·EPA 최대

정어리의 DHA·EPA는 껍질 아래에 가장 많습니다. 회로 먹을 때 껍질을 벗겨 버리는데, 이렇게 영양이 풍부한 부위를 버리지 마세요. 뼈는 그릴이나 프라이팬에서 구우면 통째로 오독오독 맛있게 먹을 수 있습니다.

내장

전체의 90%가 비타민 A

신선한 정어리는 내장째 먹을 수 있습니다. 살에는 비타민 A가 많지 않지만 내장에는 전체의 90%나 들어 있고 비타민 D, 비타민 B군도 함유되어 있습니다. 내장째 먹는다면 신선할 때 소금구이로 만드는 것을 추천합니다.

머리·뼈

칼슘은 전체의 84%

칼슘이 풍부한 정어리의 머리와 뼈는 다른 생선에 비해 부드럽기 때문에 조림으로 만들면 통째로 먹을 수 있습니다. 정어리에 든 비타민 D가 칼슘의 흡수율을 높이기 때문에 남김없이 섭취하는 것이 좋습니다.

살

혈압을 낮추는 단백질이 전체의 40%

정어리살의 단백질에 함유된 정어리 펩타이드에는 혈압을 낮추는 효과가 있는 바릴티로신이라는 성분이 들어 있습니다. 바릴티로신의 작용은 가열하면 약 2배가 된다고 합니다.

뼈째& 내장째 드세요

Seafood point

조리법에 따른 영양소 변화

정어리는 의외로 열에 강해요

정어리는 살이 부드럽고 잘 부서지는 생선이지만 열에는 비교적 강합니다. 비타민 B군의 손실을 생각하면 회로 먹어야 좋지만, 뼈나 내장에 함유된 영양소를 섭취하기 위해서는 통째로 가열하는 것이 조리도 편하고 좋습니다.

생

DHA · EPA도 100% 섭취 가능

정어리의 풍부한 DHA·EPA를 100% 섭취하려면 역시 회로 먹는 게 가장 좋습니다. 머리와 뼈, 껍질은 따로 구우면 바삭바삭하게 먹을 수 있습니다. 내장은 간 구이나 쌉쌀한 소스로 만들면 좋습니다.

조리기

DHA·EPA

KEEP

조림이라면 영양소는 거의 그대로

다른 생선은 조리면 DHA·EPA가 줄어들지만 정어리는 통째로 조려도 거의 감소하지 않는다는 연구 결과가 나왔습니다. 조릴 때 식초를 넣으면 뼈가 부드러워져서 먹기 편하니 뼈까지 다 드세요.

굽기

DHA·EPA

15% DOWN

굽는 조리의 손실도 적어요

정어리는 구울 때 콜레스테롤 산화물이 증가합니다. 반면, 다른 생선에 비해 DHA·EPA 손실은 적고 정어리 펩타이드의 효과도 높아집니다.

튀기기

비타민 B_1

DHA·EPA

50% DOWN

튀김 조리로는 손실이 커요

정어리를 튀기면 DHA·EPA는 다른 생선처럼 절반으로 급격히 감소합니다. 비타민 B_{12}도 50% 정도 소실됩니다.

흰 참깨로 정어리의 열화를 줄여요

볶은 깨를 넣으면 생선 지방의 산화를 억제할 수 있습니다. 참깨에는 항산화 효과가 높은 세사미놀 등이 들어 있고, 이것이 정어리에 작용하여 산화를 억제해 줍니다. 정어리회에 참깨를 묻히거나 조린 정어리를 참깨에 버무리는 등의 조리법을 이용해 보세요.

영양을 지키는 유용한 손질법

손실 없이 정어리 손질하는 방법

정어리는 살이 부드러워서 쉽게 손질할 수 있습니다. 다소 작은 뼈도 신경 쓰이지 않으니 생선 손질에 익숙하지 않더라도 한번 도전해 보세요. 손질된 정어리를 사는 것보다 통째로 구입하는 것이 뼈나 껍질도 먹을 수 있어 영양 면에서 좋답니다.

1 배에 칼집을 넣어 가른다.

2 내장을 씻고 등뼈를 제거한다.

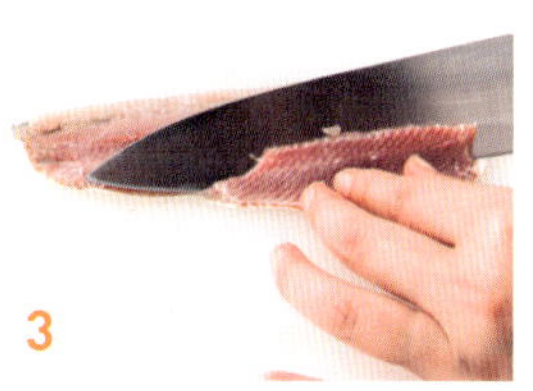

3 좌우의 뱃살뼈를 제거한다.

4 세 토막으로 나눈다.

COLUMN

압력솥 vs 푸드프로세서, 승자는?

압력솥 WIN! 비타민은 마찰로 감소해요

정어리를 통째로 먹기 위해서는 '압력솥으로 부드러워질 때까지 푹 찐다', '푸드프로세서로 갈아 생선 반죽으로 만든다' 등의 방법이 있습니다. 이 중에서 압력솥을 사용하는 것을 추천합니다. 푸드프로세서를 사용하면 마찰로 비타민이 감소하기 때문입니다. 압력솥으로 쪄서 부드러워진 정어리를 손으로 잘게 부수면 식감도 적당하게 남고 포만감도 생긴답니다.

전갱이 Horse Mackerel

뼈를 활용하면 DHA·EPA가 50% 증가

주요 영양 성분×전갱이의 효능

- DHA · EPA 570 · 300mg
- 타우린 66mg
- 비타민 B_1 0.13mg
- 비타민 B_2 0.13mg

- 뇌를 활성화시킨다
- 피로를 해소한다
- 뼈를 튼튼하게 한다

뼈에는 DHA·EPA 외에 칼슘도 있어요

전갱이살은 기름이 적당하고 감칠맛도 있어서 맛있습니다. 전갱이 뼈에는 살과 똑같거나 그 이상의 DHA·EPA가 들어 있고, 칼슘도 살의 절반 정도 들어 있습니다. 버리기에는 아까운 부위입니다.

전갱이의 부위 도감

고혈압&콜레스테롤 감소에 GOOD

전갱이나 고등어, 정어리 같은 등푸른생선은 DHA·EPA가 많고 혈액 순환에 도움을 주는 성분을 함유하고 있습니다. 특히 전갱이는 혈압을 낮추는 칼륨, 혈액 내 콜레스테롤 수치를 낮추는 타우린 등이 고등어보다 풍부합니다. 동맥경화나 혈전 등 성인병 예방에 효과가 있는 식재료입니다.

머리·뼈

DHA·EPA는 전체의 30%

전갱이의 머리 부분이나 뼈에는 DHA·EPA 외에 칼슘 등의 미네랄이 많으며, 그 양은 전체의 30%나 됩니다. 뼈에는 감칠맛도 있으니 버리지 말고 뼈 센베이 등으로 만들어 섭취하세요.

살

흰살과 붉은살 양쪽의 성질을 가져요

갓 낚은 신선한 전갱이의 육질은 도미처럼 흰살생선에 가깝지만, 시간이 지나면서 붉은살생선의 특징을 띱니다. 감칠맛 성분인 이노신산도 시간이 흐르면 1.5배로 증가하여 진한 맛으로 변합니다.

전갱이 뼈는 딱딱해서 그대로는 먹을 수 없지만 가열하면 수분이 빠져 식감이 바삭바삭한 '뼈 센베이'가 됩니다. 프라이팬에 구워도 좋습니다.

조리법에 따른 영양소 변화

장점으로 따져본 전갱이의 추천 조리법은?

영양소를 따져보면 전갱이는 찜 구이로 조리하는 것이 좋습니다. 구우면 니아신을 유지할 수 있고, 찌면 비타민 A, E 등의 지용성 비타민의 손실을 최소한으로 줄일 수 있습니다. 두 가지의 장점을 가진 조리법이 바로 찜 구이입니다.

생

가열하지 않는다면 No.1은 생전갱이

전갱이의 감칠맛과 부드러운 육질을 즐기려면 회나 카르파초 등 생으로 먹는 것이 좋습니다. 올리브유, 레몬의 비타민 C, 된장 등 항산화 성분이 높은 식품과 함께 섭취하면 산화를 줄일 수 있습니다.

굽기

비타민 B군 50% DOWN

구우면 비타민 50% 감소

구운 전갱이는 수분을 유지하지 못하기 때문에 영양소가 빠져나갑니다. 특히 비타민이 많이 손실되는 경향이 있습니다. 가열 조리한다면 빠져나간 비타민도 섭취할 수 있는 국물 요리가 좋습니다.

튀기기

비타민 B군 60% DOWN

튀기면 영양소는 절반 이하

전갱이 요리라고 하면 뭐니 뭐니 해도 생선튀김인데, 튀기면 DHA·EPA가 배출되고 반대로 기름을 흡수하기 때문에 영양 면에서는 좋지 않습니다. 튀길 때 다른 생선보다 영양소가 더 많이 손실되며, 약 60% 정도가 사라진다고 합니다.

영양이 듬뿍 담긴 뼈를 꼭 챙겨드세요

Seafood point

껍질

콜라겐이 풍부한 단백질

전갱이 껍질에는 콜라겐을 함유한 단백질이 풍부합니다. 구우면 적당한 기름과 콜라겐으로 고소해지면서 껍질도 맛있게 먹을 수 있습니다. 먹을 때는 꼬리에 있는 단단한 돌기(방패비늘)를 제거하세요.

전갱이 조리 꿀팁

전갱이의 단백질은 60℃ 구이가 베스트

전갱이의 단백질은 40~50℃로 가열하면 변성됩니다. 60℃ 이상이면 근섬유가 응고하여 단백질 유출이 감소합니다. 하지만 더 가열하면 70℃ 이상에서 콜라겐이 녹아버리기 때문에 60℃ 부근의 적당한 온도에서 재빨리 조리해야 합니다. 생선조림에 청주나 식초를 넣으면 아미노산 유출을 막을 수 있습니다. 또 생선튀김은 튀기는 동안에 생선 지방과 튀김용 기름이 65%나 바뀌니 주의하세요. 생선구이에 허브나 된장을 추가하면 항산화력이 높아집니다.

COLUMN

전갱이의 영양소를 전부 섭취할 수 있는 요리는?

수용성과 지용성이 혼재하는 전갱이, 조미료와 식재료를 살리는 방법이 열쇠!

전갱이에 든 타우린은 혈관 건강에 중요한 역할을 하지만 수용성입니다. 반면, DHA·EPA는 기름에 녹는 지용성입니다. 두 가지의 장점을 살리려면 '전갱이 나메로우'를 추천합니다. 전갱이 살을 다져서 허브, 각종 채소, 된장을 섞은 나메로우는 염분도 적고 가열로 인한 영양소 손실도 없습니다.

가다랑어 Bonito

가다랑어의 혈합육은 다른 부위보다 타우린이 277배

껍질

DHA는 혈합육의 4배

껍질과 살 사이에는 지방이 들어 있으며, 특히 혈합육의 4배나 되는 DHA와 살의 4배인 지방이 함유되어 있습니다. 신선한 가다랑어는 껍질에도 콜라겐이 가득하여 맛있게 먹을 수 있으므로 껍질이 붙은 가다랑어를 구하면 꼭 껍질째 조리하세요.

혈합육

철분 함량은 간과 비슷한 정도, 단백질은 50%

가다랑어의 혈합육에는 영양소가 풍부합니다. 비타민 B_{12}나 철분 함량은 간과 비슷할 정도로 많아 빈혈 예방에도 효과적입니다. 또 혈합육의 단백질도 전체 단백질의 50%나 함유되어 있습니다. 가다랑어는 잠자는 동안에도 계속 헤엄치기 때문에 근육량도 많고 단백질도 양질입니다.

빠르게 헤엄치기 위한 근육이 발달!

붉은살생선인 가다랑어는 빠르게 헤엄치는 데 적합한 근육질의 살을 가지고 있습니다. 혈합근이 발달되어 있고 영양소도 풍부합니다. 철분이나 비타민 B군 등에서 특히 주목해야 할 것이 피로 해소 물질인 타우린입니다. 타우린은 콜레스테롤이나 중성 지방을 줄이는 효과가 있는데, 혈합육에는 다른 부위보다 277배나 많이 들어 있습니다. 이렇듯 혈합육에 타우린이 집중되어 있으므로 이 부위를 버리면 가다랑어에 든 대부분의 타우린을 버리는 것이나 마찬가지입니다.

비타민 B군&
필수 아미노산의 보고

가다랑어는 비타민 B군이나 미네랄이 풍부하며 참치와 영양소가 비슷합니다. 철분 함량은 생선 중에서도 으뜸이고, 피로 해소 효과가 있는 타우린 함량도 생선 중에서 많은 편입니다. 봄에 잡히는 첫물 가다랑어는 지방이 적어 담백하고, 가을에 잡히는 반환 가다랑어는 지방을 듬뿍 함유하고 있습니다.

주요 영양 성분×가다랑어의 효능

- DHA · EPA 900 · 400㎎
- 타우린 80㎎
- 비타민 B_2 0.16㎎
- 비타민 D 9㎎
- 철분 1.9g

- 뇌를 활성화시킨다
- 피로를 해소한다
- 에너지 대사를 돕는다
- 뼈를 튼튼하게 한다
- 빈혈을 방지한다

붉은살

머리 부분보다
꼬리 쪽에 더 많은 콜라겐

장거리를 빠르게 헤엄치는 가다랑어의 붉은살에는 피로 해소에 효과적인 안세린과 카르노신이 풍부합니다. 콜라겐은 머리 부분보다 꼬리 쪽에 많으므로 토막을 살 때 참고하세요.

블록 모양으로 손질된
가다랑어를 사는 것이 GOOD

블록 모양으로 손질된 가다랑어를 구입하는 것을 추천합니다. 두툼한 등쪽살은 가다랑어 본연의 맛을 느낄 수 있고, 평평한 뱃살은 기름이 올라 있습니다. 혈합육이 선명한 빨간색을 띠고 살도 투명감이 있다면 신선한 것입니다.

가다랑어를 손질할 때는
근육 확인이 중요!

가다랑어는 근섬유가 단단해서 가열하거나 절임으로 만들면 단백질이 결합되어 살이 더 단단해집니다. 그래서 손질할 때 근육을 끊어주면 식감이 좋아지고 먹기 편해집니다. 근육은 꼬리를 향해 뻗어 있기 때문에 이 흐름을 끊듯이 칼집을 넣으면 됩니다.

유용한 밑손질법

가다랑어는 신선도가 생명!
사 오면 바로 '절임'으로

가다랑어는 혈합육 부분이 빨리 상하기 때문에 바로 먹을 수 없는 경우에는 된장에 절여두면 좋습니다. 열화를 막을 수 있을 뿐 아니라 사흘 동안 절이면 된장의 항산화 성능이 생선살로 옮겨갑니다. 여기에 생강을 더하면 항산화력이 약 1.7배 증가합니다.

Bonito

가다랑어의 영양소 흡수 요령

가다랑어에 소금을 뿌려 단백질을 지켜요

단백질이 빠져나가는 것을 방지해요!

가다랑어는 근형질 단백질을 함유하고 있기 때문에 가열하면 금세 단단해지는데, 40~60℃에서는 단백질이 유출됩니다. 물에 끓이면 단백질이 빠져나가 요리가 딱딱해진답니다. 그래서 가다랑어를 가열하기 전에는 꼭 소금을 뿌려줘야 해요. 소금을 뿌리면 살을 단단하게 만드는 근원섬유가 녹아 수분을 유지할 수 있고 가열로 인한 수축도 막아줍니다. 소금을 뿌렸을 때 나오는 물에는 냄새의 원인인 트리메틸아민이 들어 있으니 꼼꼼히 닦아내 주세요.

가다랑어의 염분 침투량의 경시 변화

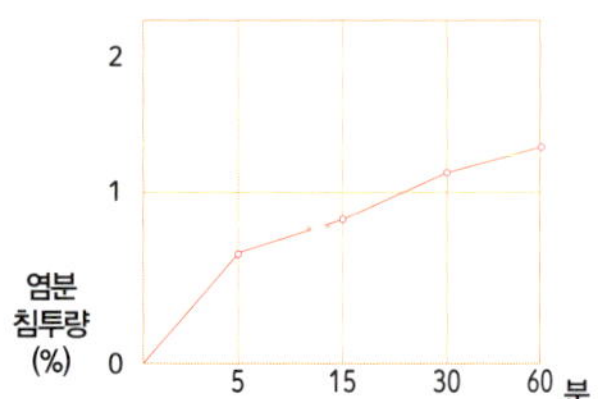

출처: 우에야나기 후미코 '생선 조리 시 소금 뿌리기에 대하여'(1987), 조리과학, 20(3), P206~209

가다랑어를 가열 조리하기 전에 소금을 뿌려 20분 정도 둔 후 물기를 닦아내세요. 가다랑어는 겉면을 구워 다타키로 만들면 혈합육의 비린내를 줄일 수 있지만 더 간단한 방법은 '끓는 물에 살짝 데치는 것'입니다. 끓는 물에 살짝 담가두기만 해도 딱딱해지지 않고 담백하게 먹을 수 있답니다. 양념은 지방의 산화를 억제하는 된장이나 생강, 마늘 등을 사용하세요.

1 소금을 뿌려 조리하면 가열로 인한 수축을 방지할 수 있습니다. 20분 정도 두었다가 끓인 물에 데치거나 겉면을 재빨리 가열합니다.

2 감칠맛이 뛰어난 가다랑어에는 맛이 강한 양념이 잘 어울립니다. 마늘이나 생강 등을 넣거나 p.165의 가다랑어 절임 소스도 꼭 만들어보세요.

조리법에 따른 영양소 변화

가다랑어는 튀기지 마세요!

생

바로 먹는다면 회가 최고

가다랑어는 신선도가 금세 떨어지고 쉽게 산화되기 때문에 최대한 빨리 회로 먹는 것이 좋습니다. 생 혈합육을 못 먹으면 잘라서 조리거나 구워보세요.

조리기

비타민 B_{12}

오래 가열하는 것에 주의

조리거나 삶으면 비타민 손실은 적습니다. 단, 오래 가열하면 살이 수축하고 단백질이 감소합니다. 철분은 수용성이므로 조리할 때 나온 국물째 섭취하는 것이 좋습니다.

굽기

DHA·EPA

고온으로 겉면을 빨리 구워요

가다랑어는 구워도 비타민·미네랄은 거의 손실되지 않습니다. 충분히 달군 프라이팬에서 고온으로 재빨리 구우면 단백질도 유지됩니다.

볶기

DHA·EPA

잘게 썰면 지방이 산화돼요

볶을 때도 비타민·미네랄은 거의 손실되지 않지만 잘게 썰어서 가열하면 DHA·EPA의 산화가 진행되어 30% 정도가 감소합니다.

튀기기

DHA·EPA

비타민 B군 손실은 적게

튀기면 다른 생선보다는 적지만 역시 DHA·EPA가 40% 정도로 대폭 손실됩니다. 단, 비타민 B_{12}는 별로 줄어들지 않습니다.

전자레인지 조리

비타민 B_{12}

단시간 가열이 가능하게

전자레인지를 사용하면 고온 가열이 되므로 단백질 변성은 억제되지만 비타민 B_{12}는 15% 정도 줄어듭니다.

영양 듬뿍 식재료 조합법

가다랑어에 어울리는 최고의 양념은?

가다랑어는 신선도나 맛이 쉽게 변하고 혈합육에도 독특한 풍미가 있어서 지방의 산화를 억제할 수 있는 양념이 필수입니다. 회에 어울리는 고추냉이뿐 아니라 맛이 강한 마늘이나 생강 등을 조합해도 잘 어울립니다. 그러면 시너지 효과로 항산화력도 올라갑니다.

+차조기
살균 효과가 높은 차조기는 산화하기 쉬운 붉은살 생선에 필수입니다. 채 썰거나 자르지 않고 차조기로 가다랑어를 싸서 먹습니다.

+생강
생강은 높은 항산화력, 살균 작용이 있는 양념에 안성맞춤인 식재료입니다. 위액 분비를 촉진하는 기능이 있어서 식욕을 끌어올립니다.

+마늘
가다랑어의 비타민 B_1은 마늘의 알리인과 결합하면 체내 흡수력이 10배로 증가합니다. 가다랑어의 양념에는 빠질 수 없는 존재입니다.

+로즈마리
로즈마리는 고기의 냄새를 제거할 때 사용하는 허브인데, 가다랑어를 가열할 때 넣으면 DHA·EPA의 산화를 절반으로 줄이는 효과가 있습니다.

항산화 작용 최강인 가다랑어 절임 소스

1

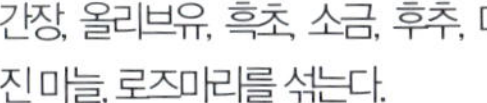

간장, 올리브유, 흑초, 소금, 후추, 다진 마늘, 로즈마리를 섞는다.

2

1에 가다랑어를 잘라 섞고 30분~몇 시간 동안 냉장고에서 절인다.

3

접시에 담으면 완성! 덮밥으로 만드는 것도 추천!

COLUMN

신선도가 떨어진 가다랑어는 식초로 해결!

비린내의 원인을 식초가 중화시켜요

생선 비린내의 주요 원인은 '트리메틸아민'이라는 성분입니다. 이 트리메틸아민은 알칼리성이기 때문에 산성인 식초로 중화시킬 수 있습니다. 물 1컵에 식초 1작은술을 넣고 거기에 가다랑어를 2~3분 담그면 됩니다. 담근 후에는 회로 먹어도 좋고 가열 조리해도 괜찮습니다.

가리비 Scallops

수컷은 비만 방지, 암컷은 숙면 효과!

주요 영양 성분×가리비의 효능

타우린 1000mg
글리신 2000mg
비타민 B_1 0.05mg
비타민 B_{12} 11μg

- 피로 해소를 돕는다
- 수면의 질을 높인다
- 에너지 대사를 돕는다

원하는 효능에 따라 나누어 선택해요

가리비에는 피로 해소 효과가 있는 타우린이 조개류 중 가장 많이 들어 있습니다. 숙면 효과가 있는 글리신도 풍부합니다. 가리비는 태어나면 1년 동안은 전부 수컷이고 그 후 약 절반이 암컷으로 바뀝니다. 암컷의 생식기에는 암세포 억제 성분인 펙테놀론이 들어 있습니다.

가리비 조리 꿀팁

카레로 타우린의 효과를 2배로!

타우린은 피로 해소 외에도 간 기능 개선 효과가 있는데, 강황에 든 커큐민도 간 기능을 강화해 줍니다. 따라서 가리비 카레 볶음을 만들면 간 기능 강화 효과를 2배로 얻을 수 있답니다. 가리비는 가열 조리나 냉동 보관을 해도 영양소가 줄어들지 않습니다.

냉동

가리비의 부위 도감

수컷

암컷

조개관자

숙면 효과가 있는 글리신이 최대, 암컷의 감칠맛은 수컷의 2배!

불면증을 개선하고 생기 있는 피부를 유지하는 데 도움이 되는 글리신은 가리비의 단맛을 내는 성분이기도 합니다. 글리신 · 타우린 등의 아미노산이 이 부위에 가장 많이 함유되어 있습니다.

조개관자는 자르는 방향에 따라 맛과 식감이 달라져요

조개관자의 섬유질은 세로 방향으로 나 있어서 가로로 썰면 섬유질을 끊을 수 있어 감칠맛이 잘 느껴지고, 세로로 썰면 식감을 즐길 수 있습니다. 회로 먹거나 빨리 볶는다면 감칠맛을 느낄 수 있는 가로썰기, 조린다면 탄력을 즐길 수 있는 세로썰기를 추천합니다.

생식소

비타민 A는 암컷이 수컷의 약 2배

조개관자 주위에 있는 빨간 부위는 암컷의 생식기입니다. 선명한 색은 카르테노이드의 일종인 펙테놀론이며, 비타민 A는 수컷보다 암컷에 약 2배 많이 들어 있습니다.

외투막(끈)

소화력을 높이는 이노신이 85%

조개껍데기를 만드는 기관인 외투막(조개끈)에는 소화를 촉진하고 포만감 효과를 높이는 이노신이 85%나 들어 있습니다. 조개끈의 검은 점은 사실 눈입니다. 빛을 느끼는 부위로, 약 80개나 달려 있다고 합니다.

성별이나 계절에 따라 변화가 커요

Seafood point

즙까지 먹지 않으면 피로 해소 효과가 절반!

주요 영양 성분×굴의 효능

- 타우린 1130㎎
- 글리코겐 2.5g
- 비타민 B_1 210㎍
- 아연 260㎎

- 피로 해소를 돕는다
- 에너지 대사를 돕는다
- 신진대사를 촉구한다
- 면역력을 높인다

껍데기

칼슘이 풍부하고 정화 작용도 있어요

토양과 물의 칼슘을 흡수하여 성장하는 굴은 칼슘과 함께 바닷물의 미네랄도 흡수합니다. 껍데기는 물의 정화 작용을 돕고 토양 개량재로서도 활용됩니다.

외투막

외투막에는 굴 전체 단백질의 80%가 있어요

외투막에는 뇌의 도파민에 작용하는 단백질이 20% 정도 들어 있는데, 가열하면 2배로 증가합니다. 또 칼슘이 이산화탄소와 결합하여 굴 껍데기를 만듭니다. 외투막이 두껍고 검은색인 것을 고르세요.

조개관자

조개껍데기를 지탱하는 힘센 근육!

조개관자는 신선할 때는 반투명이고 시간이 지나면 유백색이나 노란색으로 변합니다. 조개관자 하나로 껍데기를 지탱하기 때문에 근육 조직이 강합니다.

Seafood point

20분 가열하면 생굴보다 소화력이 2배 증가

굴 조리 꿀팁

굴×화이트와인, 중독적인 감칠맛에 살균 효과까지!

굴과 화이트와인을 함께 섭취하면 너무 맛있어서 자꾸만 먹고 싶어질 거예요. 굴의 풍부한 글루타민산에 산을 더하면 감칠맛이 더 증가하기 때문입니다. 화이트와인은 살균 효과도 강해서 함께 섭취하면 감칠맛도, 영양가도 올라갑니다.

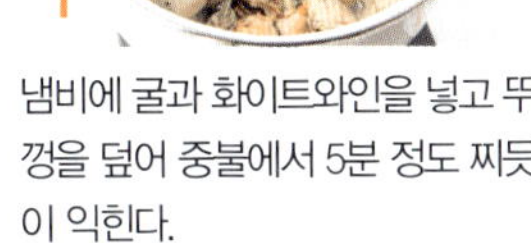

1 냄비에 굴과 화이트와인을 넣고 뚜껑을 덮어 중불에서 5분 정도 찌듯이 익힌다.

2 볶은 마늘과 양파를 넣고 푸드프로세서 등으로 섞는다.

굴찜은 장내 활성 효과가 생굴의 최대 2배

굴은 가열에 강한 타우린 등의 아미노산을 많이 함유하고 있으나 끓이게 되면 국물로 빠져나가서 살에는 약 50%만 남게 됩니다. 그래서 국물도 함께 섭취해야 아연이나 철분의 손실을 줄일 수 있습니다. 또 굴을 찌면 유익균의 활성화가 촉진되어 생굴보다 약 2배 효과적입니다. 장내 환경 개선 효과도 기대할 수 있답니다.

바지락 Clam

해감하면 영양소 3배 이득!

주요 영양 성분×바지락의 효능

- 타우린 664㎎
- 비타민 B_{12} 44.8㎍
- 철 2.2㎎
- 아연 0.9㎎

- 피로 해소를 돕는다
- 에너지 대사를 돕는다
- 빈혈을 방지한다
- 신진대사를 높인다

타우린이 많기로 소문났어요

바지락은 아연이나 철 등의 미네랄, 타우린이 풍부하며, 조개류 중 비타민 B_{12}의 함량이 가장 높습니다. 감칠맛을 내는 성분이며 지방 연소나 혈행 촉진에 효과적인 숙신산도 바지락에 함유되어 있는데, 당을 더하면 3배 가까이 증가시킬 수 있습니다.

유용한 밑손질법

당을 더하면 바지락이 맛있어지는 이유는?

바지락은 체내에 들어간 모래를 빼내기 위해 해감을 해야 합니다. 0.01% 농도의 소금물에 담그는데, 이때 꿀을 조금 넣으면 숙신산이 최대 약 2.8배로 대폭 증가합니다.

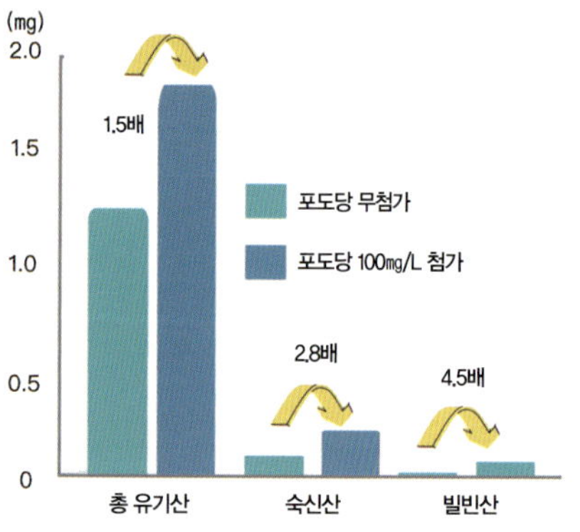

우치다 모토하루 '바닷물에 대한 포도당 첨가와 바지락의 성장 촉진 효과'(2010). 세토우치통신. 11, P2-3

Seafood point

호흡이 어려워지면 감칠맛도, 성분도 증가해요

조림 국물에 나오는 감칠맛(아미노산)의 총량

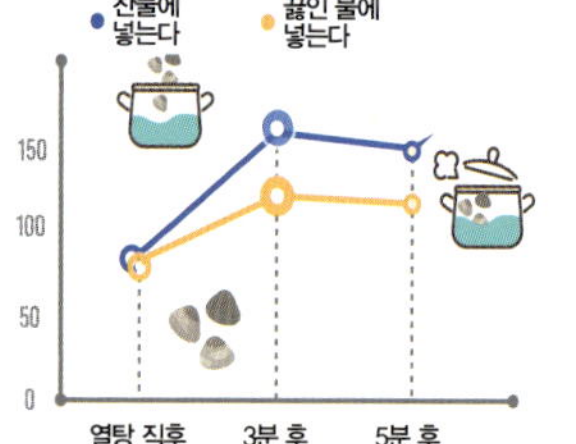

삶는다면 찬물? 끓는 물?

바지락살을 삶을 때 찬물에 삶으면 물이 끓어오르기까지 시간이 걸리는 만큼 감칠맛이나 비타민 B군, 철분 등이 3분 만에 빠져나갑니다. 반면 끓는 물에 빠르게 삶으면 영양소 유출이 적고 살이 통통하게 익습니다. 국물째 먹는 요리라면 찬물에 삶아도 되지만 살만 먹는 요리라면 끓는 물에서 삶으세요.

숙신산을 3배로 증가시키는 해감 요령

1 미지근한 물 1ℓ에 소금 1/10작은술로 0.01%의 염분 농도를 만들고 꿀을 한 방울 떨어뜨려 해감한다.

2 2~3시간 담가 해감한 후 물기를 닦고 젖은 천 등을 깔아 20℃의 실온에서 3시간 방치한다.

COLUMN 바지락의 '호흡'이 도움이 된다고?

숙신산은 생물이 호흡할 때 만들어지는 성분인데, 바지락은 호흡이 어려워지면 숙신산이 증가하는 특징이 있습니다. 꿀 등의 포도당은 숙신산의 재료가 되기 때문에 이를 첨가하면 숙신산을 더 늘릴 수 있습니다.

재첩 Jaecheop

하루 냉동하면 오르니틴 8배

주요 영양 성분×재첩의 효능

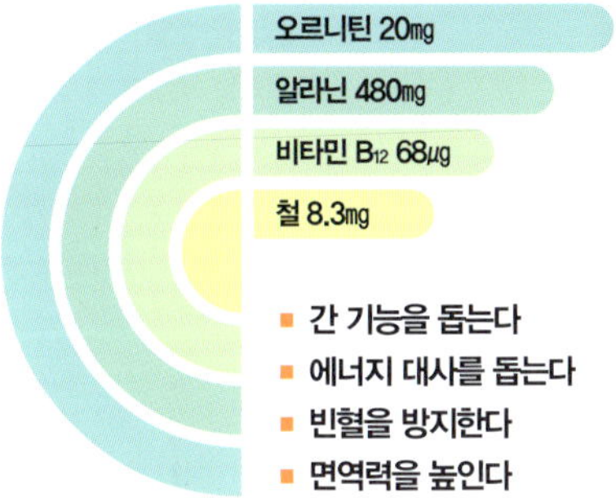

- 오르니틴 20㎎
- 알라닌 480㎎
- 비타민 B_{12} 68㎍
- 철 8.3㎎

- 간 기능을 돕는다
- 에너지 대사를 돕는다
- 빈혈을 방지한다
- 면역력을 높인다

재첩은 냉동하면 장점이 가득!

작은 몸에 풍부한 미네랄을 함유한 재첩. 특히 주목받는 성분은 간 기능을 높이고 피로 해소를 돕는 아미노산인 오르니틴입니다. 재첩의 오르니틴은 냉동하면 약 8배 증가합니다. 술을 좋아하는 분이라면 솔깃하지 않나요?

유용한 밑손질법

-4℃에서 하루 냉동하면 오르니틴은 8배로!

재첩의 아미노산은 자신을 지키기 위해 증가합니다. 특히 오르니틴은 -4℃에서 하루 냉동하면 8배로 증가합니다. 가정의 냉동고가 -18℃ 정도이니 너무 오래 냉동하지 않도록 주의하세요.

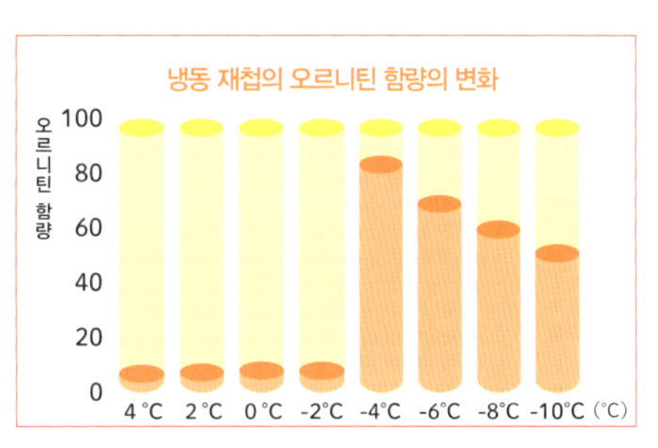

출처: 우치자와 히데미쓰 '재첩의 냉동 처리에 의한 농축 성분의 변화'(2019), 일본식품과학공학회지, 66(12), P443-450

-4℃에서 하루 냉동

오르니틴 8배

해감한 바지락을 지퍼백에 넣고 신문지로 싸서 천천히 냉동되도록 온도를 조절합니다. 감칠맛 성분인 글루타민산도 5배 이상 증가합니다. 조리할 때는 끓인 물에서 5분 두세요.

해감으로 UP

오르니틴 2.6배

3% 농도의 소금물에 3시간 넣어두면 글루타민산이 평균 5.8배 증가합니다.

1시간 방치 후

숙신산 1.6배

그릇에 놓고 알루미늄 포일 등으로 덮어 1시간 방치하면 숙신산이 1.6배, 3시간이면 2.3배가 됩니다.

Seafood point

3시간 방치하면 영양도, 성분도 UP!

새우 Shrimp

껍질을 버리면 피로 해소 성분 50% 소멸

주요 영양 성분×새우의 효능

- 타우린 5.4mg
- 칼슘 150mg
- 칼륨 41mg
- 철 0.7mg

- 피로를 해소한다
- 뼈를 튼튼하게 한다
- 부종을 방지한다
- 빈혈을 예방한다
- 면역력을 높인다

새우의 부위 도감

머리·껍질

타우린은 몸의 2배

새우 머리나 껍질은 무심코 버리기 일쑤인데, 알고 보면 머리와 껍질에 칼슘이 가장 많습니다. 이 부위는 콜레스테롤을 소비하는 역할을 하죠. 타우린도 새우살보다 2배 이상 많고, 집중력이나 기억력을 높이는 티로신도 풍부합니다. 머리는 새우 전체 중에서도 미네랄이 가장 많이 들어 있으며, 특히 철분은 살보다 10배 풍부합니다.

Seafood point

새우는 살보다 껍질에 영양소가 풍부해요!

살

저칼로리이며 양질의 단백질이 2배 이상

새우살은 감칠맛이 강하고 필수 아미노산이 가득한 고단백 식재료입니다. 숙면 효과가 있는 글리신이나 피로 해소 효과가 있는 아르기닌 등도 풍부하므로 다이어트나 운동 중에 섭취하면 도움이 되는 부위입니다.

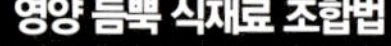

콩가루를 묻힌 새우튀김은 아밀레이스가 17배

밀가루를 못 먹는 사람이나 당질이 신경 쓰이는 사람들에게 주목받는 콩가루. 사실 콩가루를 튀김옷에 사용하면 소화 효소인 아밀레이스가 17배로 늘어나서 식후 혈당치의 급상승을 막아줍니다. 바삭하고 가벼운 식감이므로 튀김을 먹으면 속이 더부룩한 사람에게도 좋습니다.

껍질째 먹지 않으면 '가다랑어의 2배량'인 타우린이 손실!

새우의 선명한 붉은색은 카로티노이드인 아스타잔틴으로, 그 항산화력은 베타카로틴의 5배입니다. 새우에는 피로 해소 효과가 있는 타우린이 가다랑어보다 2배 이상 들어 있습니다. 특히 타우린은 머리나 껍질에 살보다 2배 이상 많은 양이 들어 있으므로 활용하지 않으면 손해입니다.

조리법에 따른 영양소 변화

추천하는 조리법은 '볶기'

새우의 아미노산은 가열하면 다소 감소하기 때문에 가능한 한 생으로 먹는 것이 좋습니다. 하지만 가열한다면 '볶음'을 추천합니다. 아스타잔틴은 가열에 강하고 지용성이기 때문에 남김없이 섭취할 수 있답니다.

생

항산화 성분도 있어요
새우의 붉은색은 가열하면 선명해지기 때문에 생으로 먹으면 '아스타잔틴은 없나?' 하고 오해할 수도 있지만 생으로 먹든 가열해서 먹든 그 양은 변함없습니다.

삶기

비타민류
13% DOWN

반드시 삶은 물까지
새우에 함유된 비타민은 수용성이 많고 철 등의 미네랄도 물에 녹아내리기 때문에 새우를 삶을 경우에는 국물째 섭취해야 합니다.

볶기

아스타잔틴
KEEP

지용성 성분을 흡수
타우린이나 아스타잔틴은 가열에 강하므로 볶아도 괜찮습니다. 하지만 너무 오래 볶으면 아미노산이 대부분 감소하니 휘리릭 빨리 볶으세요.

찌기

타우린
KEEP

영양 성분은 유지
물을 사용하지 않는 찜 조리도 추천합니다. 새우의 중심 온도가 너무 오르지 않도록 10분 이내를 기준으로 조리하면 타우린도 감소하지 않습니다.

튀기기

지방은 급감
새우튀김은 감칠맛이 강하고 기름과의 궁합도 좋지만 아무래도 튀기면 DHA·EPA가 감소하니 주의하세요.

새우 껍질은 버리지 말고 감칠맛 가득한 가루로 만들어요

새우 껍질을 남김없이 사용하려면 가루로 만드는 방법이 좋습니다. 영양소뿐 아니라 감칠맛도 강하기 때문에 국물 등에 활용하면 맛을 업그레이드해 줍니다. 생새우와 동량인 아스타잔틴과 항산화력을 간편하게 섭취할 수 있습니다. 냉장고에서 보관하면 한 달 정도 갑니다.

1 수분이 완전히 빠질 때까지 새우 껍질을 볶는다. 저온 오븐에서 구워도 좋다.

2 새우 껍질을 푸드프로세서나 절구로 갈아 가루 형태로 만들면 완성!

된장국에 넣으면 항산화력 만점! 냄비 요리나 국물 요리에 넣으면 감칠맛이 가득해서 계속 먹게 될 거예요.

COLUMN

새우젓은 아미노산이 증가

감칠맛과 함께 유산균도 대폭 증가

김치의 재료 중 하나인 새우젓은 작은 생새우를 염장한 발효식품으로, 짠맛과 감칠맛이 강하고 안초비처럼 조미료로도 활용할 수 있습니다. 발효시키는 과정에서 감칠맛 성분인 글루타민산이나 이노신산, 유산균 등이 증가합니다. 감칠맛뿐 아니라 피로 해소 효과도 기대할 수 있습니다.

문어 Octopus

문어는 10분 만에 아미노산이 최고치로!

주요 영양 성분×문어의 효능

- 타우린 500mg
- 아연 1.6mg
- 나이신 4.1mg
- 비타민 E 0.8mg

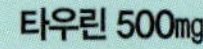

- 피로 해소를 돕는다
- 면역력을 높인다
- 에너지 대사를 돕는다
- 피부 노화를 방지한다

문어의 부위 도감

몸체

다리와 비슷한 영양분

문어 요리를 생각하면 일반적으로 다리 부위를 떠올리지만, 내장을 포함한 몸통도 대부분 먹을 수 있습니다. 영양가는 다리와 거의 같으니 이 부분도 함께 드세요.

머리

뇌가 있는 곳은 사실 이 부분

문어 머리는 몸통과 다리 사이 부분이며 회로 먹을 수 있습니다. 쫄깃해서 씹는 맛이 있고 다리와는 다른 식감을 즐길 수 있습니다. 먹물을 뱉는 입은 딱딱하므로 제거합니다.

다리

아미노산이 풍부한 곳은 여기

다리는 자주 움직이는 부위로, 근육이 발달하고 감칠맛도 강한 것이 특징입니다. 다리에는 숙면 효과가 있는 글리신도 풍부하며 단맛을 만들어냅니다.

Seafood point

문어는 튀김으로도 추천!

10분 삶으면 아미노산 1.2배

문어에는 피로 해소 효과가 있는 타우린을 비롯하여 기력을 만드는 성분인 아미노산이 풍부합니다. 문어의 아미노산은 10분 삶으면 1.2배로 증가하지만 그 이후에는 감소하니 삶는 타이밍을 잘 확인하세요.

삶기

타우린

삶는다면 10분

문어에 함유된 타우린 등의 수용성 성분은 삶을 때 물에 빠져나갑니다. 영양분의 손실을 최소화하기 위해 생문어는 10분만 삶으세요.

굽기

타우린

기름을 넣으면 효과 UP

문어를 굽거나 볶아도 타우린 등의 아미노산은 거의 유지됩니다. 지용성 아르기닌도 흡수가 잘 되므로 기름을 사용하는 것이 좋습니다.

튀기기

DHA·EPA

영양소 대폭 증가

생선의 DHA·EPA는 튀기면 감소하지만 문어의 경우는 4~5배 증가합니다. 칼로리는 높아지지만 감칠맛과 영양가가 높아집니다.

게 삶은 물을 버리면 영양소가 거의 절반

주요 영양 성분×게의 효능

- 타우린 83mg
- 아스타잔틴 40mg
- 글리신 1100mg
- 알라닌 770mg

- 피로 해소를 돕는다
- 산화를 방지한다
- 수면의 질을 높인다
- 간 기능을 높인다

껍데기의 영양분은 다리와 거의 비슷해요

게에는 감칠맛을 증진시키는 글루타민산, 숙면 효과를 높이는 글리신, 간 기능을 개선하는 알라닌 등 맛도 좋고 몸에도 좋은 아미노산이 가득합니다. 게의 붉은색을 만드는 아스타잔틴은 껍데기와 살에 비슷한 양이 들어 있어서 껍데기를 버린다면 항산화력의 절반을 잃게 됩니다.

게의 부위 도감

껍데기

아스타잔틴이 전체의 50%

게 껍데기에는 칼슘이 풍부하며, 갑각류의 중요 성분인 아스타잔틴도 살과 비슷한 양이 들어 있습니다. 껍데기의 영양 성분은 수용성이므로 조리하면 빠져나오는데, 그중 30~40%를 국물로 섭취할 수 있습니다.

구운 게는 글루타민산이 증가한다

게는 보통 삶아서 먹지만 영양을 생각하면 구워 먹는 것도 추천합니다. 껍데기째 구우면 껍데기에 든 아미노산의 감칠맛과 영양소가 살로 스며듭니다. 또 구우면 수분이 빠지고 감칠맛을 높이는 글루타민산이 살에 응축됩니다. 구운 후의 껍데기도 버리지 말고 활용하세요.

Seafood point

껍데기의 영양 성분은 국물에!

살

타우린의 70%가 살에 있어요

게살은 지방이 적고 대부분이 근육입니다. 많이 움직이기 때문인데, 게살에는 유용한 성분이 풍부하며 전체 타우린의 70%가 함유되어 있습니다. 그야말로 저칼로리 고단백 식재료입니다.

내장(가니미소)

아르기닌산의 50%가 여기에

가니미소라고 하는 내장에는 게의 감칠맛 성분 중 하나인 아르기닌산과 지방이 전체의 50%로 풍부하게 들어 있습니다. DHA·EPA의 대부분도 여기에 함유되어 있답니다. 국물에 녹여 섭취하는 것을 추천합니다.

게 조리 꿀팁

삶은 물에 녹은 항산화력을 남김없이 섭취해요

다 먹고 남은 게 껍데기에는 미네랄이나 뇌 기능에 중요한 불포화지방산이 42%나 남아 있습니다. 게 삶은 물에는 아스타잔틴이나 글루타민산 등이 듬뿍 녹아 있으므로 껍데기 삶은 물로 된장국을 만들거나 잡탕 죽을 만들어 영양소를 남김없이 섭취하세요.

오징어 Squid

조리 전에 칼집을 내면 영양소도, 맛도 변해요

주요 영양 성분×오징어의 효능

- 타우린 350㎎
- 니아신 4㎎
- 비타민 E 2.1㎎
- 아연 1.5㎎

- 피로를 해소한다
- 뇌 신경 기능을 돕는다
- 피부 노화를 방지한다
- 면역력을 높인다

Seafood point

오징어는 통째로 영양소가 가득!

오징어의 부위 도감

다리

소화하기 쉬운 단백질이 풍부

오징어는 씹는 맛이 있어서, 특히 다리 부위는 소화가 잘 안될 것 같다는 오해를 사곤 합니다. 실제로는 다른 생선과 비교해도 소화율이 거의 비슷합니다. 또한 콜레스테롤 수치가 높은 식재료이지만, 오징어에 풍부한 타우린이 콜레스테롤 수치를 낮추는 효과가 있습니다.

머리

단백질 43%, 촉수의 4.8배

오징어 머리는 다리가 붙어 있는 부분이며, 뇌와 눈을 보호하기 위한 연골이 있습니다. 머리는 양질의 단백질이 풍부하며, 단백질이 가장 적은 촉수와 비교했을 때 4.8배 많이 들어 있습니다. 쫄깃쫄깃한 식감을 즐길 수 있습니다.

외투막(동체)

콜레스테롤 수치는 최소

부드러운 간을 보호하는 오징어의 몸통은 근육질로 지방이 적고, 씹는 맛이 있으며 단백질이 풍부합니다. 콜레스테롤 수치가 오징어의 부위 중 가장 낮기 때문에 콜레스테롤이 염려된다면 이 부위를 먹는 것이 좋습니다. 오징어는 사실 삼각형 '지느러미'가 아래쪽, 다리가 위쪽입니다.

오징어 먹물은 영양가가 있을까요?

'파스타 소스잖아.'라고 얕보지 마세요. 오징어 먹물에는 타우린과 콜라겐을 만드는 데 중요한 아미노산인 하이드록시프롤린이 풍부하고, 항산화 활성력도 91.6%로 엄청납니다. 이것은 폐암 세포의 50%를 사멸시킬 정도의 강력한 항산화력이라고 합니다.

촉수

단백질이 전체의 26% 콜라겐이 최대

오징어 다리 중에 긴 것이 2개 있는데 이것은 촉수라고 하며, 먹이를 잡는 역할을 합니다. 전체의 26%가 단백질이며 이 부위에 콜라겐이 가장 많습니다. 다리처럼 먹으면 됩니다.

체내 타우린은 나이가 들면 1/3로

타우린은 피로 해소뿐 아니라 장수에도 도움이 된다는 연구 결과가 나왔습니다. 우리 몸속의 타우린은 나이가 들면서 감소하는데, 60세가 되면 어릴 때의 1/3밖에 남지 않는다고 합니다. 하루에 오징어 1/2컵으로 필요한 타우린을 섭취할 수 있으므로 콜레스테롤 흡수를 억제하는 해조류와 함께 먹으면 좋습니다.

조리법에 따른 영양소 변화

'수축하지 않는' 조리법과 염분 억제

가늘고 긴 근섬유를 가진 오징어는 가열하면 수축하는 성질이 있는데, 수축하면 수분과 함께 영양소가 빠져나갑니다. 그래서 가열할 경우에는 가능한 한 수축을 방지하는 것이 포인트입니다. 칼집을 넣고 단시간 내에 가열해 주세요.

생

손질법에 따라 다른 식감
오징어 몸통의 섬유질은 가로 방향으로 나 있기 때문에 섬유질과 반대로 세로로 썰면 달고 부드러우며, 가로로 썰면 식감을 잘 느낄 수 있습니다. 신선하면 다리도 회로 먹을 수 있습니다

삶기

5분 이상 가열은 NG
오징어는 수분량이 매우 많기 때문에 오래 삶으면 수분이 점점 빠져나와 딱딱해집니다. 잘게 잘라 재빨리 익히면 가열 시간을 3분 정도로 줄일 수 있습니다.

굽기

칼집을 격자 모양으로
오징어를 굽기 전에 격자 모양으로 칼집을 넣으면 살의 수축을 방지하고 수용성 영양소의 유출을 억제할 수 있습니다. 칼집을 넣으면 빨리 익어서 가열 시간도 줄일 수 있습니다.

볶기

소스와 함께 가열
오징어는 볶으면 많이 수축되고 영양소도 빠져나갑니다. 잘게 썰고 칼집을 넣어서 최대한 수축을 방지하고 소스와 함께 가열하여 국물도 함께 섭취하는 것이 좋습니다.

튀기기

고온이면 수분이 유출
오징어의 영양소는 수분의 유출량에 비례합니다. 고온에서 튀기면 오징어의 수분이 한꺼번에 팽창하여 유출되고 기름도 많이 튑니다. 저온~중간 온도로 단시간 내에 재빨리 튀깁니다.

영양을 지키는 유용한 손질법

오징어 껍질은 벗기는 게 나을까요?

오징어 껍질은 4층으로 되어 있는데 제3·4층은 가로 방향, 그 아래의 근섬유는 세로 방향으로 나 있어서 껍질이 있으면 둥글게 말립니다. 껍질을 벗기거나 격자 모양으로 칼집을 넣으면 오징어의 수축을 막을 수 있습니다.

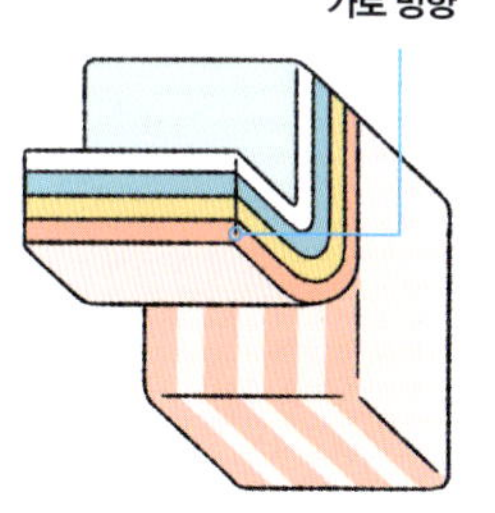
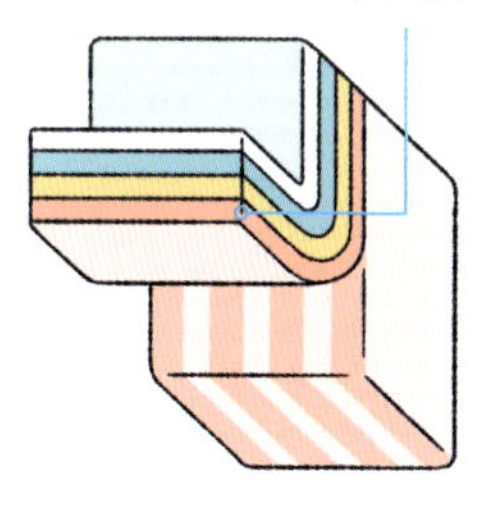

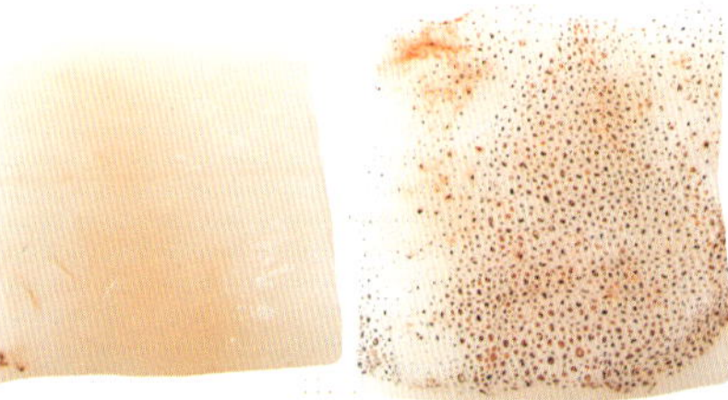

가열로 변화

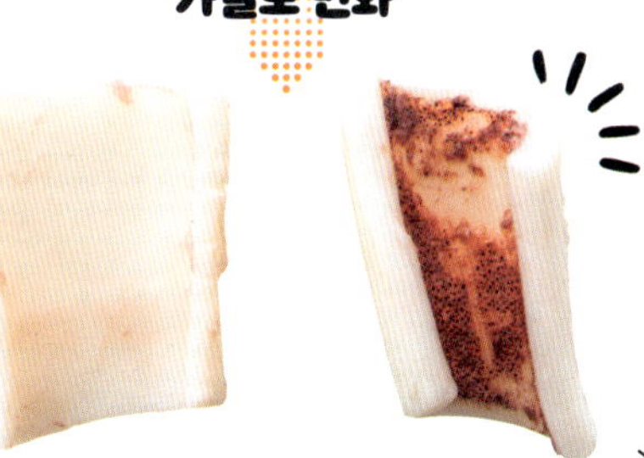

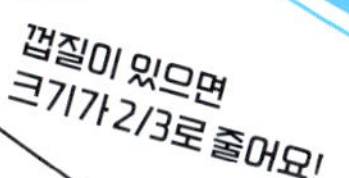

오징어 껍질을 한 번에 벗기는 비법

오징어 껍질의 단백질은 초산을 뿌리면 녹아내리기 때문에 힘들이지 않고 벗길 수 있습니다. 껍질을 간단하게 벗기려면 오징어에 식초 1큰술을 뿌리고 2~3분 두세요. 쉽고 깔끔하게 벗길 수 있답니다.

1

2

몸통을 둘둘 말아 냉동 보관

오징어는 냉동해도 영양소가 줄어들지 않기 때문에 바로 먹을 수 없다면 냉동해서 보관하면 됩니다. 한번 냉동하면 껍질을 벗기기 어려우니 냉동 전에 껍질을 벗기는 것이 좋습니다. 동체는 수축되기 쉬운 방향과 반대(가로)로 칼집을 넣어 둘둘 맙니다. 냉동하면 섬유질이 파괴되어 부드럽게 조리할 수 있습니다.

다시마 Kelp

다시마를 구우면 아미노산이 2배!

주요 영양 성분×바지락의 효능

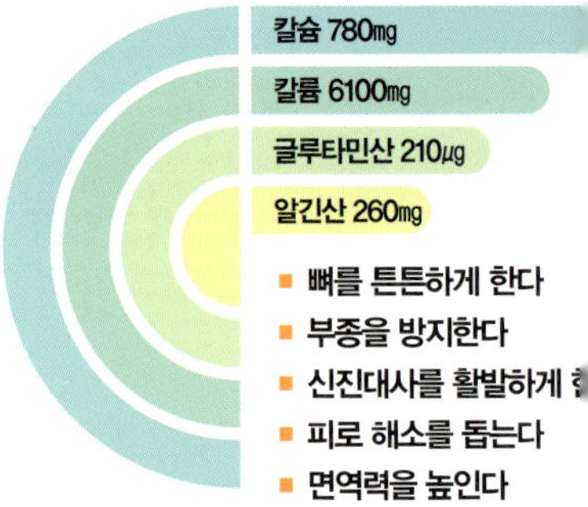

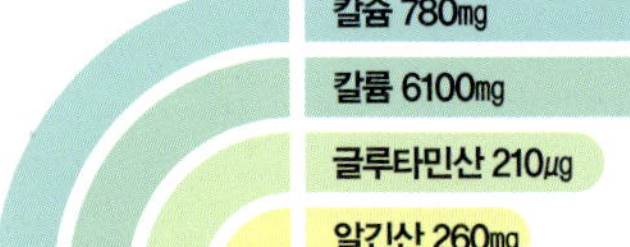

칼슘 780㎎
칼륨 6100㎎
글루타민산 210㎍
알긴산 260㎎

- 뼈를 튼튼하게 한다
- 부종을 방지한다
- 신진대사를 활발하게 한
- 피로 해소를 돕는다
- 면역력을 높인다

우리는 시간은 단 15분으로 OK

다시마 우린 물에 함유된 감칠맛의 결정타인 글루타민산은 60℃에서 1시간 추출하면 최대량이 된다고 합니다. 그러나 최근 연구에서 '구운 다시마'를 사용하면 15분 만에 글루타민산을 추출할 수 있다는 사실이 밝혀졌습니다.

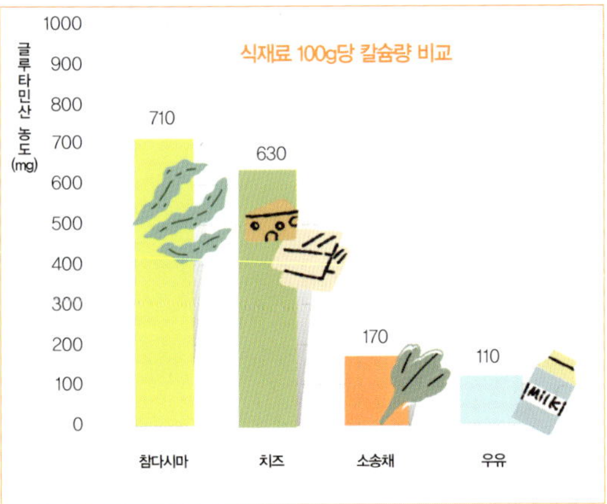

식재료 100g당 칼슘량 비교

	참다시마	치즈	소송채	우유
글루타민산 농도(mg)	710	630	170	110

다시마의 칼슘은 우유의 7배입니다. 사람의 혈액은 바닷물 성분과 비슷하기 때문에 다시마가 함유한 바닷속 미네랄의 체내 흡수율은 약 80%에 달하고 소화 기관에 부담을 주지도 않습니다. 비타민 D와 함께 섭취하면 흡수력이 더 좋아집니다.

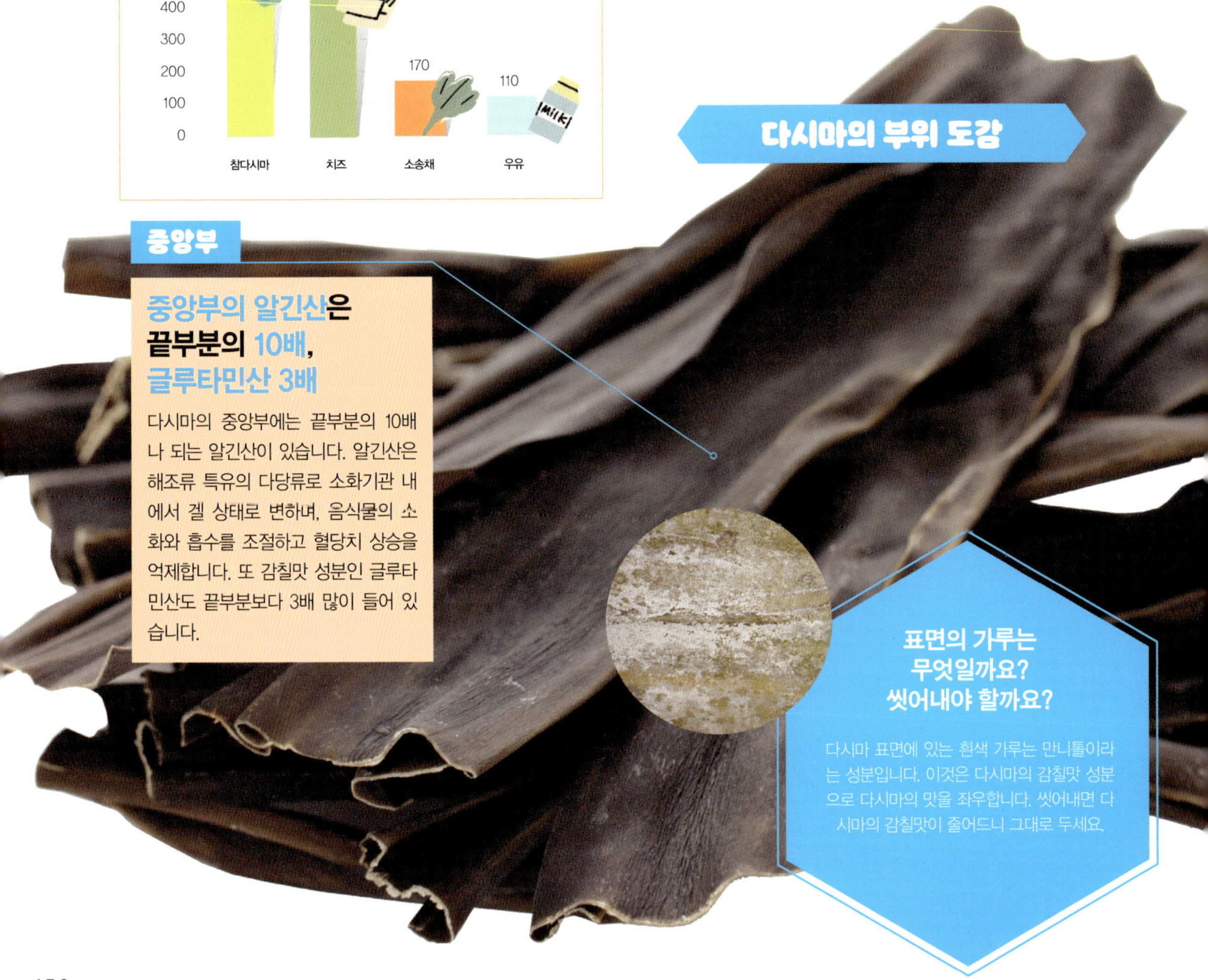

다시마의 부위 도감

중앙부

중앙부의 알긴산은 끝부분의 10배, 글루타민산 3배

다시마의 중앙부에는 끝부분의 10배나 되는 알긴산이 있습니다. 알긴산은 해조류 특유의 다당류로 소화기관 내에서 겔 상태로 변하며, 음식물의 소화와 흡수를 조절하고 혈당치 상승을 억제합니다. 또 감칠맛 성분인 글루타민산도 끝부분보다 3배 많이 들어 있습니다.

표면의 가루는 무엇일까요? 씻어내야 할까요?

다시마 표면에 있는 흰색 가루는 만니톨이라는 성분입니다. 이것은 다시마의 감칠맛 성분으로 다시마의 맛을 좌우합니다. 씻어내면 다시마의 감칠맛이 줄어드니 그대로 두세요.

유용한 밑손질법

구운 다시마로 감칠맛 2배

구운 다시마를 구입해서 사용할 수도 있지만, 생선구이 그릴로 양면을 바싹 구워주기만 하면 되기 때문에 집에서도 쉽게 만들 수 있습니다. 평소처럼 다시마를 우린 물과 구운 다시마로 우린 물을 비교했더니 감칠맛 성분이 2배 증가했고, 눈으로 보아도 그 차이가 확연했습니다.

구운 다시마

일반 다시마

15분
VS

참다시마 추출 중(15분) 글루타민산 농도

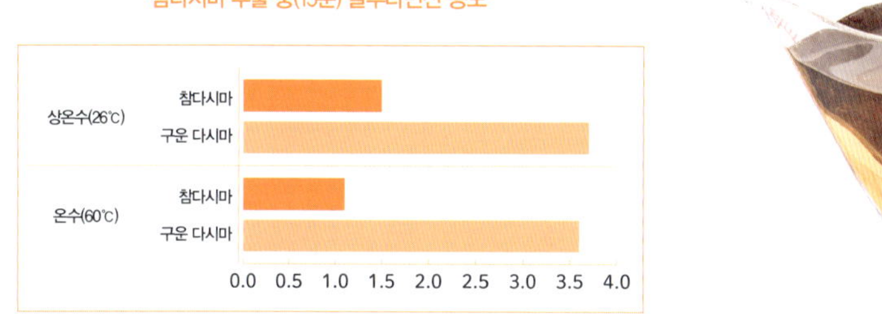

출처: 주식회사 세토프레스푸즈 '구운 다시마(우린 물) 글루타민산 추출 데이터'(2018)

참다시마와 구운 다시마의 글루타민산 농도를 비교한 결과입니다. 구운 다시마의 글루타민 농도는 상온수에서 2배 이상, 60℃에서는 약 3배 차이가 납니다. 글루타민산은 감칠맛 성분이지만 뇌를 활성화시키는 효과도 있으니 챙겨 먹으면 좋겠죠?

다시마 조리 꿀팁

맛국물을 낸 다시마를 버리면 알긴산 90% 손실

맛국물을 우린 후의 다시마에는 식이섬유인 알긴산이 90% 이상 남아 있습니다. 알긴산은 맛국물을 내면 잡미가 생기지만 혈압 상승 억제나 콜레스테롤 수치의 정상화, 동맥경화 예방 등 다양한 건강 효과를 갖춘, 버리기에는 아까운 성분입니다.

다시마칩 만드는 법

맛국물을 우린 다시마를 먹기 좋은 크기로 자른 후 물기를 닦고 기름을 바른다.

프라이팬을 달구고 1의 다시마를 넣어 바삭바삭해질 때까지 양면을 굽는다.

기호에 따라 소금을 뿌린다.

미역 Wakame

삶는 시간으로 기능성 성분이 85%로 급감!

주요 영양 성분×미역의 효능

칼슘 100㎎
칼륨 730㎎
아이오딘 0.2g
알긴산 5.8g

- 뼈를 튼튼하게 한다
- 부종을 방지한다
- 장내 환경을 개선한다
- 면역력을 높인다

물에 담가두는 것만으로 영양소 유출

미역에는 칼륨이나 칼슘, 마그네슘 등 미네랄이 많이 함유되어 있습니다. 수용성 식이섬유인 푸코이단도 풍부하여 장내 환경 개선 외에도 다양한 효과가 기대됩니다. 이 성분들은 수용성이기 때문에 삶으면 물에 녹아 빠져나갑니다.

미역의 부위 도감

미역귀

푸코이단은 잎미역의 11배

미역귀는 미역의 뿌리 부분이며 끈적끈적한 성분이 특징입니다. 이것은 면역력을 높이는 푸코이단으로, 잎미역보다 11배 더 많이 들어 있습니다. 폴리페놀도 미역 전체 부위 중에서 가장 많고, 감칠맛에 영향을 주는 아미노산도 다른 부위보다 3배 많습니다.

잎미역

단백질이 풍부한 부위

미역으로 판매되는 것은 이파리에 해당하는 이 부분입니다. 탄수화물이 가장 많이 들어 있고 저칼로리로 만족도가 높은 것이 특징입니다. 푸코이단, 알긴산의 식이섬유도 균형 있게 들어 있습니다.

미역은 부위마다 섭취할 수 있는 영양소가 달라요

Seafood point

미역 줄기

칼슘은 잎미역의 2배, 칼륨은 3배

미역 줄기에는 미네랄이 풍부하며 칼슘은 잎미역보다 약 2배, 칼륨은 최대 3배나 많이 들어 있습니다. 줄기에 해당하는 부분이므로 잎미역에 비해 씹는 맛이 있는 것도 특징입니다. 다른 부위와 마찬가지로 식이섬유가 풍부하여 장내 환경 개선에 효과적입니다.

미역 조리 꿀팁

미역의 기능성 성분은 가열하면 절반 이하로

칼슘이나 마그네슘 등 미역의 미네랄은 물에 담가두기만 해도 20%, 가열하면 50%가 감소합니다. 수용성 식이섬유인 푸코이단도 가열하면 급격히 줄어들기 때문에 조리할 경우에는 국물째 섭취해야 영양 손실이 적습니다.

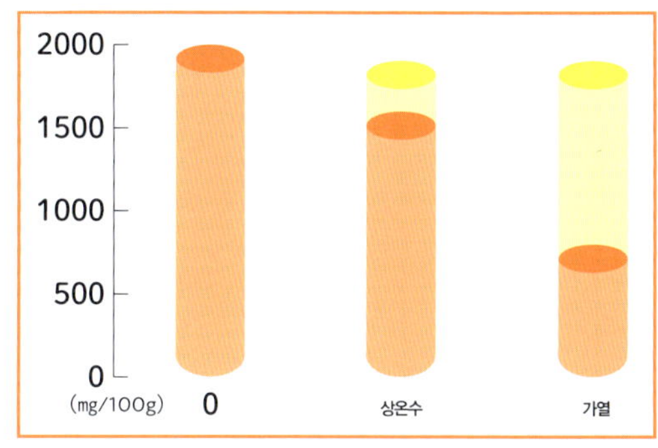

출처: 세키모토 구니토시, 엔도 아키오, 가타미네 신이치로 '그늘에 말린 것, 재로 말린 것 및 염장미역의 불림 처리에 따른 6종류의 미네랄류 유출 비교'(1986), 일본영양 · 식량학회지, 39(1),p.67-70

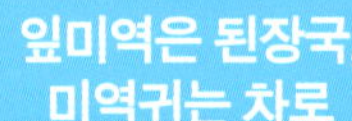

잎미역은 된장국, 미역귀는 차로

잎미역에 든 칼륨이나 칼슘, 식이섬유는 성인병 예방 대책에도 효과적인 성분입니다. 미역을 넣은 된장국은 항산화력도 높아서 매일 습관적으로 먹고 싶을 정도입니다. 또 미역귀의 알긴산은 60~80℃의 따뜻한 물에서 차로 만들면 성분이 4배로 증가하고 혈당치 억제나 장내 개선 효과를 기대할 수 있습니다.

COLUMN

콜레스테롤 대책에 미역이 최적인 이유

심질환 위험이 최대 40% 감소

미역은 유해 콜레스테롤 증가의 원인 중 하나인 '잔여 콜레스테롤'을 감소시키는 효과가 있다고 합니다. 식생활 추적 조사에 따르면 미역을 섭취했더니 심질환 발병 위험이 남성은 24%, 여성은 44%나 낮아졌다는 연구 결과가 있어서 성인병 예방을 기대할 수 있습니다.

미역 섭취에 의한 혈당치 상승

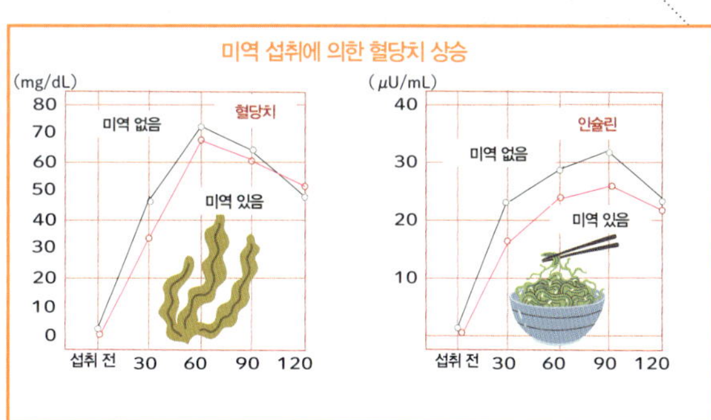

출처: 이화학연구소 비타민 '미역 섭취가 식후 혈당치 및 인슐린 상승을 억제한다'(2019)

톳 Hijiki

한 그릇으로 우유 10개 분의 칼슘을 보급해요

주요 영양 성분×톳의 효능

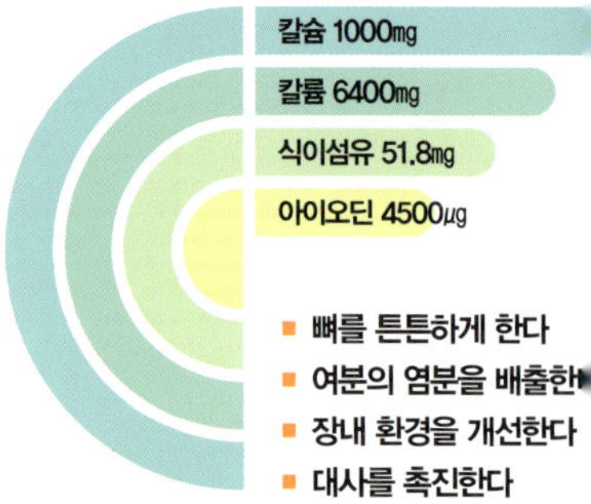

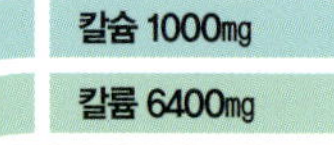

- 뼈를 튼튼하게 한다
- 여분의 염분을 배출한다
- 장내 환경을 개선한다
- 대사를 촉진한다

밥과 같은 아미노산, 어패류 같은 불포화지방산

톳의 주요 성분은 칼슘과 칼륨, 그리고 식이섬유입니다. 칼슘은 우유의 10배, 칼륨은 수박의 53배로 해조류 중 가장 많은 양의 칼슘을 함유합니다. 반대로 철분은 2010년 100g에 55㎎이었던 것이 현재는 1.3㎎으로 감소했습니다.

밥공기 1개 분량으로 이만큼!

MILK 칼슘 × 10개

칼륨 × 53개

식이섬유 × 9개

Seafood point

해조류 중 칼슘 함량 최고!

관다발

톳의 식이섬유는 변비 예방 비장의 카드

톳의 관다발은 물이나 양분을 운반하는 역할을 하는 관상 조직으로, 셀룰로오스를 함유한 세포벽이 있고 체내에서 소화되지 않는 식이섬유입니다. 수용성으로 젤리 형태로 되어 있으며, 지방과 염분을 배출합니다. 변비 예방이나 건강 유지에 효과적입니다.

톳 내부는 비어 있어요. 볶으면 영양가 UP

톳은 다른 해조류와 달리 감칠맛 성분은 거의 없습니다. 스펀지 형태로 되어 있는 섬유질 안에 맛을 흡수시키는 과정이 필요합니다. 맛이 잘 배어서 오래 끓일 필요는 없고, 볶음 요리처럼 조리하면 됩니다.

유용한 밑손질법

건톳을 불리는 법, 정답은?

톳을 불릴 때 성분이 유출될 것이 우려되는 부분입니다. 가장 좋은 방법은 찬물에 불리는 것인데, 찬물에 불려도 철분은 1/8로 줄고 엽산은 87%가 빠져나갑니다. 조리할 때 비타민 C가 많은 식재료와 함께 섭취하면 철분 흡수를 보완할 수 있습니다.

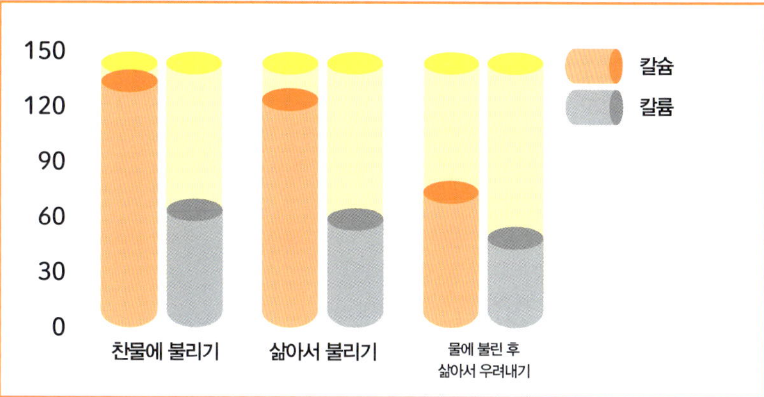

쇠 냄비에 조리해도 철분은 증가하지 않아요

예전에 톳은 철분이 풍부한 식재료로 알려졌는데, 이것은 쇠 냄비에서 조리했을 때 철분이 녹아 나왔기 때문이었습니다. 게다가 업소용 냄비에서 6시간이나 조리한 경우의 이야기이므로 가정에서는 쇠 냄비를 사용해도 철분을 늘리기는 어렵습니다.

톳 조리 꿀팁

톳은 볶는 것이 더욱 효과적

톳은 미네랄이 풍부하며 녹황색 채소처럼 베타카로틴도 듬뿍 들어 있습니다. 사실 시금치보다 베타카로틴이 더 많답니다. 지용성인 베타카로틴은 기름과 함께 조리하는 것이 영양분을 유지하는 데 효과적이므로 톳은 볶는 조리에 안성맞춤인 식재료입니다.

COLUMN

톳에 든 '비소'는 몸에 영향을 줄까요?

걱정된다면 '물에 불린 후 삶아서 우려내기'로 90% 줄여요

비소는 땅속에 분포되어 물이나 식품 등에 들어 있지만 톳을 매일 책가방 무게만큼 섭취하는 게 아니라면 기준치 이하이니 안심하세요. 그래도 걱정될 때는 물에 불린 후 삶아서 우려내면 90%, 삶아서 불리면 80%, 찬물에 불리면 50%의 무기비소가 감소한다는 사실을 기억하세요. 단, 미네랄도 대폭 줄어드니 주의해야 합니다.

PART 4

껍질

항산화 작용 성분이 최대치로!

채소와 마찬가지로 과일 껍질에는 자신을 보호하기 위한 항산화 성분이 풍부하며, 과육의 몇 배에서 몇십 배나 많은 양을 함유하고 있는 경우도 있습니다. 사과는 물론, 평소에 껍질을 벗겨 먹는 키위나 복숭아 등도 껍질째 먹는 것을 추천합니다.

과일은 '호흡'을 억제하고 너무 많이 잘라내지 마세요!

과일 100% 활용법

과일의 영양을 남김없이 섭취하려면 '껍질째', '호흡'을 억제하여 열화를 방지하는 것과 적절한 '손질법'으로 과즙까지 완전히 섭취하는 것이 중요합니다. 또 풍부한 식이섬유를 섭취하기 위해 때로는 가열 조리도 가능합니다.

과육

과일의 색은 파이토케미컬

파이토케미컬은 '제7의 영양소', '밭에서 나는 약'이라고 할 정도로 다양한 효과가 기대되는 성분입니다. 채소의 파이토케미컬이 쓴맛이나 떫은맛인 데 비해 과실은 주로 단맛, 신맛과 관련됩니다.

씨

성장력을 내포한 씨

씨는 과실 생명의 중심이며 당연히 영양소도 풍부합니다. 특히 비타민이나 미네랄, 식이섬유 등이 과육이나 껍질보다 많이 함유된 경우도 있습니다. 먹을 수 있는 것은 가능한 한 활용하는 것이 좋습니다.

과일의 영양소는 어디에 좋을까?

펙틴

과일에 든 식이섬유의 일종으로, 장내 세균의 활동을 돕습니다. 소화관에서 당질의 흡수를 늦추고 혈당치 상승을 억제합니다.

플라보노이드

과일 등에 많이 든 폴리페놀의 일종으로, 뇌의 인지 기능부터 면역력에 이르기까지 다양한 기능성을 가진 성분입니다.

유기산

과일의 신맛을 만드는 유기산에는 레몬의 구연산이나 사과산이 있습니다. 미토콘드리아 등의 세포로 몸의 에너지를 만드는 데에 필요합니다.

과당

에너지를 만들며, 밥이나 빵에 들어 있는 포도당에 비해 체내 흡수 속도가 느리고 혈당치에도 영향이 없습니다. 단, 50g 이상이면 살찔 가능성도 있습니다.

딸기 Strawberry

딸기는 끝부분·겉쪽이 생명! 상하면 비타민 C가 크게 감소!

딸기의 부위 도감

심

심 위쪽에 미네랄이 많아요

인기 과일인 딸기는 사실 '채소'입니다. '과일=나무에서 자라는 것'이므로 풀에 열매를 맺는 딸기는 채소로 분류되는 것이죠. 꼭지부터 심 부분을 통해 겉쪽으로 영양소를 공급하므로 심에는 영양소가 적고, 아래쪽보다 위쪽에 미네랄이 풍부합니다.

Fruits point

껍질의 겉쪽에 영양소가 가장 많아요

과실(알)

폴리페놀이 과육의 4.3배

딸기 표면의 알맹이들은 씨가 아니라 과실입니다. 딸기는 200~300개의 과실이 모인 '집합과'입니다. 과실의 비타민 C는 꼭지 주변부와 비슷한 양이 함유되어 있지만 칼륨은 전체의 40%로 가장 많이 들어 있습니다. 또 항산화 폴리페놀도 풍부합니다.

끝부분

비타민 C, 당도도 최대

딸기는 끝에서부터 익어가기 때문에 끝부분에 당이 집중되어 꼭지 부분보다 1.5배나 달콤합니다. 또 끝부분에는 비타민 C, 칼슘이 가장 풍부하고, 껍질 쪽은 안쪽에 비해 철분도 2.1배, 칼슘도 2.3배 많으며 특히 맛있는 부위입니다.

딸기잎은 항산화 성분이 가득!

딸기는 칼슘이나 비타민 등이 대부분 껍질부에 집중되어 있으며, 비타민 C는 껍질에 2배 이상, 구연산과 총 유기산도 각각 2배, 1.7배 더 풍부합니다. 껍질 쪽에는 안쪽보다 폴리페놀이 최대 3.36배 더 많이 들어 있습니다. 그래서 상한 딸기는 이미 비타민이나 미네랄이 대부분 손실된 상태라고 할 수 있습니다. 딸기잎과 꼭지에도 양파보다 10배 많은 케르세틴이 함유되어 있고 카테킨의 항산화 작용도 21배나 차이 납니다. 잎은 버리지 말고 차로 우려서 마시면 딸기의 영양소를 남김없이 섭취할 수 있습니다.

잎

불포화지방산이 82%나 있어요

잎은 그냥 버리기 쉬운데 여기에는 불포화지방산이 82%나 들어 있고 칼륨은 과육의 3.6배, 마그네슘은 2.3배나 많아서 그야말로 영양 덩어리라고 할 수 있습니다. 잎 상태는 당도의 지표이기도 한데, 잎이 뒤집혀 있을수록 당도가 높습니다.

꼭지 주변

케르세틴은 양파의 10배

윗부분은 영양소를 밖으로 내보내기 때문에 비타민 C 함량은 과육의 2/3 정도이지만 칼슘은 가장 많이 들어 있습니다. 특히 잎에는 케르세틴이 양파의 10배나 함유되어 있습니다. 그래서 윗부분을 칼로 잘라내면 영양소를 버리는 것이나 마찬가지입니다.

딸기잎의 피세틴은 수용성이므로 물에 담가 플레이버 워터로 만들어보세요. 단, 케르세틴은 용해성이 낮기 때문에 스무디 등으로 섭취하는 것이 좋습니다.

과육

중심보다 껍질에 2배의 비타민 C

딸기 5개로 하루에 필요한 비타민 C의 절반을 섭취할 수 있을 정도로 딸기는 비타민 C가 풍부합니다. 과육의 중심부보다 껍질부에 비타민 C가 약 2배 이상 많으며, 껍질이 상하면 비타민 C도 손실됩니다. 칼륨도 전체의 58%나 됩니다.

주요 영양 성분×딸기의 효능

- 비타민 C 62㎎
- 엽산 90㎍
- 안토시아닌 21.2㎎
- 피세틴 16㎎
- 케르세틴 0.5㎎

- 산화를 방지한다
- 피를 만든다
- 눈의 피로를 개선한다

영양을 지키는 유용한 손질법

꼭지는 칼로 잘라내면 아까워요!

딸기잎을 떼어낼 때 꼭지 주변을 칼로 도려내면 껍질부에 있는 비타민 C나 꼭지 주위의 케르세틴이 최대 절반 정도 사라집니다. 잎을 잡고 비틀어 끊듯이 심을 남기고 최소한으로 떼어내는 것이 포인트입니다.

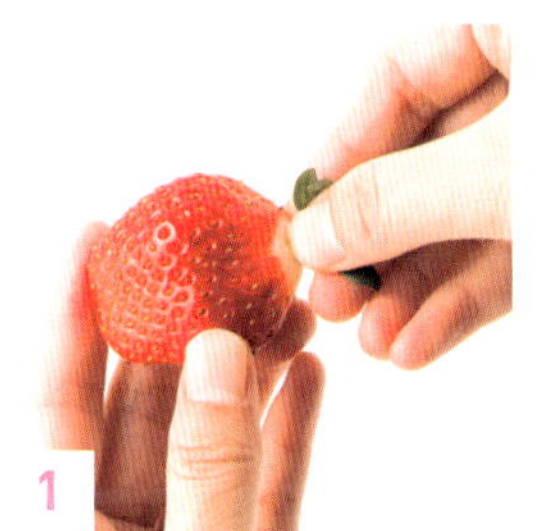

1 잎을 쥐고 심을 기점으로 하여 돌린다.

2 심을 남기고 잎만 잡아당겨 뗀다.

COLUMN

딸기는 레몬즙에 씻어 상하지 않게 해요!

레몬 과즙의 비타민 C가 딸기의 산화를 방지

딸기는 표면이 무르면 바로 상해버리고 과육도 산화되어 영양소가 손실됩니다. 레몬의 비타민 C는 산화를 막는 기능이 있기 때문에 씻는 물에 레몬즙을 소량 첨가하면 딸기가 상하는 것을 방지해 줍니다. 신맛으로 딸기의 단맛도 한층 끌어올릴 수 있으니 꼭 시도해 보세요.

딸기의 영양소 흡수 요령

가열하면 비타민 C가 1/6로

딸기를 가열하면 항염증 작용이 활성화돼요

딸기에 든 비타민 C 등은 수용성입니다. 딸기즙까지 먹을 수 있는 딸기잼은 영양 손실이 별로 없다고 생각할 수 있지만 생딸기와 비교하면 영양 차이가 큽니다. 칼륨 등의 비타민 B군은 절반 이하, 비타민 C는 1/6, 엽산은 1/4로 훅 줄어듭니다. 딸기에 함유된 식이섬유 펙틴이나 폴리페놀에는 큰 변화가 없지만, 비타민을 남김없이 섭취하려면 역시 생으로 먹는 것이 가장 좋습니다. 단, 잼으로 만들면 항염증 작용이 활성화된다는 장점이 있습니다.

딸기잼은 비타민 C뿐 아니라 비타민 B군이나 칼륨도 절반 이하로 감소합니다. 하지만 레몬 등의 비타민 C를 넣고 가열 시간을 줄이면 산성을 유지하며 영양가도, 당도도 지킬 수 있습니다. 잼을 만들 때는 과육을 으깨야 향이 올라옵니다.

딸기vs딸기잼의 비타민 C 영양 비교

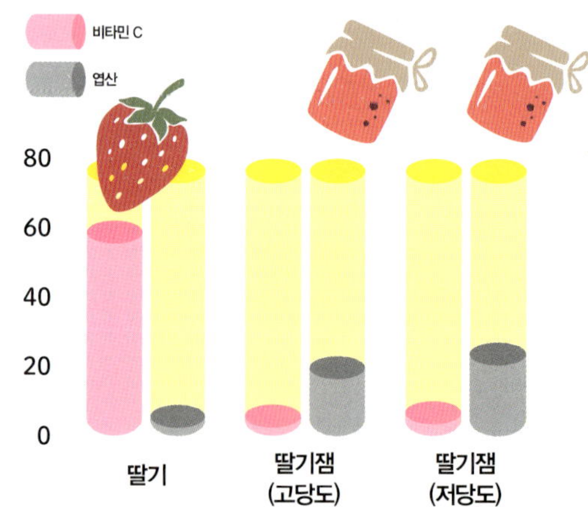

잼을 만들 때 딸기를 가열하기 때문에 수용성 비타민 C나 엽산은 급격히 감소합니다. 당도를 높게 올리면 비타민 C는 거의 사라집니다.

COLUMN

딸기의 영양소는 냉동하면 어떻게 될까요?

냉동해도 딸기의 영양소는 그대로! 5일간은 영양 상태 유지

딸기의 비타민 C, 안토시아닌, 펙틴 등의 영양소는 냉동해도 5일간은 거의 그대로입니다. 남은 딸기를 보관할 때는 잼으로 만들기보다 냉동하는 것이 좋습니다. 완전히 해동하면 수분과 함께 영양소가 빠져나가니 냉동한 상태나 반 해동하여 드세요.

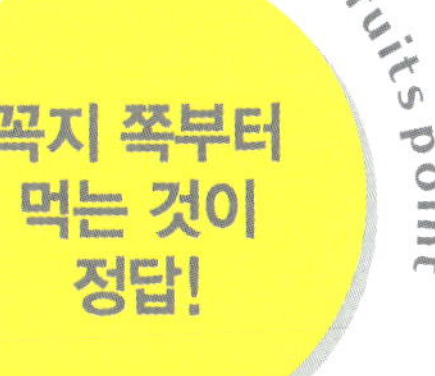

당도는 꼭지 쪽에서 아래로

딸기의 당도는 꼭지 쪽에서 아래쪽으로 높아지기 때문에 아래쪽부터 먼저 먹으면 점점 싱거워집니다. 딸기를 더 맛있게 먹으려면 꼭지 쪽에서부터 두 번에 나누어 먹으면 위아래의 맛의 차이를 느끼며 끝까지 맛있게 먹을 수 있습니다.

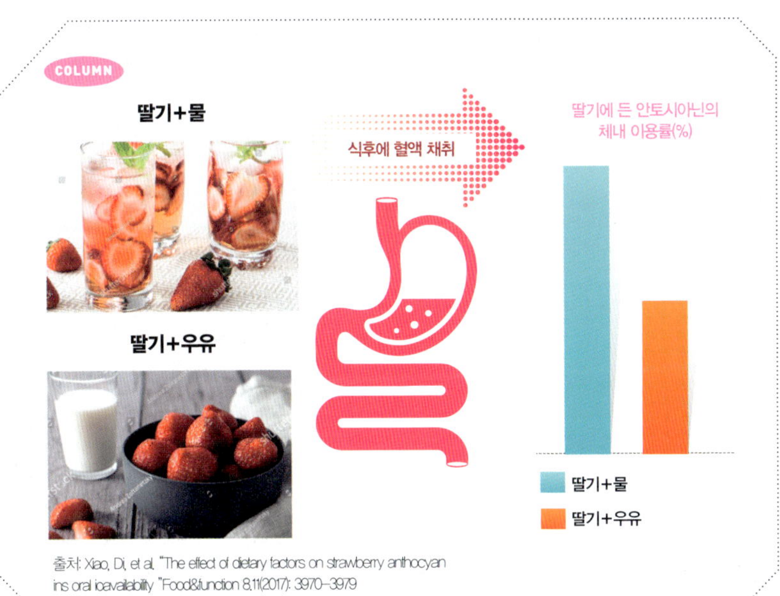

출처: Xiao, Di, et al. "The effect of dietary factors on strawberry anthocyanins oral bioavailability."Food&function 8.11(2017): 3970-3979

딸기 조리 꿀팁

딸기를 우유와 먹으면 손해가 큰 이유

딸기의 단짝이라고 하면 연유나 우유가 떠오르는데, 한 연구에 따르면 딸기와 우유를 함께 먹으면 체내에서 영양소를 이용할 수 있는 생체 이용률이 거의 절반으로 줄어들었다고 합니다. 이것은 우유가 혈중 딸기의 안토시아닌 기능을 저하시키기 때문입니다. 한편, 딸기와 물을 함께 먹으면 일정 수준으로 안토시아닌 기능이 활성화됩니다. 딸기와 우유를 먹을 경우에는 다른 음식과 함께 섭취하면 우유가 안토시아닌의 흡수를 방해하는 것을 막을 수 있습니다.

현명하게 딸기 고르는 법

딸기는 수확 시기에 따라 영양가는 달라지지만, 다음 네 가지가 포인트입니다. ①잎이 뒤집혀 있는 것, ②끝부분이 평평한 것, ③꼭지까지 빨간 것, ④큰 것을 고르세요. 특히 끝부분은 당도와 영양소가 집중되어 있으므로 뭉개지거나 상한 것은 피해야 합니다. 또 껍질부가 생명이므로 겉면이 무르지 않은 것을 고르세요.

맛있는 딸기는 잎과 끝부분, 크기를 살펴 골라요

Fruits point

키위 Kiwi

껍질째 스무디로 마시면 식이섬유도, 폴리페놀도 배로 증가!

해외에서는 껍질째 먹는 것이 일반적?

보통 키위는 껍질을 벗겨 먹는 것이 당연하다고 생각하지만, 해외에서는 껍질째 먹는 사람도 많다고 합니다. 키위를 껍질째 먹으면 과육만 먹을 때보다 식이섬유는 2배, 폴리페놀은 1.3배 더 섭취할 수 있습니다. 또 껍질에는 단백질 분해 효소인 아크티니딘이 과육보다 4배 많고 당도도 더 높아서 맛있게 먹을 수 있습니다. 키위를 먹으면 목구멍이 따끔따끔한 사람은 아크티니딘에 대한 알레르기일 가능성이 있습니다. 그럴 때는 껍질을 벗기고 먹도록 합니다.

키위의 부위 도감

겉껍질

식이섬유를 2배 섭취할 수 있어요

키위는 겉면에 부드러운 털이 자라기 때문에 껍질째 먹기 어려울 것 같지만 털을 문질러서 제거하고 먹으면 의외로 아무렇지 않습니다. 골드키위는 털이 적고 표면이 매끄러워서 껍질째 먹기 좋은 종류입니다.

속껍질

아크티니딘이 90%

껍질 바로 아랫부분도 역시 영양소가 풍부합니다. 아크티니딘은 단백질을 재빨리 분해하여 소화를 돕는 효과가 있는데, 껍질을 두껍게 벗기면 대부분이 시라집니다. 골드키위보다 그린키위에 더 풍부합니다.

심

비타민 C가 가장 많은 중심부

중심의 흰 부분은 원래는 암술이며, 과실을 만들기 위한 영양소를 축적하는 부위입니다. 키위를 2개 먹으면 하루에 필요한 비타민 C를 충분히 섭취할 수 있는데, 이 부위에 키위의 비타민 C가 특히 많습니다.

비타민 C 이외에도 영양가 최고!

Fruits point

열 전처리로 오래 가는 키위

키위의 열화를 방지하고 싶다면 보관하기 전에 온수에 담가 보세요. 45℃의 온수에 10분 담그면 잘 상하지도 않고 항산화력도 높아진다는 연구 보고가 있습니다. 온수에 담근 후에는 평소처럼 냉장고에 넣어 차게 둡니다.

주요 영양 성분×키위의 효능

- 비타민 C 71㎎
- 엽산 37㎍
- 칼륨 300㎎
- 아크티니딘 6.8g
- 식이섬유 2.6㎎

- 산화를 방지한다
- 에너지 대사를 돕는다
- 부종을 예방한다
- 소화를 촉진한다
- 장내 환경을 개선한다

껍질도 맛있게 먹어요

그린키위를 껍질째 먹을 때는 둥글게 뭉친 알루미늄 포일로 껍질을 문질러보세요. 그러고 나서 물로 씻으면 털이 깨끗이 제거됩니다. 털을 제거한 뒤 둥글게 썰면 껍질 면적이 적어져서 먹기 편하답니다.

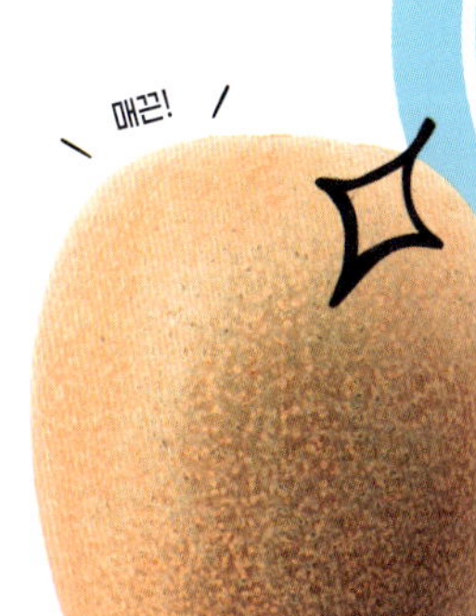

씨

폴리페놀이 과육의 42배

심 주위에 있는 검은 알갱이들은 키위 씨입니다. 키위 1개에는 씨가 1,000개 정도 있습니다. 폴리페놀은 씨에 가장 많으며 껍질의 약 3배, 과육과 비교하면 42배나 많습니다.

영양소 충족도는 과실 중 No.1

과일 중량 100g에 비타민이나 식이섬유, 미네랄 등의 영양소가 어느 정도 들어 있는지 비교한 '영양소 충족률 점수'에 따르면 키위는 No.1입니다. 크기도 부담 없고 매일 먹기에 적합한 과일이랍니다.

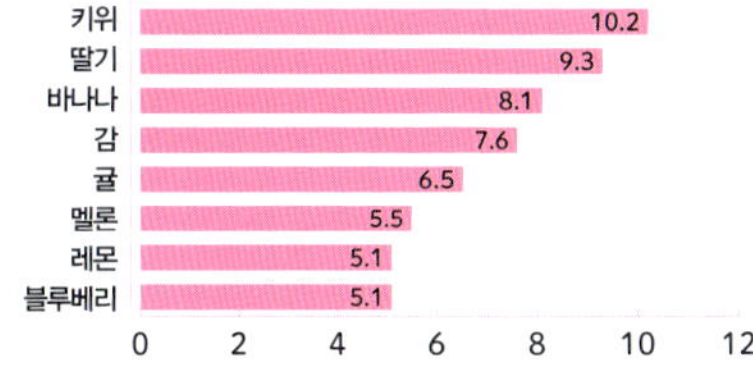

COLUMN

껍질 먹기가 힘들면 냉동으로 간단하게 껍질 벗기기

냉동하면 껍질이 쑥 벗겨져요

껍질에 영양소가 많다고 해도 도저히 먹기 어렵다면 껍질 아래의 영양소를 최대한 잃지 않는 방법으로 먹는 것이 포인트입니다. 껍질을 깨끗이 벗기려면 냉동해 두는 것을 추천합니다. 키위를 껍질째 지퍼백에 넣어 냉동하고, 먹기 전에 흐르는 물로 반쯤 해동합니다. 그러면 껍질이 깔끔하게 벗겨집니다.

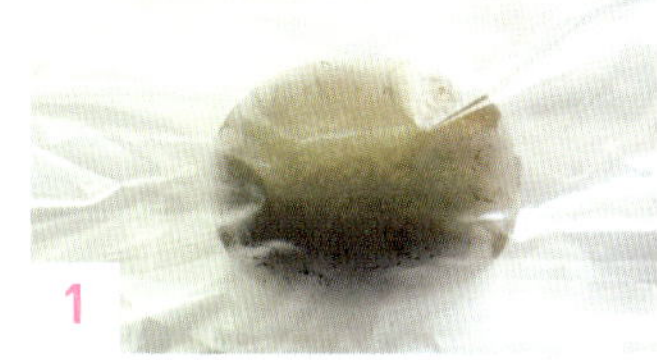

1 키위를 껍질째 씻어서 지퍼백에 넣고 냉동고에 넣는다.

2 얼어 있는 키위를 흐르는 물에 20초 정도 두고 꼭지 부분을 떼어내면 껍질이 벗겨진다.

키위의 영양소 흡수 요령

키위는 후숙시키면 영양 성분 2배 UP!

키위는 후숙으로 비타민도, 소화 효소도 배로 증가

키위는 익히는 과정에서 영양 성분이 증가합니다. 딱딱한 키위는 당도가 낮고 시큼하게 느껴질 뿐 아니라 영양가도 낮습니다. 이런 키위를 후숙시키면 비타민 C 함량이 조금 증가하고 아크티니딘은 1.5~2배가 되기도 합니다.

후숙은 실온에 2~3일 두기만 하면 되는데, 빨리 후숙시키고 싶다면 사과나 바나나와 함께 봉지에 넣어두세요. 사과나 바나나에서 발생하는 에틸렌 가스로 인해 키위의 후숙이 촉진됩니다.

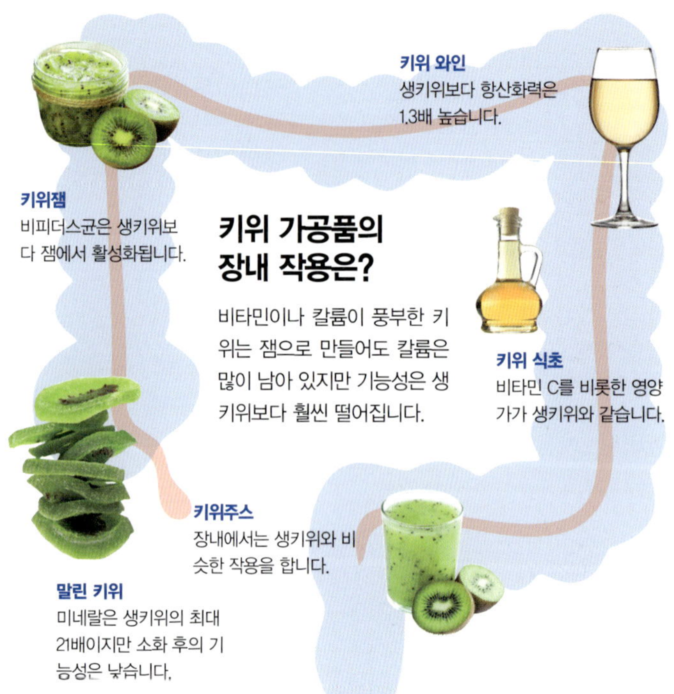

장내에서의 비타민 C 흡수율

10%
0%
㎎ /100gFW
생키위 주스 와인 식초 말린 키위 잼

출처: Ma, Tingting et al, "Nutritional properties and biological activities of kiwifruit(Actinidia) and kiwifruit products under simulated gastrointestinal in vitro digestion." Food&Nutrition Research 63(2019): n, pag.

가공품이라면 음료로

실제로 키위 가공품을 섭취하면 장내에서 어떻게 되는지 알아본 연구에 따르면 생키위나 주스, 와인, 식초는 비타민 C와 폴리페놀이 몸에 잘 흡수되고 소화율도 높습니다. 그러나 말린 키위나 잼은 미네랄은 많아지지만 소화 후의 기능성이 낮고 소화율도 낮습니다. 키위 와인은 소화 후에도 기능성이 높습니다.

COLUMN

몸에 좋은 효과가 가득한 '키위 식초'

키위의 영양에 피로 해소 효과도 플러스

키위를 껍질째 식초에 담그면 영양이 녹아든 과일 식초가 됩니다. 이렇게 만든 키위는 요거트 등에 넣어 먹으면 좋습니다. 키위를 껍질째 잘 씻고 둥글게 썰어서 얼음 설탕과 식초를 섞은 것에 담아주세요. 설탕이 녹으면 키위 식초가 완성됩니다. 탄산이나 찬물, 따뜻한 물 등에 1큰술 정도 넣어 드세요.

효과적으로 먹는 법

먹는 타이밍에 따라 키위의 효과는 바뀌어요!

영양 가득한 키위는 아침과 밤, 어느 시간대에 먹어야 효과적일까요? 먹는 시간대에 따라 얻을 수 있는 효과가 다르므로 어느 시간대의 효과를 원하는지, 몇 개를 먹으면 좋을지 등 자신에게 맞는 방법을 시도해 보세요.

밤 | 아침

수면의 질 향상
잠자기 1시간 전에 먹으면 키위의 비타민 C나 트립토판이 수면의 질을 높입니다.

빈혈 예방
키위에는 철분이나 엽산 등 현대인에게 부족한 영양분이 풍부합니다. 아침 키위는 빈혈 예방에 좋습니다.

12
9
3
6

피부 미용 효과
피부 미용에 효과적인 키위의 비타민 C는 잠자기 2~3시간 전에 섭취하면 잠자는 동안에 피부의 신진대사를 돕습니다.

장내 환경 개선
식이섬유가 장의 활동을 촉진하고 변비를 해소합니다. 단, 하루에 2개씩 먹어야 효과가 나타납니다

먹는다면 식전, 식후 어느 쪽?

키위의 수용성 식이섬유는 혈당치 상승을 억제하고 아크티니딘은 소화를 돕습니다. 그래서 이런 효과를 살리려면 식후에 먹는 것이 좋습니다. 예를 들어 옥수수의 경우, 아크티니딘이 없으면 2시간 30분에 10%밖에 소화되지 않지만 아크티니딘이 있으면 약 40%나 소화시킬 수 있습니다. 실제로 4배나 소화를 촉진합니다.

내장 지방 감소
엽산이나 아크티니딘이 당이나 지방을 분해하여 에너지를 만들어내고 내장 지방 축적을 억제해 줍니다.

고기를 조리하거나 키위 탕후루를 만든다면 통째로!

키위에 든 아크티니딘은 고기의 단백질 결합을 끊어 분해하기 쉽게 만들어주므로 키위를 첨가하면 고기를 부드럽게 즐길 수 있습니다. 또 키위에 설탕물을 묻히고 냉동고에서 식히면 키위 탕후루가 완성되어 껍질째 맛있게 먹을 수 있습니다.

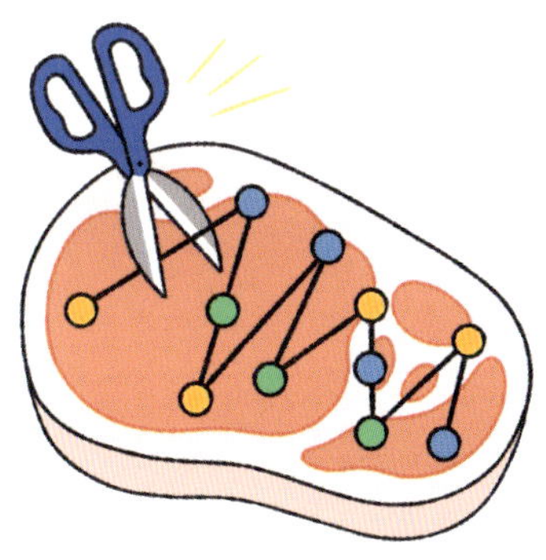

바나나 Banana

마늘 이상의 항산화력!

친숙한 식품 중에서 항산화력이 가장 높아요

바나나는 식이섬유는 물론 폴리페놀 등의 항산화 성분도 풍부합니다. 마늘 이상으로 항산화력이 높아서 우리에게 친숙한 식품 중 활성 산소를 제거하는 힘이 가장 강하다는 연구 결과도 있을 정도입니다. 바나나 껍질이나 속실은 알고 보면 과육보다 영양소가 풍부한 부위입니다. 겉껍질은 칼륨이 과육의 1.5배, 철분은 2.6배나 됩니다. 바나나 속실은 영양소를 보내기 위한 유관속이라는 부위로, 1g 정도의 양이지만 항산화력이 높으니 스무디를 만들 때 넣어보세요.

냉동해서 폴리페놀을 지켜요

바나나를 냉동하면 비타민은 감소하지만 폴리페놀 등의 항산화력은 유지됩니다. 바나나는 제때 먹지 않으면 비타민 C를 비롯한 영양소가 감소해 버리므로 적당히 익으면 냉동하는 것을 추천합니다. 빠르게 얼리기 위해 얇게 썰거나 으깨두면 좋습니다.

냉동을 추천!

껍질

40%의 항산화 물질이 껍질에!

바나나 껍질에는 항산화 물질인 폴리페놀이나 칼륨 등이 풍부합니다. 전체의 40%가 껍질에 들어 있으며, 항산화력은 열매의 10배라고 하는 데이터도 있습니다. 보통 바나나는 껍질째 먹기 어렵지만 최근에는 껍질째 먹을 수 있는 품종도 등장했습니다.

바나나가 뇌를 끊임없이 활성화해 주는 이유

바나나는 포도당을 비롯하여 단당류부터 다당류까지 다양한 종류의 당질을 함유합니다. 당류는 종류에 따라 체내에서 에너지가 되는 속도가 다르기 때문에 끊임없이 뇌나 몸의 에너지가 됩니다. 또 바나나는 뇌 기능을 활성화하는 세로토닌의 재료가 되며, 바나나를 먹으면 집중력을 높일 수 있습니다.

바나나 가루로 영양가 증가!

쿠키나 빵을 만들 때 밀가루의 10%를 바나나 껍질을 말려서 분말로 만든 바나나 가루로 대체하면 항산화력이 증가할 뿐 아니라 맛도 좋아진다고 합니다. 시판되는 바나나 껍질 가루도 있지만 강력한 분쇄기가 있으면 직접 만들 수 있습니다.

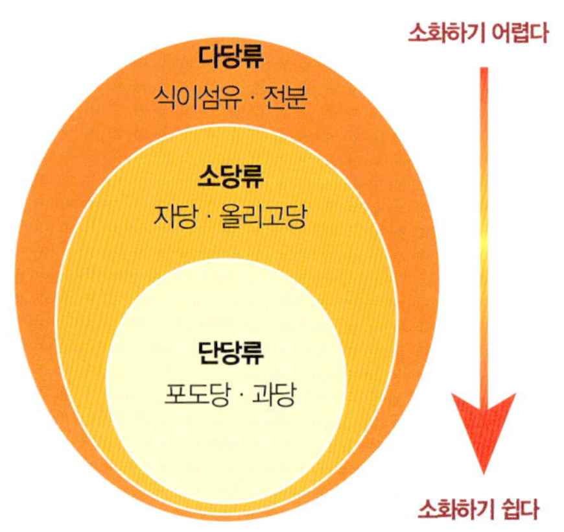

출처: 일본 바나나 수입조합 '바나나대학'

장내 환경 개선 효과에 기대!

빠르게 에너지가 되는 바나나는 불용성·수용성 양쪽의 식이섬유를 함유하며, 유익균의 먹이가 되는 프락토올리고당도 풍부하여 장내 환경을 개선하는 효과가 탁월합니다. 부종을 해소하는 칼륨도 많아서 건강에 도움이 되고, 몸속을 깨끗하게 만드는 효과도 뛰어납니다.

주요 영양 성분×바나나의 효능

- 칼륨 360㎎
- 마그네슘 32㎎
- 프락토올리고당 0.3g
- 식이섬유 1.1g

- 고혈압 예방
- 부종을 해소한다
- 에너지 대사를 돕는다
- 혈당치 상승을 억제한다
- 장내 환경을 개선한다

바나나의 부위 도감

유관속·속실

바나나의 속실까지 먹어요

바나나 속실은 잎에서 열매로 영양소를 보내는 통로인 '유관속'입니다. 이 유관속에도 열매와 비슷한 항산화력이 있기 때문에 속실을 제거하고 먹으면 항산화 효과를 잃는 것이나 다름없습니다.

바나나의 속실을 버리지 마세요!

과육

식이섬유와 난소화성 전분의 정장 효과

과육에는 식이섬유나 비타민 외에 대장까지 도달하여 작용하는 난소화성 전분(레지스턴트 스타치)도 풍부합니다. 장을 청소하면서 유익균의 먹이가 되기 때문에 장 건강에 좋은 식재료입니다.

Fruits point

바나나 껍질을 먹으면 비타민 C, B_6가 20% 증가

내과피

전부 껍질! 단백질은 중심에 약 1.5배 많아요

바나나는 겉껍질·중간 껍질·속껍질 3겹으로 되어 있습니다. 우리가 먹는 부분은 중간 껍질과 속껍질, 즉 전부 껍질입니다. 중심의 속껍질에 있는 작고 검은 점은 씨의 흔적입니다. 중심에 가까울수록 단백질이 많습니다.

Banana

바나나의 영양소 흡수 요령

바나나는 적당한 때에 먹으면 면역력 향상 효과가 100배

바나나는 숙성도로 효과가 변한다?

바나나는 양 끝이 녹색인 것부터 완전히 익은 갈색인 것까지 숙성도가 다양합니다. 바나나는 숙성도에 따라 성분이 달라지고 얻을 수 있는 영양소도 달라집니다. 가장 변화가 큰 것은 숙성 7일째 갈색 반점(슈거 스폿)이 생긴 바나나의 면역 증강 작용입니다. 생쥐를 이용한 실험에 따르면 숙성 1일째와 비교했더니 면역 증강 효과가 100배나 향상되었다고 합니다. 당도도 높아지므로 익은 바나나를 먹는 것이 건강에 더 좋습니다.

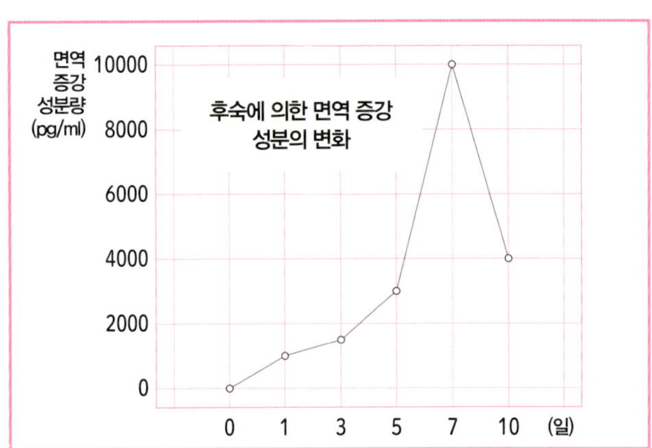

출처: 이와사와 하루요, 야마자키 마사토시 'Differences in Biological Response Modifier-like Activities According to the Strain and Maturity of Bananas' 2009, Food Sci. Technol. Res., 15(3), P275-282

언제 먹을까? 바나나의 영양가 변화

우리가 먹는 바나나는 대부분 수입산인데, 수입 직후의 바나나는 전체가 녹색입니다. 그 후 에틸렌 가스에 의한 숙성을 거쳐 노란색, 갈색으로 변한답니다. 바나나는 껍질 색의 변화로 과육의 성분을 어느 정도 알 수 있으니 원하는 성분의 타이밍을 확인해서 섭취하세요.

정장 작용이라면 녹색 바나나

숙성도가 낮은 녹색 바나나는 레지스턴트 스타치가 풍부하고 정장 작용이 뛰어난 것이 특징입니다. 노란색, 갈색 바나나도 각각 다른 정장 작용을 하기는 합니다. 비교적 단맛이 적은 녹색 바나나는 채소처럼 익히면 포슬포슬해서 고구마나 감자 같은 느낌으로 먹을 수 있습니다.

양 끝에 녹색이 남은 바나나는 당도가 낮은 대신 전분이 풍부합니다. 특히 유익균의 먹이가 되는 레지스턴트 스타치가 많습니다.

바나나 조리 꿀팁

익힌 바나나로 정장 작용 증가!

바나나는 가열하면 프락토올리고당의 효과가 높아집니다. 30분 구우면 1.8배, 10분 찌면 2.8배로 올라간답니다. 그러면 소화력도 좋아지고 위의 부담도 줄일 수 있죠. 껍질을 벗기지 않은 바나나를 오븐 토스터 등에서 표면이 까맣게 될 때까지 가열한 뒤 껍질을 벗겨 먹어보세요.

COLUMN

스무디에 바나나를 넣으면 안 된다고요?!

폴리페놀 흡수율이 84%나 감소

항산화력이 높은 베리류로 만든 스무디에 바나나를 넣었더니 베리류의 폴리페놀인 플라보놀이 84%나 감소했다는 연구 결과가 있습니다. 바나나가 더해지면 바나나의 효소가 항산화 물질을 '청소'해 버리고 체내 작용을 방해할 가능성이 있습니다.

대사 증가를 원한다면 지금!

이때가 딱 좋아요!

칼륨 유출 정지

산뜻한 단맛의 노란 바나나는 비타민 B군의 함량이 많고 에너지 대사 촉진 효과나 피부 미용 효과도 기대할 수 있습니다.

갈색 바나나를 먹으면 면역 관련 물질이 증가하는 효과가 보고되었습니다. 그러나 너무 많이 익으면 비타민 C는 66%나 줄어듭니다.

사과 Apple

껍질을 버리면 과육의 21배나 되는 영양이 손실!

껍질

껍질째 먹으면 폴리페놀 2배

껍질에는 칼슘이 과육의 8배, 마그네슘은 과육의 7배나 들어 있어 미네랄이 아주 풍부합니다. 철분도 과육의 4배 이상 들어 있고 폴리페놀도 많습니다. 그래서 껍질을 버린다면 대부분의 영양소를 버리는 셈입니다.

사과의 부위 도감

'매일 사과를 먹으면 의사가 필요 없다'는 말은 껍질까지 섭취해야 성립돼요

'하루 사과 한 알이면 의사가 필요 없다'라고 할 정도로 사과는 영양가가 높지만 껍질째 먹어야 그 진가를 발휘합니다. 사과 껍질에 든 폴리페놀에는 눈을 건강하게 하는 안토시아닌도 들어 있습니다. 식이섬유 펙틴도 껍질과 열매 사이에 풍부하며 기능성이 가득합니다.

높다

항산화력은 비타민 C의 59배

사과의 폴리페놀에는 프로시아니딘, 플라보노이드 등이 들어 있습니다. 특히 프로시아니딘이 많은데, 이것은 비타민 C의 약 59배 정도로 항산화력이 매우 높습니다. 체내의 산화를 방지하고 질병을 예방하며, 근력 향상이나 비만 방지에도 효과적입니다. 사과 껍질에는 이 성분의 약 30~50%가 들어 있어서 껍질을 벗긴다면 영양 손실이 매우 큽니다.

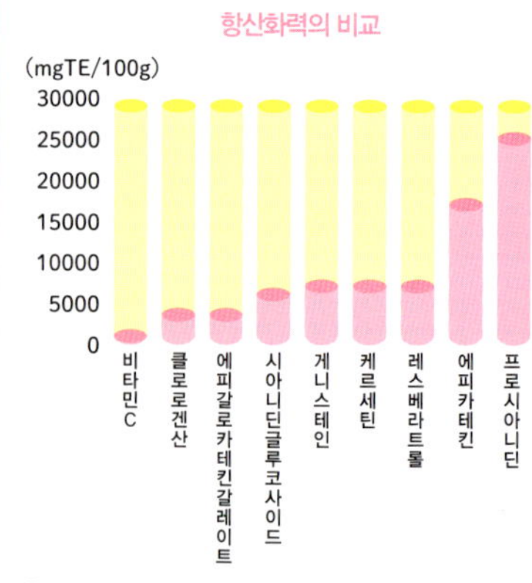

출처: 나다오카 이사오 '건강 장수에 대한 기여를 목표로 한 사과 폴리페놀 배합 식품의 개발'(2015) 생물공학 93(9), P558-559

면역력, 근력 향상! 껍질의 항비만 작용 10배

사과의 폴리페놀은 항산화 작용 외에 일상적으로 섭취하면 근력 증진 효과도 있다는 연구 결과가 있습니다. 사과 껍질에 든 우르솔산은 비만 억제 효과가 있으며, 이 성분은 껍질에 전체의 10~11배가 함유되어 있습니다. 사과를 껍질째 먹으면 다이어트에도 도움이 된답니다.

주요 영양 성분×사과의 효능

- 사과 폴리페놀 100㎎
- 칼륨 120㎎
- 비타민 C 6㎎
- 식이섬유 1.9g

- 산화를 방지한다
- 면역력을 높인다
- 성인병을 예방한다
- 부종을 해소한다
- 장내 환경을 개선한다

씨

씨 주위도 영양소가 풍부

사과 씨에는 미량이지만 유해 물질이 있기 때문에 먹지 않는 것이 좋습니다. 단, 씨 주변의 심 부분은 과육과 비슷한 영양가가 있으므로 씨를 제외하고는 최대한 섭취하는 것이 좋습니다.

별 모양 썰기로 영양소 전부 섭취!

껍질째&심 주변까지 먹으려면 얇게 가로로 자르는 '별 모양 썰기'를 추천합니다. 간단하고 껍질의 식감도 신경 쓰이지 않거든요. 얇게 썰면 씨와 심만 깔끔하게 제거할 수 있습니다. 특히 상부는 칼슘, 철분, 인 등의 함량이 10~25% 높으므로 버리지 말고 다 먹는 것을 추천합니다.

낮다

당도

혈당치 상승을 억제하는 효과도 있어요!

Fruits point

과육

인은 껍질의 15배

과육 부분에는 인이나 칼륨 등의 미네랄이 들어 있습니다. 또 당도는 아래로 갈수록 높아집니다. 사과의 과육이 갈변하는 것은 폴리페놀이 산화했다는 증거입니다. 가능한 한 빨리 먹거나 소금물 또는 레몬즙을 섞은 물에 담가두세요.

COLUMN

보관한다면 에틸렌 가스에 주의!

채소나 과일의 노화를 앞당겨요

사과는 보관 중에도 식물을 성장시키는 에틸렌 가스를 방출하기 때문에 다른 채소나 과일의 노화를 촉진시킵니다. 만약 아보카도나 바나나 등을 후숙시켜야 할 경우, 사과를 함께 두면 효과적입니다.

Apple

사과의 영양소 흡수 요령

구운 사과는 항산화 효과가 9배로!

펙틴의 효과가 더욱 증가!

사과에 함유된 식이섬유 펙틴은 100℃ 이상으로 가열하면 폴리페놀의 흡수율이 최대 9배 증가합니다. 폴리페놀을 흡수하고 항산화력을 높이며, 가열로 인해 단맛도 강해집니다. 또 부피가 줄어들어서 많이 먹을 수 있다는 장점도 있습니다. 사과에 든 폴리페놀 자체도 가열로 인해 별로 감소하지 않기 때문에 사과가 맛있는 겨울철에는 가열 조리한 사과를 섭취함으로써 항산화력을 높여보세요.

항산화 사과 만드는 법

실험에 따르면 121℃에서 30분, 압력을 가하면서 가열하면 항산화력이 높아진다고 합니다. 집에서 만든다면 압력솥 사용을 권장합니다. 압력솥이 없으면 오븐 기능의 저온 가열도 좋습니다.

1. 압력솥에 껍질째 세로로 절반으로 자른 사과를 넣고 물을 200cc 넣는다. 취향껏 설탕·꿀·시나몬을 넣는다.
2. 압력솥을 켜고 30분 지나면 불을 꺼서 완성한다.

조리법에 따른 영양소 변화

가열은 장시간이 포인트

사과는 가열하면 폴리페놀이나 펙틴이 증가합니다. 항산화력을 높이고 싶다면 천천히 가열하는 것이 좋습니다.

생

비타민 C KEEP

비타민 섭취는 생과일로

사과에는 폴리페놀이나 펙틴 외에 비타민 B군이나 비타민 C가 풍부합니다. 칼륨이나 비타민은 가열로 빠져나가는 경우가 있기 때문에 생으로 먹는 것이 좋습니다.

조리기

항산화력 KEEP

100℃ 이상에서 30분

폴리페놀은 가열해도 거의 변화가 없습니다. 또 가열하면 펙틴의 폴리페놀 흡수율을 높일 수 있으며, 생쥐 실험에서는 암세포 증식을 억제했다는 결과도 있습니다.

전자레인지 조리

항산화력 56% UP

3~4분으로 항산화력 UP

전자레인지에서 사과를 가열하면 비타민 함량은 낮아지지만 총 폴리페놀 함량이 증가합니다. 450W에서 3~4분만 가열해도 최대 56% 증가합니다. 저온보다 고온에서 항산화력이 높아집니다.

항산화력이 높은 것은 풋사과

폴리페놀 함량은 빨간 사과가 높지만 항산화력이 강한 프로시아니딘은 풋사과에 더 많이 들어 있어서 항산화력은 풋사과 쪽이 높다고 여겨집니다. 따라서 항산화력을 생각한다면 '풋사과를 껍질째 먹는 것'이 가장 좋습니다.

'의사가 필요 없다'는 말은 과장이 아니에요

사과를 섭취하면 항산화력 증가 외에도 콜레스테롤이나 중성 지방 감소, 동맥경화 억제 등 성인병 예방 효과를 기대할 수 있습니다. 건강이 조금이라도 걱정된다면 하루에 사과 1개를 먹는 습관을 들여보세요.

Fruits point
낮은 콜레스테롤 수치를 유지

Fruits point
중성 지방을 21% 감소

하루 1개의 사과가 노쇠 위험을 35% 감소

사과의 폴리페놀에는 양파의 혈액 순환 성분인 '케르세틴'도 들어 있습니다. 케르세틴의 1일 섭취량이 10㎎ 증가하면 노쇠 현상이 나타날 위험은 약 35% 감소합니다. 또 사과의 비타민 C는 기미의 원인인 티로시나아제를 억제하기 때문에 미백 효과도 기대할 수 있습니다.

Fruits point
동맥경화 위험이 23% 감소

가열한다면 냉동도 OK

냉동하면 단맛도 증가

수분이 많은 사과는 냉동하면 식감이 달라집니다. 아삭한 식감을 맛보고 싶다면 냉동하지 않는 것이 좋습니다. 냉동한 사과는 세포가 파괴되어 부드러워지기 때문에 금방 잼이나 콩포트를 만들 수 있습니다. 사과를 냉동할 때 알루미늄 포일로 감싸면 수분이나 단백질 손실을 최소한으로 줄일 수 있습니다.

Fruits point
유익균을 21% 증가

레몬 Lemon

+α로 항산화 활성이 1.2배

주요 영양 성분×레몬의 효능

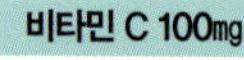

- 비타민 C 100㎎
- 칼륨 130㎎
- 구연산 3㎎
- 에리오시트린 280㎎

- 산화를 막는다
- 피부 노화를 방지한다
- 피로 해소를 돕는다

항산화력을 이중으로 높여요!

레몬은 비타민 C가 풍부하고 항산화력이 높은 과일인데 레몬 껍질에 든 에리오시트린도 항산화력이 매우 높아 이중으로 몸을 지켜줍니다. 항산화력을 더 높이려면 생강을 더해보세요.

레몬의 부위 도감

껍질(플라베도)

안티에이징 성분은 껍질의 23배

에리오시트린의 항산화 성분은 피부 미용 등 안티에이징에도 효과적인데, 이것이 가장 풍부한 곳은 껍질입니다. 과육보다 23배나 많이 들어 있고 비타민 C도 껍질에 약 2.5배 많습니다. 껍질을 사용할 경우에는 왁스 코팅되지 않은 것을 고르면 안심하고 먹을 수 있습니다.

과육(속껍질)

과즙의 구연산 함량은 껍질의 26배

과육에는 비타민 C와 구연산이 많은데, 특히 구연산은 껍질보다 과육에 36배나 많습니다. 구연산에는 미네랄을 효율적으로 흡수시키는 '킬레이트 효과'가 있으니 작은 생선 등 칼슘을 함유한 식품에 레몬 과즙을 넣어 함께 섭취해 보세요.

씨

씨에도 과육과 비슷한 비타민 C

레몬 씨에는 과육과 비슷한 양의 비타민 C가 들어 있으며, 감염증 예방이나 기억력 향상, 암 예방 효과 등 몸에 좋은 효과가 가득합니다. 레몬 씨를 맛국물 팩 등에 넣어 우려내면 레몬 풍미가 나는 국물이 됩니다.

항산화 레모네이드 만드는 법

1. 레몬 과즙을 꽉 짠다.
2. 꿀·생강을 넣는다.
3. 찬물이나 탄산수, 따뜻한 물 등에 취향껏 넣고 민트를 곁들인다.

영양을 지키는 유용한 손질법

레몬즙을 짤 때는 X자로 잘라 비타민 C를 꽉 잡아요

1 레몬의 튀어나온 꼭지 부분이 위로 가게 눕히고 사선으로 비스듬하게 칼집을 넣는다.

2 사선으로 한 번 더 칼집을 넣어 X자로 4등분한다.

3 사진과 같이 단면이 깔끔하게 잘렸다면 균등한 X자 썰기 성공!

중간 껍질(알베도)

23%의 비타민 C 함유

약간 쓴맛이 느껴지는 레몬의 흰 부분에도 비타민 C가 풍부하며, 과육 전체의 20% 이상이 들어 있습니다. 또 항암 작용이나 항알레르기 작용이 있는 레몬 폴리페놀은 이 부분에 60%나 들어 있습니다.

흔한 방법처럼 레몬을 가로 방향으로 한 번만 자르면 레몬의 껍질이 과육을 감싼 형태의 단면이 되기 때문에 과즙이 밖으로 나오지 않고 짜기 어려워집니다. 그러나 위 방법처럼 X자로 자르면 레몬의 과육이 드러난 형태의 단면이 되기 때문에 과즙을 짜기 쉬워집니다. 레몬꿀절임이나 소금레몬 등도 이렇게 손질하면 맛이 더 잘 들어서 이 방법을 추천합니다.

과즙을 최대한으로 짜는 요령

레몬을 전자레인지에 돌리면 과즙을 남김없이 짤 수 있습니다. 레몬을 30초 정도 가열하면 온도가 너무 올라가지도 않고 적당하게 세포벽이 파괴되므로 과즙이 잘 나옵니다. 스퀴저가 없는 경우에는 포크를 찔러 과육을 도려내듯이 짜면 됩니다.

COLUMN

레몬 껍질을 효과적으로 사용한다면?

상큼한 맛뿐 아니라 지방을 에너지로 바꾸어요

레몬 껍질에는 에리오시트린 외에 릴렉스 효과가 있는 리모넨이 과즙의 5배나 들어 있습니다. 레몬의 신맛은 짠맛을 끌어올리므로 요리할 때 갈아 넣으면 좋습니다. 껍질의 레몬 폴리페놀은 지방 대사를 개선하는 효과도 있으니 고기 요리나 튀김에 곁들여 보세요.

아보카도 Avocado

샐러드로 비타민 A 흡수 10배

주요 영양 성분×아보카도의 효능

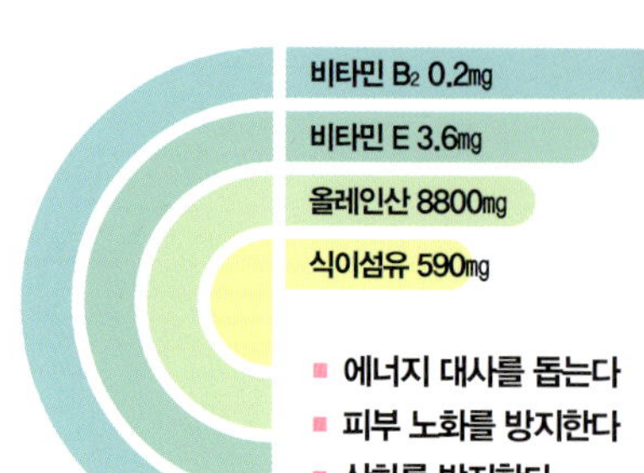

- 에너지 대사를 돕는다
- 피부 노화를 방지한다
- 산화를 방지한다
- 여분의 염분을 배출한다

아보카도의 지방으로 영양 흡수율 증가

'전 세계에서 가장 영양가가 높은 과일'로 꼽힌 아보카도. 젊음을 지키는 비타민 E나 에너지 대사를 촉진하는 비타민 B가 풍부하며, 단독으로도 강력하지만 비타민 A를 함유한 식재료와 함께 섭취하면 흡수율이 10배 이상 증가합니다.

조리법에 따른 영양소 변화

아보카도의 지방은 가열보다 생으로

양질의 지방이 들어 있는 아보카도에는 수용성인 비타민 B군이 풍부하므로 가능한 한 가열하지 않는 것이 좋습니다. 아보카도 자체가 양질의 지방과 단백질을 함유하기 때문에 지용성 비타민도 생으로 흡수할 수 있습니다.

생

생으로 먹는 것이 최강

아보카도에는 비타민 B군이나 미네랄 등 가열로 사라지는 영양소도 많기 때문에 생으로 먹는 것이 좋습니다. 너무 딱딱한 경우에는 상온에 두어 후숙시킵니다.

삶기

비타민·미네랄 모두 감소

삶거나 조리는 경우, 아보카도의 귀중한 비타민 B군이나 칼륨 등의 미네랄이 빠져나갑니다. 가열한다면 단시간 내에 조리하세요.

볶기

비타민 B군 손실

아보카도의 올레인산은 열에 강하고 잘 산화되지 않습니다. 또 비타민 B_2는 비교적 열에 강한 성분이지만 그 이외의 비타민 B군은 크게 감소합니다.

전자레인지 조리

비타민 손실은 약간 적어요

가열한다면 조리 시간이 짧은 전자레인지를 사용하는 것이 영양소 손실을 줄이는 방법입니다. 너무 딱딱한 아보카도를 부드럽게 만들 때도 전자레인지를 활용할 수 있습니다.

아보카도 자체의 지방으로 지용성 비타민의 흡수율 증가

아보카도의 지방은 자체에 함유하고 있는 비타민 E의 흡수율을 높이는 데에도 도움이 됩니다. 아보카도는 칼로리, 당질 모두 높으니 칼로리를 줄이고 싶다면 드레싱이나 오일은 넣지 않는 것이 좋습니다.

its point

영양가는 과일 중에서 No.1

아보카도의 부위 도감

껍질층

항산화력이 과육의 9.8배

아보카도의 껍질에는 과육보다 약 10배 높은 항산화력이 있지만 껍질을 먹을 수 있는 아보카도 품종은 거의 없습니다. 껍질을 활용하려면 적생강과 함께 차로 우려내서 항산화력이 높은 음료로 만들 수 있습니다.

씨

폴리페놀이 과육의 24배

아보카도 씨에는 카테킨이나 클로로겐산 등의 폴리페놀이 과육의 20배 이상 들어 있어서 버리면 아깝습니다. 폴리페놀은 수용성이므로 씨앗차 등으로 만들면 영양소를 남김없이 섭취할 수 있습니다.

과육

몸에 좋은 지방이 전체의 70%

아보카도의 과육에는 양질의 불포화지방산인 올레인산이 들어 있어서 혈중 콜레스테롤 수치를 낮추는 효과를 기대할 수 있습니다. 또 가용성 단백질이 씨의 2배 이상 들어 있으므로 가능한 한 과육을 껍질 부분에 남기지 마세요.

영양소를 꽉 잡는 아보카도 씨앗차

잘 씻은 아보카도 씨를 반달썰기로 자르고 물에 색이 날 때까지 약불에서 우리면 완성입니다. 비만을 방지하는 폴리페놀과 함께 식이섬유도 풍부하고 변비 해소에도 효과적입니다. 아보카도의 씨는 딱딱하고 매끈해서 자를 때 잘 미끄러지니 조심하세요.

수박 Watermelon

수박은 상온 보관하면 베타카로틴 1.4배

주요 영양 성분×수박의 효능

- 베타카로틴 830㎍
- 칼륨 120㎎
- 시트룰린 180㎎
- 가바 13.6㎎

- 산화를 방지한다
- 부종을 해소한다
- 동맥경화를 예방한다
- 피로 해소를 돕는다
- 수면의 질을 개선한다

차가운 수박은 NG!

수박은 냉장고에 넣어두고 차게 먹는 것으로 생각하기 마련이지만 사실 상온 보관했을 때 훨씬 영양가가 높습니다. 냉장고에서 보관한 수박과 실온 보관한 수박을 비교하면 실온 수박이 리코펜, 베타카로틴 모두 약 1.4배 많습니다.

껍질

베타카로틴은 과육의 5배

수박에 풍부한 베타카로틴은 과육보다 껍질에 5배 더 많습니다. 또 혈관을 건강하게 하여 동맥경화를 방지하는 효과가 있는 시트룰린이 과육의 2배나 들어 있습니다. 최대한 끝까지 먹도록 합시다.

과육

봄 수박으로 가바를 2배

최근 연구에서 수박의 과육에는 수면의 질을 높이고 혈압을 낮추는 성분인 가바가 풍부하다는 사실이 밝혀졌습니다. 가바는 일찍 따는 과실에 많은데, 봄에 수확한 수박은 가을에 수확한 수박보다 가바가 약 2배 많습니다.

씨

비타민 B_6 함량은 가다랑어와 비슷

수박씨는 저칼로리 고단백으로, 에너지 대사를 촉구하는 비타민 B_6가 가다랑어와 거의 비슷하게 들어 있습니다. 수박씨는 최근 슈퍼 푸드로 주목받고 있는데, 검은 껍질은 소화되지 않으므로 껍질을 벗기고 흰 배아 부분을 먹습니다.

복합 작용으로 껍질을 실속 있게 먹어요

박과이며 식물학상 채소인 수박은 껍질에 붙은 흰색 부분을 채소처럼 먹을 수 있습니다. 딱딱한 초록색 부분을 제거한 껍질의 흰색 부분은 아사즈케로 먹는 것이 좋습니다. 시트룰린과 식초의 복합 작용으로 피로 해소 효과도 뛰어납니다. 여름철 반찬으로 딱 좋겠죠?

1 껍질 표면의 초록색 부분을 벗기고 먹기 좋은 크기로 자른다. 수박 껍질에 가볍게 소금을 뿌리고 살짝 잠길 정도의 식초를 넣어 절인다.

2 랩을 씌우고 냉장고에서 2~3시간 절이면 완성! 수박의 미네랄이 빠져나온 식초는 탄산수 등에 타서 마신다.

씨 부분에서 자르면 깔끔하게 먹을 수 있어요!

수박씨는 줄무늬 모양을 따라 균등하게 늘어서 있습니다. 일단 수박을 줄무늬의 수직 방향으로 자릅니다. 단면에 보이는 씨를 따라 중심에서부터 방사형으로 자르면 단면에 씨가 깔끔하게 늘어서 있어서 제거하기 쉬워집니다. 달콤한 중심부도 균등하게 나눌 수 있습니다.

1 수박의 줄무늬 모양에 수직으로 칼집을 넣고 반으로 자릅니다.

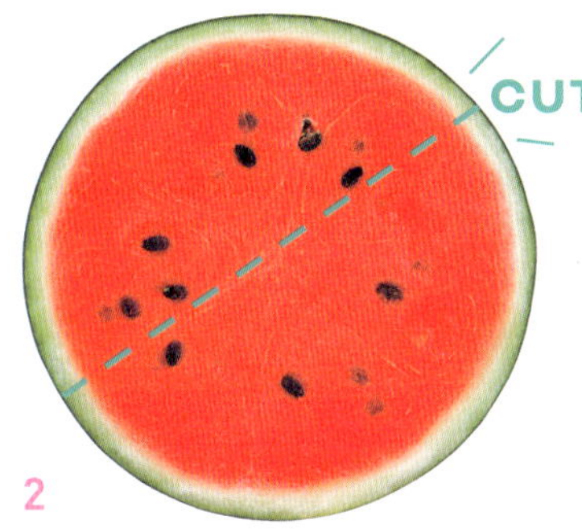

2 씨가 보이는 위치에 맞추어 또 반으로 자릅니다.

3 단면에 씨가 깔끔하게 늘어서 있어 제거하기 쉽습니다.

COLUMN

컨디션이 저하되었을 때는 수박당으로 해결!

가열로 항산화력이 UP! 만능약으로 추천해요

수박 과즙을 짜서 걸쭉해질 때까지 졸인 '수박당'은 시트룰린이나 칼륨의 효능이 가득합니다. 체내 수분의 균형을 조절하여 부종을 해소하는 효과, 여름철 더위로 인한 피로 해소 효과, 여름 감기의 목 통증 완화, 거친 피부 개선, 숙취 해소, 고혈압 개선도 기대할 수 있는 만능약이죠. 수박 과즙은 가열하면 생수박보다 항산화력이 6% 높아지므로 그야말로 영양을 가득 담은 식품입니다. 수박당은 물에 타서 마셔도 좋습니다.

수박 과육을 갈아 주스로 만든 후 냄비에 넣고 끓입니다. 끓으면 타지 않도록 약불로 줄이고 꿀처럼 걸쭉해질 때까지 2~3시간 졸입니다.

감 Persimmon

감은 말리면 폴리페놀이 4배

주요 영양 성분×감의 효능

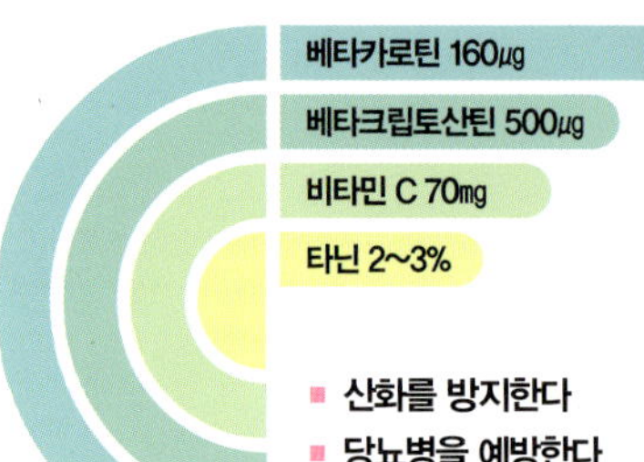

- 산화를 방지한다
- 당뇨병을 예방한다
- 성인병을 예방한다
- 피로 해소를 돕는다

영양이 응축된 건강 과일

비타민, 미네랄이 균형 있게 들어 있는 감이지만, 뭐니 뭐니 해도 말린 감이 최고입니다. 말린 감은 생감보다 비타민 C는 줄어들지만 식이섬유와 폴리페놀인 타닌이 응축되어 풍부해집니다. 또 암 예방 효과가 있는 베타크립토산틴은 4배나 증가합니다.

감의 부위 도감

잎

비타민 C는 녹차의 20배

감잎은 항균 작용이 뛰어나 초밥 포장 등에도 활용됩니다. 또 비타민 C가 풍부한데 그 양은 녹차보다 20배 많습니다. 감잎의 비타민 C는 가열해도 유지되므로 '감잎차'를 추천합니다.

과육

항산화 성분이 가득!

시트룰린이나 폴리페놀인 타닌 등 감의 과육에는 항산화 성분이 가득합니다. 또 가바도 풍부하여 릴렉스 효과나 숙면 효과도 얻을 수 있습니다.

숙취 예방에도 효과적

Fruits point

껍질

마그네슘이 과육의 3배

껍질은 과육보다 칼륨이 1.6배, 마그네슘은 3배 이상, 비타민 C도 약 3배 많습니다. 무농약 감이라면 껍질째 굽거나, 말린 껍질을 분말로 만들어 요거트에 넣어 먹어도 좋습니다.

씨

인이 잎의 2배

감의 딱딱한 씨는 먹을 수 없지만 씨 주변에는 인이나 마그네슘 등이 감잎 못지않게 많이 들어 있습니다. 씨 주위도 크게 도려내지 말고 남김없이 드세요.

말린 감의 흰색 가루는 당도의 증거

말린 감에 붙은 흰색 가루는 건조되면서 과육의 당분이 겉면에 배어 나온 것입니다. 또 과육의 검은 점은 폴리페놀 타닌입니다. 영양분의 증거이므로 제거하지 말고 드세요.

COLUMN

감식초의 항산화력은 쌀식초의 1,000배

감초는 최강의 항산화력

감의 타닌은 카테킨의 종합체로 폴리페놀이 풍부합니다. 또 감에는 항산화력이 높은 비타민 C도 많습니다. 이 시너지 효과로 감을 발효시켜 만든 감식초는 쌀식초의 1,000배, 흑초의 10배나 되는 항산화력을 갖고 있습니다.

파인애플 Pineapple

냉동 보관으로 효소를 1개월 유지

주요 영양 성분×파인애플의 효능

- 비타민 C 70mg
- 비타민 B_1 0.09mg
- 식이섬유 1.2g
- 브로멜라인 1.5g

- 산화를 방지한다
- 피부 노화를 방지한다
- 에너지 대사를 돕는다
- 장내 환경을 개선한다

Fruits point

단백질 소화를 도와요

파인애플의 부위 도감

껍질

사실은 여기가 과실

뾰족한 비늘 형태 하나하나가 파인애플의 과실입니다. 작은 과실이 모여 파인애플이 되는 것이죠. 붉은빛을 띠는 주황색으로 부풀어 있는 것이 맛있습니다.

심

식이섬유는 과육의 2배

심은 제거해 버리는 경우가 많은데, 여기에는 식이섬유가 과육의 2배 이상 들어 있습니다. 단백질 분해 효소인 브로멜라인도 있으니, 딱딱해서 먹기 힘들다면 얇게 슬라이스해서 꼭 섭취하세요.

과육

위아래로 당도가 완전히 달라요

파인애플은 아래로 갈수록 달아지는데, 당도를 비교하면 아래쪽이 6도나 더 달기도 합니다. 신맛을 즐긴다면 위쪽, 단맛을 원한다면 아래쪽을 드세요.

해동하면 효소가 되살아나요!

파인애플의 특징 성분인 브로멜라인은 60℃에서 활성화되지 않기 때문에 가열하지 않는 것이 좋습니다. 냉동하면 효소의 기능은 멈추지만 해동하면 되살아나기 때문에 냉동 보관하는 것도 좋습니다. 껍질에 가까울수록 분해 효소가 많으니 껍질을 너무 두껍게 잘라버리지 마세요.

거꾸로 뒤집으면 더 맛있어져요!

파인애플은 단백질 분해 효소 '브로멜라인' 외에 바나나보다 2배 많은 식이섬유를 함유하여 위장을 정돈하는 효과가 높습니다. 파인애플의 당분은 상부보다 하부에 많이 들어 있으니 사 오면 잎을 제거하고 뒤집어서 하룻밤~며칠 두세요. 그러면 과즙이 전체적으로 퍼져서 아무 데나 잘라도 달콤하답니다.

COLUMN

낭비 없이 손질하는 법?

심까지 먹어요

파인애플을 사서 위아래를 잘라내고 껍질을 벗기면 낭비 없이 먹을 수 있습니다. 심의 딱딱한 부분이 싫다면 얇게 자르거나 스무디에 넣어 활용해 보세요. 귀중한 소화 효소를 알차게 섭취할 수 있습니다.

귤 Mandarin Orange

과육보다 흰 껍질에 500배의 건강 성분!

흰 껍질의 풍부한 영양소도 놓치지 않아요!

귤에는 베타크립토산틴이라는 항산화 물질이 풍부하며, '흰 껍질'에는 과즙보다 300~500배 많은 비타민 P인 헤스페리딘이 들어 있습니다. 귤의 속껍질에도 35배나 되는 양이 들어 있고요. 귤을 먹을 때는 과육이나 과즙뿐 아니라 흰 껍질도 버리지 말고 함께 드세요.

주요 영양 성분×귤의 효능

- 비타민 C 32mg
- 베타크립토산틴 1700μg
- 헤스페리딘 4000μg
- 칼륨 150mg

- 산화를 방지한다
- 면역력을 높인다
- 암을 예방한다
- 혈관을 튼튼하게 한다

Fruits point

과일 이외에도 식품 중 기능성 성분이 No.1

귤의 부위 도감

껍질(플라베도)

비타민 C가 과육의 2.5배

귤껍질에도 풍부한 성분이 들어 있습니다. 껍질 바깥쪽에는 과육 이상으로 비타민 C가 많이 들어 있고 인쪽의 흰 부분에는 헤스페리딘이 풍부합니다. 그래서 설탕조림이나 꿀절임으로 만들어 먹으면 좋습니다.

흰 껍질(귤락, 알베도)

체온 유지 효과는 과육의 40배

흰 껍질에 많이 함유된 헤스페리딘(비타민 P)은 혈류를 개선하여 몸을 따뜻하게 하며 중성 지방을 낮추고 스트레스를 완화하는 등 효과가 다양합니다. 흰 껍질을 깨끗이 제거하면 이 성분을 섭취할 수 없습니다.

과육(과즙 알갱이)

항산화력은 베타카로틴의 5배

천연 플라보노이드인 베타크립토산틴은 과육에 풍부하며, 항산화 효과가 있는 베타카로틴과 비교하면 항암 효과가 약 5배 더 많다고 합니다. 그야말로 하루 귤 1개면 의사가 필요 없겠네요!

매일 2~3개의 귤로 체내 위험의 60%를 예방

귤을 매일 2~3개씩 먹는 사람과 전혀 먹지 않는 사람은 혈중 베타크립토산틴 함량이 4배나 차이 납니다. 게다가 귤을 섭취하면 약 60%의 성인병 예방 효과가 있다고 합니다. 베타크립토산틴은 체내에서 비타민 A로 작용하는 카로티노이드로 바뀌어 항산화력을 높입니다. 최근 면역 활성화나 암 예방 등 새로운 기능이 계속 발견되고 있습니다.

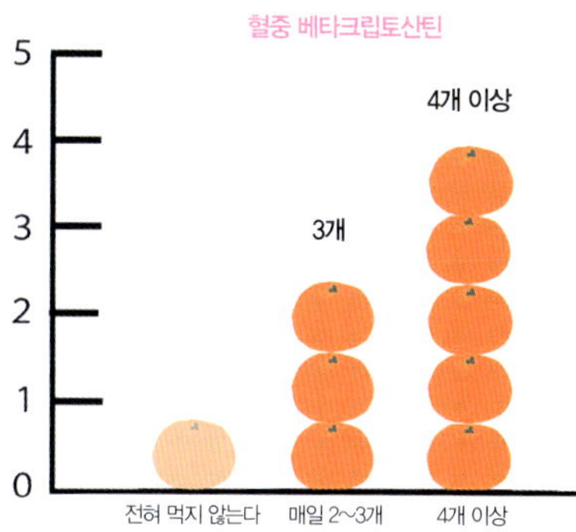

출처: 스기우라 미노루 '감귤류에 많은 베타크립토산틴의 생체 조절 기능과 기능성 표시 식품에 대한 전개'(2023) 원예학연구, 22(1), P1-10

귤껍질은 한방약으로

옛날부터 건강 효과가 알려진 귤껍질은 '진피'라고 하여 감기 증상 개선이나 위장약으로 사용되었습니다. 또 껍질에 든 리모넨은 릴렉스 효과를 가져옵니다. 잘 씻어서 일주일 정도 햇빛에 말리면 완성됩니다.

겨울철 든든한 지원군

베타크립토산틴은 피부나 뼈를 건강하게 유지하는 데에 도움이 됩니다. 그래서 비타민 C와 함께 섭취하면 시너지 효과를 내서 겨울철 건조하고 거친 피부를 개선할 수 있습니다. 또 비타민 P에는 비타민 C의 흡수를 돕는 효과도 있기 때문에 겨울철에 몸을 따뜻하게 하고 감기 바이러스 등으로부터도 몸을 지켜줍니다.

COLUMN 전문가에게 전수받은 '꽃잎 모양으로 벗기기'

하나, 둘, 셋 하면 바로 먹을 수 있어요

귤을 먹을 때 의외로 껍질 벗기기가 귀찮죠? 그럴 때 추천하는 것이 '꽃잎 모양으로 벗기기'입니다. 껍질을 조각조각 벗기지 않아서 빠르고 간단하며, 과실을 거의 만지지 않고 먹을 수 있어서 손도 더러워지지 않는답니다. 비타민 P를 풍부하게 함유한 귤락 부분이 적당히 남아서 비타민 C의 흡수도 촉진시키는 방법입니다.

꽃잎 모양 벗기기

1 귤 아래쪽에서부터 껍질에 손가락을 찔러 넣고 껍질째 2개로 나눈다.

2 나눈 열매와 껍질을 또 2개로 나눈다.

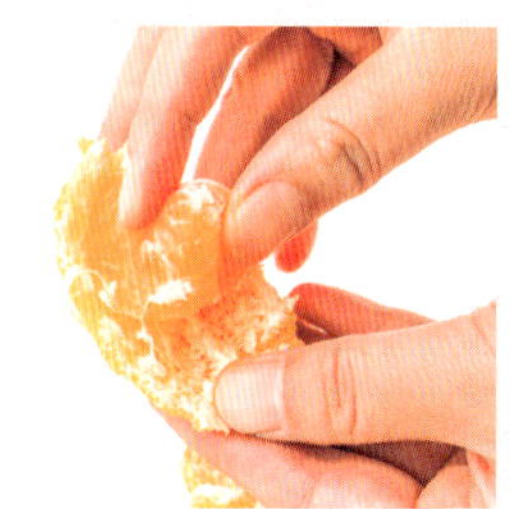

3 부채꼴이 된 귤을 아래쪽부터 벗긴다. 손으로 벗기지 않고 그대로 입으로 벗겨 먹어도 OK!

체리 Cherry

냉동하면 폴리페놀이 증가

주요 영양 성분×체리의 효능

- 베타카로틴 98㎎
- 엽산 38㎍
- 안토시아닌 70㎎
- 칼륨 210㎎

- 항산화 작용을 한다
- 눈의 피로를 해소한다
- 부종을 개선한다

시력 회복 효과를 늘리려면 냉동으로

체리의 폴리페놀인 안토시아닌은 시력 회복 등에 효과적인 성분입니다. 안토시아닌은 냉동하면 증가합니다. 생체리를 냉동해도 식감을 유지할 수 있지만 얼린 상태로 퓌레로 만드는 방법도 추천합니다.

Fruits point

작은 몸에 큰 파워!

체리의 부위 도감

껍질

폴리페놀이 3배

신선한 껍질 부분에는 안토시아닌을 비롯한 폴리페놀이 열매보다 3배 더 많이 들어 있습니다. 일본산 체리보다 색이 진한 미국산 체리는 안토시아닌이 2배 정도 많습니다.

씨

독이 있어서 먹으면 안 돼요!

체리 씨에 든 아미그달린은 몸에 유해한 성분입니다. 소량이라면 문제없지만 대량으로 섭취하면 식중독 증상을 일으킬 수 있으므로 씨는 먹지 마세요.

멜라토닌이 풍부해요

뇌에서 분비되는 멜라토닌은 수면의 질을 높이는 효과가 있다고 알려져 있습니다. 멜라토닌은 특히 체리에 풍부하게 들어 있습니다. 저녁 식사 전~잠자기 1시간 정도 전에 체리를 먹으면 자연스럽게 숙면을 유도해 주며, 신진대사를 촉구하는 효과도 기대할 수 있습니다.

체리의 영양 흡수 UP!

체리+레몬

항산화력

40% UP

체리의 안토시아닌은 비타민 C와 함께 섭취하면 항산화력이 높아집니다. 체리를 먹을 때 레몬 과즙을 뿌리거나 함께 음료로 만들면 좋습니다.

체리+유분

베타카로틴 흡수력

600% UP

체리의 베타카로틴은 지방과 함께 섭취하면 흡수력이 증가합니다. 샐러드에 넣어 유분이 있는 드레싱을 뿌리거나 요거트에 넣어보세요.

후숙하면 베타카로틴이 3배 UP!

주요 영양 성분×망고의 효능

- 베타카로틴 610㎎
- 엽산 84㎍
- 비타민 C 20㎎
- 비타민 E 1.9㎎
- 칼륨 170㎎

- 산화를 방지한다
- 피부 노화를 방지한다
- 면역력을 높인다
- 콜레스테롤 수치를 개선한다

망고의 부위 도감

껍질

과육 이상의 항산화 작용

항산화 성분이 과육 이상으로 풍부한 껍질은 쓴맛이 조금 나지만 그대로 먹거나 스무디로 만들어 드세요. 단, 미량의 알레르기 성분이 있으니 주의하세요.

Fruits point

그대로 먹는 것만으로 영양 만점

가로썰기보다 세로썰기 슬라이스 추천

망고의 항산화 성능은 잘게 자를수록 감소합니다. 가로로 자르는 것보다 세로로 자르는 것이 산화를 늦출 수 있으므로 위의 사진처럼 세로썰기 하는 것이 좋습니다.

과육

식후 디저트로 GOOD

망고에는 단백질 분해 효소인 프로테아제가 들어 있어서 고기 요리를 먹은 후 디저트로 먹으면 소화를 도와줍니다. 식이섬유도 풍부하므로 장내 환경 개선 효과도 있습니다.

COLUMN

말리면 영양가 UP!

말린 망고의 영양가는 생망고의 10배

망고를 말리면 영양소가 응축하기 때문에 비타민 C나 비타민 B군, 칼슘 등의 미네랄은 3배, 식이섬유는 5배, 베타카로틴은 10배나 증가합니다.

후숙으로 비타민이 최대 3배 증가

망고를 손가락으로 눌렀을 때 단단하면 아직 덜 익은 것입니다. 덜 익은 망고는 베타카로틴이 적은데, 후숙시키면 (종류에 따라 다르지만) 최대 3배 증가합니다. 표면에 광택이 돌고 달콤한 향이 나면 잘 익었다는 증거입니다.

멜론 Melon

고혈압 예방 효과는 수박의 약 3배

주요 영양 성분×멜론의 효능

베타카로틴 3200㎍
칼륨 340㎎
시트룰린 50㎎
엽산 32㎍

- 산화를 방지한다
- 부종을 해소한다
- 소화를 돕는다
- 혈류를 개선한다

칼륨과 가바가 작용해요

수박은 칼륨이 풍부한 과일로 알려져 있는데, 멜론에는 수박보다 약 3배나 더 많은 양이 들어 있습니다. 특히 그냥 버려지는 멜론 씨에는 단백질이나 식이섬유, 페놀 화합물이 많고 항산화 작용, 항염증 작용, 항균 작용 등 다양한 특성을 갖고 있습니다.

멜론의 부위 도감

과육

익으면 베타카로틴이 1.7배로

과일 중에서도 특히 당도가 높고 체내에서 에너지로 빨리 변하는 멜론은 구연산이나 시트룰린 등의 피로 해소 성분과 함께 섭취하면 체력 회복에 최적입니다. 익으면 베타카로틴도 1.7배로 증가하고 항산화력도 높아집니다.

씨

지방의 70%는 리놀산

멜론 씨에는 식이섬유와 칼슘이 풍부합니다. 또 양질의 지방도 많은데, 그중 70%는 항산화 효과가 뛰어난 리놀산입니다. 노화를 방지하고 기억력을 높이는 효과를 기대할 수 있죠. 스무디를 만들 때 넣으면 좋습니다.

중심으로 갈수록 3배 달아져요

초록색vs주황색, 영양가가 높은 것은 어느 쪽?

과육이 초록색인 멜론과 주황색인 멜론이 있는데 영양가의 차이는 베타카로틴의 함량입니다. 주황색 멜론은 베타카로틴이 초록색 멜론의 약 25배이므로 항산화력을 생각한다면 주황색 멜론이 좋지만 그 외의 영양가는 거의 비슷합니다.

뇌혈전이나 심근경색에도 효과적

멜론의 폴리페놀은 양은 많지 않지만 항산화 성분이 풍부하고, 베타카로틴과 함께 섭취하면 전체적으로 항산화력이 더 높아집니다. 또 혈액 순환 효과도 있어서 뇌혈전이나 심근경색의 예방 및 고혈압 예방도 기대할 수 있습니다.

껍질

비타민 C는 과육의 2.2배

멜론의 비타민 C는 과육보다 껍질에 많습니다. 겉의 딱딱한 부분을 먹는 것은 어려우니 최대한 껍질 근처까지 먹도록 합시다. 단맛이 적어서 멜론 버터로 활용하면 좋습니다.

슬라이스하면 항산화력 72% 증가

멜론은 슬라이스하면 깍둑썰기했을 때보다 항산화력이 1.2배 높다고 합니다. 멜론은 두껍게 썰지 말고 얇게 썰어서 신선하게 먹는 것이 좋습니다.

Fruits point

부종 개선 효과는 수박의 2.8배

멜론 속

비타민 C는 과육의 1.2배

멜론 씨 주변의 섬유질인 멜론 속은 청과물 전문가가 '버리면 안 돼!'라고 할 정도로 당도가 가장 높은 부분입니다. 비타민 C도 과육 이상으로 들어 있습니다. 또 멜론 속에 함유된 아데노신에는 혈액 순환 성분도 풍부합니다.

COLUMN

껍질&멜론 속의 영양소를 꽉 잡아요

손실&낭비 없는 멜론 소스

딱딱한 부분을 제거한 멜론 껍질과 씨를 제거한 멜론 속을 꽉 짠 즙으로 만드는 멜론 시럽. 버리는 부위로 만들었다고는 생각할 수 없을 정도로 맛과 향이 진하답니다. 버터에 섞어 멜론 버터로 만들면 멜론을 남김없이 맛있게 먹을 수 있습니다.

1 멜론 껍질은 딱딱한 겉부분을 제거하고 남은 것을 잘게 썬다.

2 씨와 멜론 속을 체에 넣어 거르고 즙을 분리해 둔다.

3 냄비에 1과 2를 넣고 약불에서 가열한다.

4 당분이 타지 않도록 주의하면서 졸이고 잔열을 날려 완성한다.

블루베리 Blueberry

냉동하면 항산화 물질이 1.5배로 UP!

주요 영양 성분×블루베리의 효능

- 베타카로틴 55㎍
- 비타민 E 2.3㎎
- 안토시아닌 200㎎
- 식이섬유 3.3g

- 산화를 방지한다
- 피로한 눈을 예방·개선
- 성인병을 예방한다
- 장내 환경을 개선한다

항산화력과 시력 회복에 효과적

식이섬유와 비타민 A, E를 많이 함유한 블루베리는 크기는 작아도 항산화력이 뛰어난 과일입니다. 항산화 효과와 함께 시력 회복에 효과적인 안토시아닌도 풍부합니다. 블루베리를 냉동하면 이 안토시아닌이 증가한다고 합니다.

Fruits point

냉동, 가열하면 영양 성분이 더욱 증가!

블루베리의 부위 도감

잎

항산화량이 우롱차의 2배인 블루베리차

블루베리의 잎은 칼슘이 풍부하며 불포화지방산도 54% 함유되어 있습니다. 또 글루타민산과 아스파라긴산 등의 아미노산도 있습니다. 잎의 폴리페놀류는 가열해도 줄어들지 않으므로 차로 만들어 남김없이 섭취하세요.

껍질

혈당치 조절 성분이 과육의 4배

껍질에는 폴리페놀인 안토시아닌이 풍부할 뿐 아니라 혈당치 상승을 억제하는 알파글루코시타아제가 과육보다 4배 많이 들어 있습니다. 세척해서 껍질째 드세요.

근육통 회복 성분이 83%

블루베리를 먹으면 먹지 않았을 때보다 운동 후의 근육통을 회복하는 옥시리핀의 함량이 87%나 높아진다고 합니다. 또 운동 중 지방 산화율을 30분에 최대 43%나 억제해 줍니다.

안토시아닌이 눈에 효과적인 이유

눈에는 빛의 자극을 뇌에 전달하는 '로돕신'이라는 성분이 있는데, 눈을 많이 사용하면 로돕신이 잘 합성되지 않고 눈이 흐려지는 증상이 나타납니다. 안토시아닌은 이 로돕신의 재합성을 도와주고 눈의 피로 증상을 개선하는 데에 효과적입니다.

초점 조정 기능의 비교

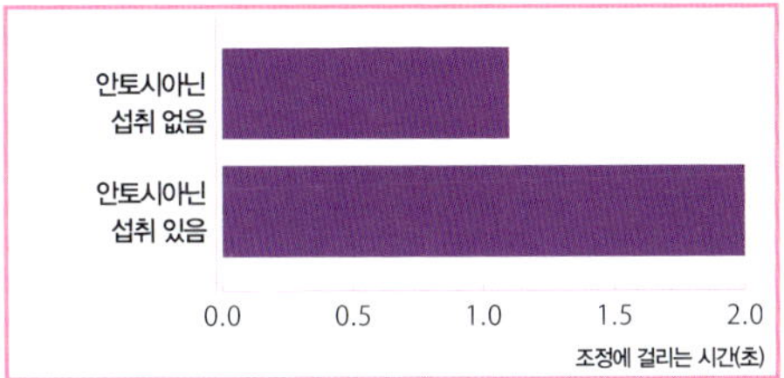

출처: 세가와 기요시, 야나모토 겐지로, 가와다 스스무, 야기 사에코, 야마구치 히데오 'VDT 작업 부하에 따른 안구 피로 자각 증상 및 조절 기능 장애에 대한 블루베리 과실 유래 안토시아닌 함유 식품의 보호적 효과'(2013) 약리와 치료 41, P155-65를 토대로 작성

인지 기능 개선

심혈관 기능 개선

콜레스테롤 저하

2분 찌면 안토시아닌이 13배

블루베리의 안토시아닌은 가열로도 증가합니다. 특히 블루베리를 2분 찌면 안토시아닌은 13배, 전자레인지 가열로는 2배가 됩니다. 안토시아닌 이외의 영양소는 변하지 않기 때문에 잼으로 만드는 것도 추천합니다. 다만, 믹서에 갈면 절반으로 줄어드니 주의하세요.

바로 다 먹지 못하면 반드시 냉동 보관

생블루베리는 냉장고에서 일주일 정도 보관할 수 있지만 그래도 다 먹지 못할 경우에는 냉동하는 것이 좋습니다. 물에 씻은 블루베리를 지퍼백에 넣어 냉동고에서 보관하면 됩니다. 냉동하면 비타민 감소도 줄일 수 있습니다.

COLUMN

유산균+블루베리로 유익균이 UP

장을 염증으로부터 지키고 유익균의 증식을 도와줘요

블루베리의 식이섬유는 장을 염증으로부터 지키는 효과가 있다고 합니다. 블루베리를 요거트 등의 유산균과 함께 섭취하면 이 보호 효과가 더 증대됩니다. 또 장내 세균총 중 락토바실러스 등 유익균의 증식을 도와 변비 예방·개선 효과도 기대할 수 있습니다.

복숭아 Peach

껍질에는 폴리페놀이 과육의 2배

주요 영양 성분×복숭아의 효능

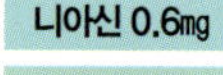

- 니아신 0.6mg
- 카테킨 180mg
- 식이섬유 1.3mg
- 클로로겐산

- 에너지 대사를 돕는다
- 산화를 방지한다
- 부종을 개선한다
- 장내 환경을 개선한다

껍질을 벗기면 엄청난 손해!

복숭아에는 카테킨이나 클로로겐산 등의 폴리페놀이 풍부한데, 이들은 대부분 껍질에 들어 있습니다. 복숭아는 껍질을 벗기고 먹는 경우가 많지만 영양소와 맛을 모두 고려했을 때 껍질째 먹는 것이 좋습니다.

Fruits point

사실 복숭아는 씨 이외에는 모두 껍질!

복숭아의 부위 도감

복숭아의 하부

갈라진 틈에 주목!

하부는 껍질 다음으로 폴리페놀이 많이 함유되어 있습니다. 또 갈라진 틈 부분에도 세 번째로 많은 폴리페놀이 들어 있습니다.

낮다 당도 높다

과실(중간 껍질)

단백질은 껍질의 6배

복숭아 과실에는 정장 작용을 돕는 수용성 식이섬유 펙틴이 풍부합니다. 또 단백질은 껍질보다 6배, 인도 15배 더 많이 들어 있고, 지방과 탄수화물 등 에너지가 되는 영양소가 많습니다. 폴리페놀은 가장 적게 들어 있지만 에너지로 빨리 변하는 당과 수분이 풍부합니다. 그래서 피로 해소나 열사병 대처에 좋습니다.

씨

단백질은 과육의 2배

복숭아씨의 핵은 '도인'이라고 하여 혈류를 개선하는 생약으로 사용되는데, 미량이지만 아미그달린이라는 식중독 증상을 일으키는 성분이 들어 있습니다. 먹고 바로 탈이 날 정도의 양은 아니지만 씨는 먹지 않는 것이 좋습니다.

껍질째 먹고 항산화력을 3배로

복숭아 껍질이나 껍질 아래에 든 카테킨은 높은 항산화력을 자랑하는 성분입니다. 복숭아를 껍질째 먹는 것을 꺼리는 경우가 많지만 흐르는 물에 씻으면 잔털이 제거되므로 입에 닿는 느낌이 괜찮아집니다. 껍질째 먹을 땐 무농약인 것을 고르면 안심할 수 있습니다. 정장 작용을 돕는 펙틴도 껍질에 풍부합니다.

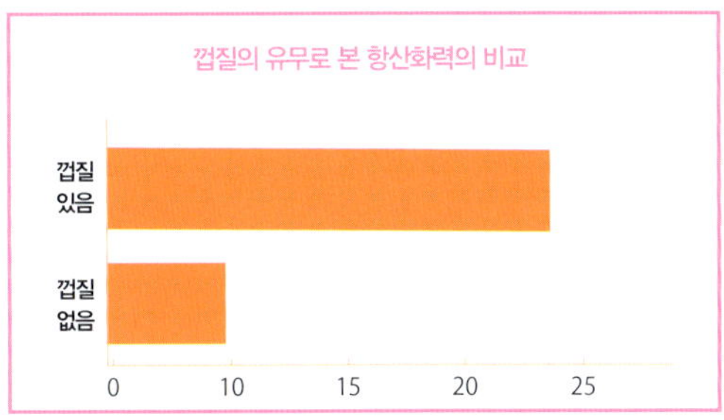

출처: Antioxidant Potential of Peels and Fleshes of Peaches from Difference Cultivars October 2009 Journal of Medicinal food 12(5): 1119–26

COLUMN

최대한 손실 없이 벗기려면?

인이나 단맛이 조금 줄어들지만 따뜻한 물에서 호로록 벗겨져요!

껍질을 벗긴 후의 복숭아는 벗기기 전과 비교하면 과육의 인이나 당도가 약간 감소할 수 있습니다. 복숭아 껍질도 토마토처럼 끓인 물에 30초 담갔다가 얼음물로 식히면 호로록 간단하게 벗길 수 있습니다. 껍질째 냉동한 복숭아를 찬물에 담가도 깔끔하게 벗길 수 있습니다.

열매의 변색은 폴리페놀의 산화가 원인

복숭아를 자르고 잠시 두면 갈색으로 변하는 경우가 있는데, 이것은 복숭아에 풍부한 폴리페놀 옥시다아제라는 효소의 작용으로 산화하기 때문입니다. 복숭아는 열매가 부드럽고 잘 무르는 과실이므로 레몬즙 등을 뿌리거나 자른 후에는 최대한 빨리 먹는 것이 좋습니다.

당뇨병 위험을 10% 줄여요

과일을 일상적으로 먹으면 당뇨병 위험이 줄어듭니다. 특히 식이섬유가 풍부한 과일은 혈당치의 상승을 억제하죠. 영양소가 같아도 주스로 마시면 당이 빠르게 흡수되어서 같은 효과를 얻을 수 없습니다.

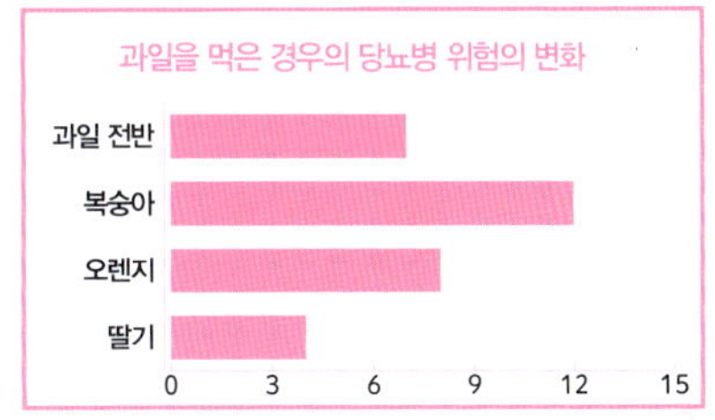

출처: Fruit consumption and risk of type 2 diabetes: results from three prospective longitudinal cohort studies(BMJ 2013년 8월 29일)를 토대로 작성

겉껍질

폴리페놀이 과실의 2배

복숭아를 껍질째 먹으면 카테킨 등의 폴리페놀은 과실보다 2배 더 많고 비타민 E나 니아신 등의 영양소를 섭취할 수 있으므로 체력 보충에 최적입니다. 안티에이징 효과도 기대할 수 있습니다.

가열하면 항산화력 30% 감소

백도는 폴리페놀이 많아 항산화력이 높지만, 가열 조리하면 효과가 30% 감소합니다. 가열 시 폴리페놀이 졸임 국물로 빠져나가기 때문입니다. 전자레인지 조리나 물을 사용하지 않는 조리법을 이용한다면 항산화력은 거의 감소하지 않습니다.

속껍질

씨를 보호하는 핵 부분

속껍질은 씨의 내용물을 보호하는 딱딱한 껍질 부분을 말합니다. 이 부분도 과실의 일부이지만 너무 딱딱해서 먹을 수 없습니다. 칼을 속껍질에 대고 한 바퀴 빙 칼집을 넣으면 깔끔하게 도려낼 수 있습니다.

PART 5

먹는 법에 따라 영양이 최대 4배로

식후 혈당치 상승에 큰 영향을 미치는 밥, 빵, 파스타 등은 먹는 타이밍이나 곁들이는 음식에 따라 효과가 대폭 커질 수도 있습니다. 요령 있게 먹고 영양소도 빠짐없이 챙기세요.

보관, 가열, 먹는 법에 따라 달라져요

곡류·대두·견과류·음료 100% 활용법

3대 영양소 중 하나인 탄수화물을 보급할 수 있는 곡류는 고르는 법, 먹는 법에 따라 영양가도, 식후 혈당치의 상승률도 완전히 달라집니다. 매일 먹으면 좋은 대두나 차 등도 효율적으로 섭취할 수 있는 요령이 있답니다.

마시는 타이밍이 열쇠

녹차나 커피는 항산화 효과가 뛰어나지만 마시는 법, 타이밍, 섭취량에 따라 몸에 미치는 효능이 달라집니다. 요령을 알고 효과적으로 섭취하세요.

대두 제품은 매일 먹으면 효과적

대두 사포닌이나 이소플라본 등 몸을 구성하는 성분이 풍부한 대두 식품은 한 번에 많이 먹기보다 매일 꾸준히 반찬으로 섭취하는 것이 좋습니다.

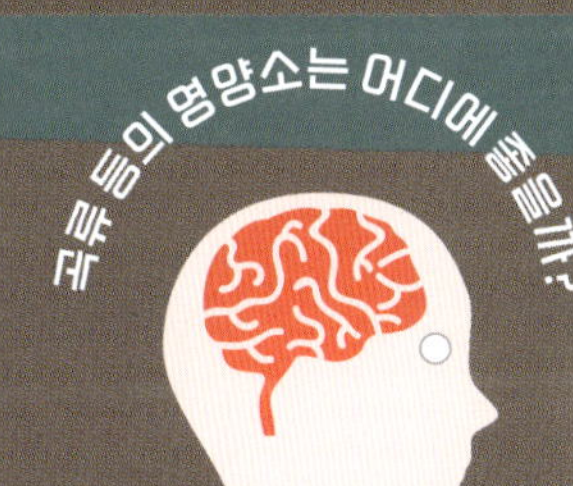

곡류 등의 영양소는 어디에 좋을까?

탄수화물

지방, 단백질과 함께 3대 영양소이며 가공 방법 등에 따라 함량이나 종류가 달라집니다. 현명하게 골라 남김없이 드세요.

비타민 B군

곡물에는 에너지 생산에 필요한 비타민 B군이 함유되어 있습니다. 밥의 경우에는 정제되어 있지 않은 현미에만 비타민 B군이 들어 있습니다.

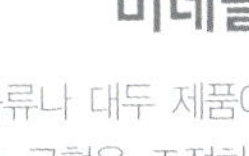

미네랄

곡류나 대두 제품에는 체내 수분 균형을 조절하는 칼륨이나 마그네슘, 철 등의 미네랄이 풍부하여 생명 유지에 필수적입니다.

폴리페놀

호두나 깨 등에 함유된 폴리페놀은 음식물 중에서도 항산화력이 가장 뛰어납니다. 몸이 제대로 기능하는 데에 도움이 됩니다.

쌀 Rice

식초 1작은술로 단백질 소화를 10배로

몸에 좋은 단백질, 식초를 더하면 흡수율 UP

오늘날 쌀은 소비량이 줄었다고 하지만 여전히 매일의 건강을 책임지는 주식입니다. 탄수화물(전분)을 주성분으로 하며 비타민과 미네랄을 함유한 믿음직한 식재료입니다. 쌀 단백질의 소화율을 10배로 올리는 요령은 바로 식초를 넣는 것입니다. 쌀 단백질은 쉽게 소화되지 않고 흡수율이 낮은데, 밥을 지을 때 식초를 1작은술 정도 넣으면 칼슘이 녹아서 흡수하기 쉬워지고 소화 흡수가 잘 되는 단백질도 대폭 증가합니다.

Rice point

섭취 방법으로 혈당치 상승을 억제해요

내배유

백미가 되는 부분은 여기

백미가 되는 부분이며 70%가 탄수화물, 6%가 단백질, 나머지는 지방이나 미네랄, 비타민입니다. 쌀은 소화·흡수에 시간이 걸리기 때문에 혈당치가 잘 오르지 않는 탄수화물입니다.

배아

작지만 영양은 풍부

싹을 틔우기 위한 영양소가 가득 찬 부분으로, 단백질·미네랄·비타민 등의 영양소가 응축되어 있습니다. 겨층을 제거하고 배아만 남긴 것이 배아미입니다.

겨층

식이섬유 듬뿍

비타민 B군이나 미네랄, 식이섬유 등이 풍부한 부위로, 항산화 물질의 공급원입니다. 배아와 이 겨층을 남긴 것이 현미입니다. 영양이 풍부하지만 딱딱해서 먹기 어렵다는 단점도 있습니다.

쌀→밥은 화학 변화로 다른 물질로

생쌀에 함유된 베타전분은 소화가 잘되지 않습니다. 하지만 물을 더하고 열을 가하면 소화되기 쉬운 알파전분으로 변해서 체내 흡수율이 좋아집니다. 식히면 다시 베타전분으로 돌아가 식은밥이 되고, 따뜻할 때 냉동하면 알파전분 상태로 유지됩니다. 단, 장내 환경 개선 물질은 생성되지 않습니다.

→ α화

← β화

뇌의 유일한 에너지원

쌀의 70%를 차지하는 탄수화물은 체내에서 소화되면 포도당으로 변합니다. 뇌나 신경계는 포도당이 유일한 에너지원이기 때문에 그 재료가 되는 탄수화물은 반드시 섭취해야 하는 필수 영양소입니다. 쌀은 지방이 적고 당질과 식이섬유가 함유되어 있어 체지방이 되기 어려운 탄수화물입니다.

실내의 빛으로도 비타민 E가 사라져요

백미는 한 번만 씻어도 비타민 E가 20%나 줄어듭니다. 10번 씻으면 34%로 감소하기 때문에 가능한 한 간단하게 씻는 것이 좋습니다. 또 비타민 E는 빛에 약하기 때문에 실내의 빛이 닿는 곳에 쌀을 보관하면 2개월 만에 거의 사라져 버립니다. 쌀은 밀폐 용기에 넣어 냉장고에서 보관하세요.

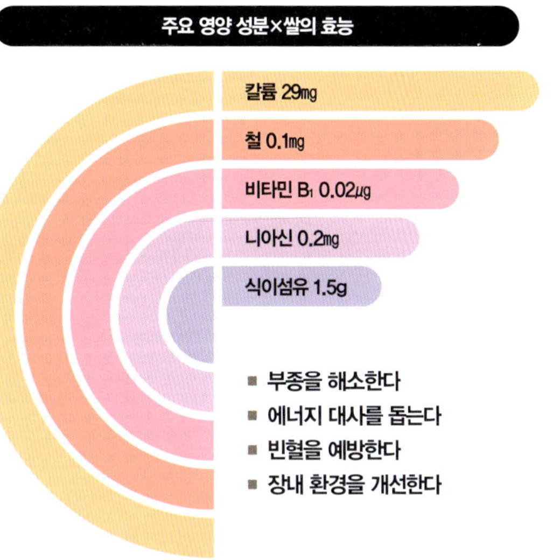

취사에 실패해도 이것으로 회복

밥을 지을 때 물을 잘못 맞추면 망했다고 생각하지만 조금은 살릴 수 있습니다. 너무 딱딱한 경우에는 맛술을 1큰술 정도 두르고 몇 분 동안 다시 취사합니다. 너무 질게 된 경우에는 랩을 씌우지 않고 전자레인지에서 2분 정도 가열해 주세요.

COLUMN 불리면 밥은 이렇게까지 변해요!

포인트는 냉장고에서 6시간 이상

밥을 맛있게 지으려면 쌀을 물에 불려두는 과정이 필요합니다. 상온에서 단시간이 아니라 찬물에 담가 천천히 불리세요. 씻은 쌀을 찬물에 넣고 냉장고에서 6시간 이상 불리면 단맛이 나는 밥이 됩니다. 가바나 당분도 평소보다 증가합니다.

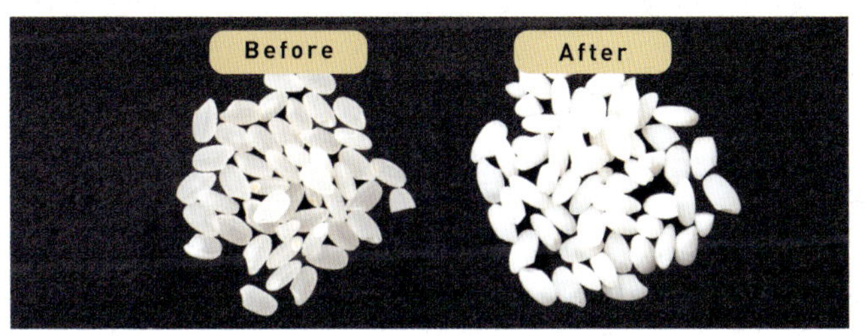

영양소를 꽉 잡는 보관법

취사 완료 후 24시간 지나면 장내 개선 성분이 1.8배로!

취사로 인해 α화된 전분은 식히면 식이섬유와 같은 작용을 해서 장내 환경 개선에 효과적인 레지스턴트 스타치(난소화성 전분)가 생성됩니다. 이것은 냉동할 때는 생성되지 않으므로, 1~2일 이내에 섭취할 거라면 냉장 보관을 추천합니다.

일단 식히면 장내 환경을 개선하는 레지스턴트 스타치가 생성되므로 식히고 나서 냉동하는 것도 추천합니다.

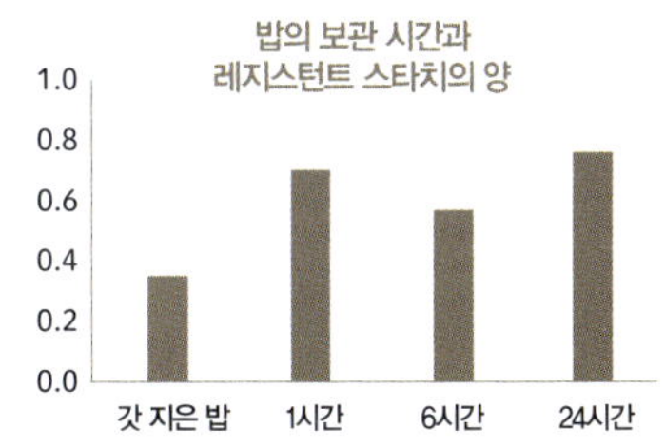

밥에 생성된 레지스턴트 스타치의 양은 취사 후 24시간이 지나면 약 1.8배 증가합니다.

출처: 가메이 아야, 사토 다케시 '취사 시의 물 첨가량 및 밥의 보관 온도와 시간 차이에 따른 레지스턴트 스타치의 함유량 변화에 대하여'(2015) 미야기교육대학 정기간행물, 50(1), P165-170

쌀의 영양소 흡수 요령

현미의 최강 폴리페놀, 비타민 E보다 높은 항산화력

백미vs현미, 영양가를 비교하면?

채소나 과일의 '껍질'에 해당하는 쌀겨를 남긴 현미는 백미보다 영양소가 풍부합니다. 백미에 비해 식이섬유는 약 4배, 비타민 B_1은 약 5배, 비타민 E는 약 12배나 더 들어 있고 마그네슘이나 칼륨, 인 등의 미네랄도 현미에 더 풍부합니다. 쌀겨에는 백미의 것보다 항산화력이 높은 폴리페놀인 감마오리자놀이 들어 있습니다. 그래서 현미 섭취 시 고지혈증 개선, 항염증이나 항알레르기, 당뇨병 예방 등 다양한 효과를 기대할 수 있습니다.

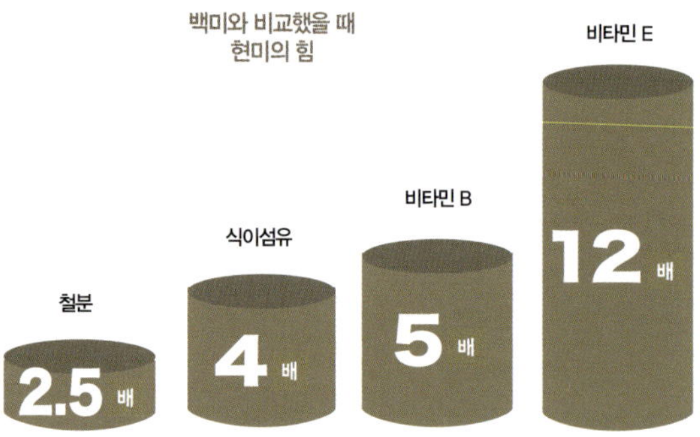

현미는 소화하는 데 시간이 걸리는 것이 단점입니다. 그래서 물에 오래 불리면 소화력이 좋아집니다. 일반적으로는 4~8시간 정도가 좋고, 만약 시간적 여유가 있으면 잡균에 주의하면서 24시간 불린 후 밥을 지으면 심이 통통하게 완성됩니다. 또한 소량의 소금을 넣고 밥을 지으면 흡수율이 더 증가합니다.

감마오리자놀의 효능

감마오리자놀은 음식의 맛이나 포만감으로 인한 행복감을 느끼는 뇌 기능을 향상시키고, 동물성 지방을 찾게 되는 뇌의 스트레스를 감소시키는 두 가지 효과가 있습니다. 식사 시 만족감을 높이면서 성인병 예방·개선에 도움이 됩니다.

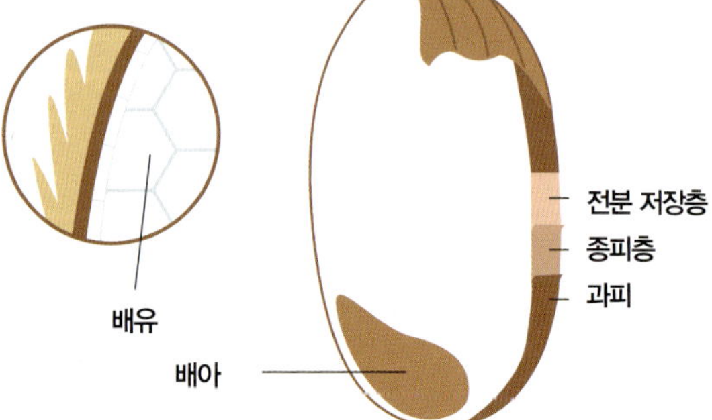

COLUMN

현미를 먹기 힘들다면 '분도미'로

나에게 맞는 도정 정도를 고르세요

영양가로 보면 현미가 압승이지만 백미에 비해 소화·흡수가 어렵다는 단점이 있으며, 또 맛이나 식감을 싫어하는 사람도 있습니다. 그럴 때는 바로 도정해 주는 가게에서 현미를 구매해서 도정 정도를 바꾸는 것을 권합니다.

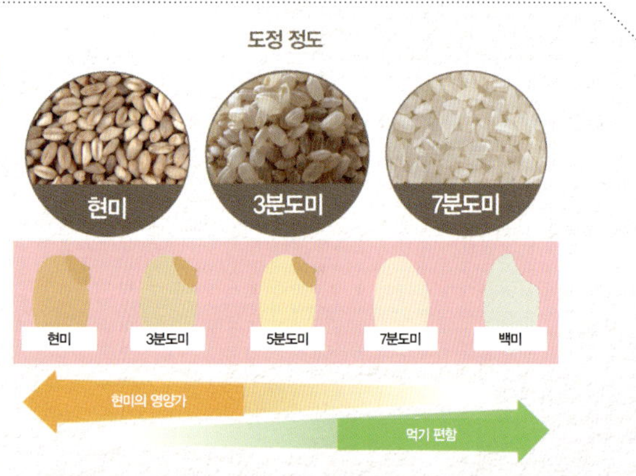

Rice point

현미는
50회를
기준으로
씹고 삼켜요

COLUMN

몸에 좋은 현미는 물에 불리는 시간이 포인트

철분이나 아연이 50% 이상 감소할 수 있어요

현미에 함유된 피틴산이라는 성분은 우리 몸속의 유해 물질을 배출하는 '킬레이트 작용'을 하는데, 몸에 필요한 철분을 50%, 아연을 64%나 배출해 버리는 경우도 있습니다. 현미를 6~8시간 물에 불리면 피틴산의 작용을 억제할 수 있습니다.

먹기 편하거나 영양가가 높아진 고기능성 쌀

최근에는 쌀을 품종 개량하거나 도정 방법을 연구하는 등 건강 효과를 높인 '고기능성 쌀'이 점점 개발되고 있습니다. 현미보다 먹기 쉬운 경우도 많으니 현미밥을 먹기 불편하다면 꼭 시도해 보세요.

발아하여 먹기 쉽게
발아현미
현미를 조금만 발아시킨 것. 발아로 인해 현미에 함유된 효소가 활성화되고 식감도 좋아졌습니다.

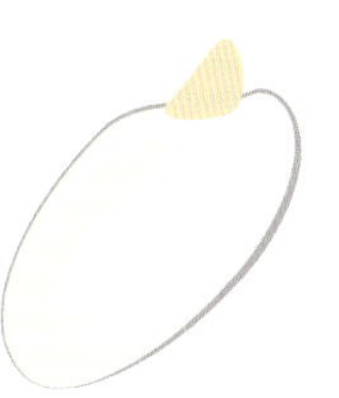

영양을 남기고 도정
발아미
배아를 남기고 도정한 배아 정미를 발아시킨 것. 영양소가 응축된 배아를 남겨서 백미의 식감과 현미의 영양가 두 마리 토끼를 잡았습니다.

스트레스 완화와 혈압 강하에 GOOD
가바미
수면의 질을 높이고 혈압을 낮추는 효과를 기대할 수 있는 가바가 일반 쌀보다 많이 함유된 쌀.

현미의 소화율을 높인
로우컷 현미
현미의 거친 식감과 낮은 소화력의 원인인 방수성 '표피층'만 제거하여 현미의 영양가는 그대로 유지하면서 백미처럼 먹을 수 있습니다.

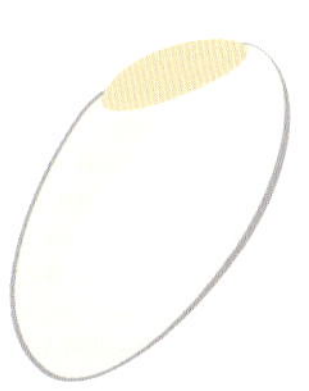

현미보다 영양가 UP
거대 배아미
영양소를 저장하는 배아를 일반 쌀보다 크게 키운 것. 일반 현미보다 영양가가 훨씬 높은 것이 특징입니다.

폴리페놀이 풍부
색소미
적미·흑미 등을 겨층을 남기고 도정한 것. 폴리페놀의 기능성에 따라 항산화력이 일반 쌀겨보다 40~60배 더 많습니다.

파스타 Pasta

'1분 삶기'로 시간 단축 &비타민 B는 유지

주요 영양 성분×파스타의 효능

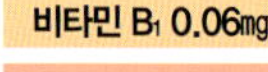

비타민 B_1 0.06mg

니아신 0.6mg

철 0.7mg

- 산화를 방지한다
- 콜레스테롤 수치를 낮춘
- 골다공증을 방지한다
- 장내 환경을 개선한다

'물에 불려서 시간 단축' or '삶아두고 장 건강'

건면을 물에 불려두면 파스타 삶는 시간을 단축할 수 있어서 조리로 손실되는 비타민 B군을 지킬 수 있습니다. 파스타는 일단 식히면 레지스턴트 스타치가 증가하여 혈당치의 급상승을 억제하고 장내 환경을 정돈하기 때문에 미리 삶아두는 것도 추천합니다.

장까지 도달해서 작용하는 레지스턴트 스타치는 유익균의 먹이가 되며, 원활한 배변 활동을 돕는 기능을 합니다.

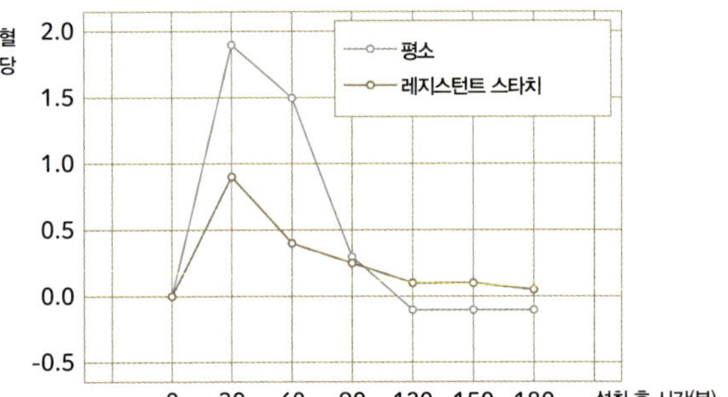

레지스턴트 스타치는 난소화성으로 대장까지 도달하기 때문에 식후 혈당치 상승을 평소의 절반으로 낮추는 효과도 있습니다.

출처: Y Granfeldt, A Drews, Björck "Arepas made from high amylose corn flour produce favorably low glucose and insulin responses healthy humans"(1995), J Nutr, 125(3)

파스타를 삶을 때 소금은 필요 없다?

일반적으로 파스타를 삶을 때 소금을 넣어 간을 맞추죠. 소금을 넣으면 점성이 강해진다고도 하지만 가정에서 삶는 분량 정도라면 그 효과는 거의 없습니다. 파스타를 삶을 때 면수에 소금을 넣으면 소금을 많이 쓰게 되기 때문에, 오히려 조리할 때 간을 하는 것이 소금을 적게 사용할 수 있는 방법입니다.

초간단 파스타를 만드는 법은?

파스타를 용기에 담고 파스타의 3배 정도 되는 양의 물을 넣어 1~2시간 둡니다(표준 삶는 시간의 10배를 기준으로). 그런 후 파스타가 잠길 정도의 소량의 뜨거운 물에 1분 정도 삶으면 됩니다. 급할 때나 여름철에는 삶지 않아도 먹을 수 있습니다.

카사레체

단면이 S자형이며 겉에 홈이 있어서 어떤 소스와도 잘 어울립니다. 쫄깃한 식감으로 씹는 맛이 있습니다.

리가토니

표면이 구불구불한 줄무늬 모양이며 짧고 두꺼운 파스타. 씹는 맛이 좋고 소스가 잘 묻으며 토마토 파스타나 고기가 든 파스타에 잘 어울립니다.

영양 듬뿍 식재료 조합법

평소에 부족한 영양소를 보충해요

파스타에는 비타민 B_1이 밥의 3배나 많이 들어 있습니다. 파스타를 만들 때는 소스와 속재료가 필요한데, 영양가가 높고 궁합이 좋은 재료와 함께 먹으면 좋겠죠? 레지스턴트 스타치는 한번 증가하면 재가열해도 줄어들지 않기 때문에 따뜻한 파스타를 만든다면 전자레인지로 조리하는 걸 추천합니다.

파스타는 소화 흡수가 느린 식재료와 함께 먹으면 장 건강 효과가 높아진다는 데이터가 있습니다. 항산화 채소인 브로콜리는 소화 흡수가 느린 식재료이므로 파스타의 속재료로 추천합니다.

칼슘 함량이 높은 파르메산 치즈나 달걀도 소화 흡수가 느린 식재료입니다. 그렇기 때문에 이들이 주재료인 카르보나라는 의외로 건강한 파스타입니다.

COLUMN

파스타에는 릴렉스 효과가 있을까?

파스타를 먹으면 행복감이 올라가요

이탈리아의 한 연구에 따르면 밀가루 제품에 든 복합 탄수화물이 행복 호르몬인 엔도르핀을 자극하고 트립토판, 비타민 B군의 흡수도 도와준다고 합니다. 트립토판은 기분을, 비타민 B군은 근육을 이완시킵니다.

장 건강을 생각한다면 토마토소스는 피하세요!

파스타 하면 기본적으로 토마토소스가 떠오르지 않나요? 그런데 토마토소스는 소화 흡수가 빠르기 때문에 장내 환경을 생각하면 피하는 것이 좋답니다. 소화 시간을 기준으로 고른다면 파스타에 곁들일 식재료로는 잎채소나 단백질(고기, 생선, 달걀, 치즈, 두부), 해조류 등이 좋습니다.

스파게티

밀가루로 만드는 가장 기본적인 파스타. 길이나 굵기 등도 다양하며 종류마다 삶는 시간도 다릅니다.

탈리오리니

폭이 2~3㎜ 정도인 롱 파스타. 씹는 맛과 목넘김이 좋은 것이 특징입니다. 생파스타가 많지만 건면도 있습니다. 생면은 삶기 전에 반드시 풀어두세요.

파이프 리가테

'작은 파이프'를 의미하는 쇼트 파스타. 가늘고 긴 무늬가 특징이고 정해진 시간보다 조금 오래 삶으면 더욱 맛있습니다.

빵 Bread

올리브유로 혈당치 상승을 20% 억제해요

주요 영양 성분×빵의 효능

- 비타민 B_1 0.07㎎
- 비타민 B_2 0.02㎎
- 칼슘 22㎎
- 칼륨 86㎎

- 에너지 대사를 돕는다
- 뼈를 만든다

식후 혈당치가 천천히

빵은 혈당치가 빨리 오르고 살도 잘 찐다고 알려져 있지만, 곁들이는 음식에 따라 흡수력이나 식후 혈당이 오르는 양상이 달라집니다. 빵은 올리브유와 함께 먹으면 식후 혈당치의 급상승을 완만하게 바꿀 수 있습니다.

빵을 먹었을 때의 식후 혈당 상승을 살펴본 결과, 버터 등의 유지류와 함께 먹으면 혈당치 상승을 억제할 수 있다는 사실을 알 수 있었습니다. 특히 올레인산을 함유한 올리브유에 그 효과가 뛰어나다고 합니다.

출처: Gatti E Noe D, Pazzucconi F, Gianfranceschi G, Porrini M, Testolin G, Sirtori CR "Differential effect of unsaturated oils and butter on blood glucose and insulin reponse to carbohydrate in normal volunteers" (1992), Europe an Journal of Clinical Nutrition, 46(3), P161-166

찐빵은 전자레인지 가열 NO

찐빵은 전자레인지에서 가열하면 찜기에 쪘을 때보다 전분질이나 단백질의 소화율이 급격히 떨어지고 영양소 손실이 발생합니다.

아침에 먹는 빵은 건강에 좋아요!

껍질이나 배유를 통째로 빻은 전립분을 사용한 빵은 식이섬유가 많고 위에 머무는 시간이 길어서 식후 혈당치 상승을 억제해 줍니다. 아침에 이런 빵을 먹으면 점심 식사 때 혈당이 급격히 오르는 것을 막아주는 효과가 있습니다.

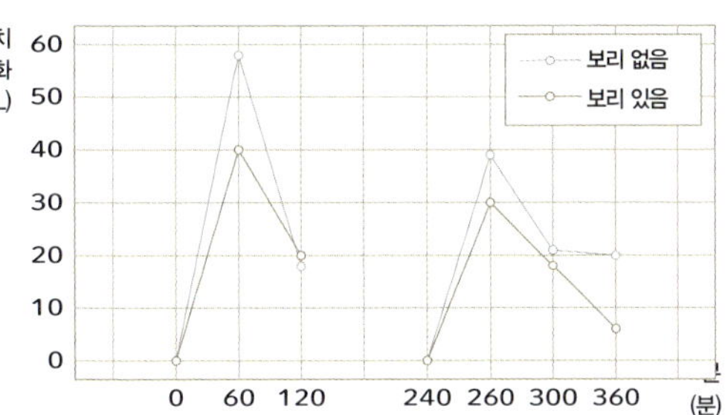

출처: 후쿠하라 이쿠오 외 '베타글루칸 고함유 보리 혼합미 밥의 식후 혈당 응답과 그 연쇄 효과에 미치는 영향'(2013), 약리와 치료, 41(8), P789–795

껍질

영양 가득한 '밀기울'

껍질은 밀가루로 정제될 때 제거되는 부분으로, 식이섬유나 칼슘 등의 미네랄이 풍부합니다. '브랜', '밀기울'이라고도 합니다.

배유

밀가루의 주성분

전분(당질)과 단백질이 주성분인 부드러운 배유는 밀의 80%를 차지하는 부위입니다. 이 부분이 정제되면 흰 밀가루가 됩니다.

배아

발아의 영양소가 풍부

전체의 20% 정도인 부위이지만 성장하여 발아하기 때문에 비타민 B군이나 비타민 E, 미네랄 등의 성분이 풍부합니다.

COLUMN

전립분 빵으로 당뇨병 위험 감소

당뇨병 위험을 약 30% 감소

현미와 마찬가지로 정제되지 않은 전립분은 정제된 밀가루에 비해 당뇨병 위험을 약 30% 줄일 수 있습니다. 비타민 B군이나 미네랄 외에 식이섬유도 풍부하므로 식후 혈당치 상승을 억제할 뿐 아니라 과식을 방지하고 지방이나 콜레스테롤 흡수도 낮춥니다.

전립분 외에 호밀을 사용한 호밀빵도 추천합니다. 식이섬유, 비타민, 미네랄이 밀보다 더 많고 칼로리와 GI 수치도 낮습니다.

빵 조리 꿀팁

가루와 물만! 유익균이 증가한 빵

효모를 사용하지 않고 가루와 물을 섞어 자연 발효시킨 '사워종'으로 굽는 '사워도우'는 유산균이 함유되어 있어서 유익균을 증가시키는 데에 도움이 됩니다. 또 칼륨, 마그네슘, 아연 등의 미네랄과 결합해서 흡수를 방해하는 피틴산이 발효되는 과정에서 감소하기 때문에 미네랄의 체내 흡수율이 증가합니다.

대두 Soy

'삶은 콩'보다 '찐 콩'이 가바 8배

삶으면 영양소가 빠져나가요

대두를 삶을 때와 찔 때를 비교하면 영양 면에서 차이가 큽니다. 대두를 찌면 삶았을 때보다 수용성 비타민인 비타민 B_1이 약 1.6배, 대두 이소플라본은 거의 2배로 증가합니다. 게다가 가바는 8배나 많아지는 등 장점이 가득합니다.

주요 영양 성분×대두의 효능

- 대두 이소플라본 352mg
- 대두 사포닌 6mg
- 비타민 B_1 0.71mg
- 식이섬유 21.5mg

- 산화를 방지한다
- 콜레스테롤 수치를 낮
- 피부 노화를 방지한다
- 골다공증을 방지한다
- 장내 환경을 개선한다

식물성에서는 흔하지 않은 아미노산 100점인 식품!

Grains point

	대두	고기
에너지	163kcal	336kcal
단백질	14.8g	14.4g
지방	9.8g	35.4g
칼슘	79mg	3mg
콜레스테롤	0	70mg
식이섬유	8.5g	0g

대두 단백질이 풍부한 '밭에서 나는 고기'

대두에는 고기나 생선보다 단백질이 많기 때문에 단백질은 섭취하고 싶지만 지방이나 칼로리가 걱정되는 사람에게 안성맞춤입니다. 대두 단백질은 근력 향상과 함께 중성 지방을 감소시키는 데에 도움이 됩니다. 또 대두에 든 비타민 B_1이 에너지 대사를 높여줍니다.

아침의 대두는 집중력, 밤의 대두는 수면의 질 향상

단백질은 세로토닌이나 도파민 등의 신경 전달 물질을 만들어내는 기능이 있습니다. 이들은 집중력과 의지력을 높여주기 때문에 아침에 먹으면 활력을 충전할 수 있습니다. 또 대두에 든 L-세린은 수면 호르몬인 세로토닌을 분비시켜 편안하게 잠들 수 있게 도와줍니다. 생체리듬이 흐트러졌다면 밤에 대두를 먹는 것을 추천합니다.

소화 흡수라면 두부, 식이섬유라면 찐 대두

대두로 만드는 두부는 대두에 비해 소화 흡수율이 매우 높습니다. 하지만 두부를 만드는 과정에서 콩비지가 제거되어 식이섬유는 거의 사라지기 때문에 식이섬유를 섭취하려면 대두를 먹는 것이 좋습니다.

영양 듬뿍 식재료 조합법

이중 단백질로 흡수 지속성을 높여요

단백질은 근육을 만들어내는 영양소인데, 체내 아미노산 농도를 일정하게 유지하면 이 기능을 높일 수 있습니다. 한 실험에 따르면 동물성 단백질만 섭취한 경우, 아미노산 혈중 농도가 높아졌다가 급격히 감소한 반면, 동물성 단백질과 식물성 단백질을 조합한 이중 단백질을 섭취한 경우에는 아미노산 혈중 농도가 최고치부터 완만하게 감소하고 흡수가 지속되었다고 합니다. 또 이중 단백질을 섭취하면 근육 감소를 억제하는 경향도 나타났기 때문에 근력을 효율적으로 높이려면 동물성·식물성 단백질을 동시에 섭취하는 것이 중요합니다.

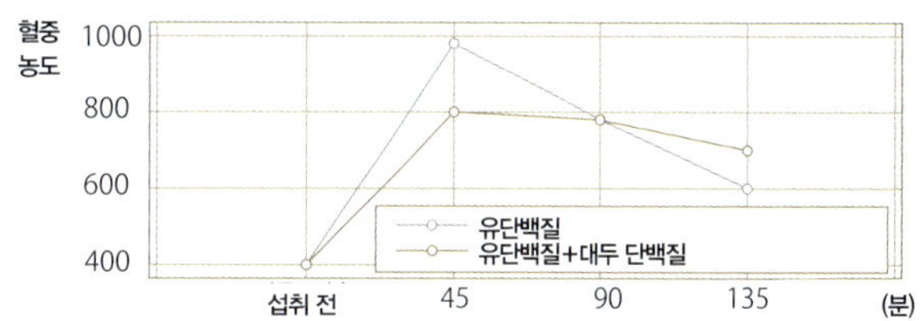

출처: 큐사이주식회사 '동물성 단백질과 식물성 단백질의 동시 섭취 효과를 검증. 이중으로 섭취하면 단백질을 효율적으로 흡수하는 것을 확인'(2019)

COLUMN

영양가를 높이는 조합은?

변비 해소나 장내 환경 개선에

콩가루 우유를 마시면 동물성·식물성 단백질을 한꺼번에 섭취할 수 있고, 여기에 든 대두 올리고당과 식이섬유의 변비 해소 효과도 얻을 수 있습니다. 또 이소플라본이나 사포닌이 대사를 높여 비만 예방과 건강 유지에 도움이 됩니다. 톳과 대두를 함께 섭취해도 식이섬유가 풍부하여 장내 환경을 개선할 수 있습니다.

대두 조리 꿀팁

영양 가득한 발아 대두 만드는 법

대두는 건조된 것을 물에 불려 사용하는 경우가 많은데, 발아시켜 영양가를 높인 '발아 대두'도 추천합니다. 대두는 40℃의 물에 24시간 담가두면 발아가 촉진되고 미네랄 함량이 최대가 됩니다. 또 발아시키면 가바도 약 3배 증가하여 대두의 영양가를 더 끌어올릴 수 있죠. 생대두를 따뜻한 물에 담가 발아시킬 수도 있지만 기온이 높은 여름철에는 상하지 않도록 주의해야 합니다.

된장 Soybean Paste / Miso

된장은 생강을 더하면 항산화력이 1.5배

주요 영양 성분×된장의 효능

- 대두 이소플라본 25mg
- 대두 사포닌 6g
- 비타민 E 0.6mg
- 식이섬유 21.5mg

- 면역력을 높인다
- 산화를 방지한다
- 장내 환경을 개선한다

삶으면 영양소가 빠져나가요!

된장에는 대두 사포닌이나 대두 이소플라본 등의 항산화 성분이 풍부합니다. 된장의 항산화 작용은 생강을 더하면 1.5배로 증가합니다. 마늘을 넣으면 LDL-콜레스테롤 수치가 17%나 낮아지니 매일 먹는 된장국에 꼭 넣어보세요.

면역력을 높이는 된장국 섭취법

된장에 함유된 대두 이소플라본에는 면역력 조정 기능이 있습니다. 혈행을 개선하고 면역 세포를 활성화시키는 대파를 넣으면 면역력이 더 높아집니다. 면역 세포를 강화하는 푸코이단이나 해조류의 면역력 증진 성분 LPS를 풍부하게 함유한 미역 등도 함께 넣으면 좋습니다.

된장의 염분은 혈압을 높이지 않아요

예전에는 된장이 염분을 많이 함유하고 있어 고혈압을 유발할 수 있다고 했지만 알고 보면 고혈압을 예방하는 효과가 있습니다. 된장의 염분은 발효 과정에서 다른 성분으로 변하기 때문입니다.

염분 농도 2.3%인 먹이를 섭취한 래트의 혈압 변화

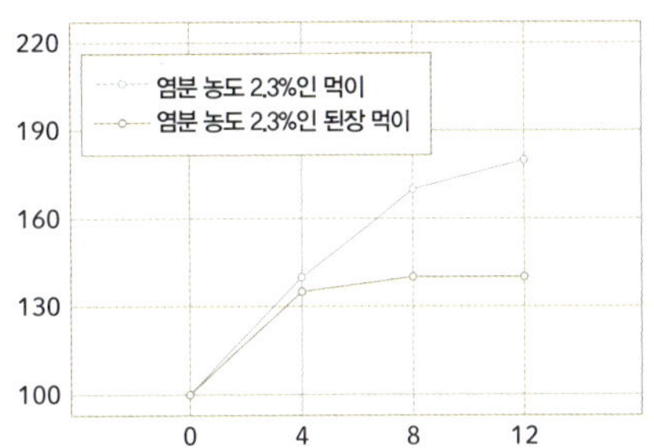

출처: Hiromitsu Watanabe, Naoki Kashimoto, Junko Kajimura&Kenji Kamiya "A Miso(Japanese Soybean Paste) Diet Conferred Greater Protection against Hypertension than a Sodium Chloride Diet in Dahl Salt-Sensitive Rats"(2006), Hypertension Research 29, P731-738

조리법에 따른 영양소 변화

된장은 가열하면 항산화력이 증가해요

된장은 가열하면 항산화력이 증가합니다. 대두 이소플라본 등은 줄어들지만 가열하면 된장의 항산화 물질인 멜라노이딘이 증가하기 때문입니다.

끓이기	볶기	전자레인지 조리
		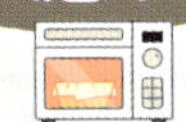
항산화력	항산화력	멜라노이딘
 250% UP	 250% UP	 50% UP
오래 끓이는 것에 주의 된장의 항산화력은 끓이면 약 2.5배로 증가합니다. 하지만 오래 끓이면 향이나 감칠맛이 빠져나가기 때문에 가열 시간에 주의하세요.	**볶아도 UP** 된장은 볶을 때도 항산화력이 증가합니다. 끓일 때와 항산화력이 비슷하거나 근소하게 높아진다는 결과가 나왔습니다.	**된장의 항산화력** 전자레인지 조리의 경우, 단시간 내에 가열되기 때문에 멜라노이딘이 증가하지 않아 다른 가열 방법보다 항산화력의 증가율이 낮습니다.

밥+된장국은 아미노산이 완벽!

아주 기본적인 식사 메뉴인 밥과 된장국은 그야말로 아미노산 100점인 조합입니다. 밥에 부족한 필수 아미노산인 리딘을 된장국이 보완해 주는데, 밥에는 된장에 부족한 메티오닌이 함유되어 있습니다.

아침은 붉은 된장, 밤에는 흰 된장

찐 대두를 발효시킨 붉은 된장은 대사를 높이는 멜라노이딘이 풍부하므로 아침에 섭취하는 것이 좋습니다. 한편 삶은 대두를 발효시킨 흰 된장은 수면의 질을 높이는 가바가 풍부하므로 밤에 섭취하는 것이 좋습니다.

COLUMN

된장의 유산균은 곤약과 함께!

된장 곤약으로 살아 있는 상태로 장에 도달해요

된장에 든 유산균은 위산을 만나면 대부분 사멸합니다. 그러나 난소화성 식품인 곤약과 유산균을 함께 섭취하면 위에서의 생존율을 높일 수 있습니다. 유산균이 살아 있는 상태로 장에 도달할 수 있도록 지켜줍니다.

50℃의 된장국이라면 유산균도, 효모도 지킬 수 있어요

된장에 든 유산균은 50℃, 효모는 70℃에서 사멸합니다. 장내 환경 개선을 원한다면 불을 끄고 10분 정도 기다렸다가 된장을 풀면 됩니다. 단, 항산화력은 가열할 때 증가하므로 두 번에 걸쳐 넣으면 더 좋습니다.

낫토 Natto

따끈따끈한 밥에 낫토를 얹으면 효소가 전멸

주요 영양 성분×낫토의 효능

- 대두 이소플라본 73.5mg
- 비타민 K 870mg
- 나토키나아제
- 레시틴

- 면역력을 높인다
- 산화를 방지한다
- 혈류를 개선한다
- 장내 환경을 개선한다

독자 성분인 '나토키나아제'

발효 단계에서 생성되는 나토키나아제는 혈류를 개선하고 체내 효소를 활성화하는 효과가 있습니다. 이 성분은 혈액 순환을 도와 성인병 개선 효과를 기대할 수 있습니다.

끈적끈적한 성분은 당의 '프룩탄'

낫토의 끈적끈적한 성분은 감칠맛 성분인 폴리글루타민산과 당의 프룩탄에서 생성됩니다. 프룩탄은 장내 유익균의 먹이가 되며 장내 환경을 정돈해 줍니다.

섭취 타이밍은 18~24시가 최고

낫토는 주로 아침에 먹는 것으로 생각하지만, 성장 호르몬 분비를 촉진하는 아르기닌은 밤에 섭취하는 것이 효과적이고 나토키나아제의 혈액 순환 성분도 밤에 더 활성화됩니다. 또 비타민 K의 뼈를 튼튼하게 하는 효과도 밤에 활발해지므로 낫토는 밤에 먹는 것이 더 좋습니다.

Grains point

먹기 전의 온도가 관건!

먹기 전에 상온에서 20분 두기

낫토는 냉장고에서 바로 꺼내 먹으면 온도가 너무 낮아 나토키나아제가 활성화되지 않습니다. 낫토균이 가장 활성화되는 온도는 40℃ 정도이므로 냉장고에서 꺼내서 상온에 20~30분 정도 둔 후 드세요.

가열은 NG! 따뜻한 밥도 피해요

낫토의 독자 성분인 효소 나토키나아제는 50℃ 이상에서 둔해지고 70℃ 이상에서는 거의 전멸합니다. 그래서 갓 지은 뜨거운 밥보다 40~48℃ 정도인 밥과 먹어야 맛을 잘 느낄 수 있습니다. 밥을 적당 온도로 식힌 후 그 위에 낫토를 얹어 드세요.

낫토 소스는 마지막에 넣는 것이 정답

낫토에 함유된 프룩탄은 보수력이 좋아서 점성이 생긴 후 소스를 넣으면 전체적으로 잘 어우러집니다. 또 혀에 닿는 면적도 증가하여 감칠맛이 잘 느껴집니다. 감칠맛은 짠맛을 보완하므로 염분 섭취를 줄이고 싶은 경우에도 소스는 마지막에 넣는 것이 좋습니다.

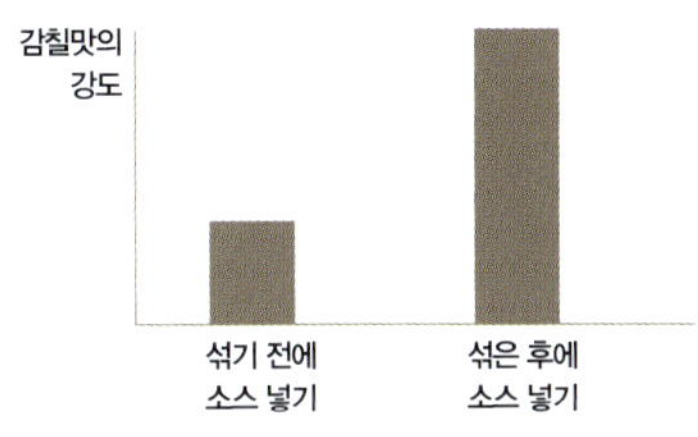

출처: 맛박사의 연구소 편집부 '낫토 소스를 넣는 것은 섞기 전 or 섞은 후? 미각 센서로 검증'(2018), http://aissy.co.jp/ajihakase/blog/archives/16966

발효의 힘으로 영양소가 80배로!

삶은 대두에 낫토균을 첨가하여 만드는 낫토는 발효 과정을 거치면서 영양소가 대폭 증가합니다. 혈액이나 뼈를 건강하게 하는 비타민 K는 85.7배나 증가하고, 판토텐산이나 비타민 B_2를 비롯하여 엽산, 니아신 등 비타민 B군도 증가하기 때문에 에너지 대사 효과도 높아집니다.

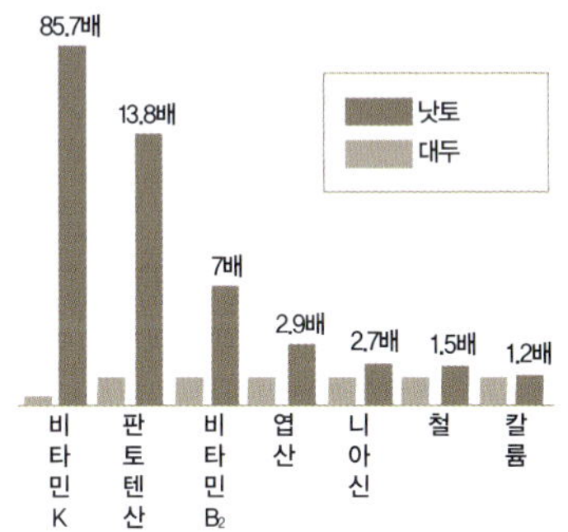

영양 듬뿍 식재료 조합법

'식초 낫토'로 장내 환경 개선 효과를 더 높여요

낫토에 식초를 넣으면 낫토균은 위산에 파괴되지 않고 유산균이나 비피더스균 등의 유익균이 늘어납니다. 또한 소화 기능도 향상되고 낫토의 철분이나 칼슘의 흡수율도 높아집니다.

COLUMN

주 1회 낫토 섭취 시 뇌졸중 위험 30% 감소

1970년대의 식탁이 건강식의 표본

일본의 한 연구에 따르면 1975년경의 식사야말로 가장 건강한 식단이었다고 합니다. 당시 식단은 대두 제품이 많은 것이 특징이었습니다. 특히 낫토의 건강 효과가 높았는데, 낫토를 주 1~2회 먹는 사람은 뇌졸중 사망 위험이 약 30% 낮았으며 심근경색 사망 위험도 낮았습니다.

두부 Tofu

단백질이라면 목면두부, 미네랄이라면 연두부

주요 영양 성분×두부의 효능

- 대두 이소플라본 42mg
- 칼륨 110mg
- 마그네슘 57mg
- 레시틴

- 에너지 대사를 돕는다
- 부종을 방지한다
- 혈류를 정돈한다

목면두부vs연두부, 칼로리는 목면두부 승!

목면두부와 연두부의 차이는 단단함 정도라고 생각할 수 있지만 영양 면에서 차이가 있습니다. 수분을 꼭 짜서 만든 목면두부는 연두부보다 단백질이 1.3배 많고 대두 이소플라본이나 철분도 많습니다. 수분이 가득한 연두부는 수용성 칼륨이나 비타민 B군이 풍부합니다.

두부는 제조법에 따라 함유한 영양소의 양이 다릅니다. 목면두부는 단백질이나 칼슘, 지방이 풍부하고, 수분이 많은 연두부는 칼로리가 약간 낮습니다. 스펀지 형태의 건두부는 전체적으로 영양가가 낮습니다.

	단백질	지방	칼슘
목면두부 (300g)	21g	14.7g	279mg
연두부 (300g)	15.9g	10.5g	225mg
건두부 (17g)	8.6g	5.3g	107mg

아침에 먹으면 뇌졸중 예방

두부는 건강 성분이 풍부한 기능성 식품으로, 전 세계적으로 주목받고 있습니다. 두부의 아미노산이나 단백질에는 혈압 상승 억제, 혈중 콜레스테롤 감소 기능이 있어서 혈압 변동이 큰 아침에 먹으면 뇌졸중 위험을 낮추는 효과를 기대할 수 있습니다.

두부에는 10개 이상의 기능성 성분이!

대두의 영양소가 고스란히 담긴 두부에는 다양한 기능성 성분이 들어 있습니다. 대두 지방에 든 레시틴은 뇌 활성화에 효과적이며, 대두 이소플라본은 여성의 인지 기능 저하 위험을 낮춘다는 점도 주목받고 있습니다.

대두 단백질은 근력 향상에 필수

대두 단백질이 풍부한 두부를 매일 먹으면 근육량이나 근력을 유지한다는 연구 결과가 있습니다. 대두 이소플라본은 항산화력이 뛰어나 운동 후 피로 해소에 도움이 됩니다.

두부는 소화 흡수력이 탁월!

두부의 원료인 대두는 영양가는 높지만 소화 흡수력이 낮은 면도 있습니다. 대두의 소화하기 어려운 섬유질을 제거한 두부는 영양소의 약 90%를 소화 흡수할 수 있는 식품으로 변신합니다. 단백질 함량도 높고 소화하기 쉬워서 환자식이나 노인을 위한 식사에 필수 식재료입니다.

조리법에 따라 영양가의 차이는 거의 없어요

두부는 원료가 되는 두유를 만드는 단계에서 가열되었기 때문에 가열 조리해도 영양소가 손실되는 일은 거의 없습니다. 추운 계절이나 몸의 한기를 느꼈을 때 따뜻한 두부로 뱃속부터 데워보세요. 한편, 두부는 저칼로리라는 이미지가 있지만 단백질이 함유되어 있기 때문에 한 끼에 1/2모 정도를 먹는 것이 좋습니다.

두부피는 단백질이 3배

두부피는 두유를 끓일 때 생긴 막을 건져 올려 만든 것으로, 대두의 영양이 더 응축되어 있습니다. 영양가 높은 목면두부와 비교해도 단백질은 3.3배, 아연은 3.6배, 철분은 2.4배로 모든 영양가가 풍부합니다.

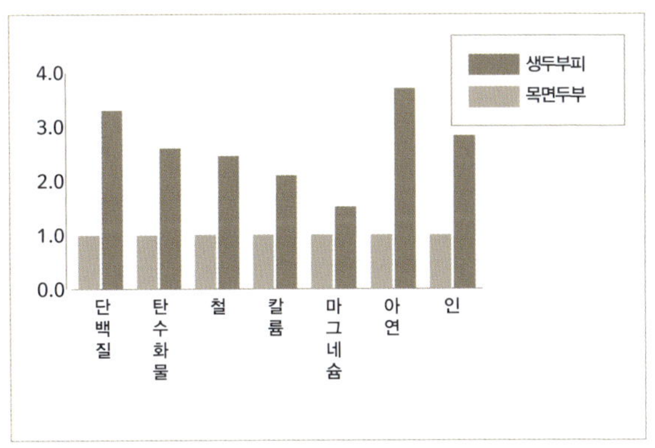

영양 듬뿍 식재료 조합법

두부는 칼슘 흡수를 방해한다?

두부에 든 피틴산은 칼슘과 결합하여 흡수를 방해하는 경우가 있습니다. 칼슘 흡수율을 높이려면 비타민 D를 함유한 버섯류나 달걀, 연어 등을 곁들여 보세요.

COLUMN

콩비지에는 양질의 단백질이 40% 남아요

올리고당이 장내 환경을 개선해요

대두의 식이섬유가 많이 함유된 콩비지에는 양질의 단백질이 풍부합니다. 영양소가 남아 있지 않다고 생각할 수 있지만 비타민, 미네랄, 아미노산도 균형 있게 들어 있습니다. 또 콩비지의 탄수화물에 든 올리고당이 장내 환경을 개선해 줍니다.

호두 Walnut

볶으면 폴리페놀이 2배

주요 영양 성분×호두의 효능

- 비타민 E 1.2㎎
- 비타민 B_6 0.49㎎
- 알파리놀렌산 9000㎎
- 폴리페놀

■ 산화를 억제한다
■ 에너지 대사를 돕는다
■ 성인병을 예방한다

견과류 중에서도 가장 높은 항산화력

영양가 높은 견과류 중에서도 호두는 항산화력이 가장 높습니다. 호두는 볶으면 생호두보다 항산화력이 약 2배 더 높아집니다. 요리할 때 토핑으로 사용하거나 매일 간식으로 섭취하면 좋습니다.

호두는 구우면 식감이 바삭해지고 맛있어집니다. 150℃의 오븐에서 15분 가열하거나 프라이팬에서 2~3분 타지 않도록 구우면 됩니다.

Grains point

항산화력 최강 식재료

항산화력이 다른 견과류의 2배

땅콩, 피스타치오, 마카다미아, 헤이즐너트, 브라질너트 등 다른 견과류와 호두의 항산화력을 비교하면 영양가 높은 브라질너트(마카다미아 같은 식감의 견과류)과의 차이는 근소하지만 다른 견과류보다는 거의 2배 높습니다.

항산화력 18배!
환상의 짝꿍, 호두&살구

호두는 과실의 씨(과육)에 해당하는 부분을 먹는데, 이 부위는 영양소가 가장 풍부하고 항산화력도 뛰어납니다. 호두처럼 항산화력이 높은 살구와 함께 먹으면 항산화력을 18배나 높일 수 있다고 합니다. 이것은 항산화력이 가장 낮은 조합인 아몬드&건포도보다 2배 높은 수치입니다.

2시간 불리기+건조로
단백질 20% 증가

생호두는 물에 불린 후 가열하는 것을 추천합니다. 2시간~하룻밤 물에 불려두면 칼슘 등의 흡수를 방해하는 피틴산의 작용을 억제할 수 있습니다. 영양가를 더 높이고 싶다면 105℃에서 건조해 주세요. 그러면 단백질이 20% 증가합니다.

속껍질

폴리페놀은 속껍질에 90%

호두 항산화력의 핵심인 호두 폴리페놀은 속껍질에 90%나 되는 양이 들어 있습니다. 속껍질은 약간 쓴맛이나 떫은맛이 나는데, 그것이야말로 항산화력이 있다는 증거입니다. 속껍질은 제거하지 말고 드세요.

과육

DHA·EPA에 가까운 지방산이 함유

과육에는 오메가3 지방산인 알파리놀렌산이 풍부합니다. 알파리놀렌산은 체내에서 DHA, EPA로 바뀌어 중성 지방을 줄이고 혈압을 안정시키며 면역 반응의 균형을 정비하는 데에 도움이 됩니다.

COLUMN

냉동으로 항산화량 1.4배

껍질째 냉동 보관으로 맛과 영양 UP

호두의 지방은 몸에 좋은 효과가 가득하지만 산화가 잘 되는 것이 단점입니다. 특히 볶은 호두는 공기 중에 노출되면 바로 산화합니다. 볶은 호두를 구입하면 사용할 만큼만 소분하고, 나머지는 밀폐해서 냉동 보관하는 것을 추천합니다. 3개월 정도 보관해도 괜찮으며, 빛과 열을 차단하면 산화를 늦출 수 있습니다.

호두를 냉동하면 풍미를 유지하면서도 타닌이 녹아 호두의 독특한 쓴맛이 줄어듭니다. 영양가가 높으므로 비상식으로도 좋습니다.

참깨 Sesame

참깨는 갈지 않으면 영양 흡수율 제로!

주요 영양 성분×참깨의 효능

리놀산 2.3mg
단백질 19.8g
식이섬유 10.8g
비타민 B_1 0.95mg

- 산화를 억제한다
- 에너지 대사를 돕는다
- 뼈를 튼튼하게 한다
- 빈혈을 예방한다

전체의 46% 이상이 양질의 지방산

참깨에는 참깨 리그난이나 오메가6 지방산 등 영양 성분이 풍부하지만 그대로 먹으면 껍질이 단단해서 소화할 수 없습니다. 유용한 영양소를 흡수하려면 갈아야 하는데, '간 깨'는 쉽게 산화하기 때문에 통깨를 사서 먹을 만큼 갈아두는 것이 좋습니다.

항산화력은 검은깨 승!

검은깨의 검은색은 폴리페놀이므로 항산화력은 흰깨보다 높습니다. 또 카테킨도 흰깨보다 1.4배 더 많고 아미노산도 검은깨에 더 풍부합니다. 단, 세사민은 흰깨가 더 많습니다.

흰깨와 검은깨의 차이는 지방과 폴리페놀량

검은깨는 항산화 효과가 있는 참깨 리그난과 폴리페놀인 안토시아닌이 들어 있어서 항산화력이 뛰어납니다. 철분도 흰깨보다 더 많이 들어 있지만, 리놀산이나 올레인산 등의 지방이나 세사몰은 흰깨에 더 많습니다.

하루에 깨 1큰술로 성인병 예방

세사민이나 세사몰린 등의 총칭인 참깨 리그난과 베타카로틴이 항산화력과 면역력을 높이며, 오메가6 지방산으로 성인병 예방도 기대할 수 있습니다. 참깨를 하루에 1큰술 먹으면 건강에 도움이 된답니다.

흰깨의 세사몰은 검은깨의 4.9배

예전에는 검은깨의 영양가가 높다고 여겨졌는데 지방이나 비타민 B_2는 흰깨에 더 많다고 합니다. 참깨 리그난 중에서는 세사몰린이 흰깨에 더 풍부하지만 식이섬유는 검은깨에 더 많습니다.

영양 듬뿍 식재료 조합법

깨&비타민 A로 운동 능력과 유산소 능력 향상

프로 축구 선수가 28일간 2작은술의 깨와 비타민 A가 풍부한 채소를 함께 먹었더니 깨를 먹지 않은 사람에 비해 유산소 능력이 17%나 증가했다고 합니다. 비타민 A가 풍부한 채소와 깨를 함께 섭취하면 신체 능력이나 회복률을 높이는 무적의 조합이 될 수 있습니다.

많은 사람에게 부족한 마그네슘이 풍부

깨에는 근육 성장에 필수인 마그네슘이 풍부합니다. 많은 사람이 만성 마그네슘 부족을 겪고 있는데, 마그네슘이 부족하면 사망 위험률이 높아지므로 주의해야 합니다. 깨는 운동 후의 활성 산소를 억제하는 효과도 있어서 근력 운동 효율을 올릴 때 섭취하는 것을 추천합니다.

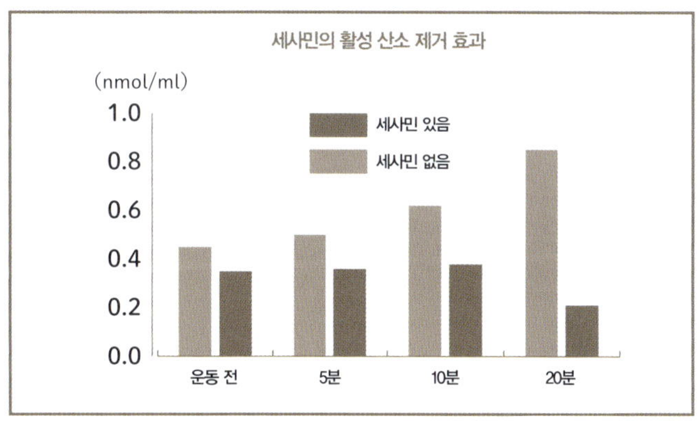

출처: 아키모토 겐고, 신멘 요시후미, 오키타 사다키, 오노 요시코 '깨에 든 세사민의 기능 해명과 건강식품의 개발 우연한 발견에서 발생한 세사민의 기능 해명'(2018). 화학과 생물. 56(9). P598-604

참기름은 색에 따라 산화 속도가 바뀌어요

참기름은 비교적 산화가 잘되지 않는 기름이므로 냉암소라면 상온 보관해도 문제없습니다. 개봉 후에는 1~2개월 안에 다 쓰는 것이 좋습니다. 단, 옅은 담색의 참기름은 쉽게 산화되고 두 달 만에 산화도가 높아지기 때문에 되도록 한 달 안에 다 쓰는 것이 좋습니다.

COLUMN

가열하면 안티에이징 효과가 3배로

가열하면 항산화력이 변해요

깨를 210℃에서 볶으면 총 폴리페놀 함량이 2배로 증가합니다. 특히 참깨 리그난의 세사몰린이 세사몰로 변하면서 항산화력이 더 높아집니다. 깨의 항산화 효과를 얻으려면 가열해서 더 유용하게 사용하세요.

커피 Coffee

식후에 마시는 커피는 혈당치의 급상승을 막아요

주요 영양 성분×커피의 효능

클로로겐산 280mg
카페인 90mg
타닌 110mg

- 성인병을 예방한다
- 기억력을 향상시킨다
- 정신을 안정시킨다

폴리페놀이 당의 흡수를 완만하게

커피에 함유된 폴리페놀인 클로로겐산은 당질을 분해하는 효소의 작용을 억제하여 식후 혈당치가 잘 오르지 않게 합니다. 평소에 커피를 마시면 당뇨병 위험도 감소하며, 디카페인 커피로도 그 효과를 얻을 수 있습니다.

식후에 마시는 커피는 지방의 소화를 촉진시켜요

커피의 카페인이나 클로로겐산은 지방을 분해하는 효과가 있어서 식후에 커피를 마시면 지방 연소에도 효과적입니다. 단, 카페인이나 타닌은 철과 결합하면 흡수가 억제될 수도 있습니다. 고기를 먹고 철분을 흡수한 경우에는 바로 커피를 마시지 마세요.

모닝커피로 체내 시계를 리셋

눈 뜨면 '모닝커피 한 잔'을 꼭 마시는 사람이 많죠? 과학적으로도 모닝커피는 체내 시계를 리셋하는 좋은 습관이라고 증명되었습니다. 그러니 오후 3시 이후에 커피를 마시면 수면의 질이 떨어져 버립니다. 수면 부족으로 힘든 경우에는 커피 마시는 시간에 주의하세요.

하루 5잔 이상 마시면 치매 위험이 올라간다?

커피에는 각성 효과, 자율 신경을 정비하는 효과, 운동 능력을 높이는 효과, 폴리페놀 작용으로 심질환 위험을 낮추는 효과 등이 있습니다. 또 하루 4잔까지는 치매 위험을 20% 줄일 수 있으나, 5잔 이상 마시면 반대로 치매 위험이 1.04배 높아진다고 합니다. 명확한 메커니즘은 밝혀지지 않았지만 적당한 카페인 섭취는 건강을 지켜줍니다.

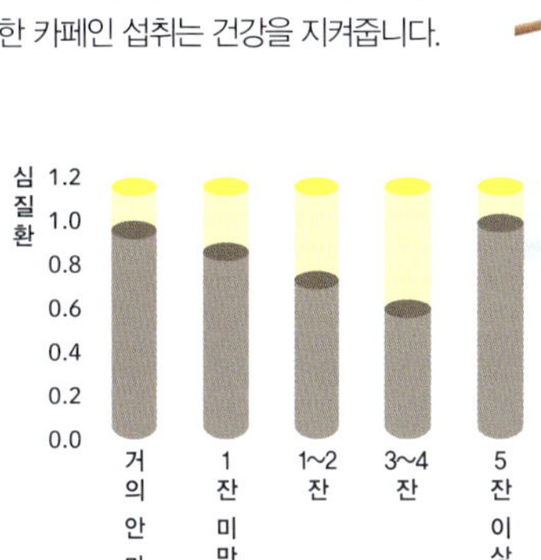

출처: Eiko Saito, Manami Inoue, Norie Sawada, Taichi Shimazu, Taiki Yamaji, Motoki Iwasaki, Shizuka Sasazuki, Mitsuhiko Noda, Hiroyasu Iso, Shoichiro Tsugane "Association of coffee intake with total and cause-specific mortality in a Japanese population: the Japan Public Health Center-based Prospective Study" Am J Clin Nutr(2015), 101(5), P1029-37

COLUMN

피부 기미를 예방하는 효과도?

하루 2잔의 커피가 피부 미용의 열쇠

커피의 클로로겐산은 항산화력으로 기미의 원인인 멜라닌 생성을 30% 억제한다는 사실이 알려졌습니다. 하루 2잔 이상 커피를 마시는 사람은 기미가 잘 생기지 않는다는 조사 결과도 있습니다. 커피의 클로로겐산은 혈관을 건강하게 만들어 혈류를 개선하고 주름이나 피부 처짐을 방지하는 효과도 있다고 합니다. 커피를 적당량 마시면 건강뿐 아니라 미용에도 효과가 있는 것 같습니다.

커피로 행복 호르몬이 증가해요

카페인에는 도파민이나 세로토닌 등 행복 호르몬 분비를 촉진하는 효과가 있어서 모닝커피는 컨디션을 끌어올리는 데 최적입니다. 다만 수면에 영향을 미치기도 하므로 오후 3시 정도까지 마시는 것이 좋습니다.

녹차 Green Tea

70℃의 물에서 카테킨 100%

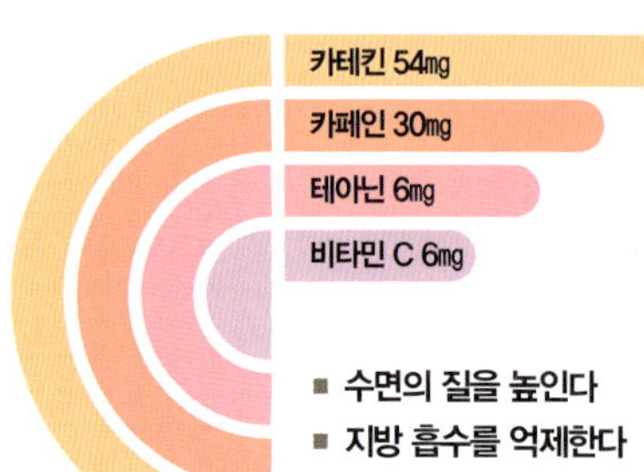

- 수면의 질을 높인다
- 지방 흡수를 억제한다
- 산화를 방지한다

감칠맛도, 항산화도 꽉 잡는 온도

이완 효과가 있는 아미노산 테아닌은 50~90℃에서, 폴리페놀 카테킨은 60~100℃에서 우러나오며 특히 70~80℃에서는 둘 다 잘 우러납니다.

물 온도에 따라 영양 성분이 크게 달라져요

일반적으로 감칠맛이 강한 차는 낮은 온도에서 맛있다고 합니다. 낮은 온도에서 감칠맛이 천천히 우러나오기 때문입니다. 카테킨은 약간 떫은맛이 있는데 50~60℃에서 우리면 떫은맛이 줄어듭니다. 하지만 항산화 성분의 양도 적어집니다.

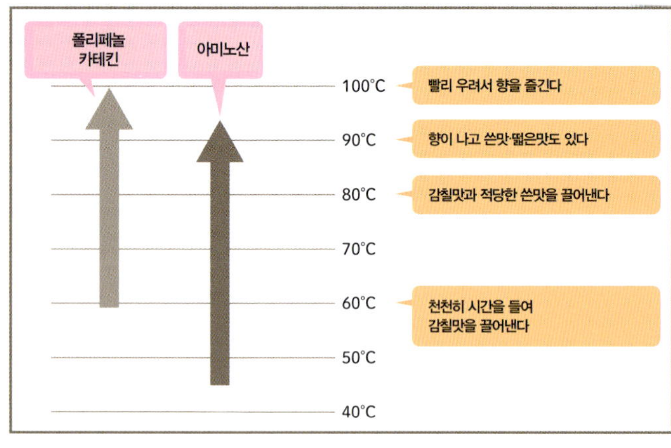

물 온도에 따라 영양 성분이 크게 달라져요

녹차에 함유된 폴리페놀, 카테킨이 우러나오는 온도는 60~100℃입니다. 물을 붓고 나서 약 2분 만에 카테킨이 추출됩니다. 처음 우릴 때는 60℃ 정도의 저온에서, 두세 번째는 90℃ 정도의 고온에서 우리면 카테킨을 90%까지 추출할 수 있습니다.

출처: 이토엔 '차의 맛을 결정하는 물과 온도' 차 백과(2017)

폴리페놀로 고른다면 옥로보다 센차

옥로는 고급차이지만 센차에 비해 카테킨 함량은 적습니다. 테아닌은 광합성 시 카테킨을 생성하는데, 옥로는 피복 재배(햇빛을 차단하는 재배 방법)로 만들어지기 때문에 센차에 비해 카테킨이 적습니다.

영양 듬뿍 식재료 조합법

레몬 녹차로 항산화력 UP!

카테킨은 항산화력이 강하며, 그 힘은 비타민 C의 약 90배입니다. 여기에 레몬을 더하면 항산화 작용이 수직 상승합니다. 지방 대사를 촉진하고 식욕을 억제하는 기능도 있으므로 비만 예방 효과도 기대할 수 있습니다.

운동 1~2시간 전에 마시면 지방 연소 효과가!

카테킨의 지방 연소 효과를 더 높이려면 운동 1~2시간 전에 녹차를 마시는 것이 좋습니다. 혈중 카테킨 농도가 높은 상태로 운동하면 지방이 더 효과적으로 연소되어 다이어트에 도움이 됩니다.

'냉녹차'로 맛과 영양, 두 마리 토끼를 잡아요!

찬물로 추출하는 냉녹차는 따뜻한 물에서 우린 경우에 비해 쓴맛이 적고 감칠맛 성분인 테아닌이 많습니다. 카테킨도 추출되지만 카테킨 중에서도 쓴맛이 적고 면역력 향상에 좋은 에피갈로카테킨(EGC)이 가장 많이 추출됩니다. 따뜻한 물에 우린 것보다 산화 제거에 탁월한 킬레이트 효과를 발휘합니다.

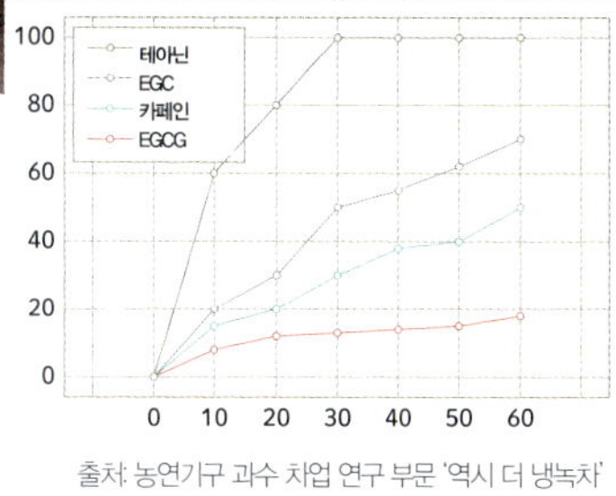

테아닌
EGC
카페인
EGCG
100
80
60
40
20
0
0 10 20 30 40 50 60

출처: 농연기구 과수 차업 연구 부문 '역시 더 냉녹차'

COLUMN 차 찌꺼기에는 70%의 영양소가 있어서 버리면 아까워요

베타카로틴이나 비타민 E가 듬뿍

차에 함유된 테아닌이나 카테킨, 비타민 C는 물에 녹아내리지만 차 찌꺼기에는 당근보다 2.4배 많은 베타카로틴, 시금치보다 25배 많은 비타민 E가 남아 있습니다. 이 성분들은 지용성이기 때문에 물에 녹지 않습니다. 차 찌꺼기에는 감칠맛도 남아 있으므로 나물 등으로 만들면 좋습니다.

소금 Salt

"맛있다"는 언제나 옳다!

0.85%가 절대 이득!

소금의 구조

소금 결정은 정사각형이 기본이며, 피라미드 모양이나 플레이크 모양 등도 있습니다. 결정이 큰 소금은 마지막에 뿌려 식감을 즐기는 요리에 적합하지만, 밑간 등 맛을 낼 때는 어울리지 않습니다.

소금 고르는 방법

소금 맛은 '알갱이 크기'× '미네랄'로 차이가 나요!

소금 맛에 영향을 주는 것은 알갱이 크기와 미네랄 함량입니다. 알갱이가 큰 소금은 천천히 녹기 때문에 짠맛이 순하게 느껴지고, 알갱이가 작은 것은 맛이 강하게 와닿습니다. 마그네슘 등 미네랄이 풍부한 소금은 쓴맛이 있어서 맛이 복합적입니다.

굵은 소금

고운 소금

소금×채소

채소를 삶을 때 '소금을 먼저 뿌리면' 케르세틴이 증가!

채소를 삶으면 영양소가 줄어들 수 있지만, 소금을 1%만 첨가해도 양파나 브로콜리, 시금치 등의 기능성 성분인 케르세틴이 증가합니다. 3분을 삶으면 브로콜리는 1.5배, 시금치는 1.3배 증가합니다.

소금×밥

현미밥은 '소금을 넣고 지으면' 감칠맛도, 가바도 증가!

현미밥을 지을 때 미네랄을 함유한 소금을 넣은 물을 사용하면 소금이 현미의 표면을 감싸면서 감칠맛과 수분을 지켜줍니다. 단맛이 두드러지고 릴렉스를 도와주는 성분인 가바도 증가합니다.

브로콜리

× 2.3 배

시금치

× 2 배

소화·흡수·장내 환경 전부 UP

소금×체내의 관계

맛있는 짠맛을 느끼려면 혈중 농도에 맞춰요

체내 염분 농도는 약 0.85%로, 이 농도일 때 몸에 유익하며 맛있게 느껴집니다. 하지만 나이가 들고 생활 습관에 따라 진한 짠맛에 익숙해져 버리면 일상적인 염분 과다 상태가 됩니다. 100g에 한 꼬집~1/3작은술 정도를 기준으로 섭취하세요.

연령에 따라 미각 센서가 떨어진다? 너무 짜게 먹지 않으려면

나이가 들면 미뢰나 타액이 감소하여 짠맛을 잘 느끼지 못하고 필요 이상으로 염분을 섭취하게 됩니다. '감칠맛', '신맛'을 더하면 짠맛을 보완할 수 있으므로 맛국물이나 레몬, 식초 등을 활용하면 좋습니다. 향신료 또한 짠맛을 보완해 줍니다.

혈액

딱 좋은 염분은 바로 혈액으로

우리 몸은 혈액의 염분 농도를 적당하게 유지하려고 합니다. 적당한 염분이 들어가면 혈액은 원활하게 순환합니다. 그러나 염분이 많으면 혈액을 희석하기 위해 혈액량이 많아지고 혈압이 올라갑니다.

장

소금이 소화와 흡수를 도와요

소금의 염화물 이온은 위산이 되어 음식물의 소화를 촉진하고, 염분 이온은 장내 효소 작용을 활성화시켜 영양 흡수를 촉진합니다. 적당한 소금은 소화와 흡수를 도와줍니다.

소금량에 따라 장내 세균의 건강도가 크게 달라져요

혈압이 높은 사람이 하루에 염분 섭취량을 약 5g(WHO의 권장 섭취량)으로 유지했더니 6주 후 장내 유해균을 억제하는 단쇄지방산이 증가하여 장내 환경이 극적으로 개선되었다고 합니다. 단쇄지방산 증가는 혈압 정상화 및 혈관 건강에 영향을 미칩니다.

설탕 Sugar

섭취량에 주의!

설탕의 과다 섭취로

알아두면 요긴한 설탕 이야기 1

보수·탈수 자유자재

설탕은 물에 잘 녹는 친수 성질을 갖고 있습니다. 또 머금은 물을 놓치지 않는 보수 작용으로 식재료를 부풀리기도 하고, 다른 식품으로부터 수분을 빼앗는 탈수 작용으로 식품의 수분을 감소시키기도 합니다.

설탕의 구조

설탕은 산소 분자와 수소 분자가 결합한 구조이며 물과 성질이 유사하기 때문에 쉽게 결합됩니다. 이 구조로 인해 설탕이 보수 작용이나 탈수 작용을 합니다.

설탕을 고르는 요령

백설탕과 황설탕, 건강에 좋은 것은?

'백설탕은 정제되어서 영양가가 적고 황설탕은 건강에 좋다'는 말이 있죠. 백설탕과 비교하면 황설탕이 미네랄은 약간 많지만 조리에 사용하는 정도라면 차이는 거의 없습니다.

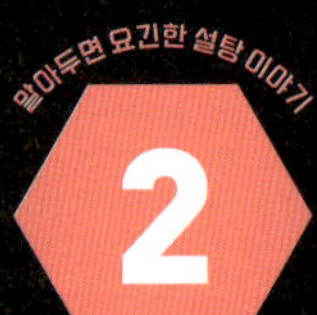

알아두면 요긴한 설탕 이야기 2

설탕이 기름의 산화를 막아요

기름에 설탕을 더하면 설탕이 기름의 수분을 흡수하기 때문에 산소가 파고들지 못해 잘 산화되지 않습니다. 구운 과자도 설탕이 산화로부터 버터의 지방을 지키기 때문에 풍미를 유지할 수 있답니다.

설탕의 주성분인 자당은 향이나 맛이 무난하고 사람들이 맛있어하는 당도를 가진 것이 특징입니다. 가수분해되면 뇌의 에너지가 되는 포도당과, 당도가 높고 활동 에너지가 되는 과당으로 나뉩니다.

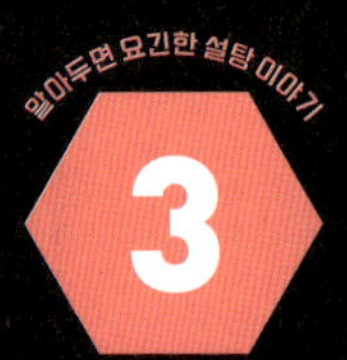

알아두면 요긴한 설탕 이야기 3

목표는 5작은술

WHO에 따르면 1일 설탕 섭취량은 25g(5작은술) 이내를 권장한다고 합니다. 요리에 사용하는 만큼이라면 괜찮지만 가공식품이나 음료에는 설탕이 꽤 많이 들어가므로 주의해야 합니다.

기억 기능이 10% 저하

뇌의 소비 에너지 20%

온몸이 사용하는 에너지를 100%라고 할 경우, 뇌가 사용하는 에너지는 20%나 됩니다. 포도당은 단백질에도 들어 있지만, 설탕에 든 포도당은 바로 뇌의 에너지가 됩니다.

설탕×체내의 관계

뇌

뇌는 잠잘 때나 일어났을 때나 1시간에 포도당 5g 필요

포도당은 뇌의 에너지가 되지만 축적되지 않고, 1시간에 5g씩 소비되기 때문에 근근이 섭취해야 합니다. 단, 유소년기에 과다 섭취하면 기억력이 약 10% 정도 떨어진다고 합니다.

간

간에서 에너지를 만들어내요

포도당과 과당으로 분해된 설탕은 간에 들어가면 효소의 작용으로 과당도 포도당으로 변합니다. 다시 혈액을 통해 전신 세포로 운반되어 몸이나 뇌를 움직이는 에너지가 됩니다.

설탕을 고르는 요령

과당으로 암 위험이 40% 감소

설탕은 과다 섭취하면 암이나 우울증 위험이 높아진다고 여겨졌지만, 흑당을 하루 1회 먹는 사람은 각종 암의 위험이 약 40% 감소한다는 조사 결과가 보고되었습니다. 설탕 과다 섭취가 걱정된다면 흑당으로 바꾸어보세요.

소장

위가 아니라 소장에서 흡수돼요

설탕을 소화·흡수하는 곳은 위가 아니라 소장입니다. 소장에 있는 소화 효소의 작용으로 포도당과 과당으로 분해됩니다. 분해된 당은 혈액에 흡수되고 신속히 간으로 운반됩니다.

근육 생성에도 설탕이 활약

음식물로 흡수한 당질의 일부는 글리코겐으로 근육에 축적됩니다. 당 섭취량이 줄어들면 글리코겐이 분해되어 에너지로 사용되고 근육량이 감소합니다. 근력 향상이 목표라면 적당한 당분은 필수입니다.

간장 Soy Sauce

건강 효과가 가득!

간장에 함유된 20가지 이상의

간장에 함유된 아미노산의 작용

간장은 대두와 밀에 함유된 단백질을 발효 과정에서 분해하여 약 20종류의 아미노산으로 변화시킵니다. 글루타민산을 비롯한 아미노산이 감칠맛 외에 살균 작용 등 다양한 효과를 보입니다.

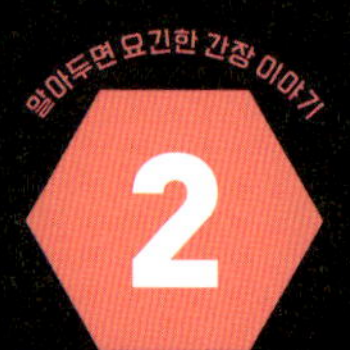

염분이 40% 감소

드레싱, 수프, 튀김의 밑간을 할 때 소금 대신 간장을 사용하면 염분을 30~40% 줄일 수 있다고 합니다. 생선 비린내를 없애고 감칠맛을 느끼게 하는 효과도 있습니다.

간장 보관은 이렇게!

간장은 개봉하면 산화되기 때문에 냉장고에서 보관하는 것이 좋지만, 최근 증가한 밀폐 유리병에 든 간장은 차가워지면 향이 나지 않기 때문에 상온 보관이 권장되고 있습니다. 보관할 때는 관련 라벨을 확인하세요.

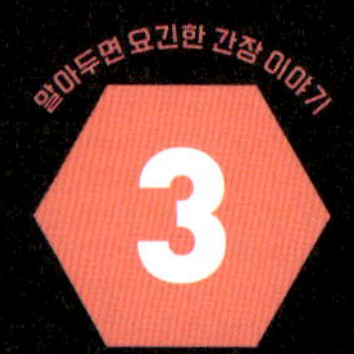

간장 향에는 항산화 작용이!

간장 향의 정체는 메일라드 반응(아미노산이 가열이나 발효 등으로 갈변하는 것)으로 발생한 멜라노이딘입니다. 항산화 효과도 높고 지방의 산화 예방이나 동맥경화 예방, 혈당치를 정상으로 유지하는 효과 등이 있습니다.

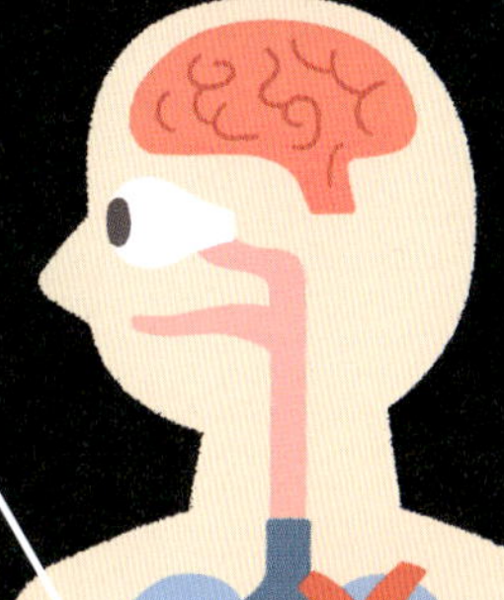

위

식후 소화를 촉진

간장에는 살균 효과 외에 위산 분비를 촉진하고 식욕을 높이면서 음식물이 잘 소화되게 하는 효과도 있습니다. 위산을 분비하는 효과는 30분 지속되어 식후 소화를 촉진합니다.

간장이 철분 흡수도 높여요

간장에 든 아미노산 리신은 철분 흡수를 높이는 효과가 있으며, 간장에 든 SPS도 철분의 흡수력을 높입니다. 밥의 철분 흡수율은 간장을 더하면 3.5%에서 11.4%로 증가합니다.

SPS의 철 흡수 촉진 효과

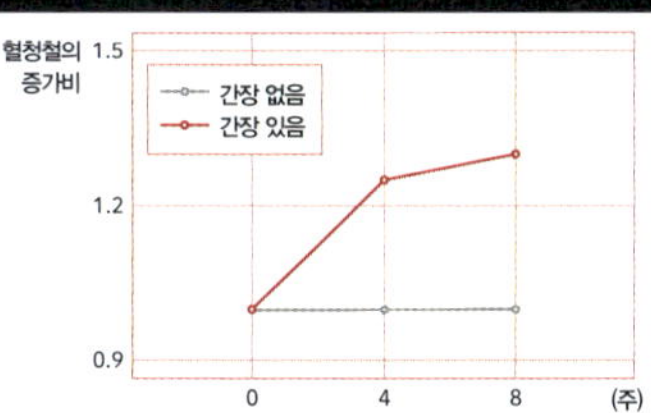

출처: 마기시 노리히로, 마쓰시타 히로아키, 후루바야시 마키오 '간장에서 발생한 기능성 성분 SPS'(2009), 생물공학, 87, P34-35

장

장 면역을 높이는 작용도!

간장의 발효를 위해 작용하는 균, 효모, 유산균 등의 미생물에 의해 장 면역이 자극되며, 면역력을 높이는 효과 외에 유해 콜레스테롤을 낮추는 효과도 있습니다.

피부

알레르기 증상을 개선해요

발효 과정에서 생기는 SPS라는 성분은 다양한 기능성을 가지며, 항알레르기 작용이 주목받고 있습니다. 간장을 꾸준히 섭취하면 재채기나 눈 가려움 등의 증상이 개선되는 효과를 볼 수 있습니다.

피

혈압을 낮추고 혈당치를 억제해요

간장에 든 니코티아나민이라는 아미노산은 혈압 상승을 억제하는 효과가 있습니다. 그러나 평소와 같은 컨디션이라면 혈압이 올라갔다고 해서 무리하게 간장을 먹을 필요는 없습니다.

간장의 염분은 어느 정도?

색이 진한 '진간장'의 염분은 1작은술에 0.9g, '국간장'은 1작은술에 1g으로 국간장의 염분이 더 높습니다. 대두만으로 만들어진 점성 강한 '맛간장'의 염분은 0.8g으로 더 낮습니다.

식초 Vinegar

영양소를 높이는 조연! 매일 식초를 먹으면

미네랄의 흡수율을 높여요

식초는 미네랄이 잘 흡수될 수 있게 도와줍니다. 체내에서 잘 흡수되지 않는 칼슘의 흡수율도 높이고, 위산 분비도 촉진하여 음식물의 소화도 돕습니다. 철분 흡수율도 20% 정도 증가시키기 때문에 빈혈 예방에도 좋습니다.

식초의 신맛이 싫다면 된장국에 식초 1큰술을 넣어보세요. 된장의 복잡한 감칠맛이 식초의 신맛을 완화하고, 건더기에 든 칼슘이나 철분의 흡수율도 증가시킵니다.

알아두면 요긴한 식초 이야기 2

살이 흐물거리는 것을 방지하고 비타민을 20% 지켜요

조림 요리에 식초를 넣으면 채소나 생선의 펙틴이 가열로 분해되는 것을 억제하고 부서짐을 방지하는 효과가 있습니다. 또 비타민 C나 B군의 유출을 약 20% 줄이는 효과를 기대할 수 있습니다.

영양분을 섭취하려고 해도 식욕이 생기지 않을 때는 식초를 사용한 요리가 좋습니다. 적당한 신맛이 식욕을 끌어올리고, 타액과 위산 분비를 촉진하기 때문에 소화 흡수율도 높여줍니다.

감칠맛을 더해 만족감을 높여요

식초는 신맛뿐 아니라 감칠맛을 더하는 효과도 있습니다. 볶음 요리나 조림 요리를 할 때 설탕이나 소금량을 줄여도 식초를 소량 첨가하면 만족스러운 맛을 낼 수 있습니다.

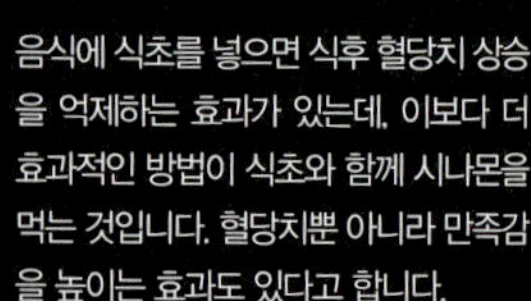

음식에 식초를 넣으면 식후 혈당치 상승을 억제하는 효과가 있는데, 이보다 더 효과적인 방법이 식초와 함께 시나몬을 먹는 것입니다. 혈당치뿐 아니라 만족감을 높이는 효과도 있다고 합니다.

칼슘 흡수율이 눈에 띄게 UP

식초×체내 관계

간

식초를 섭취하는 순서에 따라 GI 수치가 크게 달라져요

식초는 음식물의 GI 수치를 낮추는 효과가 있는데, 식전에 먹는 것이 가장 효과적입니다. 사과식초 등의 과실초를 식전에 섭취하는 것도 추천합니다. 대사를 높여 비만 예방 효과도 기대할 수 있습니다.

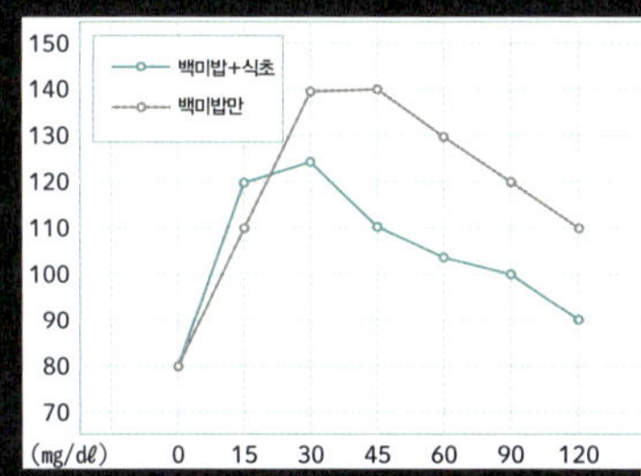

출처: 엔도 미치코, 마쓰오카 다카시 '식초의 식후 혈당 상승 억제 효과'(2011), 일본당뇨병학회지, 54,p.192-199

뇌

우울증 위험을 30% 감소

식초에 든 초산은 뇌 기능을 높이는 항산화 효과가 있어서 정신적인 문제도 개선할 수 있습니다. 매일 식초를 섭취하면 우울증에 걸릴 위험이 34% 감소한다고 합니다.

위

소화력을 높이고 내장 지방을 줄여요

식초를 먹으면 위산이 분비되고 소화 효소의 활동도 활발해지므로 지방분이 많은 식사도 소화가 잘 됩니다. 또 식초의 아미노산이 각 장기에 작용하여 내장 지방을 줄이는 효과도 기대할 수 있습니다.

대장

식초로 면역 스위치 ON

식초에 든 글루콘산은 장 속 유익균이 가장 좋아하는 성분입니다. 글루콘산이 유익균의 먹이가 되어 장내 환경을 정돈하는 효과를 기대할 수 있습니다. 또 항균 작용으로 유해균을 줄이는 데에도 도움이 됩니다.

감기 증상을 식초가 억제해요

식초에 든 초산균은 면역 체계를 활성화하여 '콧물·코막힘·기침·전신 권태감·피로감' 등의 증상 발생을 억제한다고 합니다. 꽃가루 알레르기 예방이나 개선에도 도움이 됩니다.

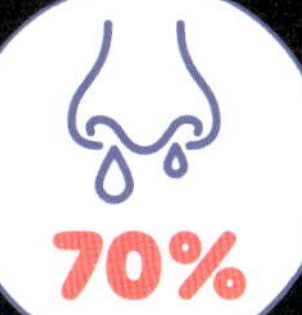

콧물 등의 증상 발생을 70%로 감소

64%

기침 등의 증상 발생을 64%로 감소

50%

피로감 등의 증상 발생을 50%로 감소

Index

채소

고기·달걀

유제품

어패류

과일

곡류

대두 제품

음료

조미료

참고문헌·자료

서적

나토리 다카미쓰 감수 『신 채소 가이드북 건강편』 다카하시쇼텐 2016년
도쿄지케이카이의과대학 부속병원 영양부 감수 『그 조리법, 영양소의 90%를 버리고 있어요!』 세카이분카샤 2017년
도쿄지케이카이의과대학 부속병원 영양부 감수 『그 조리법, 아직도 영양소의 90%를 버리고 있어요!』 세카이분카샤 2019년
스튜어트 파리몬드 저/쓰지 시즈오 요리교육연구소 감수 『요리 과학 대도감』 가와데쇼보신샤 2018년
시부카와 쇼코, 마키노 나오코 감수 『요리와 영양의 과학』 신세이출판사 2014년
시부카와 쇼코, 스기야마 구니코 『조리 과학-그 이론과 실제(신정판)』 도분쇼인 2005년
오다마키코 저/도쿄지케이카이의과대학 부속병원 영양부 감수 『영양 통째로, 100% 레시피』 세카이분카샤 2018년
와타나베 아쓰미쓰 『된장의 힘』 간키출판 2012년
요시다 기요코 감수 『조시에이요대학 영양 실험실』 조시에이요대학 출판부 2019년
조시에이요대학 조리학 연구실 · 조시에이요대학 단기대학부 조리학 연구실 감수 『조리를 위한 기본 데이터 제6판』 조시에이요대학 출판부 2022년

논문 등

Abad Arturo et al. "Application of different cooking methods to improve nutritional quality of broccoli(Brassica oleracea var. italica) regarding its compounds content with antioxidant activity" (2022) International Journal of Gastronomy and Food Science. 28, 100510
Ana Mariel Torres-Contreras,Vimal Nair,Luis Cisneros-Zevallos, et al. "Stability of Bioactive Compounds in Broccoli as Affected by Cutting Styles and Storage Time" (2017), Molecules, 22(4),p.636
Atigan Komlan Dovene, Li Wang, Syed Umar Farooq Bokhary, Miilion Paulos Madebo, Yonghua Zheng, and Peng Jin "Effect of Cutting Styles on Quality and Antioxidant Activity of Stored Fresh-Cut Sweet Potato(Ipomoea batatas L.) Cultivars" (2019), Foods, 8(12),p.674
Canan Ece TAMER et Al. "A study of fortification of lemonade with herbal extracts" (2017), 37(1),p.45-51
Dahye Kim, Hyeyoung Park, and In Hee Chocorresponding "The effect of roasting on capsaicinoids, volatile compounds, and fatty acids in Capsicum annuum L. (red pepper) seeds" (2022) 31(2),p.211 - 220
Egidijus Šimoliu-nas, Ieva Rinku-naite,· Živile Bukelskiene,· Virginija Bukelskiene "Bioavailability of Different Vitamin D Oral Supplements in Laboratory Animal Model" (2019), Medicina, 55(6),p.265
Hitoshi Kuwata, et al. " Meal sequence and glucose excursion, gastric emptying and incretin secretion in type 2 diabetes: a randomised, controlled crossover, exploratory trial" 2016, Diabetologia Vol.59,p.453 - 461
HoYoung Chung et al. "Lutein bioavailability is higher from lutein-enriched eggs than from supplements and spinach in men" (2004), The Journal of nutrition, 134(8),p.1887-1893
J. B. Fox et al. "Effect of gamma irradiation on the B vitamins of pork chops and chicken breasts" (1989) Apr;55(4),p.689-703
Jung Eun Kim et al. "Egg Consumption Increases Vitamin E Absorption from Co-Consumed Raw Mixed Vegetables in Healthy Young Men" (2016), Journal of Nutrition, 146(11),p.2199-2205
Kazumasa Mogi, et al. "9-oxo-ODAs suppresses the proliferation of human cervical cancer cells through the inhibition of CDKs and HPV oncoproteins" , (2023), Scientific Reports
Kazunobu Okazaki, Masaki Goto, Hiroshi Nose, "Protein and carbohydrate supplementation increases aerobic and thermoregulatory capacities" (2009), The Journal of Physiology,p.5585-5590
L. Fernando Reyes, J. Emilio Villarreal, Luis Cisneros-Zevallos "The increase in antioxidant capacity after wounding depends on the type of fruit or vegetable tissue" (2007), Food Chemistry, 101(3),p.1254-1262
Naohiko Inoue, Yoshiko Matsunaga, Hitoshi Satoh, Michio Takahashi, "Enhanced energy expenditure and fat oxidation in humans with high BMI scores by the ingestion of novel and non-pungent capsaicin analogues(capsinoids)" , (2007), Biosci Biotechnol Biochem, 71(2),p.380-389
Nieves Baenas et al. "Influence of Cooking Methods on Glucosinolates and Isothiocyanates Content in Novel Cruciferous Foods" (2019) Foods, 8(7),p.257
Nieves Baenas, Javier Marhuenda, Cristina García-Viguera, Pilar Zafrilla, Diego A. Moreno "Influence of Cooking Methods on Glucosinolates and Isothiocyanates Content in Novel Cruciferous Foods" (2019), Foods, 8(7),p.257
Nishimura, M. et al. "Ingestion of Eggplant Powder Improves Blood Pressure and Psychological State in Stressed Individuals: A Randomized Placebo-Controlled Study" Nutrients(2019), 11,p.2797
Ohnuki et al., "Administration of Capsiate, a Non-Pungent Capsaicin Analog, Promotes Energy Metabolism and Suppresses Body Fat Accumulation in Mice" , (2001), 65,p.2735-2740
Sabeena Farvin, Surendraraj Alagarsamy, Charlotte Jacobsen, "Composition and health benefits of potato peel" (2012) Nova Science Publisher, 196 - 227
Yongxiang Han et al. "Effects of Drying Process with Different Temperature on the Nutritional Qualities of Walnut(Juglans regia L.)" (2019), Food Science and Technology Research, 25(2),p.167-177
YOU Wanli et al. "Effect of Cutting Methods on Quality and Bioactive Compound Contents in Fresh-Cut Hami Melon" (2022) FOOD SCIENCE, Vol. 43, Issue(9): 175-180.
Yuge Guan et al. "Different Cutting Methods Affect the Quality of Fresh-Cut Cucumbers by Regulating ROS Metabolism" (2023), orticulturae, 9(4),p.514
가와키타 류시, 마쓰이 다카노리, 야마기시 쇼이치 '셀러리 진액과 루틴의 병용에 따른 종말 당화 산물 형성 저해 작용' (2020), Diabetes Frontier Online
가타야마 겐지 '구운 고구마의 당도의 비밀' (2019), 화학과 교육, 67(7), P318-331
구보타 다이키, 가와하라 사토시, 무구루마 산지오 '육류의 혈압 상승 억제 효과의 축종별 차이에 대하여' (2012), 미야자키대학 농학부 연구보고, 58,p.43-50
기타가와 유키에 '근채류 뿌리부의 비타민 C 분포' (1971), 영양과 식량, 24(5),p.292-297
기타무라 핫쇼 외 '쌀, 양배추, 양파 및 당근의 부위별 미네랄 함량' (2015), 일본토양비료학잡지, 86(2),p.114-119
나이토 시게조, 야마구치 나오히코, 요코오 요시오 '파류 식물에서의 항산화 물질 검색' (1981), 일본식품공업학회지, 28(6),p.291-296

노구치 도모노리, 나카무라 가즈야, 고가 히데노리 '각종 처리에 따른 감자 덩이줄기의 감마아미노낙산(가바) 증가 방법' (2007), 일본식품과학공학회지, 54(10),p.447-451
다쓰구치 나오코, 다이 마사요 '반숙 달걀의 응고 상태에 대한 가열 온도와 유지 시간의 영향' (2019), 일본조리과학회지, 52(5), P345-351
다케무라 료타, 혼다 마사미, 후카야 데쓰야 '특정 채소와의 가열 조리에 따른 토마토 리코펜의 cis 이성화 촉진' (2019), 일본조리과학회지, 52,p.57-66
마기시 노리히로, 마쓰시타 히로아키, 후루바야시 마키오 '간장에서 발생한 기능성 성분 SPS' (2009), 생물공학, 87, P34-35
마에다 유미에, 이시카와 마사아키, 야마모토 마사토시, 데라다 시호코, 마스이 도시오, 와타나베 게이치로 '정어리의 지방산, 특히 DHA · EPA 함량에 미치는 조리의 영향' (1985) 일본영양 · 식량학회지, 38(6),p.447-450
무라카미 다카유키, 이노우에 아쓰시 '우엉의 항산화 성분과 가열에 의한 보호' (2013), 일본조리과학회지, 46, 6,p.405-406
무라타 기쿠 '조리 가공과 비타민' 1970, 조리과학 Vol.3(1), P2-10
벤노 요시미 '프로바이오틱스로 이용되는 유산균의 분류와 효능' (2011), 모던미디어, 57(10),p.277-287
세키모토 구니토시, 엔도 아키오, 가타미네 신이치로 '그늘에서 말린 것, 재로 말린 것 및 염장미역의 불림 처리에 따른 6종류의 미네랄류 유출 비교' (1986), 일본영양 · 식량학회지, 39(1),p.67-70
센다 미노루, 세이노 아키유키 '부추의 처리 조건과 보관 방법이 메티인 · 알리인에 미치는 영향에 대하여' (2016), 하코다테공업고등전문학교 정기간행물, 51,p.11-15
쇼지 도시히코 '사과 폴리페놀의 건강 기능성과 그 활용' (2016), 일본식품과학공학회지, 63(1),p.57-61
스가노 도모미, 가메타니 히로미, 다니모토 유타로, 우카이 미쓰코 '조리 과정 중 버섯 추출액의 항산화 효과' (2017), 일본조리과학회지, 50(2),p.54-59
아오야기 야스오 '버섯 및 식물성 식품의 식품학적 연구' (2017), 조시에이요대학 정기간행물, 48,p.13-22
아키야마 사토코, 이케다 마사요, 스즈노 히로코 '우엉의 폴리페놀과 미네랄량에 미치는 조리 조작의 영향' (2019), 일본조리과학회지, 52(1), P16-21
야마모토 마코, 이오쿠 가나, 기시다 에쓰 '찜 조리 시 순무의 단맛과 기호 특성' (2021), 일본조리과학회지, 54(1),p.49-55
야지마 에이코, 미에다 유카리 '조리 조작에 따른 폴리페놀량의 변화—식품으로부터의 폴리페놀 추출—' (2012), 나가사키여자단기대학 정기간행물, 36,p.57-61
에고 미치고 '조리에 따른 채소의 무기성분의 동향(제4보)—감자 조리에 대하여' 1988, 벳부대학 단기대학부 정기간행물 제7호, P15-20
엔도 미치코, 마쓰오카 다카시 '식초의 식후 혈당 상승 억제 효과' (2011), 일본당뇨병학회지, 54,p.192-199
오바 가즈코 '채소의 절단·방치, 생식 조리에 따른 비타민 C량 및 아스코르빈산 옥시다아제 활성의 변화' (1990), 일본가정학회지, 41(8), P715-721
오바 가즈코 외 '신선 채소 및 조리 채소를 먹는 시점의 비타민 C량' (2011), 일본식품과학공학회지, 58(10), P499-504
오바나 도메오, 오바나 고스케, 니분 시게노리, 다케다 류지 '코로솔산 및 여주 추출물 함유 식품이 식후 혈당치에 미치는 영향' (2023), 진료와 신약, 60,p.584-591
오사다 사나에 '아브라나과 채소에 함유된 글루코시놀레이트의 조리에 따른 변동에 관한 연구' (2016), 일본조리과학회지, 49(1),p.7-18
와카야마 다다아키, 세키네 유키오 '채소의 폴리페놀 산화 효소의 부위별 활성과 열감수성' (2002), 일본조리과학회지, 36(3),p.243-248
와타나베 다다시, 이와타 시로, 오타니 요시코 '마늘 유효 성분의 연구' (1963), 오사카시립대학 가정학부 정기간행물, 11,p.1-8
요시다 마미, 히라바야시 사오리 '생강의 6-진게롤의 가열 조리에 따른 변화' (2015)
우리쿠라 마이 '항위장 장애 기능의 강화를 목적으로 한 양배추의 효과적인 조리 및 음식 궁합에 관한 연구' (2013), 도요식품연구소 연구 보고서(29)p.145-153
우에니시 가즈히로 외 '일본 성인 여성의 우유, 작은 생선(빙어, 멸치), 채소(소송채, 몰로헤이야, 세발나물) 칼슘 흡수율' (1998), 일본영양 · 식량학회지, 51(5), P259-266
이마호리 요시히로 외 '절단 상해에 의한 스트레스가 피망 과실의 아스코르빈산 대사에 미치는 영향' (1997), 원예학회잡지, 66(1),p.175-183
이와이 고지 외 '고혈압 자연 발병 래트의 닭 콜라겐 유래 옥타펩타이드의 혈압 강하 작용' (2008), 일본식품과학공학회지, 55(12),p.602-605
이즈미 마키코 '시금치 속 수산 및 칼륨 함량의 계절 변동과 조리에 따른 변화' (2004), 일본조리과학회지, 37(3),p.268-272
이케바 도모코, 기시마 교코 '현산 채소의 항산화성 평가와 가열 조리에 따른 변화' (2006), 이바라키현 농업종합센터 원예연구소 연구보고, 14,p.27-33
이토카와 요시노리, 니시노 유키노리, 이가라시 쇼고 '약물 동태 시험, 혈구 이행성 시험 및 B1 복원 시험에서 본 비타민 B1 유도체 평가' (1992), 비타민 66권 1호, P35-42
(일반사단법인) 일본토양협회 일반재단법인 '친환경이며 맛있는 농산물 시금치' (2014)
(일본 국립교육정책연구소) 의약 기반 · 건강 · 영양연구소 일본 국립건강 · 영양연구소 정보 센터, 무사시노대학 약학부 SSCI 연구소 '식품 중 비타민의 조리 소모에 관한 리뷰'(2017)
지바 다이코, 야에가시 세이지 '옥수수의 수확 적기와 수확 후의 품질 변화' (1991), 도호쿠농업연구, 44,p.241-242
호리에 히데키, 안도 사토시, 사이토 다케오 '가지 열매 중의 감마아미노낙산 함량과 가열에 의한 증가' (2013), 일본식품과학공학회지, 60(11),p.661-664
히라모토 데쓰시 외 '무 재배 품종의 이소시오시아네이트 함량의 차이' (2012), 긴키주고쿠시코쿠농업연구, 20호,p.21-28

WEB

CiNii Articles https://ci.nii.ac.jp
Dole https://dolesunshine.com/jp/ja/
Google Scholar https://scholar.google.com/
J-STAGE https://www.jstage.jst.go.jp/browse/-char/ja
NO RICE NO LIFE https://noricenolife.jp/
PubMed https://pubmed.ncbi.nlm.nih.gov/
가고메 https://www.kagome.co.jp/
(공익재단) 일본육류소비종합센터 http://www.jmi.or.jp/
농림수산성 https://www.maff.go.jp/
농연기구 https://www.naro.go.jp/project/
달걀과학연구회 http://japaneggscience.com/
독립행정법인 농지구산업진흥기구 https://www.alic.go.jp/
일반사단법인 J밀크 https://www.j-milk.jp/index.html
일본국립국회도서관 https://iss.ndl.go.jp
일본바나나수입조합 '바나나대학' 254https://www.banana.co.jp/
제스프리 https://www.zespri.com/ja-JP/
캘리포니아 호두협회 https://www.californiakurumi.jp/
콩나물 생산자협회 https://www.moyashi.or.jp/
호쿠토 '버섯 연구소' https://www.hokto-kinoko.co.jp/kinokolabo/
후생성 'e-헬스넷' 영양 · 식생활 https://www.e-healthnet.mhlw.go.jp/information/food

KANZENBAN SONO CHOURI, 9 WARI NO EIYOU SUTETEMASU!
© Sekaibunkasha Inc. 2024
Originally published in Japan in 2024 by Sekaibunkasha Inc., TOKYO.
Korean Characters translation rights arranged with Sekaibunka Holdings Inc., TOKYO, through TOHAN CORPORATION, TOKYO and BC AGENCY, SEOUL.

취재 협력 요시다 히로시(도쿄지케이카이의과대학 부속병원)

STAFF
촬영 무사시 슌스케, 나카지마 사오리(사진부/세카이분카홀딩스)
일러스트 yua
표지·본문 디자인 요시무라 디자인사무소
편집 협력 다지리 아야코(모시북스)
DTP (주)산에이프로세스
교정 (주)바쿠슈아트센터
편집·담당 고토 사야카

조리 과학×영양소를 제대로 섭취하는 방법

그 조리법, 영양소의 90%를 버리고 있어요! 완전판

펴낸날 초판 1쇄 2025년 8월 29일

지은이 도쿄지케이카이의과대학 부속병원 영양부
옮긴이 김경은

펴낸이 임호준
출판 팀장 정영주
책임 편집 박인애 | **편집** 조유진 김경애
디자인 김지혜 | **마케팅** 이규림 정서진
경영지원 박정식 유태호 신혜지 최단비 김현빈

인쇄 갑우문화사

펴낸곳 비타북스 | **발행처** (주)헬스조선 | **출판등록** 제2-4324호 2006년 1월 12일
주소 서울특별시 중구 세종대로 21길 30 | **전화** (02) 724-7648 | **팩스** (02) 722-9339
인스타그램 @vitabooks_official | **포스트** post.naver.com/vita_books | **블로그** blog.naver.com/vita_books

©도쿄지케이카이의과대학 부속병원 영양부, 2025

이 책은 저작권법에 따라 보호를 받는 저작물이므로 무단 전재와 무단 복제를 금지하며,
이 책 내용의 전부 또는 일부를 이용하려면 반드시 저작권자와 (주)헬스조선의 서면 동의를 받아야 합니다.
책값은 뒤표지에 있습니다. 잘못된 책은 서점에서 바꾸어 드립니다.

ISBN 979-11-5846-447-9 13590

비타북스는 독자 여러분의 책에 대한 아이디어와 원고 투고를 기다리고 있습니다.
책 출간을 원하시는 분은 이메일 vbook@chosun.com으로 간단한 개요와 취지, 연락처 등을 보내주세요.

비타북스는 건강한 몸과 아름다운 삶을 생각하는 (주)헬스조선의 출판 브랜드입니다.